U0673529

资 助 出 版

广东省哲学社会科学"十二五"规划项目（编号：GD15YYJ03）

广东省普通高校优秀青年创新人才培养计划项目资助（编号：15Q18）

广东省人文社科重点研究基地项目"新时代粤港澳大湾区协调发展的驱动力和
  理论分析研究（编号：2018YGA006）"

GUANGDONG · HONG KONG · MACAO
GREATER BAY AREA

粤港澳大湾区

集聚与融合

徐芳燕　陈　昭　刘映曼　著

人民出版社

目　录

上篇　集聚与增长

第一章　粤港澳大湾区城市群技术进步的差异性研究 …………… 3

第一节　文献综述 ………………………………………………… 4

第二节　研究方法和变量选取 …………………………………… 6

第三节　实证分析 ………………………………………………… 8

第四节　结论与建议 …………………………………………… 14

第二章　粤港澳大湾区服务业空间集聚特征及影响因素研究 …… 21

第一节　文献综述 ……………………………………………… 22

第二节　理论假设 ……………………………………………… 27

第三节　研究方法、模型设定和数据来源 …………………… 28

第四节　实证分析 ……………………………………………… 30

第五节　结论与建议 …………………………………………… 37

第三章　粤港澳大湾区创新绩效的空间效应研究 ……………… 39

第一节　文献综述 ……………………………………………… 40

第二节　区域创新绩效的测算 ………………………………… 41

第三节　区域创新绩效的空间演化 …………………………… 47

第四节　区域创新绩效差异因素分析 ………………………… 52

第五节　结论与建议 …………………………………………… 54

第四章 粤港澳大湾区经济增长的空间计量分析 …………………… 57
 第一节 文献综述 ……………………………………………… 58
 第二节 空间计量经济学理论 ………………………………… 61
 第三节 模型构建与变量说明 ………………………………… 63
 第四节 实证分析 ……………………………………………… 65
 第五节 结论与建议 …………………………………………… 74

第五章 粤港澳大湾区金融集聚对经济增长影响的空间计量分析 ……… 75
 第一节 文献综述 ……………………………………………… 76
 第二节 金融集聚对区域经济增长的作用机理分析 …………… 79
 第三节 实证分析 ……………………………………………… 81
 第四节 结论与建议 …………………………………………… 86

第六章 粤港澳大湾区内地城市群技术进步质量差异性研究 ………… 88
 第一节 文献回顾 ……………………………………………… 89
 第二节 理论分析与模型设定 ………………………………… 93
 第三节 实证检验 ……………………………………………… 95
 第四节 结论与建议 …………………………………………… 100

中篇 创新与融合

第七章 粤港澳大湾区城市群和产业集群的耦合与经济增长的
 关系 ………………………………………………………… 109
 第一节 文献综述 ……………………………………………… 110
 第二节 模型构建及变量说明 ………………………………… 111
 第三节 实证分析 ……………………………………………… 114
 第四节 结论与建议 …………………………………………… 121

第八章 粤港澳大湾区城市群与产业集群耦合程度研究 …………… 124
 第一节 文献综述 ……………………………………………… 125
 第二节 城市群与产业集群的耦合关系 ……………………… 127

第三节　城市群与产业集群的耦合模型构建及实证分析 ……… 130

第四节　城市群与产业集群耦合发展状况的实证研究与评价 ……… 136

第五节　结论与建议 ……………………………………… 140

第九章　粤港澳大湾区城市群空间结构要素特征分析 ……… 142

第一节　文献综述 ………………………………………… 143

第二节　数据来源和研究方法 …………………………… 145

第三节　城市群空间结构要素特征分析 ………………… 148

第四节　结论与建议 ……………………………………… 159

第十章　粤港澳大湾区城市群技术进步与经济增长的关系研究 ……… 161

第一节　文献综述 ………………………………………… 162

第二节　技术进步对经济增长贡献的测度方法 ………… 165

第三节　技术进步与经济增长关系的实证分析 ………… 167

第四节　结论与建议 ……………………………………… 186

第十一章　粤港澳大湾区城市群经济增长的空间关联与溢出效应 ……… 208

第一节　文献综述 ………………………………………… 209

第二节　研究方法与数据来源 …………………………… 214

第三节　实证分析 ………………………………………… 218

第四节　结论与建议 ……………………………………… 230

第十二章　粤港澳大湾区城市群空间结构与经济绩效研究 ……… 232

第一节　文献综述 ………………………………………… 234

第二节　粤港澳大湾区基本情况分析 …………………… 236

第三节　空间结构与经济绩效实证分析 ………………… 238

第四节　结论与建议 ……………………………………… 247

第十三章　粤港澳大湾区市场一体化测度及其经济增长效应研究 … 250

第一节　文献综述 ………………………………………… 251

第二节　粤港澳大湾区市场一体化水平测度 …………… 252

第三节　市场一体化对粤港澳大湾区的经济增长效应研究 … 260

第四节　结论及建议 ……………………………………… 265

第十四章 新经济地理视角下粤港澳市场一体化影响因素研究………… 267

 第一节 文献回顾 …………………………………………………… 268

 第二节 新经济地理框架下粤港澳 3D 演进分析 ………………… 269

 第三节 经济地理要素对粤港澳市场一体化影响的实证分析 ……… 272

 第四节 结论与建议 ………………………………………………… 279

下篇 比较与借鉴

第十五章 技术创新和技术引进对经济增长的差异性研究……………… 285

 第一节 文献综述 …………………………………………………… 286

 第二节 模型构建与变量的选取 …………………………………… 287

 第三节 实证分析 …………………………………………………… 290

 第四节 结论与建议 ………………………………………………… 294

第十六章 京津唐地区的要素空间溢出效应分析……………………… 296

 第一节 文献综述 …………………………………………………… 297

 第二节 模型介绍与数据说明 ……………………………………… 299

 第三节 实证分析 …………………………………………………… 301

 第四节 结论与建议 ………………………………………………… 307

参考文献………………………………………………………………… 309

上　篇

集　聚　与　增　长

第 一 章

粤港澳大湾区城市群技术进步的差异性研究

粤港澳大湾区的概念在 2015 年首次出现于官方文件《推动共建丝绸之路经济带和 21 世纪海上丝绸之路的愿景与行动》中,该文件提出要实行开放战略,打造粤港澳大湾区,有利于推进"一带一路"建设。2016 年,国家"十三五"规划中明确指出加强港澳在珠三角区域合作中的重要性,进一步推动粤港澳大湾区的建设,有利于全面建成小康社会。2017 年国务院《政府工作报告》中提出继续全面准确贯彻"一国两制",进一步深化内地与港澳的合作,促进粤港澳大湾区城市群发展。2018 年 10 月,习近平总书记提出要把粤港澳大湾区建设作为广东改革开放的大机遇、大文章,抓紧抓实办好。由此我们可以看出,粤港澳大湾区的概念已从促进经济合作的区域目标上升到全面对外开放的国家战略,关于粤港澳大湾区的研究也成为发展国家战略的内在需要,具有重要的现实意义。

近年来,"湾区"已成为带领技术改革的领头羊和推动全球经济发展的重要地区,得到不少学者的关注。陈德宁等(2010)提出粤港澳共建环珠江口湾区经济,以"湾区"为载体,探讨构筑粤港澳区域和谐经贸关系、提升经济带动能力的思路。港口、高新技术以及绿色科技在旧金山湾区与中国经济崛起之间的关系有着重要作用(Volberding,2011)。Alex Schafran(2013)通过采用多尺度来衡量人口、政策、资本 3 个相互关联的因素,研究这些因素如何影响旧金山湾区经济发展。旧金山湾区、纽约湾区和东京湾区为国际成熟湾区代表,与之相比,我国的深港湾区仍有较大差距,湾区经济发展应当注重区域特色和体制机制创新(鲁志国等,2015)。还有学者研究湾区经济动力演进机制(伍凤兰等,2015),湾区的对外开放度(马忠新等,2016),湾区城市群的空间结构(彭芳梅,2017)等。

当前国内外文献关于湾区经济的研究成果颇丰,为制定粤港澳大湾区城市群发展规划提供了丰富的理论依据及决策参考。但其中大多数研究定性和理论的描述过多而实证研究较少,且对于湾区经济活动规律性的挖掘还不够深入,缺少关于技术进步变量的实证研究。基于此,本章以粤港澳大湾区为例,研究城市群技术进步的差异性,其如何影响湾区经济的发展,从而根据各城市技术进步的差异性来发挥各城市的比较优势,为促进粤港澳大湾区技术升级、实现区域协调发展提供参考。

其余结构安排如下:第一节为整理度量技术进步的相关文献;第二节是对本章度量技术进步的研究方法和变量的解释说明;第三节是采用 DEA 模型和收敛模型进行实证分析;第四节是结论与建议。

第一节 文献综述

内生增长理论表明技术进步是经济增长之源。索洛(Solow,1957)对技术进步的定义是引起经济增长的因素中无法被劳动和资本投入解释的部分。但是,简单地将技术进步等同于索洛余值是不全面的,所以大部分学者将索洛余值称为全要素生产率(Total Factor Productivity,TFP)。技术进步会体现在全要素生产率的提高,主要有技术引进和自主创新等方式(唐未兵等,2014)。

技术进步无法直接被衡量出具体的数值,是一种无形变量。参考已有文献,主要有三种间接衡量技术进步的方法:一是通过全要素生产率来衡量;二是投入法,参考研究与开发投入的数据;三是产出法,统计专利数目。粤港澳大湾区城市群的研究与开发投入数据不全面,因此对投入法本章不做重点研究。产出法也不合适,因为专利数量不能真实反映技术水平,很多个低等级专利价值的总和可能比单独一个高等级专利的价值还要小,且有些领域的技术创新暂不授予专利权。因此,许多学者选择通过度量全要素生产率来研究技术进步。

Solow(1957)最开始对全要素生产率进行核算,再经过 Denison(1967)、Jorgenson 和 Griliches(1967)等人的发展,核算方法趋于成熟,现已被学者广泛应用。文献中主要有三种核算全要素生产率的方法:第一种是索洛剩余法;第二种是对偶法;第三种是数据包络法(Data Envelop Approach,DEA)。索洛剩余法假设约束较强,也较为粗糙,存在着一些明显缺陷(郭庆旺,2005)。对偶法需要资本和劳动的收入份额和租赁成本,而这些数据很难获取,一般要靠估计。DEA 方法不需要设定产出函数的具体形式,避免了较强的理论约束。而且,索洛剩余法和对偶法实际将全要素生产率相当于技术进步,忽略了技术效率的作用。而 DEA 中的全要素生产率包括了技术进步和技术效率,且将技术效率分成规模效率(Scale)和纯技术效率(Pure Technical Efficiency,PTE)具体分析。王志刚等(2006)测算我国分省全要素生产率的方法为随机前沿模型,该方法也能考虑到技术效率对全要素生产率的影响,但当前较少得到应用。综合得出,DEA 方法是测算全要素生产率的一种比较合理的方法。

DEA 方法应用于技术进步的研究始于 Fare 等(1994),目前也得到许多国内学者的广泛应用。郭庆旺等(2005)、郑京海和胡鞍钢(2005)、岳书敬和刘朝明(2006)、杨文举(2006)、舒元等(2007)等认为技术进步的提高对中国全要素生产率的增长起主要作用,而技术效率的下降会抑制全要素生产率的增长。颜鹏飞和王兵(2004)则认为技术效率的提高是中国全要素生产率增长的主要原因,还指出对全要素生产率、技术效率提高以及技术进步的重要影响因素,如人力资本和制度因素。上述文献的研究对象大部分是全国或省际区域,较少是以城市为研究对象的。李培(2007)研究发现,在其样本期内(1990—2004 年),216 个地级市的全要素生产率整体呈现增长趋势,不同地区的城市经济差异明显且呈扩大趋势。1990—2006 年,中国城市全要素生产率整体增加,但存在三个上升高峰和两个下降波谷特征,生产率上升主要来源是技术改进,技术效率变化起着拖累作用(刘秉镰等,2009)。1999—2006 年,我国城市全要素生产率存在连续下降的现象,研究认为主要原因是技术进步水平的下降,但同期技术效率水平却有所上升(邵军等,2010)。

综上所述,已有众多文献通过分解全要素生产率研究技术进步问题,进一步分析区域差距的演变趋势,并且研究其影响因素。虽然技术进步研究文献数量众多,但关于粤港澳大湾区城市技术进步差异性的相关研究较少。粤港澳大湾区是带动经济发展的重要增长极和引领技术变革的领头羊,而其城市群之间的技术水平存在差异性,推动了区域经济协调发展。有鉴于此,本章将基于粤港澳大湾区 11 个城市 2007—2016 年的面板数据,采取 DEA 方法衡量城市群的全要素生产率,进而探讨分析其技术进步的差异性。

第二节　研究方法和变量选取

一、研究方法

Charnes 等(1979)最早提出 DEA 模型:构建非参数最佳前沿,测算每个决策单元相对于生产前沿的效率,以分析每一个决策单元的技术进步和效率改进。依据效率测量的不同方法,DEA 模型可分成投入主导型、产出主导型和非导向型。投入主导型是指在产出不减少的情况下,达到技术有效时的最小化投入;产出主导型是指在投入不增加的情况下,达到技术有效时的最大化产出;非导向型则是同时从投入和产出两个角度进行测量。考虑到产出的不可控性,本章采用投入主导型 DEA 模型进行分析。Malmquist 生产率指数通过距离函数的比率计算投入产出效率,能够纵向分析出不同时期城市全要素生产率的动态演变趋势,有效弥补 DEA 在这方面的缺陷。根据 Fare 等(1994)的研究,把 Malmquist 指数表示为:

$$M_n(x_t, y_t, x_{t+1}, y_{t+1}) = \left[\frac{D_n^{\,t}(x_{t+1}, y_{t+1})}{D_n^{\,t}(x_t, y_t)} \times \frac{D_n^{\,t+1}(x_{t+1}, y_{t+1})}{D_n^{\,t+1}(x_t, y_t)} \right]^{\frac{1}{2}} \qquad (1-1)$$

其中,M_n 表示城市 n 在 t 期到 t+1 期之间全要素生产率的变化情况,是两个比值的几何平均数,反映出城市 n 在 t 期和 t+1 期技术水平下距离函数的变化比例。当 Malmquist 指数值大于 1 时,表明在 t+1 期城市 n 的全要素生产率水平相对于 t 期出现提高;当 Malmquist 指数值小于 1 时,表明城市 n 的全要素生产率水平发生下降;当 Malmquist 指数值等于 1 时,则表示生产率水平保持不变。在固定规模报酬的假设前提下,Malmquist 生产率指数还可以等价地写为:

$$M_n(x_t, y_t, x_{t+1}, y_{t+1}) = \frac{D_n^{t+1}(x_{t+1}, y_{t+1})}{D_n^{t}(x_t, y_t)} \times \left[\frac{D_n^{t}(x_{t+1}, y_{t+1})}{D_n^{t+1}(x_{t+1}, y_{t+1})} \times \frac{D_n^{t}(x_t, y_t)}{D_n^{t+1}(x_t, y_t)} \right]^{\frac{1}{2}}$$

$$= EFFCH \times TECH \tag{1-2}$$

Malmquist 生产率指数可以进一步分解为效率改进指数(efficiency change index,EFFCH)和技术进步指数(technical change index,TECH)。EFFCH 表示城市 n 从 t 期到 t+1 期的相对效率变化,反映出每个决策单元向最佳前沿面移动的幅度。TECH 表示城市 n 从 t 期到 t+1 期的技术水平的变化,通过测量 t 期和 t+1 期前沿面的移动程度反映出技术进步。

二、变量选取

1. 样本的选择

本章的研究对象为粤港澳大湾区城市群,具体为香港、澳门两个特别行政区和广州、深圳、珠海、佛山、惠州、东莞、中山、江门、肇庆 9 市共 11 个城市,时间跨度为 2007—2016 年,所有数据均来自《中国统计年鉴》《中国财政年鉴》《中国城市统计年鉴》。

2. 总产出

关于产出指标的选取,国内学者多以 GDP 作为城市经济研究的产出指标。在研究全国范围内的城市效率时,为使数据具有可比性,也多采用各省 GDP 平减指数对当年 GDP 数据进行处理。但考虑到我们的样本都来自广东省,同一省份各年度 GDP 平减指数一样,且 DEA 模型和 Malmquist 生产率指数是相对效率评估方法,只要样本数据相对一致,不会影响研究结果,故我们直接采用各城市当年 GDP 数据。财政收入在一定程度上也能反映出产出水平,且能防止 GDP 的特殊偏差,有利于得到更精确的结果。故本章衡量各地区总产出的指标为各个城市的地区生产总值和财政收入。

3. 劳动力投入

劳动力投入应综合考虑劳动人数、劳动时间、劳动效率等因素,基于数据的可得性,本章采用各市年末就业人员数作为衡量劳动力投入的指标,即各城市年末单位从业人员数、私营和个体从业人员数之和。

4. 资本投入

采取永续盘存法估算资本投入时,主要的变量难以达成统一,会导致结果不一(张军,2004)。目前,资本存量估算的研究对象主要为全国或省际区域,而以城市为研究对象的资本存量估算较少有合理明确的参考指标。本章所采取的 DEA 方法是一种测量相对效率的研究方法,当各个研究对象的数据变量保持相对统一时,其结果偏差性就较小。所以本章资本存量指标选取的是各个城市每年的固定资产投资额。由于统计资料中缺乏香港和澳门固定资产投资额的数据,本章采用固定资本形成总额替代。投入产出变量名称和具体指标见表 1-1。

表 1-1 投入产出变量选择

投入变量		产出变量	
变量名称	具体指标	变量名称	具体指标
劳 动	年末就业人员数(万人)	产 值	地区生产总值(亿元)
资 本	固定资产投资额(亿元)		财政收入(亿元)

第三节 实证分析

一、全要素生产率变化趋势

基于 2007—2016 年粤港澳大湾区城市群投入产出数据,运用 Deap2.1 软件对各年份 Malmquist 生产率指数进行测算和分解,反映全要素生产率年度变化趋势,结果如表 1-2 所示。总体来看,样本期内 Malmquist 生产率指数存在上下波动的现象,但规律并不明显,2015—2016 年度的 0.954 和 2007—2008 年度的 1.024 相比较下降幅度不大。Malmquist 生产率指数减去 1 后代表全要素生产率的变化情况,大于 0 表示上升,小于 0 表示下降,等于 0 表示不变。年度全要素生产率的增长率在 2007—2008 年度为 2.4%,2015—2016年度变为-4.6%,期间最高值为 2010—2011 年度的 4.3%,最低值为 2008—

2009 年度的-6.2%。年度 Malmquist 指数的几何平均值为 0.987,即全要素生产率的年均增长率为-1.3%,表明生产率总体水平呈现下降趋势。进一步分析效率和技术进步变化的数据发现,2007—2016 年间技术效率变化指数的几何平均值为 0.984,即效率变化的增长率为-1.6%,表明从总体上看效率变化也呈下降趋势。效率变化率最高值为 14.1%,最低值为-28.5%,增减变化的幅度较大。而样本期内年度技术进步指数的均值达到 1.003,即年均技术进步增长率为 0.3%,并且前期上升,后期下降,上升的幅度大于下降的幅度,技术水平在总体上呈上升趋势。在这期间,技术进步率最高值为 45.1%,最低值为-24.8%。粤港澳大湾区城市群纯技术效率和规模效率的变化情况不一致,前者随着年份的变化大体呈现下降的趋势,而后者总体上呈上升趋势。

表 1-2　2007—2016 年粤港澳大湾区城市群平均
Malmquist 生产率指数及其分解

年　份	技术效率 变化指数	技术进步 变化指数	纯技术效率 变化指数	规模效率 变化指数	Malmquist 生产率指数
2007—2008	0.982	1.043	0.992	0.990	1.024
2008—2009	0.891	1.052	0.741	1.203	0.938
2009—2010	0.715	1.451	0.858	0.833	1.037
2010—2011	0.992	1.051	1.033	0.961	1.043
2011—2012	1.021	0.935	1.023	0.999	0.955
2012—2013	0.951	1.026	0.986	0.965	0.976
2013—2014	1.303	0.752	1.178	1.106	0.980
2014—2015	1.141	0.858	1.015	1.124	0.979
2015—2016	0.965	0.989	0.894	1.079	0.954
平均值	0.984	1.003	0.962	1.023	0.987

　　总之,2007 年以来粤港澳大湾区城市群全要素生产率下降的主要原因是效率水平的下降。技术水平的提升有利于全要素生产率的增长,但效率水平的下降抑制了生产率的增长,且作用更大。近年来,粤港澳大湾区城市群在各级政府政策的引领下,经济发展越来越快,各城市建设规模、投资规模都得到

快速发展。表1-2中规模效率的提高也表明粤港澳大湾区城市群规模的扩大，但是城市投资仍属粗放型，难以持续推动技术进步。自2013年以来，效率水平持续提升而技术进步水平反而下降，未来促进全要素生产率上升的关键还是在于推动技术进步的发展。

图1-1为2007—2016年粤港澳大湾区城市群年度Malmquist生产率指数及其分解的技术进步和效率变化趋势图。从图1-1可更直观地看出，技术进步和全要素生产率的变动趋势较为相近，都是先上升后下降，而效率改进的变化趋势与其相反，呈现出先下降后上升的趋势。这表明技术进步是粤港澳大湾区中城市群全要素生产率改善的根本动力，而效率变化的下降会对全要素生产率的改善有抑制作用。

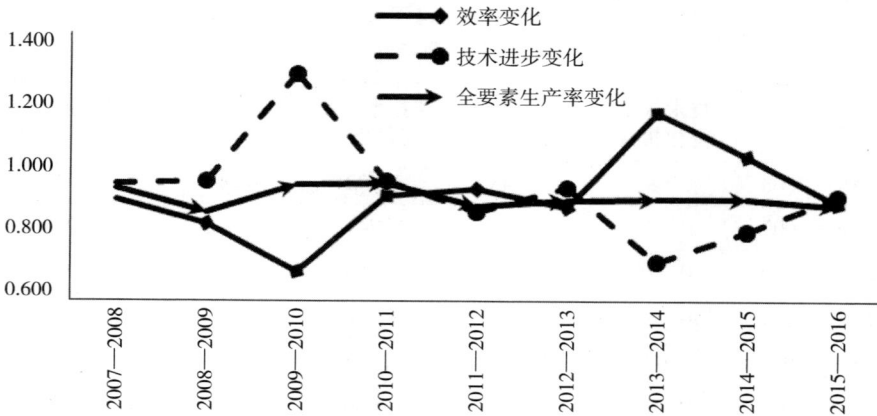

图 1-1   2007—2016 年度 Malmquist 生产率指数及其分解

二、城市全要素生产率变化趋势

根据Deap2.1软件计算出2007—2016年粤港澳大湾区中11个城市的平均Malmquist生产率指数及其分解，反映各城市全要素生产率变化趋势，结果如表1-3所示。从总体上看，这11个城市中有3个城市的Malmquist生产率指数大于1，分别为东莞、香港和澳门。全要素生产率增长最快的城市是澳门，增长率达到5.5%，而减少最多的城市为江门，增长率为-7.7%。从效率变化来看，深圳、香港和澳门的技术效率变化指数都为1，表示效率水平没有发生变化。东莞的效率变化率最高,达到 2.4%;江门的效率变化率最低,为-7.4%。技术进步水平方面,只有香港和澳门的技术水平在提高,其余城市都是下降趋势。技术进步率最高值为澳门的 5.5%,最低值为珠海的-0.8%,最高值与最低值相差不多。在纯技术效率变化和规模效率变化方面,纯技术效率变化指数的几何平均值小于 1,表示下降,所有城市的规模效率变化都呈上升趋势①。

表 1-3　2007—2016 年粤港澳大湾区各城市
Malmquist 生产率指数及其分解

城　市	技术效率 变化指数	技术进步 变化指数	纯技术效率 变化指数	规模效率 变化指数	Malmquist 生产率指数
广州市	0.996	0.993	0.994	1.002	0.990
深圳市	1.000	0.997	1.000	1.000	0.998
珠海市	0.957	0.992	0.914	1.047	0.949
佛山市	0.976	0.995	0.965	1.012	0.971
惠州市	0.975	0.995	0.926	1.053	0.970
东莞市	1.024	0.993	1.014	1.011	1.018
中山市	0.996	0.996	0.953	1.045	0.992
江门市	0.926	0.997	0.905	1.023	0.923
肇庆市	0.977	0.995	0.915	1.068	0.972
香　港	1.000	1.022	1.000	1.000	1.022
澳　门	1.000	1.055	1.000	1.000	1.055
平均值	0.984	1.003	0.962	1.024	0.987

　　由此可以看出,粤港澳大湾区 11 个城市之间的全要素生产率差异性明显,且主要原因在于技术进步存在差异性。区域差距是我国经济增长中的一个显著特征,这一点在粤港澳大湾区的城市经济中也存在。技术进步的提高有利于全要素生产率的改进,因此,减少粤港澳大湾区城市群全要素生产率差异性的关键在于缩小各城市技术进步水平的差距,共同推动技术进步的发展。

---

　　①　附录为 11 个城市 2007—2016 年间 Malmquist 生产率指数及其分解,可以看出各个城市年度变化的情况,存在很大的差异性。

三、城市群发展的收敛与差异分析

基于 DEA 方法得出全要素生产率相对增长率的数据,运用 EViews10.0 计量软件对粤港澳大湾区城市群的区域差异及趋势特征进一步分析。本章将各城市初始年份(即 2007 年)的全要素生产率设定为 1,根据用 DEA 方法测算出的 Malmquist 生产率指数,从而计算出定基全要素生产率指数,作为计量分析所需的数据。在实证研究中,本章将收敛分成 σ 收敛和 β 收敛。σ 收敛根据各个城市在时间序列上的标准差来判断,如果随时间推移这一标准差不断增加,那就说明在样本期间内各个城市呈现出发散趋势,即不存在 σ 收敛;如果其标准差是随时间下降的,表明存在 σ 收敛。

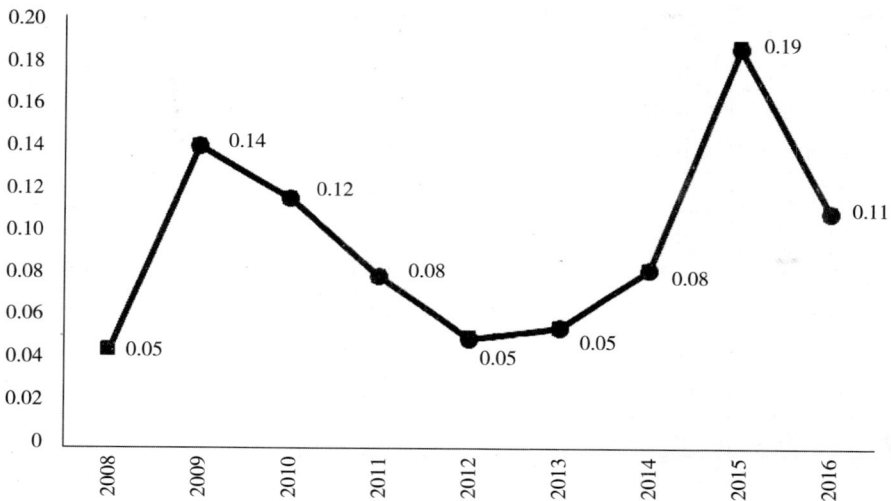

图 1-2　2008—2016 年粤港澳大湾区各城市定基全要素生产率指数标准差

图 1-2 为 2008—2016 年粤港澳大湾区各城市定基全要素生产率指数的标准差,可以看出,标准差的趋势 2009 年后下降,2012 年后上升,而到 2015 年后再次出现下降,从总体上看城市群不存在 σ 收敛。

在检验粤港澳大湾区城市群全要素生产率是否存在条件 β 收敛时,我们参照彭国华(2005)的研究将模型设定为以下具体形式:

$$d(\ln TFP_{it}) = \alpha + \beta \times \ln TFP_{it-1} + \varepsilon_{it} \qquad (1-3)$$

其中,TFP 为表示定基全要素生产率指数,d 表示一阶差分,α 为常数项,β 为收敛系数,ε 为随机误差项,i 和 t 分别表示城市和时期。如果 β 大于 0 且在统计上显著,表明城市群全要素生产率存在发散,如果 β 小于 0 且在统计上显著,表明城市群全要素生产率存在条件 β 收敛特征。面板数据模型在回归前需检验数据的平稳性,一阶差分后序列平稳,然后选择固定效应模型。对粤港澳大湾区城市群全要素生产率条件 β 收敛检验回归结果如表 1-4 所示。

表 1-4　粤港澳大湾区城市群全要素生产率条件收敛检验和稳健性检验

条件收敛检验结果		稳健性检验结果	
变量	dlnTFP	变量	dlnTFP
lnTFP(-1)	-1.107*** (-9.815)	lnTFP(-1)	-1.202*** (-67.05)
截　距	-0.019*** (-3.064)	dlnTFP(-1)	0.246*** (66.46)
F 检验量 P 值	9.000 (0.000)	标准差	0.223
R^2	0.566	J 统计量	10.94
样本量	11	Sargan-P 值	0.280

注:括号内的数值为 t 值;***、**、* 分别表示在 1%、5%、10% 的水平上显著。

由表 1-4 左半部分可看出,系数 β 小于 0,且在 1% 的水平上显著,表明粤港澳大湾区城市群全要素生产率存在显著的条件收敛,差距在逐渐缩小。考虑到以上模型可能存在内生性问题,本章用广义矩估计法(Generalized method of moments,GMM)进行稳健性检验,增加变量的高阶滞后项作为工具变量,具体形式如下:

$$d(\ln TFP_{it}) = \alpha d(\ln TFP_{it-1}) + \beta \times \ln TFP_{it-1} + \varepsilon_{it} \tag{1-4}$$

具体回归结果如表 1-4 右半部分。可以看出,系数 β 小于 0,且在 1% 的水平上显著,与原模型结果一致,表明原模型回归结果稳健。

第四节 结论与建议

本章选择粤港澳大湾区城市群作为研究对象,运用 DEA 模型的 Malmquist 指数方法,结合 11 个城市近十年的面板数据进行分析,将 2007—2016 年粤港澳大湾区 11 个城市的全要素生产率分解为技术进步和技术效率,并进一步使用计量软件分析了区域发展的趋同与差异,得到如下结论:

第一,从 2007—2016 年度 Malmquist 生产率指数及分解结果来看,近十年来,粤港澳大湾区城市群的全要素生产率水平存在下降的趋势,其中的主要原因是效率水平的下降,而同期的技术水平却有所提高。因此,粤港澳大湾区在推进技术升级过程中,应该在保持技术水平提高的基础上,注重技术效率的增长,深入挖掘技术效率对生产率的促进作用。

第二,从 2007—2016 年粤港澳大湾区各城市 Malmquist 生产率指数及其分解结果来看,各个城市的全要素生产率变化情况存在显著差异,而其中的重要原因在于技术进步存在差异性。因此,粤港澳大湾区城市群在实现区域协调发展过程中,对于技术进步水平上升的城市,应该在保持技术水平进步的基础上,着重加强对生产要素资源的合理配置,提高技术利用效率实现区域协调发展;而对于技术水平下降的城市,应该侧重构建区域自主创新的制度管理环境,提升区域技术水平。

第三,从粤港澳大湾区城市群区域发展的趋同与差异分析的结果来看,该区域不存在 σ 收敛但存在 β 条件收敛,区域差距在逐渐缩小。因此,要注意区域协调发展,发展快的城市带动发展慢的城市,进一步缩小区域发展之间的差距。

总之,推动城市的技术进步、提高城市的技术水平,保证城市经济的长期持续发展,这是促进粤港澳大湾区城市群技术升级、实现区域协调发展的关键。最后需要说明的是,由于资本数据、全要素生产率测算的方法不同,可能得出不同的结论,本章的研究价值在于为粤港澳大湾区的发展提供相关的理论依据。

附　录

附表 1-1　广州市 2007—2016 年间 Malmquist 生产率指数及其分解

年　份	技术效率 变化指数	技术进步 变化指数	纯技术效率 变化指数	规模效率 变化指数	Malmquist 生产率指数
2007—2008	0.994	1.031	0.989	1.005	1.024
2008—2009	0.855	1.033	0.924	0.926	0.883
2009—2010	0.649	1.476	0.989	0.656	0.959
2010—2011	1.085	1.019	1.096	0.990	1.106
2011—2012	1.086	0.912	1.007	1.079	0.990
2012—2013	0.944	1.017	0.972	0.971	0.960
2013—2014	1.339	0.739	0.970	1.381	0.989
2014—2015	1.150	0.859	0.987	1.165	0.987
2015—2016	1.025	1.001	1.026	1.000	1.026
平均值	0.996	0.993	0.994	1.002	0.990

附表 1-2　深圳市 2007—2016 年间 Malmquist 生产率指数及其分解

年　份	技术效率 变化指数	技术进步 变化指数	纯技术效率 变化指数	规模效率 变化指数	Malmquist 生产率指数
2007—2008	1.003	1.048	1.000	1.003	1.052
2008—2009	0.893	1.013	0.976	0.915	0.904
2009—2010	0.696	1.476	1.025	0.679	1.027
2010—2011	1.073	1.019	1.000	1.073	1.093
2011—2012	1.140	0.912	1.000	1.140	1.039
2012—2013	1.018	1.017	1.000	1.018	1.036
2013—2014	1.293	0.785	1.000	1.293	1.016
2014—2015	1.000	0.910	1.000	1.000	0.910
2015—2016	1.000	0.921	1.000	1.000	0.921
平均值	1.000	0.997	1.000	1.000	0.998

附表 1-3 珠海市 2007—2016 年间 Malmquist 生产率指数及其分解

年 份	技术效率变化指数	技术进步变化指数	纯技术效率变化指数	规模效率变化指数	Malmquist 生产率指数
2007—2008	1.002	1.025	1.000	1.002	1.027
2008—2009	0.918	1.036	0.622	1.476	0.951
2009—2010	0.645	1.476	0.728	0.887	0.952
2010—2011	0.898	1.019	1.010	0.889	0.915
2011—2012	0.950	0.912	1.037	0.916	0.866
2012—2013	0.891	1.017	0.965	0.923	0.906
2013—2014	1.323	0.721	1.283	1.031	0.954
2014—2015	1.823	0.838	1.489	1.224	1.528
2015—2016	0.621	1.035	0.510	1.216	0.642
平均值	0.957	0.992	0.914	1.047	0.949

附表 1-4 佛山市 2007—2016 年间 Malmquist 生产率指数及其分解

年 份	技术效率变化指数	技术进步变化指数	纯技术效率变化指数	规模效率变化指数	Malmquist 生产率指数
2007—2008	1.010	1.032	0.993	1.017	1.043
2008—2009	0.926	1.030	0.914	1.013	0.954
2009—2010	0.679	1.476	0.966	0.703	1.003
2010—2011	1.016	1.019	0.999	1.017	1.035
2011—2012	1.002	0.912	0.904	1.108	0.913
2012—2013	0.930	1.017	0.924	1.007	0.947
2013—2014	1.310	0.741	1.033	1.269	0.971
2014—2015	1.095	0.859	1.028	1.065	0.941
2015—2016	0.932	1.012	0.931	1.001	0.943
平均值	0.976	0.995	0.965	1.012	0.971

附表 1-5　惠州市 2007—2016 年间 Malmquist 生产率指数及其分解

年　份	技术效率 变化指数	技术进步 变化指数	纯技术效率 变化指数	规模效率 变化指数	Malmquist 生产率指数
2007—2008	0.927	1.045	0.923	1.004	0.969
2008—2009	0.837	1.022	0.523	1.599	0.855
2009—2010	0.703	1.476	0.729	0.964	1.038
2010—2011	1.036	1.019	1.120	0.925	1.055
2011—2012	1.052	0.912	1.087	0.968	0.959
2012—2013	0.959	1.017	1.016	0.944	0.976
2013—2014	1.318	0.744	1.321	0.997	0.981
2014—2015	1.063	0.863	0.939	1.132	0.917
2015—2016	0.997	1.003	0.924	1.079	1.000
平均值	0.975	0.995	0.926	1.053	0.970

附表 1-6　东莞市 2007—2016 年间 Malmquist 生产率指数及其分解

年　份	技术效率 变化指数	技术进步 变化指数	纯技术效率 变化指数	规模效率 变化指数	Malmquist 生产率指数
2007—2008	0.998	1.048	1.016	0.982	1.046
2008—2009	0.868	1.011	0.821	1.057	0.877
2009—2010	0.750	1.476	1.003	0.747	1.107
2010—2011	1.130	1.019	1.039	1.088	1.152
2011—2012	1.062	0.912	0.953	1.114	0.968
2012—2013	0.919	1.017	0.895	1.026	0.935
2013—2014	1.323	0.785	1.209	1.094	1.039
2014—2015	1.168	0.901	1.207	0.968	1.053
2015—2016	1.122	0.901	1.042	1.077	1.011
平均值	1.024	0.993	1.014	1.011	1.018

附表 1-7 中山市 2007—2016 年间 Malmquist 生产率指数及其分解

年 份	技术效率变化指数	技术进步变化指数	纯技术效率变化指数	规模效率变化指数	Malmquist生产率指数
2007—2008	0.975	1.047	0.992	0.983	1.021
2008—2009	0.896	1.017	0.588	1.523	0.911
2009—2010	0.661	1.476	0.665	0.994	0.976
2010—2011	1.002	1.019	1.054	0.950	1.020
2011—2012	1.048	0.912	1.100	0.953	0.955
2012—2013	0.986	1.017	1.093	0.902	1.003
2013—2014	1.504	0.756	1.615	0.931	1.137
2014—2015	1.049	0.891	0.902	1.162	0.934
2015—2016	1.020	0.966	0.903	1.130	0.985
平均值	0.996	0.996	0.953	1.045	0.992

附表 1-8 江门市 2007—2016 年间 Malmquist 生产率指数及其分解

年 份	技术效率变化指数	技术进步变化指数	纯技术效率变化指数	规模效率变化指数	Malmquist生产率指数
2007—2008	0.925	1.048	1.000	0.925	0.970
2008—2009	0.815	1.011	0.519	1.572	0.824
2009—2010	0.618	1.476	0.692	0.892	0.912
2010—2011	0.974	1.019	1.093	0.891	0.993
2011—2012	0.983	0.912	1.118	0.879	0.896
2012—2013	0.888	1.017	1.001	0.888	0.904
2013—2014	1.244	0.757	1.364	0.912	0.942
2014—2015	1.058	0.883	0.871	1.215	0.935
2015—2016	0.963	0.981	0.782	1.231	0.944
平均值	0.926	0.997	0.905	1.023	0.923

附表 1-9 肇庆市 2007—2016 年间 Malmquist 生产率指数及其分解

年　份	技术效率 变化指数	技术进步 变化指数	纯技术效率 变化指数	规模效率 变化指数	Malmquist 生产率指数
2007—2008	0.970	1.048	1.000	0.970	1.017
2008—2009	0.902	1.011	0.551	1.636	0.912
2009—2010	0.739	1.476	0.770	0.960	1.092
2010—2011	0.901	1.019	0.966	0.933	0.917
2011—2012	1.009	0.912	1.067	0.945	0.920
2012—2013	0.944	1.017	0.996	0.948	0.960
2013—2014	1.319	0.749	1.341	0.983	0.988
2014—2015	1.070	0.870	0.877	1.219	0.931
2015—2016	1.038	0.989	0.879	1.180	1.027
平均值	0.977	0.995	0.915	1.068	0.972

附表 1-10 香港 2007—2016 年间 Malmquist 生产率指数及其分解

年　份	技术效率 变化指数	技术进步 变化指数	纯技术效率 变化指数	规模效率 变化指数	Malmquist 生产率指数
2007—2008	1.000	0.972	1.000	1.000	0.972
2008—2009	0.909	1.065	1.000	0.909	0.968
2009—2010	0.787	1.329	1.000	0.787	1.046
2010—2011	0.842	1.257	1.000	0.842	1.058
2011—2012	0.923	1.079	1.000	0.923	0.996
2012—2013	0.996	1.046	1.000	0.996	1.042
2013—2014	1.428	0.717	1.000	1.428	1.024
2014—2015	1.265	0.821	1.000	1.265	1.039
2015—2016	0.999	1.054	1.000	0.999	1.053
平均值	1.000	1.022	1.000	1.000	1.022

附表 1-11　澳门 2007—2016 年间 Malmquist 生产率指数及其分解

年　份	技术效率 变化指数	技术进步 变化指数	纯技术效率 变化指数	规模效率 变化指数	Malmquist 生产率指数
2007—2008	1.000	1.134	1.000	1.000	1.134
2008—2009	1.000	1.368	1.000	1.000	1.368
2009—2010	1.000	1.361	1.000	1.000	1.361
2010—2011	1.000	1.166	1.000	1.000	1.166
2011—2012	1.000	1.013	1.000	1.000	1.013
2012—2013	1.000	1.083	1.000	1.000	1.083
2013—2014	1.000	0.779	1.000	1.000	0.779
2014—2015	1.000	0.750	1.000	1.000	0.750
2015—2016	1.000	1.023	1.000	1.000	1.023
平均值	1.000	1.055	1.000	1.000	1.055

第 二 章

粤港澳大湾区服务业空间集聚特征及
影响因素研究

　　推进粤港澳大湾区建设,是以习近平同志为核心的党中央作出的重大决策。早在 2012 年 12 月,习近平总书记就指出,希望广东联手港澳打造更具综合竞争力的世界级城市群。2017 年 3 月 5 日召开的十二届全国人大五次会议上,国务院总理李克强在《政府工作报告》中提出"要推动内地与港澳深化合作,研究制定粤港澳大湾区城市群发展规划,发挥港澳独特优势,提升在国家经济发展和对外开放中的地位与功能"。同年 7 月 1 日国家发改委与粤港澳四方签署的《深化粤港澳合作　推进大湾区建设框架协议》中明确指出粤港澳大湾区建设的目的为"为充分发挥粤港澳地区的综合优势,深化粤港澳合作,推进粤港澳大湾区建设,高水平参与国际合作,提升在国家经济发展和全方位开放中的引领作用,为港澳发展注入新动能,保持港澳长期繁荣稳定"。随着粤港澳大湾区城市群规划的研究制定,粤港澳合作将进入崭新的阶段。

　　湾区经济作为国际上较为认可的一种高开放度的发展模式,其突出特点是区域内要素高度集聚和经济高度一体化。而随着世界经济从"工业经济"逐渐向"服务经济"转型,服务业已成为现代社会中具有重要战略地位的产业部门(李文秀,2008)。在港澳两地服务业都已于当地经济体系中占据主导地位的背景下,港澳两地产业体系发展的特点将会决定其与广东合作的重点产业领域在于服务业(薛凤旋,2000)。并且国家发改委亦早于 2009 年 1 月 8 日就《珠江三角洲地区改革发展规划纲要(2008—2020)》的公布就明确指出支持粤港澳合作发展服务业,并确立建设世界先进制造业和现代服务业基地的战略。因此,可以认为在粤港澳大湾区建设的新合作背景下,深化服务业领域的合作符合粤港澳三地的共同发展需求(钟韵,2017)。

共建"粤港澳大湾区"除了要利用"一国两制"之长共谋共赢发展外,还要善于利用国内和国际资源,找准在经济全球化中区域分工的位置(陈德宁、郑天祥、邓春英,2010)。现时,我国服务业区域发展表现出空间依赖和集聚特性,正确处理它们与服务业发展的相互关系,有效利用优势条件和主动创造发展条件,可促进服务业的发展(胡霞,2006)。而现代服务业的发展对优化经济结构、扩大内需和吸纳就业都有着重要的现实价值,是拉动经济发展的重要引擎(王佳宁、来有为、冯吉光、何培育,2017),推动湾区建设成为国际一流湾区和世界级城市群。因此,本章将对粤港澳大湾区服务业的空间集聚程度进行测度,同时探究粤港澳大湾区服务业集聚的影响因素,为服务业的集聚和发展提供借鉴。

与已有研究相比,本章贡献在于以下两个方面。第一,对粤港澳大湾区这个崭新的城市群的服务业空间集聚情况进行研究,符合当下政策及发展方向,研究结果有参考意义。第二,首次将中国内地城市与经济体制不相同的香港、澳门特别行政区结合进行研究,这一点对服务业外其他领域的研究都有重要意义。

余下部分结构安排如下:第一节是服务业和产业集聚研究的文献评述;第二节为建立粤港澳大湾区服务业集聚影响因素的理论假设;第三节是研究方法、模型设定和数据来源说明;第四节为实证分析粤港澳大湾区服务业空间集聚态势和影响因素;第五节是结论与建议。

第一节　文献综述

一、服务业的内涵

服务业的概念。对于服务业的定义,最早可以追溯到亚当·斯密,他在讨论决定人均国民收入的两个因素时,从区分生产性劳动和非生产性劳动的角度对货物和服务加以区分。霍尔(T.P.Hill,1977)从服务的内涵方面提出的服务概念得到广泛认可："服务是指人或隶属于一定经济单位的物在事先合意的前提下由于其他经济单位的活动所发生的变化。"这种变化包括服务给消费者带来身体和心理变化。而霍尔又进一步指出,"服务的生产和消费同时进行,即消费者单位的变化和生产者单位的变化同时发生,这种变化是同一的",即强调服务过程中生产者与消费者所具有的接触性。但是时至今日,服务业无论在概念的外延还是内涵上都仍然没有形成一个广为接受的定义(陶纪明,2007)。最早对服务经济进行研究的美国经济学家维克多·富克斯也没有对服务业的定义作过多理论分析,而是采用排它法,将其定义为"第三"部门或"剩余"部门。

服务业的界定。克鲁伯(H.G.Grubel)和沃克(I.A.Walker)将服务业分为消费服务、生产服务和政府服务三种类型。Browing、Singelmann(1975)将服务业以其功能划分成消费性服务业、生产者服务业和分配服务业三种。Singelmann(1978)在此基础上根据服务业的性质和功能特性重新划分为分配性服务、生产性服务、个人性服务、社会性或非营利政府服务四类。M. A. Katouzian(1970)根据罗斯托的经济发展阶段理论提出传统服务业、新兴服务业和补充性服务业三种分法。但是服务业的多样性导致了服务业分类的多样化,为了数据的一致性和可比性,本研究将第三产业作为服务业进行讨论。《国民经济行业分类》(GB/T 4754—2011)明确第三产业,即服务业,包括"交通运输、仓储和邮政业,信息传输、计算机服务和软件业,批发和零售业,住宿和餐饮业,金融业,房地产业,租赁和商务服务业,科学研究、技术服务和地质勘查业,水利、环境和公共设施管理业,居民服务和其他服务业,教育,卫生、社会保障和社会福利业,文化、体育和娱乐业,公共管理和社会组织,国际组织等行业"。《香港标准行业分类2.0版》划分的第三产业包括:(1)批发、零售及进出口贸易、饮食及酒店业;(2)运输、仓库及通讯业;(3)金融、保险、地产及商业服务业;(4)社区、社会及个人服务;(5)楼宇业权。澳门统计稽查局定义的第三产业包含:(1)批发及零售业、维修、酒店业和饮食业;(2)运输、仓储及通讯业;(3)银行、保险及退休基金、不动产业务、租赁及向企业提供的服务;(4)公共行政、社会服务及个人服务(包括博彩业)。

二、产业集聚理论

古典经济学家亚当·斯密（1776）在《国富论》中提出的分工理论，认为分工可以提高劳动生产率，成为现代产业集聚理论成因的理论基础。

马歇尔（1890）在其《经济学原理》中首次提出产业集聚的概念，认为内部经济是有赖于从事工业的个别企业的资源、组织和经营效率的经济；而外部经济是有赖于工业的一般发达的经济。另外，"这种经济往往能因许多性质相似的企业集中在特定的地方——即通常所说的工业地区分布而获得"一说，可见，在马歇尔看来，外部经济十分重要。这些工业能够在产业区内集聚的最根本原因在于获取外部规模经济。

阿尔弗雷德·韦伯继马歇尔的外部性理论后于《工业区位论》（1909）一书中提出关于工业企业空间位置选择的工业区位论，认为影响工业区位的因素有"区域性因素"和"集聚因素"两种，其中"区域性因素"以运输成本和劳动力成本为主。并且首先提出了决定工业区位的最小成本理论，解释工业在区位选择中的基本原则是经济利益成本的节约。

迈克尔·波特（1990）在《国家竞争优势》中提出了产业集聚的概念，从国家竞争力的角度研究产业的地方化现象。波特认为"钻石理论"中生产要素、需求因素、产业因素、企业竞争和一国的机遇和政府的作用决定一个国家某种产业竞争力。

新经济地理学派的代表Krugman（1991）首次将空间的观念引入规范的经济学研究框架中。他建立了"中心—外围"模型，揭示经济地理集聚的内在运行机制，并认为产业地理集中主要受市场准入效应、生活成本效应和市场挤出效应三种效应驱动。

国内学者梁琦（2004）在其研究的《产业集聚论》中采取建立数学模型和实证分析相结合的研究方法阐述产业集聚理论。她还通过考察产业集聚的市场因素，提出"集聚组"概念和"地方中枢产业"理论、产业区位生命周期说"集中—分散—再集中"、市场关联与贸易成本之说等，从空间经济角度对中国20年来产业区位的变迁给出了别具一格的解释。

三、产业集聚测度方法

产业集聚程度的测算是研究产业集聚问题最基础性的工作。在产业集聚的定量研究方面,由于产业集聚与企业规模密切相关,因此当前测算产业集聚程度的方法可分为两类(文东伟,2014)。一类仅考虑行业和地区范围大小影响而忽略了企业规模差异带来的影响的方法,如行业集中度、产业空间基尼系数(Krugman,1991a;Amiti,1998)、区位熵(Haggent,1966)、泰尔指数(Theil,1967)、Hoover 地方化系数(Hoover,1936)、产业方差系数(Hallet,2000)、产业基尼系数(Wen,2004)。代表性的文献有,梁琦(2003)针对 1994、1996 和 2000 年 24 个工业行业产值数据和 2001 年制造业 171 个行业数据,通过区位基尼系数度量中国工业和制造业的集中程度,根据基尼系数得出外商直接投资和行业的集聚水平有着直接关联;基于 1985—1997 年我国 29 个省区市 32 个工业行业的产出数据,白重恩(2004)利用 Hoover 地方化系数进行区域专业化测度的实证结果表明:我国工业行业的平均地理集中度呈现上升趋势;杨仁发(2013)在 2003—2010 年我国 269 个城市面板数据的基础上,选用区位熵衡量制造业与服务业集聚水平,发现服务业集聚显著提高地区工资水平,制造业分别与服务业、生产性服务业、消费性服务业的共同集聚对地区工资水平也有显著影响。

而另一类是考虑到企业规模和地区范围差异影响的方法,有赫芬达尔—赫希曼指数(Hirschman,Herfindahl,1950)、EG 指数(Ellison,1997;Glaeser,1999)、DO 指数(Duranton,Overman,2005)等。其中,顾乃华(2011)通过区位熵和赫芬达尔指数测算生产性服务业的集聚程度,研究结果表明,我国城市生产性服务业的集聚能够显著提高本地工业的全要素生产率;在产业和空间层面上运用 EG 指数测算长三角地区 2001—2006 年产业的集聚程度、产业集聚间的分工状态以及区域溢出效应,陈建军(2008)揭示了产业集聚间分工对整合离散的产业集聚,形成长三角地区竞争优势的内在机理;通过 DO 指数对背景企业微观数据进行产业集聚测度研究,袁海红(2014)得出高技术行业最集聚,低技术的劳动密集型行业最分散。

四、产业集聚的影响因素

工业领域：金煜等（2006）通过对我国 1987—2001 年省级面板数据的分析，发现经济开放、经济政策、城市化、市场容量、基础设施的改善和政府作用的弱化利于工业集聚。金融领域：通过对中国 2010 年 286 个中心城市数据的因子分析，茹乐峰等（2014）总结出规模因子（包含金融业从业人员数、地区生产总值），质量因子（包含人均 GDP、人均金融存贷款余额）和活跃程度因子（包含金融密度、金融深度）对金融业集聚的贡献度依次递减。制造业领域：樊秀峰、康晓琴（2013）运用面板数据对 2006—2011 年陕西制造业的行业数据进行实证分析，认为行业增长水平，行业劳动力密集度，规模经济，劳动生产率的提高、运输成本的降低和政府干预的减少都显著促进制造业的集聚，外商直接投资水平则没有明显影响。韩峰和柯善咨（2012）也发现中间投入可得性、区际研发溢出、专业化劳动力和市场需求对制造业空间集聚有明显促进作用。服务业领域：何永达（2015）通过检验各因素对服务业空间集聚的经济关系，得出经济发展水平、人力资本、知识创新、城市化及短期内工业发展水平对服务业集聚有积极影响，但长期看，过高的工业比例可能带来挤出效应。而对外开放水平和政府干预能力对服务业集聚影响并不显著。服务业内部构成具有多样性，很难从整体上对其布局的影响因素进行研究，不同类型的服务业空间布局影响因素也是不同的，因此部分学者是针对分类服务业进行研究的。盛龙（2013）从行业层面提出，制造业需求、信息化程度、知识密集度和国有化程度对生产性服务业集聚的影响显著；从地区层面提出，制造业集聚、信息化水平、人力资本和地方保护主义对生产性服务业集聚存在显著影响。另外，技术投入、资本投入、工资水平、交易成本、工业规模、市场规模、城市和政府规模等经证实也是生产性服务业集聚的影响因素（陈建军，2009；宣烨，2013）。对于知识密集型服务业，郑长娟（2017）通过实证表明信息化水平、人力资本、制造业集聚、政府支持力度、经济开放程度和城镇化水平对知识密集型服务业集聚有正效应。在空间计量模型框架下对科技服务业进行分析，张清正、李国平（2015）认为规模经济、科技实力、知识溢出和政府行为等均有利于科技服务业集聚发展。

对以上文献的总结分析,我们发现:(1)产业集聚特征的相关研究主要应用于工业与制造业,关于服务业集聚的研究相对不足;(2)在产业集聚影响因素的研究方面,研究服务业整体集聚影响因素的相关文献很少;(3)国内关于"湾区"经济方面研究经验较少,没有港澳与内地两种不同经济体之间产业集聚的对比研究。本章选用空间基尼系数和区位熵测算粤港澳大湾区服务业的区域集聚程度,应用空间计量模型识别和检验服务业空间集聚的影响因素,在此基础上对粤港澳大湾区服务业的集聚发展提出政策建议。

第二节　理论假设

本章在综合前人经验后选取规模经济、创新能力、贸易开放程度、工业化程度作为服务业集聚的影响因素进行研究,并提出以下理论假设。

一、规模经济

服务业集聚使劳动分工专业化,信息、设施、服务的共同利用会带来成本节省和效益提升。为了获得规模经济,服务业企业将会有向某个区域集中的趋势。与此同时,专业化优势和品牌效应都将会促进整个行业服务质量和效率的提高,大幅度降低单位服务产品的长期平均成本,实现规模基础上的收益递增,并且进一步刺激服务业集聚区的发展,促进服务业的集聚。

假设1:规模经济对于服务业集聚有正向的促进作用。

二、创新能力

自熊彼特(Joseph Schumpeter)于1912年首次提出"创新"概念以来,创新已成为经济发展乃至社会全面发展的原动力。创新是服务业空间集聚发展的不竭驱动力,区别于传统制造业,服务业特别注重创新环境与集聚学习获取集聚发展的动力。而且服务业空间集聚的本质亦是一种创新网络,是高技术服务业和科技服务业企业发展的重要动力。创新将提高企业适应外部市场环境的能力,增强企业核心竞争力,激发企业内部的新思想、新方法和新产品,促进服务业企业的空间集聚发展。

假设2:创新能力对于服务业集聚有正向的促进作用。

三、贸易开放程度

在经济全球化和国际贸易自由化的大背景下,服务业作为一个全球化程度较高的行业,贸易开放对服务业集聚有着重要影响。贸易开放通过在降低运输成本、扩大国内外市场规模、吸引外资集聚和积累人力及知识资本、促进技术外溢和扩散效应来推动产业区域集聚。贸易成本的降低,对外进出口贸易的增加,国外资金、技术和现金管理方法的引进也都有利于服务业企业的集聚。

假设3:贸易开放程度对于服务业集聚有正向的促进作用。

四、工业化程度

工业与服务业之间的产业关系密切,工业部门是服务业产出的需求部门,工业亦是服务业发展的前提和基础,工业的扩张将会带动服务业需求的扩大,而服务业发展必须依赖工业发展。再者,工业是中国生产性服务的最重要需求对象之一。所以工业的发展不但提供了广阔的市场和需求,同时还为生产性服务业发展提供了技术支撑,带来商务服务业、金融业、物流业等服务业的集聚和发展。

假设4:工业化程度对于服务业集聚有正向的促进作用。

第三节　研究方法、模型设定和数据来源

一、集聚测度方法

1. 空间基尼系数

Krugman(1991)等在研究美国制造业集聚程度测量时,利用洛伦茨曲线和基尼系数的原理和方法,构造了测定行业在空间分布均衡程度的空间基尼系数,计算公式为:

$$G = \sum_{j=1}^{n} (s_j - x_j)^2 \qquad (2-1)$$

其中,G 为空间基尼系数,n 为地理区域的数量,s_j 为某行业在地理区域 j 相关指标总值(生产总值、就业人数、销售额、资产总额等)占某一经济体(国家或地区)该行业相关指标总值的比例,x_j 为地理区域 j 相关指标总值占该经济体相关指标总值的比例。基尼系数 G 越接近于零,说明该行业的空间分布与整个产业的空间分布是相匹配的,即行业在空间分布越均匀;基尼系数 G 越接近 1(最大值为 1),说明该行业的空间分布与整个产业的空间分布不一致,该行业的集中程度高于其他行业的集中程度,即该行业的地方化程度高。

2. 区位熵

区位熵(Location Quotient)也称生产的地区集中度指标或专门化率,是比率的比率,反映某一产业部门的专业化程度,以及某一区域在高层次区域的地位和作用,计算公式如下:

$$LQ_{ij} = \frac{q_{ij}/q_j}{q_i/q} \qquad\qquad (2-2)$$

式中,LQ_{ij} 就是 j 地区的 i 产业在该经济体的区位熵;q_{ij} 为 j 地区的 i 产业的相关指标(如生产总值,就业人数等);q_j 为 j 地区所有产业的相关指标;q_i 指在该经济体范围内 i 产业的相关指标;q 为该经济体所有产业的相关指标。区位熵值越高,地区产业集聚水平就越高。一般来说,当 $LQ_{ij} = 1$ 时,表明某产业在某地区的集聚度并不显著,即处于均势地位;当 $LQ_{ij} > 1$ 时,表明某产业在某地区的集聚度较强,即认为 j 地区的区域经济在经济体中具有优势;当 $LQ_{ij} < 1$ 时,表明某产业在某地区的集聚度较弱,即认为 j 地区的区域经济在经济体中存在劣势。

二、模型设定

1. 模型构建

为了准确考察粤港澳大湾区服务业发展的影响因素,本研究将时间序列数据扩展为面板数据,借鉴已有的研究成果,并根据前述的理论分析,构建如下模型:

$$LQ_{it} = \alpha_i + \beta_1 SCALE_{it} + \beta_2 KNOW_{it} + \beta_3 OPEN_{it} + \beta_4 INDU_{it} + \mu_{it}$$

$$i = 1,2,\ldots,N$$
$$t = 1,2,\ldots,T$$
$$(2-3)$$

其中,i表示地区(即广州、深圳、珠海、佛山、惠州、东莞、中山、江门、肇庆、香港、澳门),t表示年份(2005—2015年),$\beta_i(i=1,2,3,4)$为待估系数,α_i为个体固定效应,μ_{it}为随机误差项,LQ表示区位熵,SCALE表示规模经济,KNOW表示创新能力,OPEN表示贸易开放程度,INDU表示工业化程度。

2. 变量选取

模型各变量的解释说明如表2-1所示。

表2-1 模型的变量定义及解释说明

变量性质	变量名称	符号	变量含义解释
被解释变量	服务业集聚程度	LQ	地区i服务业的区位熵
解释变量	规模经济	SCALE	地区服务业生产总值占地区生产总值的比例
解释变量	创新能力	KNOW	地区专利申请受理量
解释变量	贸易开放程度	OPEN	地区进出口贸易额占地区生产总值的比例
解释变量	工业化程度	INDU	地区工业生产总值占地区生产总值的比例

三、数据来源

受到实际数据可获性和一致性的限制,本研究以粤港澳大湾区中的珠三角9个地市和港澳2个特别行政区2005—2015年的面板数据为测算依据,数据主要来源于《中国统计年鉴》《中国第三产业统计年鉴》《广东统计年鉴》《香港统计年刊》《澳门统计年鉴》。

第四节 实证分析

一、服务业集聚态势分析

在采用空间基尼系数和区位熵进行粤港澳大湾区的空间集聚分析和专业化水平测度时,由于以往研究认为中国服务业总产值和增加值被低估(许宪春,2004),故在此以产业就业人数表示产业规模。

1. 空间集聚分析

由图 2-1 的空间集聚情况可知,2005—2015 年粤港澳大湾区的空间基尼系数普遍较低,表明该时期粤港澳大湾区服务业的整体发展较为均衡,没有出现地域上的较大差异。从时间序列上可以看出,2010 年湾区服务业空间集聚程度有明显的提升,此后的变化呈现先升后降的"倒 U 型"趋势。说明自 2009 年国家发改委明确指出支持发展服务业后,一些具有服务业优势的城市在政策的有力支持下,服务业发展迅速,粤港澳大湾区的服务业空间集聚程度增强;随着大湾区服务业的不断发展,服务业的区域分布将会趋向均匀,空间集聚程度会弱化。

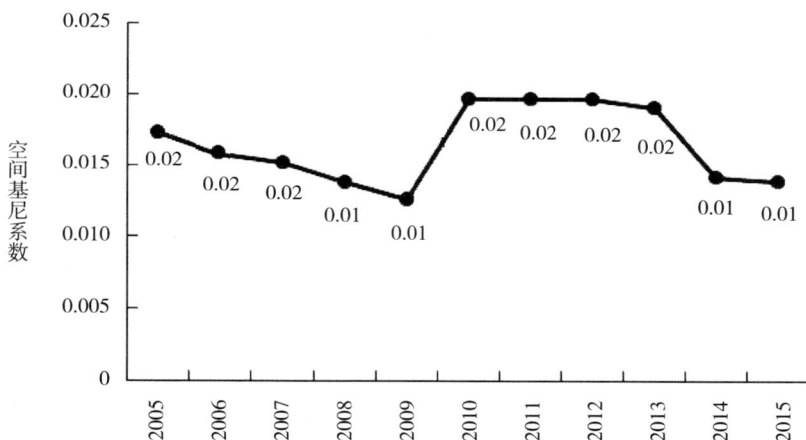

图 2-1　2005—2015 年粤港澳大湾区服务业空间基尼系数变化趋势

数据来源:作者查询《中国第三产业统计年鉴》《广东统计年鉴》《香港统计年刊》《澳门统计年鉴》相关数据,并根据式(2-1)计算得到。

2. 专业化水平测度

根据式(2-2)计算出粤港澳大湾区各城市服务业区位熵,整理成表 2-2。大湾区的 11 个城市中,2005—2012 年区位熵大于 1 的城市有 5 个,2013—2015 年减少为 4 个城市,占总城市数的 1/3,说明大湾区服务业整体具有一定程度的地区专业化和空间集中特征。其中,香港、澳门这两个特别行政区的地区专业化程度最高,广州、深圳、珠海次之,中山、江门和肇庆最低。

表2-2　粤港澳大湾区各城市服务业区位熵测算结果（2005—2015）

区域	2005	2006	2007	2008	2009	2010	2011	2012	2013	2014	2015
广州	1.13	1.14	1.13	1.12	1.13	1.26	1.25	1.24	1.28	1.23	1.22
深圳	1.03	1.02	1.08	1.06	1.06	1.15	1.16	1.19	1.16	1.14	1.15
珠海	1.08	1.14	1.17	1.15	1.11	1.17	1.15	1.09	0.98	0.95	0.93
佛山	0.86	0.86	0.84	0.87	0.89	0.82	0.81	0.80	0.80	0.80	0.80
惠州	0.60	0.60	0.61	0.65	0.65	0.71	0.72	0.71	0.71	0.69	0.70
东莞	0.79	0.80	0.77	0.77	0.79	0.54	0.53	0.53	0.52	0.68	0.66
中山	0.56	0.56	0.55	0.59	0.60	0.65	0.64	0.64	0.62	0.62	0.62
江门	0.57	0.60	0.59	0.59	0.59	0.63	0.61	0.62	0.61	0.60	0.60
肇庆	0.63	0.61	0.61	0.61	0.61	0.49	0.50	0.50	0.50	0.50	0.51
香港	2.08	2.05	2.02	2.01	2.01	2.08	2.02	2.02	1.98	1.92	1.89
澳门	1.83	1.84	1.83	1.85	1.93	2.04	2.03	2.00	1.97	1.84	1.81

资料来源：作者查询《中国第三产业统计年鉴》《广东统计年鉴》《香港统计年刊》《澳门统计年鉴》相关数据，并根据式（2-2）计算得到。

从图2-2各城市区位熵变化趋势可以看出，2010年广州、深圳、香港和澳门这4个一线城市的区位熵均有明显的提升，此后呈现不同程度的下降趋势。结合空间基尼系数分析，在政府相关政策的推动下，这4个具有服务业区位优势的城市对大湾区整体服务业的集聚发展发挥引领作用。

二、服务业集聚影响因素分析

1. 数据描述

模型中用到的各相关变量的基本数据特征如表2-3所示。除创新能力KNOW变量为绝对值数据外，其余变量均为比值数据。创新能力变量的标准偏差较大，最小值为澳门于2015年的168个专利申请受理数，最大值为2015年深圳的105481个专利申请受理数。而人口规模是影响创新能力差异的主

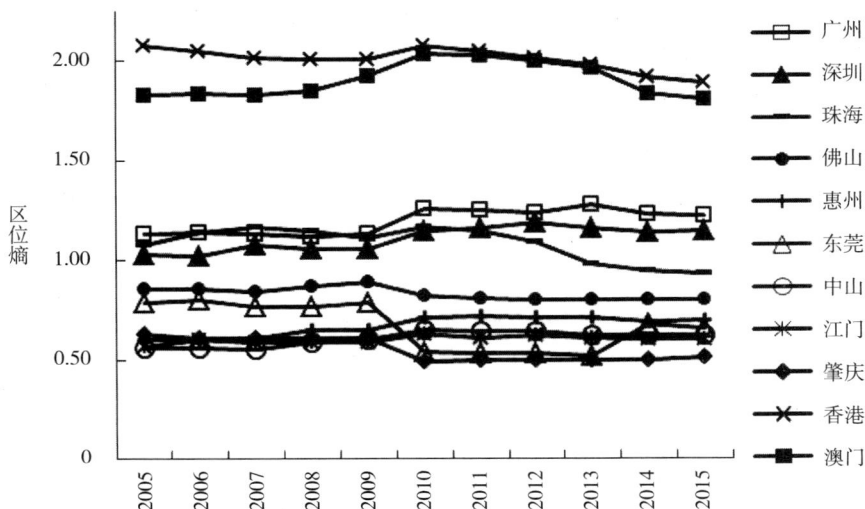

图2-2　服务业区位熵变化趋势(2005—2015)

资料来源:作者查询《中国第三产业统计年鉴》《广东统计年鉴》《香港统计年刊》《澳门统计年鉴》相关
数据,并根据式(2-2)计算得到。

要因素之一,因为创新能力的提高除了需要研发资金的投入,还需要人员的投入,澳门与深圳的人口规模悬殊也正是造成两者创新能力差异大的原因。

表2-3　变量的描述统计

变量符号	样本量	平均值	标准偏差	最大值	最小值
LQ	121	1.02	0.50	2.08	0.49
SCALE	121	0.52	0.18	0.96	0.33
KNOW	121	15740.26	18587.04	105481.00	168.00
OPEN	121	1.43	1.06	3.67	0.22
INDU	121	0.40	0.19	0.63	0.01

注:样本量是指粤港澳大湾区9个地市加港、澳两个特别行政区共11个地区,时间跨度11年(2005—
2015),即 11 × 11 = 121。

2.单位根检验

非平稳的经济时间序列往往表现出共同的变化趋势,对非平稳数据直接回归可能出现虚假回归或者伪回归。为了避免伪回归,确保结果有效性,需要对面板数据模型进行单位根检验。避免单一检验方法可能存在的缺陷,本章采用相同根单位根 LLC(Levin-Lin-Chu)检验与不同根单位根 Fisher-ADF 检验这两种面板数据单位根检验方法。如果两种检验方法都是拒绝存在单位根的原假设,则可以判断此序列是平稳的,反之为不平稳序列。由 EViews9.0 软件所得的检验结果如表 2-4 所示。

表 2-4   各变量单位根检验结果

变 量	LLC 统计量	Fisher-ADF 统计量	变 量	LLC 统计量	Fisher-ADF 统计量
LQ	−1.8188	9.6940	dKNOW	−3.0017***	38.5232**
dLQ	−8.1400***	39.4606**	OPEN	−3.1683***	16.9318
SCALE	−5.9157***	30.4169	dOPEN	−8.6162***	40.6310***
dSCALE	−8.6288***	42.6212***	INDU	−4.2720***	24.9477
KNOW	−1.1572	15.0026	dINDU	−9.1753***	49.6554***

注:d 为差分算子;***、**和*分别表示通过双边 1%、5%和 10%水平上的显著性检验。

LLC 检验和 Fisher-ADF 检验结果显示,在 5%的显著水平下,LQ、SCALE、OPEN、INDU、KNOW 五个变量的水平序列均存在单位根,是非平稳序列。但经过一阶差分处理后,序列都拒绝存在单位根的原假设,序列平稳,变量之间表现为一阶单整。可以判断 LQ 与 SCALE、OPEN、INDU、KNOW 之间可能存在协整关系。

3. 协整性检验

为了确保模型估计的准确性,在对纳入分析框架的各变量进行单位根检验的基础上,仍需要对各变量是否存在协整关系进行检验,即检验变量之间是否存在稳定的关系。面板数据的协整检验方法主要有三种,分别为 Pedroni 检验(1999,2004)、Kao 检验(1999)和 Johansen 面板协整检验(2001)。本章采用 Pedroni 检验和 Kao 检验两种方法,检验结果如表 2-5 所示。

表 2-5　各变量的 Pedroni 面板协整检验结果

统计量	统计量值	P 值
Panel v-Statistic	−0.427327	0.8124
Panel Rho-Statistic	3.447970	0.9993
Panel PP-Statistic	−2.999015	0.0000
Panel ADF-Statistic	−2.152572	0.0000
Group Rho-Statistic	4.287489	1.0000
Group PP-Statistic	−15.18959	0.0000
Group ADF-Statistic	−6.165975	0.0000

注:Pedroni 检验中,前 4 个检验统计量为组内统计量,后 3 个为组间统计量。

Pedroni 检验结果表明,在 5% 的显著水平下,组内与组间的 PP 统计量及 ADF 统计量都拒绝不存在协整关系的零假设;组内 v 统计量以及组内和组间的 Rho 统计量则不能拒绝不存在协整关系的零假设。根据 Pedroni (1997)的 Monte Carlo 模拟实验结果显示,对大于 100 的样本来说,所有 7 个统计量的检验功效都很好而且很稳定。但是对于小样本(T<20)来说,组间 ADF 统计量是最有功效的。因此,通过 Pedroni 检验基本可以认为本研究基准模型各变量存在协整关系。而 Kao 检验的结果也显示,ADF 统计量值为−1.660124,P 值为 0.0484,在 5% 的显著性水平下拒绝不存在协整关系的零假设,故综合两个检验可以得出在服务业集聚中各变量具有长期稳定的均衡关系。

4. 实证结果

在面板数据平稳的基础上,可以建立数据模型并进行回归估计。但是首先需要对面板数据的影响形式进行判定,明确建立固定效应模型还是随机效应模型。通过 Hausman 检验可知,应该建立固定效应模型。为了直观地反映参数估计的意义,面板模型用原始数据进行分析(牛叔文等,2010)。具体的模型估计结果如表 2-6 所示。

表 2-6　服务业集聚影响因素回归分析结果

变　量	模型（1）	模型（2）	模型（3）
SCALE	0.3755 *** （3.0077）	0.5013 *** （4.2737）	1.6965 * （1.7636）
KNOW	0.0000 **① （2.5562）	0.0000 ***② （4.5496）	0.0000③ （0.0629）
OPEN	0.0804 *** （3.5093）	0.0247 （0.9314）	0.2367 *** （3.9720）
INDU	0.0345 （0.1654）	1.7710 *** （2.9474）	0.5548 （0.9962）
C	0.6658 *** （5.0018）	0.2121 （0.8960）	−0.4542 （−0.6508）
Hausman 检验	28.6764 ***	35.8823 ***	191.4163 ***
R^2	0.9861	0.9918	0.9481
F 检验	537.4206 ***	754.7444 ***	104.9780 ***
DW	0.61988	0.5328	1.1499
样本量	121	66	55

注：括号外与括号内的数字分别为回归系数与 t 统计量值；***、**和 * 分别表示通过双边 1%、5% 和 10% 水平下的显著性检验；①②③处的实际数据分别是 1.868×10^{-6}、4.1734×10^{-6}、8.6040×10^{-8}。

　　固定效应模型检验结果表明：从解释变量的符号来看，各变量对服务业集聚均有正效应，符号与预期相一致；从 R^2 来看，模型的拟合度较高，变量对模型有较好的解释力。规模经济显著促进服务业集聚，与假设 1 的预期一致，规模经济的扩大，吸引外部资本的进入和人才的流入，利于专业化优势的形成，促进服务业集聚；创新能力对服务业集聚具有显著的促进作用，与假设 2 的预期一致，创新能力的增强，提升企业的市场适应能力和激发企业内部新理念和新事物的产生，促进服务企业集聚；贸易开放程度对服务业集聚有积极的促进作用，与假设 3 的预期一致，贸易开放程度提高，吸引区域外的资本和高端人才向本地区的流动和集聚，利于服务业集聚；尽管工业化程度变量符号为正，但是未能通过显著性检验，表明工业化程度对服务业集聚的影响并不显著，与假设 4 观点不一致。原因可能如刘勇等（2013）提到的，工业自身内循环特征较明显，外包服务业刚兴起，对服务业的中间需求不足，依赖程度低，现阶段工业化对服务业发展和集聚的影响尚未充分显现。

5. 稳健性检验

本章通过对原来样本进行分组的方式进行稳健性检验。按照各地区土地面积的大小,将样本划分为土地面积大于 2000 平方公里(广州、佛山、东莞、江门、肇庆)和小于等于 2000 平方公里(深圳、珠海、惠州、中山、香港、澳门)两部分。统计检验的步骤与前文相同,最后都是采用固定效应模型进行统计分析。表 2-6 的模型(2)和模型(3)报告了基于地区土地面积划分的稳健性检验结果。回归结果表明,各变量的回归系数与前文基准估计的符号完全一致,仅是在显著性上略有差异。因此,模型的计量分析具有较好的稳健性,并进一步验证了已有结论的可靠性。

第五节　结论与建议

粤港澳大湾区近十年以来都存在服务业集聚现象,并且在政府政策扶持下,服务业集聚现象更明显。香港、澳门两个特别行政区与广州、深圳两个一线城市的服务业集聚程度都较其他城市高。规模经济、贸易开放程度、创新能力对服务业集聚有积极和显著正向的影响,工业化程度的提升一定程度上也有利于服务业集聚发展。基于上述研究理论,为促进粤港澳大湾区服务业集聚发展,提出以下政策建议:

第一,提升政府支持力度,推动建设服务业集聚区。政府应该加大外包服务的激励,增强企业服务外包意识,鼓励企业专注于主业发展,提高核心竞争力,将自身不擅长的服务环节外包。另外,政府还应积极发挥引领作用,从全局出发合理引导服务企业空间集聚,加强区域间的服务业合作,充分发挥服务业在资源配置中的作用,促进服务业要素在区域间的自由流动,通过区域服务业合作实现规模化发展,并从机制上构建起整个社会的专业化分工体系。加大服务业集聚区建设的投入,推动服务业集聚区的建设,为服务业创造良好的发展环境。

第二,促进地区对外开放,形成利用外资的优势。充分利用粤港澳大湾区的区位优势,推进重点产业领域加快开放发展,帮助本地区企业开拓海外市场,引进海外新项目、新技术。同时加大外资的招引力度,逐步放宽政策限制,放开外资准入限制,拆除大湾区人才和服务贸易壁垒。吸引国内外服务机构进入,引导外资更多投向高新技术、战略性新兴产业以及现代服务业,扩大对外开放与交流,充分发挥外资的"技术溢出"效应和人力资源效应,提升我国服务业技术水平、管理水平、服务能力等。

第三,完善创新环境,重视培养创新人才。以技术创新为支撑,政府要加大服务业集聚区研发投入,引导服务企业开展技术创新、业态创新与品牌创新,培育拥有自主品牌和自主知识产权的创新型企业。支持和鼓励企业和科研院所加强技术创新投入,提升地区知识创新水平,充分挖掘知识创新能力对服务业集聚发展的促进潜力,营造良好的创新环境,促进区域服务业协调和可持续发展。以人才创新为动力,坚持人才优先发展战略,建立多层次教育、培训和人才流动体系,推进境内人才培养,境外高端人才吸纳以带动国内人力资源优势的发挥,重视企业技术需求的对接,将科教优势转化为创新优势和竞争优势。

第 三 章

粤港澳大湾区创新绩效的空间效应研究

  2017 年 10 月,习近平总书记在中国共产党第十九次全国代表大会上提出:在未来的 17 年内,我国将实现全面建成小康社会的基本目标。随着人民生活水平的不断提高,社会的主要矛盾已经转化为人民日益增长的美好生活需要和不平衡不充分的发展之间的矛盾。我国的发展战略也从资源导向型转变成科技推动型,区域间发展的不平衡与科技创新能力的低下,成为限制我国进一步发展的壁垒。2017 年 7 月,广东省政府、香港特别行政区、澳门特别行政区三地共同签署了《深化粤港澳合作 推进大湾区建设框架协议》,希望打破之前各区域独自发展的经济战略,综合各区域的发展优势,推动城市间的协同发展,提升粤港澳大湾区的经济发展能力。城市间的创新集群,是国家整体创新能力的驱动力,城市创新能力的评价,需要考虑城市的商业成熟度、市场成熟度、基础设施的配置、资本的投入与科技创新产出等要素。

  粤港澳大湾区位于南海的重要出海口,港口资源丰富,拥有广州港、香港港、深圳港等世界级集装箱港口。2017 年,广州港集装箱吞吐量达 2030 万标箱,汽车吞吐量约 110 万辆,与 2016 年相比增长 32.1%,该增幅位于大连、上海等全国沿海汽车口岸的榜首;香港港位于我国与邻近亚洲国家的交界处,年货物吞吐达 2011.40 万标箱,如今已发展成为远东航运的中心。深圳作为我国创新型城市,涵盖了电子信息、新能源及新材料、生物医药三大领域。2017 年深圳 GDP 总值达 2.2 万亿元,超越广州和香港,在全国排名中居第三位,高新技术产业的增加值增长了 12.2%,占 GDP 比重的 40.8%,同时吸引了华为、康佳、腾讯等 5000 多家国内外知名企业加盟,其中 IPO 企业 40 家,占全国 IPO 总数的 9.13%。相比之下,位于湾区西岸的珠海、中山、江门等城市,还存在着高新技术人才匮乏、研发经费不足、专利申请授权数偏低等问题。在"一国两制"的框架下,粤港澳大湾区内各城市之间存在着法律、文化、经济、政策等方面的差异,使湾区内部要素不能自由流动,创新资源空间分布不均,在一定程度上造成区域内创新绩效的空间异质性。

目前,国内外文献主要集中于对湾区经济创新能力的分析,对湾区创新绩效的空间分布研究较为欠缺。自 2008 年金融危机后,世界发达国家已开始推行"去全球化"的贸易保护主义模式,全球经贸投资规则和经济治理体系进入了深入调整期,这对于以外向型经济为主的中国而言,冲击很大。如今中国政府正积极调整对外开放格局,转变经济发展模式,推动供给侧改革,粤港澳大湾区作为世界第四大湾区,是国家建设世界级城市群和参与全球竞争的重要空间载体。

在当前"推进粤港澳大湾区建设"的背景下,湾区内各城市的协同发展是湾区建设的主要目标,根据各城市的空间关联与空间差异情况,研究制定湾区城市群发展规划,对进一步激发湾区的创新发展潜力,打造世界一流湾区城市群有着深远意义。我们以粤港澳大湾区 11 个城市作为研究对象,首先基于随机前沿分析方法测算出湾区内各城市的区域创新绩效,接着运用 Moran's I 指数和 Geary's C 指数分析全局空间的关联性及强度,运用局部指标(LISA)和 Moran 散点图分析各个区域创新绩效与周边区域创新绩效之间的局部空间关联情况,最后分析影响各区域存在差异的因素。对市场主体而言,我们的研究成果能使其深入认识所在区域、所在产业的创新发展情况与空间分布特征,对其进一步的投资与发展提供相应的理论支持。对政府而言,可根据研究成果,深入了解各区域创新绩效的传导机制与互动关系,从而制定更加适宜的产业政策,激发市场主体活力,促进制造业发展。

第一节 文献综述

国内学者主要从两个角度实证研究区域创新绩效的评价。易伟明、刘满凤(2005)以安徽省高新技术开发区为研究对象,运用数据网络分析法,构建创新投入与产出的三级指标,将安徽省 17 个地区的创新绩效划分为三个层级。苏屹、李柏洲(2013)基于随机前沿分析方法,对我国 31 个省区市的新产品销售收入与新产品产值数据进行实证研究,研究结果表明,我国各区域创新绩效差距较大,普遍存在非效率现象,同时发现市场化程度、系统协作水平等因素对区域创新绩效具有正向的促进影响。针对各区域创新绩效的空间关联与区域溢出效应的影响,周景坤、段忠贤(2013)从区域创新环境的角度,分析区域创新环境与创新绩效之间的互动关系。白俊红、蒋伏心(2015)从区域间创新要素动态流动的角度,构建协同创新指标体系,建立空间权重矩阵,运用空间计量分析技术,实证研究区域协同创新与空间关联分别对创新绩效造成的影响。谭俊涛、张平宇以及李静(2016)通过构建创新投入、产出指标体系,利用创新产出与效率指标测算出区域的创新绩效,运用回归模型,对区域创新绩效的时空演变特征进行分析。李婧、何宜丽(2017)从空间相关的视角,利用中国 31 个省级行政区 2004—2013 年的数据,构建空间计量模型,从地理特征角度出发构建空间权重矩阵,来对区域创新系统间的知识溢出效应做出评价。

综上所述,已有文献已完成对区域创新绩效测算的研究,并从空间计量的角度对区域创新绩效的空间相关性进行了测量,但基于粤港澳大湾区各城市协同发展的研究较少。我们基于 2008—2016 年粤港澳大湾区创新绩效的面板数据,在系统地分析区域创新绩效的空间格局及影响因素的基础上,重点考察了 R&D 人员折合全时当量与 R&D 经费内部支出合计对区域创新绩效的影响。

第二节　区域创新绩效的测算

数据包络分析(DEA)和随机前沿分析(SFA)均可通过构建生产前沿面,来对区域创新投入与产出进行效率评价。其中,数据包络分析是一种非参数分析方法,主要应用于多投入、多产出问题,通过将目标的投入与产出投射在几何空间内,利用线性规划技术来确定生产前沿面,测算过程中不必确定生产前沿函数的形式及各参数的设定,投入与产出之间不一定存在着明确的数学关系。随机前沿分析是在确定的生产条件下,研究生产要素的投入与产出关系的参数方法,其中各前沿面是随机的,各生产单元并不共用同一前沿面。与DEA 方法相比,SFA 方法考虑了随机因素的影响,通过引入误差项,并采用技术无效率项的期望值作为技术效率的方法,使结果更为稳定。为了消除技术效率测算值与实际效率之间的偏差,并考虑到变量之间存在着较强相关性,我们采用SFA 模型对区域的创新绩效进行测算。

一、SFA 模型

Meeusen 和 Vanden Broeck(1977),Battese 和 Corra(1977),Aigner,Lovell和 Schmidt(1977)等人于20 世纪 80 年代提出了随机前沿模型,是在确定型前沿模型的基础上,将公式中的误差项划分成统计误差(随机误差项)和技术无效率(非负误差项)两部分,提高了技术效率的测算精确性。生产函数为Cobb-Douglas 的随机前沿模型定义如下:

$$\ln Y_i = \beta_0 + \sum_j \beta_j \ln x_{ij} + v_i - u_i, i = 1, 2, \ldots, N \tag{3-1}$$

模型基本假定:

(1)随机误差项 $v_i \sim iidN^+(0, \sigma_v^2)$,主要是由生产过程的随机性,输入或输出产生的测量误差所造成的。

(2)非负误差项 $u_i \sim iidN^+(0, \sigma_u^2)$,是取截去 $u_i < 0$ 部分的正态分布,u_i 与 v_i 相互独立。

x_i 分别与 u_i、v_i 相互独立。

Coelli 和 Battese(1992)对 SFA 模型引入了时间的概念,使 SFA 模型可以对面板数据进行效率评价,具体定义如下:

$$y_{it} = f(x_{it}, \beta) \exp(v_{it}) \exp(-u_{it}), i = 1, \ldots, N, t = 1, \ldots, T \tag{3-2}$$

其中 y_{it} 表示第 i 个决策单位 t 时期的总产出,x_{it} 表示第 i 个决策单位 t 时期的全部投入,t 为时间趋势变量,β 为估计的模型参数,v_{it} 表示生产过程中由不可控因素所带来的随机变化,u_{it} 表示生产过程中由可控制因素所带来的随机变化,其中 $\exp(-u_{it})(u_{it} \geq 0)$ 表示技术效率。

在参考测算结果前,需要对模型进行合理性检验:

$$\gamma = \frac{\sigma_u^2}{\sigma_u^2 + \sigma_v^2}(0 \le \gamma \le 1) \tag{3-3}$$

式(3-3)中,若 γ 值接近于 0,即 σ_u^2 接近于 0,说明技术无效率所带来的干扰很大,此时可采用 OLS 法对模型参数进行估计,SFA 模型不适用;若 γ 值接近于 1,即 σ_v^2 接近于 0,此时 γ 统计量服从混合 χ^2 分布,SFA 模型同样不适用;而当 γ 值的取值范围为[0,1]时,符合模型假定,SFA 模型可用。

二、SFA 模型效率计算

根据式(3-2),我们可以推导出 SFA 模型的技术效率为:

$$TE_i = \exp(-u_i) = \frac{y_i}{f(x_i, \beta)\exp(v_i)} \tag{3-4}$$

根据基本假定,在 u_i 分布已知的情况下,我们可以通过 $TE = E[\exp(-u_i)]$ 来计算出技术效率的期望值,但却不能计算出每个样本的技术效率。为了解决这一问题,Jondrow J.(1982)提出将技术效率定义为 $TE_i = \exp[-E(u_i \varepsilon_i)]$,其中 $\varepsilon_i = v_i - u_i$。具体定义如下:

$$EV(u \mid \varepsilon) = \mu_* + \sigma_* \frac{\varphi(\mu_*/\sigma_*)}{\Phi(\mu_*/\sigma_*)} \tag{3-5}$$

其中 $\mu_* = -\varepsilon \dfrac{\sigma_u^2}{\sigma^2} = -\varepsilon \dfrac{\lambda^2}{1+\lambda^2} = -\varepsilon\gamma$,$\sigma_* = \sqrt{\dfrac{\sigma_u^2 \sigma_v^2}{\sigma^2}} = \dfrac{\lambda}{1+\lambda^2}\sigma = \sqrt{\gamma(1-\gamma)\sigma^2}$。

三、指标体系的构建

从投入产出的角度考虑各区域的创新绩效,选择 R&D 人员折合全时当量、R&D 经费内部支出合计、R&D 经费外部支出合计(技术购买、引进、消化吸收、改造费用)作为创新投入指标,专利申请数、专利授权数作为创新产出指标,具体指标定义如下:

R&D 人员折合全时当量:报告期内企业内部从事 R&D 活动员工的工作时间占全年工作时间 90% 及以上的全时人员,以及非全时人员按工作时间折算的工作总量之和。如:某企业有 3 个 R&D 非全时人员,工作时间分别为

0.5 年、0.1 年、0.3 年,有 1 个 R&D 全时人员,工作时间为 0.95 年,则 R&D 人员折合全时当量为 0.5 + 0.1 + 0.3 + 0.95 = 1.85(人年)。

　　R&D 经费内部支出合计:报告期内企业用于开展 R&D 活动的年实际支出,其中包括 R&D 活动的直接支出、活动管理费、服务费、外协加工费等,但不包括还款支出、生产性活动支出以及拨款给外单位 R&D 活动的经费支出。

　　R&D 经费外部支出合计:报告期内企业与外方单位合作,而拨款的 R&D 活动支出,主要包括引进境外技术经费支出、购买国内技术经费支出、技术改造经费支出等。

　　专利授权数:报告期内专利行政部门对申请及经审查文件无异议,而授予专利权证书的专利数,其中包括实用新颖、外观设计、发明三种专利设计,是创新产出成果的一种直接表现。

　　专利申请数:报告期内专利行政部门受理技术发明申请专利数,其中包括实用新颖、外观设计、发明三种专利设计,反映了一个区域的创新能力,以及发明者维护知识产权的意识。

表 3-1　创新效率评价指标体系

指标类别	指标名称	指标定义
投入指标	人力投入	R&D 活动人员折合全时当量
	财力投入	R&D 经费内部支出、R&D 经费外部支出
产出指标	直接表现	专利申请数量
	价值表现	专利授权数量

四、实证分析

　　我们选取粤港澳大湾区 11 个城市(广州、深圳、佛山、珠海、惠州、江门、中山、东莞、肇庆、香港、澳门)2008 年至 2016 年的数据进行研究,数据来源于《中国科技统计年鉴》、广东统计信息网、《中国第三产业统计年鉴》等。由于各城市的数据指标不完全一致,各年年鉴内容存在差异,其中东莞、肇庆、澳门等城市的数据存在缺失。经观察发现,各城市的年度数据普遍呈指数趋势增长,因此,我们选用指数平滑法对缺失数据进行填补。

表 3-2 随机前沿模型参数估计结果

变量名	估计系数	标准差	t 统计量	P 值
(Intercept)	2.80408	0.79679	3.519	0.000
X1	0.08346	0.04123	2.024	0.045
X2	1.27137	0.04293	29.612	0.000
X3	-0.52015	0.07381	-7.047	0.000
X4	0.04792	0.02772	1.728	0.087
λ	1.11915	0.72967	1.534	0.128
对数似然函数值	-72.65237	—	—	—

利用 R 软件对数据进行分析处理,估算 SFA 模型的参数结果如表 3-2 所示,其中 $\sigma_v^2 = 0.1755161$,$\sigma_u^2 = 0.2198321$。根据式(3-3)计算可得 $\gamma = 0.55605$,通过 $\alpha = 0.01$ 的显著性检验,由于 γ 值处于(0,1)区间内,因此使用 SFA 模型来测量区域创新绩效具有合理性。随机前沿模型的变量参数值均通过 5% 显著性水平检验,对数似然函数值为 -72.65237,绝对值小于 $\chi_{0.05}^2(99) = 123.23$,说明模型残差平方和较小,模型拟合度较高。

表 3-3 粤港澳大湾区 11 个城市区域技术创新绩效

城市	2008	2009	2010	2011	2012	2013	2014	2015	2016	均值	排名
广州	0.45217	0.69046	0.70832	0.68069	0.68441	0.67815	0.66270	0.66386	0.58561	0.64515	9
佛山	0.47084	0.68661	0.77471	0.80803	0.81806	0.73899	0.77414	0.77612	0.75205	0.73328	5
肇庆	0.32900	0.35482	0.42466	0.58866	0.61684	0.62686	0.54172	0.61786	0.67539	0.53065	11
深圳	0.71250	0.75312	0.78439	0.76431	0.78014	0.77849	0.79306	0.79817	0.74878	0.76811	2
东莞	0.67529	0.71305	0.77149	0.75038	0.73027	0.76729	0.75704	0.74376	0.65367	0.72914	6
惠州	0.60006	0.63598	0.68306	0.66876	0.63400	0.60573	0.60431	0.63440	0.58790	0.62824	10
珠海	0.80575	0.72651	0.76447	0.73542	0.74465	0.71904	0.75518	0.72347	0.68046	0.73944	4
中山	0.66542	0.63205	0.69854	0.69880	0.64998	0.67690	0.66221	0.71745	0.65683	0.67313	7
江门	0.89695	0.85173	0.68931	0.69555	0.64426	0.68487	0.74752	0.83168	0.80753	0.76104	3
香港	0.81711	0.79673	0.80166	0.81496	0.81520	0.84647	0.83469	0.84853	0.75687	0.81469	1
澳门	0.79225	0.56656	0.79811	0.67636	0.56864	0.63341	0.67764	0.61908	0.54132	0.65260	8

根据测算出来的技术创新绩效(见表3-3),结合一般事物"中间大,两头小"的分布规律,将平均绩效处于0.7以上的区域划分为高绩效区间,平均绩效处于0.6—0.7之间的为次高绩效区间,处于0.4—0.6之间的为中等绩效梯队,处于0.3—0.4之间的为低绩效梯队,处于0.3以下的为差绩效梯队。由表3-3可以看出,处于高绩效的区域有佛山、深圳、东莞、珠海、江门和香港,广州、惠州、中山和澳门处于次高绩效区间,肇庆为中等绩效梯队。这表明我国各区域的创新绩效存在明显的空间差异性,但普遍处于中等水平之上,两极化现象不明显。粤港澳大湾区的创新绩效呈现以珠江河口地区为核心向外辐射的形态,且珠江河口东岸的科技创新资源比西岸更丰富。粤港澳地区的科技创新绩效沿"广州—深圳—香港"为轴线布局,形成了一条"科技创新走廊"。肇庆、惠州处于该区域的边缘,所受的辐射带动作用较小,故区域创新能力较弱。同时,位于"走廊"沿线的中山受科技创新带动作用不显著,技术创新绩效与珠海、东莞相近,是核心区域周边的"阴影区",并未受到与核心区域地理邻近所带来的优势。佛山所在的位置与肇庆相似,皆与广州相邻,却拥有着较高的创新绩效,这与其活跃的民营科技创新型企业、特殊的政府政策和管理模式有着较大关联。

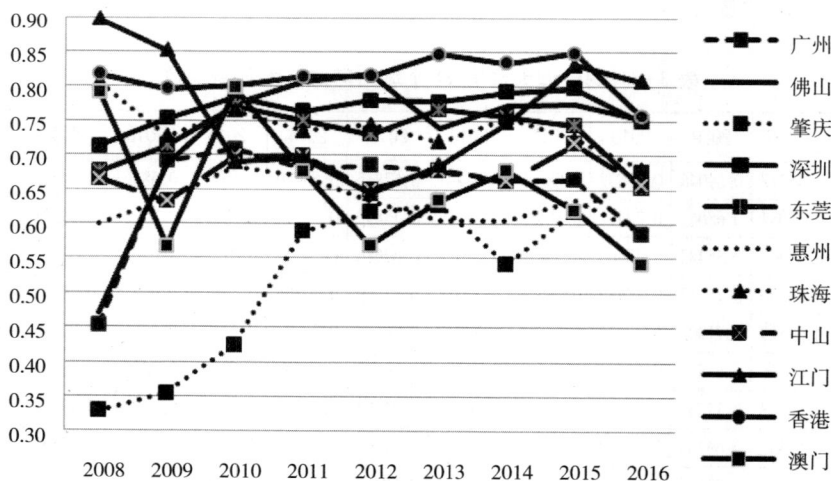

图3-1 粤港澳大湾区各城市技术创新效率变化情况

对粤港澳大湾区 11 个城市的创新绩效作折线图 3-1,发现这 9 年间部分区域的技术创新效率发生了显著变化。佛山、肇庆的技术创新效率有了显著的提升,肇庆从 2008 年的 0.329,增长到 2016 年的 0.67539,增长了 1.05 倍。而澳门和广州的技术创新效率正不断下降,这说明创新投入存在着规模不经济的现象,过多的投入反而造成效率的下降。在这期间江门存在明显的波动,但总的来说,没有过于显著的变化。数据分析表明,粤港澳大湾区的技术创新绩效可分为三个梯度,不同城市间存在着较大的差异,技术创新效率的最大值与最小值之间相差 28.40%。通过观察各城市的技术创新效率变化,可以发现技术创新的追赶现象已经出现,且不同地区所受的空间影响程度不同。各城市间技术创新能力的差异,很有可能是由各区域的地理位置、政府政策、科技资源、经济效益等方面的差异造成的。

第三节　区域创新绩效的空间演化

为了进一步了解粤港澳大湾区各城市创新绩效的空间关联情况,本章采用空间统计方法对上一步所求的技术创新效率进行空间自相关分析。空间自相关分析主要包括全局指标与局部指标两种测定方法,主要研究某位置的属性值与其相邻位置属性值之间的关联情况,可分为正相关、负相关以及随机三种情况。全局空间自相关分析主要用于了解属性值的空间分布特征,通常可用 Moran's I 指数、Geary's C 指数。当区域整体存在明显的全局空间自相关时,可能会忽略部分完全随机化的区域集群;而在看似区域整体完全不存在空间自相关的情况下,部分样本数据间可能存在明显的局部自相关,因此局部空间自相关主要用于分析各个属性值与周边属性值之间的局部空间关联情况,通常可用局部指标(LISA)、Moran 散点图来进行分析。

一、理论介绍

1. 空间权重矩阵

空间邻近关系是确定空间权重矩阵的基础,空间邻近关系可用二值法、反距离法、反距离平均法、综合法来进行判断,而本章采用最常用的以简单邻接为标准的二值法来确定区域间的空间邻近关系。具体定义如下：

$$w_{ij} = \begin{cases} 1, 当区域\ i\ 与区域\ j\ 相邻接; \\ 0, 当区域\ i\ 与区域\ j\ 不邻接; \end{cases}$$

其中 w_{ij} 为二元邻接矩阵，当 $w_{ij} = 1$ 时，表示区域 i 与区域 j 相邻接；当 $w_{ij} = 0$ 时，表示区域 i 与区域 j 不邻接，其中对角线的元素皆设为 0。若存在区域 m 分别与区域 i 和区域 j 相邻接，但区域 i 和区域 j 不邻接，此时可定义区域 i 和区域 j 为二阶邻接，此时可确定一个距离，来判定区域 i 与区域 j 之间的空间权重。

2. Moran's I 指数

对于全局指标，Cliff 和 Ord Goodchild（1972）提出使用 Moran's I 指数和 Geary's C 指数来分析全局空间的关联性及强度。其中 Moran's I 指数的定义如下：

$$MC = \frac{n \sum_{i=1}^{n} \sum_{j=1}^{n} w_{ij}(x_i - \bar{x})(x_j - \bar{x})}{\sum_{i=1}^{n} \sum_{j=1}^{n} w_{ij} \sum_{i=1}^{n}(x_i - \bar{x})^2} = \frac{\sum_{i=1}^{n} \sum_{j=1}^{n} w_{ij}(x_i - \bar{x})(x_j - \bar{x})}{S^2 \sum_{i=1}^{n} \sum_{j=1}^{n} w_{ij}} \quad (3-6)$$

n 表示空间区域的个数；x_i、x_j 分别表示第 i、j 个区域的属性值；w_{ij} 表示区域 i 和区域 j 的空间相似性。Moran's I 指数的取值范围为 $[-1, 1]$，其中 -1 表示区域之间存在空间负自相关，即聚集的区域拥有不同的属性值；0 表示各区域在空间上随机独立排列，无明显的相关关系；1 则表示各区域间存在空间正自相关关系，即聚集的区域拥有相似的属性值。由于 Moran's I 指数是根据正态近似和随机试验规则推导出来的，因此需要对数据进行正态检验和随机性检验，即检查整体区域属性值是否存在空间自相关。

3. Geary's C 指数

Geary's C 指数的具体定义如下：

$$C = \frac{(n-1) \sum_{i=1}^{n} \sum_{j=1}^{n} w_{ij}(x_i - x_j)^2}{2 \sum_{i=1}^{n} \sum_{j=1}^{n} w_{ij} \sum_{i=1}^{n}(x_i - \bar{x})^2} \quad (3-7)$$

通过式（3-6）与式（3-7）的对比，可以发现 Moran's I 指数与 Geary's C 指

数的方法非常相似,不同在于公式中的分子计算。Moran's I 指数的交叉乘积项研究的是邻近区域的属性值与均值之间差异的乘积,而 Geary's C 指数研究的是邻近区域属性值之间差异的乘积,侧重考虑邻近区域间的差异程度,对邻近区域之间的绝对差更为敏感。Geary's C 指数的取值范围为[0,2],当值小于 1 时,表示各区域存在正空间自相关;当值大于 1 时,表示各区域间存在负空间自相关;当值为 1 时,表示各区域无空间自相关。Geary's C 指数同时也是根据正态近似和随机试验规则推导而来的,需要进行显著性检验,指数的数学期望恒为 1。

4. 局部指标(LISA)

LISA 主要包括局部 Moran 指数(Local Moran)和局部 Geary 指数(Local Geary)两种方法,但考虑到两种方法在定义、检验以及解释方面都非常相似,因此本章考虑只使用局部 Moran 指数,来作为样本局部自相关的检查。具体定义如下:

$$I_i = (x_i - \bar{x}) \sum_j^n w_{ij}(x_j - \bar{x}) \tag{3-8}$$

当 $I_i > 0$ 时,表示存在局部的空间正自相关,即该区域内相似属性值有较高的空间集聚;当 $I_i < 0$ 时,表示存在局部的空间负自相关,即该区域内不相似属性值有较高的空间集聚。

二、实证分析

1. 全局空间自相关

为了了解粤港澳大湾区 11 个城市创新绩效的空间差异和空间关联程度,使用 R 软件对区域的创新绩效进行全局空间自相关分析。结果表明:2008年 Moran's I 指数和 Geary's C 指数的 P 值皆小于 0.05,且取值在(0,1)范围内,说明所有区域的属性值存在空间正自相关,即技术创新效率高的城市倾向于集聚在一起,而技术创新效率低的城市趋于与较低技术创新效率的城市集聚在一起。除 2008 年外,其他年份的 Moran's I 指数与 Geary's C 指数的 P 值皆大于 0.5,拒绝原假设,认为所有区域的属性值之间不存在空间自相关。

表 3-4　全局 Moran's I 指数与 Geary's C 指数的计量结果

年份	Moran's I 指数	随机检验 P 值	正态近似检验 P 值	Geary's C 指数	随机检验 P 值	正态近似检验 P 值
2008	0.383	0.0123	0.0106	0.5070	0.0086	0.0083
2009	−0.063	0.4184	0.4296	0.7840	0.1406	0.1469
2010	−0.140	0.6121	0.5749	0.7850	0.1343	0.1485
2011	−0.448	0.9522	0.9519	1.2300	0.8708	0.8707
2012	−0.286	0.7999	0.8123	1.1900	0.8218	0.8244
2013	−0.265	0.7815	0.7845	1.0600	0.6217	0.6220
2014	−0.295	0.8205	0.8237	1.0400	0.5845	0.5848
2015	−0.357	0.8765	0.8900	1.1800	0.8037	0.8085
2016	−0.263	0.7732	0.7822	1.1900	0.8157	0.8176

2. 局部空间自相关

表 3-5　2008 年局部 Moran's I 指数计量结果

城市	Ii	E.Ii	Var.Ii	Z.Ii	P 值
广州	−0.177632	−0.1000	0.235531	−0.159963	1.0000
佛山	0.455101	−0.1000	0.155489	1.407740	0.3980
肇庆	2.119595	−0.1000	0.875868	2.371671	0.0177
深圳	0.167294	−0.1000	0.235531	0.550764	1.0000
东莞	−0.087148	−0.1000	0.395615	0.020433	1.0000
惠州	−0.074056	−0.1000	0.395615	0.041247	1.0000
珠海	0.631711	−0.1000	0.107464	2.232073	0.0768
中山	0.027745	−0.1000	0.155489	0.323963	1.0000
江门	−0.158636	−0.1000	0.107464	−0.178869	1.0000
香港	0.642067	−0.100000	0.235531	1.529040	0.2525
澳门	0.667363	−0.100000	0.155489	1.946037	0.1291

针对 2008 年至 2016 年粤港澳大湾区整体创新绩效无明显全局空间自相

关结果,我们进一步使用局部空间自相关的方法进行分析。根据2008年的局部 Moran's I 指数可知,肇庆、珠海的 P 值小于0.08,且具有较大的 Ii 值,说明这两个城市与周围其他城市具有相似性,存在着创新绩效值较高的空间集聚。而广州、深圳、东莞、惠州、中山、江门的 P 值皆大于0.95且皆为1,这说明与这几个城市有关的城市创新绩效分布较为随机,同时创新绩效值较低。广州的 Ii 值是较大的负值,说明与周边城市相比,广州的创新绩效具有非相似性。

表3-6　2016年局部 Moran's I 指数计量结果

城市	Ii	E.Ii	Var.Ii	Z.Ii	P 值
广州	−0.874316	−0.100	0.239243	−1.583064	1.0000
佛山	0.051956	−0.1000	0.157159	0.383308	1.0000
肇庆	−0.018403	−0.1000	0.895912	0.086207	0.9313
深圳	−0.021134	−0.1000	0.239243	0.161240	1.0000
东莞	0.330557	−0.1000	0.403410	0.677887	0.7468
惠州	−0.340368	−0.1000	0.403410	−0.378445	1.0000
珠海	0.014020	−0.1000	0.107909	0.347098	1.0000
中山	−0.058249	−0.1000	0.157159	0.105317	1.0000
江门	−0.692679	−0.1000	0.107909	−1.804224	1.0000
香港	−0.252816	−0.1000	0.239243	−0.312427	1.0000
澳门	−1.035148	−0.1000	0.157159	−2.358905	1.0000

从2016年的数据来看,P 值皆大于0.95且趋近于1。说明各城市与周边城市之间存在着非相似性集聚现象。总的来说,位于珠三角边缘的几个城市,在空间分析中表现出随机分布的特征。

Moran 散点图主要分为四个象限,HH 象限(高值包围高值)、LH 象限(高值包围低值)、LL 象限(低值包围低值)和 HL 象限(低值包围高值)。2008年、2012年、2016年粤港澳大湾区11个城市的区域创新绩效分布如图3-2所示,绝大部分城市分布在第二、四象限内,即高值包围低值、低值包围高值,这说明粤港澳大湾区各城市的创新绩效存在空间差异。

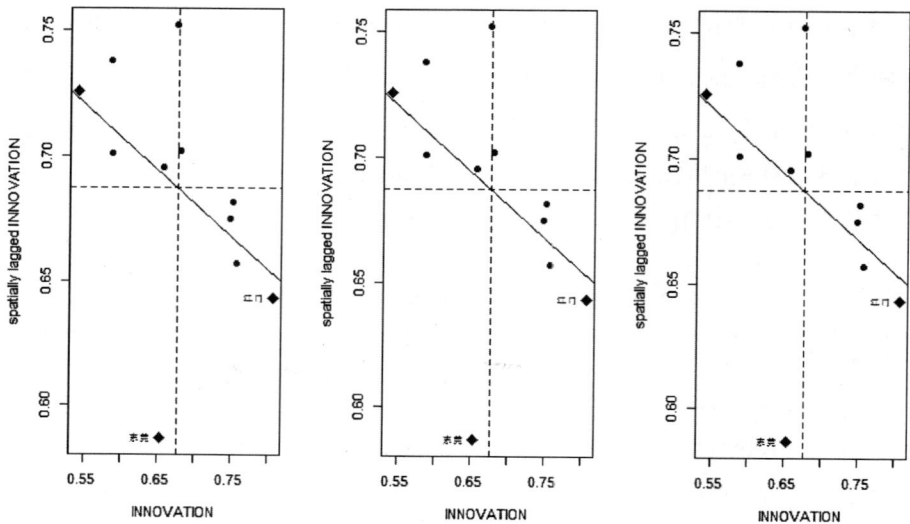

图 3-2　粤港澳大湾区 2008 年、2012 年、2016 年的 Moran 散点图

综上研究,可以发现整个粤港澳大湾区的区域创新绩效并无空间自相关性,这是因为虽然整个珠三角城市发展较为迅速,但与周边城市的交流较少,区域扩散不明显,导致各城市的科技创新发展差异较大。同时从局部 Moran's I 指数和 Moran 散点图的结果可以看出湾区内并无创新效率高的城市集聚出现,区域的科技发展存在严重的空间失衡,而这种空间结构的不协调会严重影响粤港澳大湾区的发展。

第四节　区域创新绩效差异因素分析

技术创新绩效与区域的人力资源、财力资源、物力资源等直接相关,通过分析各地区参加 R&D 活动的人员数量,可以发现广州、深圳、澳门的人员数量较多,其中深圳居第三位,但广州、澳门的专利发明数量远低于深圳。这一现象表明深圳拥有良好的就业投资环境、活跃的创新企业、合理的规划与基础建设,在科技创新领域的影响力强,可以有效地帮助科技创新人才就业和发展,而相比之下,广州与澳门的投入与产出并不成正比,科技转化率偏低。

表 3-7　R&D 人员折合全时当量　（单位：人年）

城市	2008	2009	2010	2011	2012	2013	2014	2015	2016
广州	39668.9	34036	34695	48859	52360	52682	60754.4	60946	59229
佛山	40704	20864	28629	38467	49549	54764	54112	43266.4	47810.1
肇庆	2364.7	3480.7	5535.9	7273.4	9007	8544.3	9838	9654.7	10109.44
深圳	162382	123651	157429	158023	192584	181321	163689	173764	176040
东莞	18524	23809	26634	31743	44335	43635	49457	47449	50450
惠州	1277.5	8176	11062	12739	15946	16440	15363	18888	28487
珠海	3812	7405	8622	11743	13133.9	12772.7	13744.1	12149	11028
中山	10465	20698	10608	24815	34396	37857	38551	38488	38970
江门	1570	3520.3	5299.8	9505	11282	11526.5	13606.9	13529	11639
香港	22005	23281	24060	24460	25264	26045	27378	35500	54200
澳门	394659	575177	654214	615166	744940	928254	1053409	1308354	1596286

　　而对各地区财力资源的分析可知，深圳拥有区域内最多的 R&D 经费量及最强的 R&D 经费支出，经费总额达 443 亿元，远超一般发达国家 2.5% 的比率；同时广州科研经费总额约为 20 亿元，是深圳的 20 多倍；2016 年香港的 R&D 经费支出强度最小，且近 8 年的支出强度基本持平，这说明香港对于创新投入的关注度有限。而与此形成对比的是惠州，其 R&D 经费支出增长明显，由 2008 年的 1.71 亿元，增至 2016 年的 67.69 亿元，增幅达 38.585 倍。珠海、中山、江门等城市的 R&D 经费支出分别为 21.09 亿元、23.12 亿元、11.57 亿元，R&D 经费总量较少，均在 25 亿元以下。

表 3-8　R&D 经费内部支出合计　（单位：亿元）

城市	2008	2009	2010	2011	2012	2013	2014	2015	2016
广州	20.69	103.05	118.77	140.67	158.06	165.69	189.62	209.80	228.98
佛山	52.60	62.76	92.22	115.89	146.88	161.15	182.93	192.99	194.88
肇庆	2.20	4.32	6.94	10.16	12.55	15.61	17.39	19.67	22.02
深圳	243.72	279.71	333.31	416.14	488.37	584.61	640.07	732.39	842.97
东莞	41.38	47.67	49.51	61.25	74.83	98.37	115.05	126.79	132.77
惠州	1.71	8.95	17.60	31.46	43.54	51.87	54.74	59.72	67.69
珠海	21.09	13.40	20.31	27.51	31.24	34.57	38.65	43.40	49.05

续表

城市	2008	2009	2010	2011	2012	2013	2014	2015	2016
中山	23.12	27.90	35.06	46.04	53.15	61.19	66.39	69.24	74.79
江门	11.57	8.52	12.10	22.57	27.84	31.80	35.04	38.74	40.28
香港	1.14	1.20	1.24	1.29	1.27	1.46	1.56	1.99	2.62
澳门	1.57	1.96	2.26	2.62	2.78	2.95	3.08	3.20	3.87

第五节　结论与建议

　　粤港澳大湾区各城市的创新绩效在近十年都有显著提升,但区域内各城市的创新绩效存在显著差异,其中香港的平均技术创新效率高达 0.81469,而肇庆的平均技术创新效率值仅为 0.53065。针对这种情况,使用空间统计模型,对各城市的空间关联程度进行分析。结果表明,整体区域不存在较强的空间自相关性,局部区域中技术效率低的城市倾向于向低技术效率的城市集聚,即各区域趋向于非相似性集聚,这种空间的不协调极大地影响了区域创新技术的发展,且容易造成资源的浪费。为了提高区域创新绩效的空间相关性,并针对各区域资源的投放差异,提出以下建议:(1)政府应加强粤港澳大湾区各城市之间的区域合作,引导各城市协同发展,实现优势互补,推动"创新生态系统"的创建。积极探索政策体制创新,打造新型合作平台,为湾区协同发展提供制度保障。(2)在提高本地经济实力的同时,增加科技支出的强度。经济实力基础是科技创新发展的基石,因此在关注科技投入之外,不能忽视本地的经济发展,建议对本地现有的产业进行升级及优化,并发挥广州、深圳和香港金融中心的作用,运用科学技术提高企业的生产效益,实现经济增长。(3)建立和完善科技人才保障机制。科技人才是科技资源中最具主观能动性的一部分,同时也是科技创新中最重要的基础。因此,建议学习深圳的人才引进计划,为人才提供充足的科研资金,使科技人员的收入与其研究开发能力、业绩挂钩,调动科技人员科技创新的积极性。创新人才合作机制,营造良好创业环境,打造湾区"创新人才高地"。

附　　录

（1）SFA 模型相关的 R 程序代码

```
>library（Benchmarking）
>study<-read.csv（"区域创新.csv"）
>x<-with（study,cbind（X1,X2,X3,X4））
>y<-matrix（study $ Y）
>studySFA<-sfa（log（x）,log（y））
>summary（studySFA）
>e<-residuals（studySFA）
>s2<-sigma2.sfa（studySFA）
>lambda<-lambda.sfa（studySFA）
>mustar<--e * lambda^2/（1+lambda^2）
>sstar<-lambda/（1+lambda^2） * sqrt（s2）
>tej<-exp（-mustar-sstar * （dnorm（mustar/sstar）/pnorm（mustar/sstar）））
>tej
```

（2）空间自相关模型相关的 R 程序代码

```
>library（spdep）
>study2008<-read.csv（"2008.txt",header=TRUE,skip=1）
>study2008[c（1:3）,]
>attach（study2008）
>study2008gwt<-read.gwt2nb（"study2008gwt.GWT",region.id=ID）
>study2008dw<-nb2listw（study2008gwt）
>str（moran（INNOVATION,study2008dw,length（study2008gwt）,Szero（study2008dw）））
>moran.test（INNOVATION,study2008dw）
>moran.test（INNOVATION,study2008dw,randomisation=FALSE）
>str（geary（INNOVATION,study2008dw,length（study2008gwt）,length
```

```
( study2008gwt ) -1 , Szero ( study2008dw ) ) )
    >geary.test ( INNOVATION , study2008dw )
    >geary.test ( INNOVATION , study2008dw , randomisation = FALSE )
    >oid<-order ( ID )
    >resI<-localmoran ( INNOVATION , study2008dw , p. adjust. method = " bonfer-
roni" )
    >printCoefmat ( data. frame ( resI [ oid , ] , row. names = CITY ) , check. names =
FALSE )
    >oid<-order ( ID )
    >G<-localG ( INNOVATION , study2008dw )
    >print ( data.frame ( G [ oid ] , row.names = CITY ) , digits = 2 )
    >oid<-order ( ID )
    >Gstar<-localG ( INNOVATION , nb2listw ( include. self ( study2008gwt ) ) )
    >print ( data.frame ( Gstar [ oid ] , row.names = CITY , digits = 2 ) )
    > moran. plot ( INNOVATION , study2008dw , labels = as. character ( CITY ) ,
pch = 19 )
```

第 四 章

粤港澳大湾区经济增长的空间计量分析

当前,空间计量经济学已经成为经济学领域研究的主流。空间计量经济学作为计量经济学中一个全新的研究领域,在近三十年的发展中,为区域经济研究提供了可靠且创新的思路和方法,为区域经济问题的实证研究提供了强大的支持和帮助(孙久文等,2014)。经济增长对于区域发展起着重要的基础性作用,因此一直是学界关注的热点问题。而在经济全球化以及地区经济一体化的发展趋势下,随着国家开放程度的进一步提高以及与世界各国更加频繁的国际贸易往来,区域经济的发展也成为了各国重视的问题。

任何事物之间都是相关的,而离得较近的事物总比离得较远的事物相关性要高(Tobler,1979)。这表明空间交互作用,即空间效应(Spatial Effects)普遍存在于地区之间的经济地理行为之间。然而在现实的区域经济和经济地理研究中,就研究方法而言,虽不局限于理论研究和定性分析,也有应用数理模型进行实证分析的成果(张日新等,2017),但都并未充分考虑到地理因素所产生的空间效应,以致估计结果无效且有偏,缺乏科学性,其计量分析的结果值得进一步深究探讨。

2018年8月27日,习近平总书记在推进"一带一路"建设工作5周年座谈会上强调,粤港澳大湾区地处我国沿海开放前沿,以泛珠三角区域为广阔发展腹地,在"一带一路"建设中具有重要地位。粤港澳大湾区是国家在"一带一路"建设中对粤港澳区域合作提出的新概念,其目的在于突破区域经济合作的发展瓶颈,更好地发挥粤港澳区域在"一带一路"建设中的功能与作用

(钟韵等,2017)。粤港澳大湾区作为我国经济最具活力、开放程度最高、综合实力最强的区域之一,具备了发展世界一流湾区经济、出色服务国家战略的坚实基础和优越条件。虽然当前国内也不乏对于粤港澳大湾区经济增长的研究,但这些研究大都只考虑时间因素的影响,并未充分考虑到因地理因素所产生的空间效应带来的影响,以致研究结果与现实发展状况不相符。空间计量经济学是研究区域经济发展的主流方法之一,目前极少数学者利用空间计量经济学的研究方法对粤港澳大湾区经济增长的空间效应进行深入实证研究,本章将对粤港澳大湾区经济增长的研究方向有新的突破。有最新研究表明,粤港澳大湾区及其周边城市表现出一定的空间联系的特征,区域内城市的整体发展水平和综合实力与城市自身与其他城市地区的联系作用息息相关(彭芳梅,2017)。本章基于最新研究成果的基础上,通过单独统计粤港澳大湾区城市群的各项数据,全面掌握粤港澳大湾区城市群经济、人口等方面数据,运用空间计量经济学方法来评估粤港澳大湾区的建设效果以及影响经济增长的因素,并且有针对性地提出积极有效的建议,为促进粤港澳大湾区的全方位发展、使粤港澳大湾区成为新时代下引导中国经济增长的重要引擎做出些许贡献。

余下内容安排如下:第一节回顾并综述研究文献,理顺本章的写作脉络;第二节是空间计量经济学理论;第三节是建模和变量说明;第四节是对经济增长的空间效应进行实证分析;第五节是实证研究结果的结论与建议。

第一节　文献综述

一、空间计量经济学

Paelinck 与 Klaassen(1979)最早提出了"空间计量经济学"这一概念,他们虽然没有直接明确给出"空间计量"的概念,但是他们系统地阐述了空间计量经济学的研究对象、内容以及基本模型,并且强调了具体空间变量在计量模型中的重要性,指出了在存在空间效应的条件下,空间计量分析与时间序列分析两种方法截然不同。Anselin(1988)在其著作《空间计量经济学:方法与模型》中将"空间计量经济学"明确定义为研究区域科学模型由空间引起的各种特性的一系列技术和方法。LeSage 和 Pace(2014)合著的《空间计量经济学导论》对空间计量模型做了很好的总结,不仅涵盖了如空间计量模型的贝叶斯估计和极大似然法估计的基本方法,还囊括了如时空分析模型、受限因变量空间分析模型和矩阵指数空间分析模型等较为创新的方法,最为突出的是其结合传统的贝叶斯估计方法与新近发展的马尔科夫链蒙特卡罗方法来对空间模型参数进行估计,除了可以分析空间数据的异常值和异质性之外,还可以对空间数据生成过程中产生的高阶空间效应进行分析。

空间计量经济学的计量分析考虑了地理空间邻近所带来的数据空间相关性和空间异质性,弥补了传统计量经济学只考虑时间序列或面板数据的计量方法及应用的缺陷。Anselin(1988)认为一个地区空间单元上的某种经济地理现象或某一属性值与邻近地区空间单元上同一现象或属性值是相关的。Krugman(1991)在《规模报酬与经济地理》一文中创新建立了"中心—外围"模型并且将空间因素引进主流经济学的分析框架之后,经济学家对空间因素的重视与日俱增。随着地理信息系统(GIS)以及计算机技术的快速发展,对特定类型区位数据进行空间计量建模成为研究的主流趋势(LeSage,2013)。

二、空间计量经济学研究领域及应用

随着地理空间信息系统与国内外空间统计软件的快速发展,不少学者对空间因素进行了深入的研究分析,并将空间计量经济学的方法结合各国国情实际应用于多个领域中,包括区域经济、区域创新、人口研究、房地产、环境保护等诸多领域。

对于区域经济的研究,越来越多的学者将空间因素纳入了考察范围。Elhorst(2007)对欧盟劳动参与率的差异进行了深入研究,并分别分析出了区域间差异和国家间差异的影响因素。Van Oort(2007)在研究荷兰集聚经济时发现使用空间误差模型的分析结果更加可靠。吴玉鸣(2007)对县域经济增长的集聚和差异进行了空间计量的实证分析,研究发现了中国县域之间存在着较强的空间集聚和空间依赖性。熊灵、魏伟和杨勇(2012)运用空间计量方法构建贸易开放和区域增长的空间面板数据模型,研究发现,中国省域经济与产业经济层面的增长均存在空间相关性。在对经济趋同的研究中,林光平、龙志和吴梅(2005)对我国 28 个省市 25 年间的实际人均 GDP 的 β 收敛情况进行分析,发现我国地区间经济存在收敛性,但收敛趋势在减缓。陈得文、陶良虎(2012)对中国区域经济增长趋同及其空间效应分解进行研究,结果表明我国的区域空间存在着明显的空间俱乐部趋同效应,中心区域、次级区域以及外围区域之间存在着不同程度的空间依赖关系。

在金融领域的研究分析中,Kindle Berger(1973)认为金融集聚中心存在着规模效应,金融集聚中心在便利本地资金的跨时流动与结算的同时,还影响了不同区域之间资金的转移,从而促进经济发展。李林、丁艺和刘志华(2011)在考虑我国金融集聚的空间地理特征的基础上对金融集聚和区域经济增长的溢出作用进行了空间计量分析,通过建立空间计量模型检验了金融集聚对经济增长的空间效应。余泳泽、宣烨等(2013)利用空间计量方法实证分析了金融集聚对工业生产率提高的空间溢出效应,并验证了空间外溢效应随地理距离递减的假说。

空间计量经济学在其他领域也有广泛的应用。王雪青、陈媛和刘炳胜(2014)利用全局 Moran's I 指数、Moran 散点图以及 LISA 集聚图的组合研究,对中国区域房地产经济的发展水平在空间上的分布特征进行探索,发现房地产经济发展水平存在着空间自相关和空间异质性。一些学者研究了创新活动间的空间相关性,发现技术创新存在明显的集聚现象。Bode(2004)对 20 世纪 90 年代西德行政区域之间的知识溢出进行研究,发现区际知识溢出只惠及研发强度低的地区,研发强度高的地区受益极少。Anselin 等(2005)实证分析了大学研究投入与高科技创新之间的空间溢出效应。

通过对已有文献的梳理,可以发现空间计量经济学的分析方法在诸多领域中有着不可替代的重要作用,可见空间因素已经成为各研究领域中一个不可忽视的因素。很多传统的计量经济学的研究都因为忽视了空间效应从而引起实证模型的误差。国内的空间计量研究大多应用于中国省域,应用在省级以下的较少,因此无法深入分析地市间的空间效应。粤港澳大湾区在"一国两制"的政治背景下,其经济增长的空间效应不可忽视。目前极少有文献对粤港澳大湾区经济增长的空间效应进行分析。

本章将基于粤港澳大湾区 11 个城市 2006—2016 年的面板数据,采用前沿的空间计量分析方法,实证分析粤港澳大湾区的建设效果以及经济指标对经济增长的贡献。

第二节 空间计量经济学理论

一、空间自相关

测算区域经济增长在地理空间上是否存在空间自相关性(Cliff and Ord,1981;Cressie,1993),最常用的两个统计量是 Moran's I 指数(Moran,1950)以及 Geary's C 指数(Geary,1954),按照功能来分一般又分为全域空间自相关和局域空间自相关。Moran's I 指数和 Geary's C 指数的作用基本相同,而 Moran's I 指数在区域空间自相关的分析研究中更为常用。全域空间自相关是从区域空间整体上刻画区域的空间自相关情况。Moran's I 定义如下:

$$Moran's\ I = \frac{\sum_{i=1}^{n} \sum_{j=1}^{n} W_{ij}(Y_i - \bar{Y})(Y_j - \bar{Y})}{s^2 \sum_{i=1}^{n} \sum_{j=1}^{n} W_{ij}} \quad (4-1)$$

其中, Y_i 表示第 i 个地区的观测值,n 为地区总数, W_{ij} 为邻近空间权值矩阵,表示矩阵 W 中的任一元素,目的是用来定义空间单元的相互邻近关系。一般邻近标准的 W_{ij} 定义为:

$$w_{ij} = \begin{cases} 1, 当区域\ i\ 和区域\ j\ 相邻; \\ 0, 当区域\ i\ 和区域\ j\ 不相邻; \end{cases} \quad (4-2)$$

其中, $1 \leqslant i \leqslant n, 1 \leqslant j \leqslant n$ 。

Moran's I 可以视为所考察的各地区观测值的乘积和,描述整个研究区域的空间相关性以及整体的空间模式,取值范围为[-1,1]。若各地区间的经济增长是空间正相关,则其数值应当较大;负相关则数值较小。检验整体区域是否存在全域空间自相关关系,可以对 Moran's I 的正态统计量 Z 值进行计算和比较。若 Z 值均大于显著性水平下的临界值,则代表相邻地区的经济行为存在集聚,表明存在空间正相关关系。全域空间自相关分析只能从整体上判断区域是否存在空间相关性,很难探测到区域之间的空间关联模式。Anselin 在 1995 年提出了 LISA(Local Indicators of Spatial Association)的空间自相关性局域指标分析方法,其中局域 Moran's I 指数定义为:

$$Moran's I_i = z_i \sum_{j=1}^{n} W_{ij} z_j \tag{4-3}$$

其中, $Z_i = x_i - \bar{x}$, $Z_j = x_j - \bar{x}$ 为观测值与均值的偏差, x_i 为区域单元 i 的观测值。通过绘制 Moran's I 散点图可以将空间模式分为四个象限来识别邻近地区之间的关系:图的右上方为第一象限,表示高值—高值集聚(HH),说明区域自身与邻近区域的属性值都比较高,空间差异较小,存在较强的空间正相关关系;左上方第二象限为低值—高值集聚(LH),表示属性值低的区域被属性值高的邻近区域所包围,存在较强的空间负相关关系;左下方为第三象限,表示低值—低值集聚(LL),说明区域属性值较低且邻近区域属性值也较低,具有较强的空间正相关关系;右下方为第四象限,表示高值—低值集聚(HL),说明属性值高的区域被属性值低的邻近区域所包围,存在较强的空间负相关关系。

二、空间计量经济学模型

空间计量经济学模型主要是纳入了空间效应的空间常系数回归模型,包括空间滞后模型(Spatial Lag Model, SLM)以及空间误差模型(Spatial Error Model, SEM)。空间滞后模型(SLM)主要考察各变量在研究区域内是否存在溢出效应。其模型表达式为:

$$Y = \rho W_y + X\beta + \varepsilon \tag{4-4}$$

其中,X 为 $n \times k$ 阶的外生解释变量矩阵;ρ 为空间回归系数,即相邻区域的观测值 W_y 对本地区观测值 y 的影响方向及程度;W_y 为空间滞后因变量;参数 β 反映解释变量 X 对被解释变量 Y 的影响。由于空间滞后模型与时间序列中的自回归模型相类似,因此 SLM 模型也被称为空间自回归模型。

空间误差模型(SEM)主要考察相邻区域关于被解释变量的误差对本地区观测值的影响程度。其模型表达式为:

$$\begin{aligned} Y &= X\beta + \varepsilon \\ \varepsilon &= \lambda W_\varepsilon + \mu \end{aligned} \tag{4-5}$$

其中,参数 β 反映解释变量 X 对被解释变量 Y 的影响; ε 为随机误差项向量; λ 为 $n \times 1$ 阶的空间误差系数,即相邻区域的观测值 y 对本地区观测值 y 的影响方向及程度; μ 为正态分布的随机误差向量。由于空间误差模型和时间序列中的序列相关问题相类似,因此 SEM 模型也被称为空间自相关模型。

空间回归模型中自变量存在内生性,不能继续采用最小二乘法对模型进行估计。Anselin(1988)建议采用极大似然估计法来进行空间回归模型的参数估计。除此之外还有工具变量法、广义最小二乘估计、广义矩法等其他方法来进行参数估计。对于常系数空间回归模型 SLM 和 SEM 的选择,Anselin(1995)提出了如下判别准则:在 Moran's I 指数检验显著的情况下,若 LMLAG 比 LMERR 在统计上更为显著,且 R-LMLAG 显著而 R-LMERR 不显著,则可以断定选择空间滞后模型更为适合;若相反,则选择空间误差模型更为适合。除此之外,常用的检验准则还有:赤池信息准则(AIC)、施瓦茨准则(SC)、自然对数似然函数值(Log Likelihood,LogL)。自然对数似然值越大,SC 和 AIC 值越小,说明模型拟合效果越好。在实际的应用研究中,大多研究的是面板数据。由于面板数据能够同时反映研究对象在时间和空间上的变化规律,因此,在实际的应用研究中更为深入。一般的线性面板数据模型表达式为:

$$Y_{it} = \alpha_i + X_{it}\beta_{it} + \mu_{it} \tag{4-6}$$

其中, $i \in [1,n]$, $t \in [1,T]$,n 为截面样本点个数,T 为时期总数; $Y_{it} = (y_{1it}, y_{2it}, \ldots, y_{kit})$ 为内生变量向量; $X_{it} = (x_{1it}, x_{2it}, \ldots, x_{kit})$ 为 K 个外生变量在特定时间和区位的观测值; $\beta_{it} = (\beta_{1it}, \beta_{2it}, \ldots, \beta_{kit})$ 为参数向量; μ_{it} 为随机扰动项,满足零均值、同方差且相互独立的假定条件。由式(4-6)可以看出,模型中包含了 nT 个方程和 nT(K+1) 个系数,从而无法从模型中直接识别和估计所有参数,在实际应用中需要对模型加上一些特定的约束条件,以便于参数估计。

第三节　模型构建与变量说明

一、模型构建

在面板数据模型的背景下,由空间相关分析可知,粤港澳大湾区的经济增长确实存在空间的差异和集聚现象,需要强调地区效应,因此,本章选取空间计量模型进行回归分析。新增长理论(Romer,1990;Lucas,1988)表明,影响经济增长的关键因素在于地区的人力资本存量和知识外溢。而由于知识外溢所带来的区域经济增长的外溢作用主要是通过国际贸易、外商直接投资(Coe and Helpman,1995;Eaton and Kortum,1995)、人力资本外溢(Lucas,1988)和技术转移(Barro and Sala-I-Martin,1997;Howitt and Clower,2000)所产生的。同时,新增长理论还注重财政政策的作用(邹恒甫,2000),政府的财政支出具有生产性,适当的政府干预可以有效促进地区经济增长(吴玉鸣,2007)。因此,综合新经济增长理论框架以及前人经验后选取国际贸易、外商直接投资、政府财政支出、人力资本作为影响粤港澳大湾区经济增长的因素,构建的计量模型为:

$$\ln(GDP_{it}) = \beta_1\ln(ITR_{it}) + \beta_2\ln(FDI_{it}) + \beta_3\ln(GE_{it}) + \beta_4 HC_{it} + \varepsilon$$

$$(4-7)$$

其中,系数 β_i 反映了解释变量对被解释变量的影响; ε 为综合误差项。

以面板数据回归模型为基础研究各因素对粤港澳大湾区经济增长的贡献,以粤港澳大湾区 11 个城市的生产总值作为被解释变量,解释变量中 ITR 表示国际贸易、FDI 表示外商直接投资、GE 表示政府财政支出、HC 表示人力资本。

二、变量说明与数据选取

基于数据的可得性和有效性,本章选取了 2006—2016 年粤港澳大湾区 11 个城市的面板数据来进行实证分析,通过构建空间计量模型来对粤港澳大湾区 11 个城市的经济增长影响因素对其经济增长的贡献进行估计分析,并将由地理因素而产生的空间效应纳入了考察范围。数据来源于 2006—2016 年的《广东统计年鉴》《香港统计年刊》《澳门统计年鉴》。指标选取方面,选取各城市的生产总值作为模型的被解释变量以此来体现各地区的经济增长情况。影响经济增长的因素有很多,比如外商投资、人力资本、国际贸易、政府干预等。在参考了大量文献以及对粤港澳大湾区 11 个城市的经济发展水平以及产业结构等实际条件分析后,最终选取了国际贸易(ITR)、外商投资(FDI)、政府支出（GE）、人力资本（HC）四个指标作为模型的解释变量。国际贸易体现了地区的贸易经济开放程度，本章用各市的进出口总额来表示；外商投资带来的社会效应和技术效应都起到促进经济增长的作用，我们采用各市的实际外商直接投资额来表示；政府支出可广泛用于调节各项经济活动，调控社会经济，本章用各市的一般公共预算支出来表示；人力资本作为经济体系的内部力量，对劳动力素质的提高以及经济增长起到了决定作用，我们用各市高等教育在读学生人数占全市常住人口总数的比值来表示。

第四节　实证分析

一、粤港澳大湾区区域经济增长统计分析

我们分别从绝对差异和相对差异两个角度对粤港澳大湾区区域经济差距进行统计分析，选取人均 GDP 为检验经济差异的变量。通过对比 2006—2016 年粤港澳大湾区 11 个城市经济增长的绝对差异可以通过极差值和标准差来衡量经济差异和变化趋势。极差可以刻画数据的离散程度。极差越大，数据离散程度越大。标准差反映的是组内个体间的离散程度。标准差越大，表示离散程度越大。

图 4-1 为 2006—2016 年粤港澳大湾区 11 个城市人均 GDP 指标数据趋势图，可以看出澳门的人均 GDP 一直居高不下，但由于近年来澳门旅游博彩服务产出持续向下，导致了 2015 年生产总值大幅萎缩。其次是香港，从趋势图可以看出香港的人均 GDP 增速平稳。香港和澳门作为特别行政区，实行的经济体制和内地城市不一，城市建设水平高，内地城市与之相比存在着明显的差距。除去香港、澳门两个特别行政区，大湾区其余 9 个城市中，深圳的人均 GDP 最高，其次是广州。2016 年人均 GDP 最低的城市是肇庆，人均 GDP 为 51178 元，而 2016 年深圳的人均 GDP 已经达到 167411 元，足以看出城市之间存在的巨大差距。从总体发展趋势来看，粤港澳大湾区 11 个城市的人均 GDP 大致都呈现出上升的趋势，但各个城市的人均 GDP 增长速度有着显著的区别，除去港澳，广州、深圳两个一线城市的人均生产总值增速明显快于其

他城市。由此可知,粤港澳大湾区 11 个城市的经济发展存在不平衡现象,差异性显著。

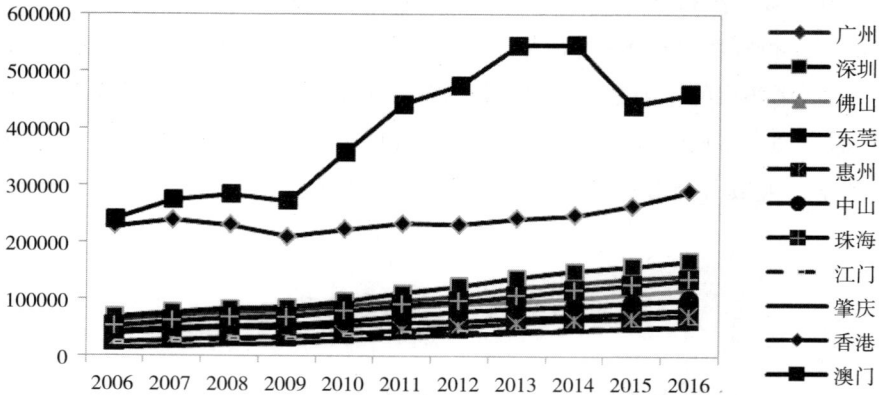

图 4-1　2006—2016 年粤港澳大湾区城市人均 GDP 指标

　　表 4-1 为粤港澳大湾区 9 个内地城市(珠三角城市)2006—2016 年人均 GDP 的均值、极差以及标准差数据,数据显示粤港澳大湾区各市(除港澳)的人均 GDP 的均值从 2006 年的 41743 元上升到 2016 年的 102010 元,表明 10 年间珠三角城市总体经济水平在以相对稳定的速度持续增长,也体现了珠三角的城市建设在城市的经济发展中起到良好的推动作用。但是,从极差和标准差的变化可以看出,粤港澳大湾区的城市群区域经济差距很大,并且有逐年扩大的趋势。

表 4-1　粤港澳大湾区城市(除港澳)人均 GDP 绝对变化表

年份	均值	极差	标准差	年份	均值	极差	标准差
2006	41743	54815	18627	2012	76081	86452	30170
2007	48008	59832	20748	2013	83821	95821	33833
2008	53310	63390	22272	2014	90122	103700	36742
2009	54904	62491	22582	2015	95703	109315	38938
2010	61997	68132	24663	2016	102010	116233	40890
2011	70229	76766	27287				

图 4-2 为均值、极差和标准差逐年变化的趋势图,更为直观地反映了变化趋势。从图 4-2 可以观察出从 2009 年开始人均 GDP 的极差增长速度变快,并且保持一个平稳的趋势逐年上升。同样,人均 GDP 的标准差也以一个平稳的增速逐年上升,说明粤港澳大湾区城市之间的经济绝对差异在逐年扩大。

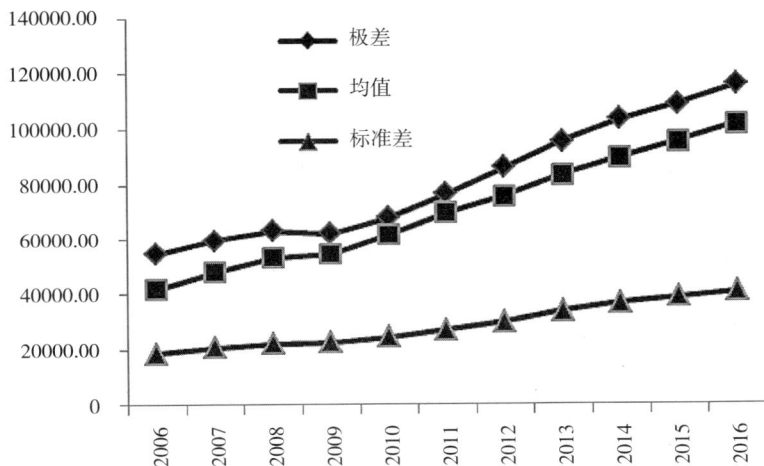

图 4-2 粤港澳大湾区城市(除港澳)人均 GDP 均值、极差、标准差趋势

由于绝对差异指标不能很全面地反映经济差异的情况,因此,本章将采用变异系数来对粤港澳大湾区城市的经济增长进行相对差异统计分析。变异系数是衡量经济差距较为常用的相对指标。其表达式为:

$$CV = \frac{\sigma}{\mu} \tag{4-8}$$

从图 4-3 可以看出,粤港澳大湾区城市人均 GDP 的变异系数是一个先下降后上升再下降的过程。总体来看,各年份变异系数较大,说明粤港澳大湾区城市间的相对差异显著。2013 年后变异系数一直呈下降趋势,说明区域间的差异正在不断缩小,这实质上是粤港澳大湾区经济整体向前的一种表现。

经过对粤港澳大湾区城市经济增长的差异进行统计分析后发现,2006—2016 年湾区 11 个城市人均 GDP 基本呈上升趋势。这说明了粤港澳大湾区城市群的经济发展水平在不断提高,但绝对差异也呈现出逐年扩大趋势。从区域经济发展角度来看,存在着区域经济发展不平衡的现象。变异系数开始呈

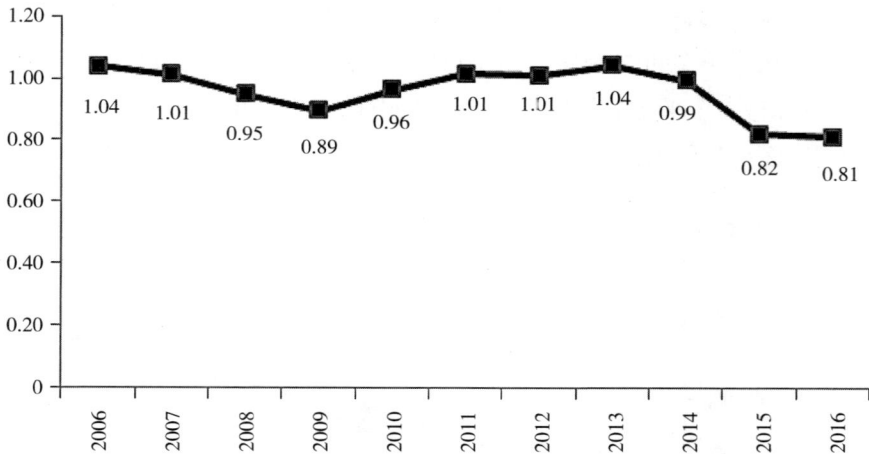

图 4-3　粤港澳大湾区城市人均 GDP 变异系数趋势图

现出下降趋势,说明虽然总量差异有所扩大,但落后城市的发展速度在逐渐加快。2014 年区域经济相对差异迅速下降,原因在于"一带一路"倡议的落实以及粤港澳大湾区经济空间格局的变化。深圳、广州作为珠三角一线城市,金融、教育、科技方面都领先于其他城市,经济发展能力强。香港、澳门特别行政区政治和经济体制和内地城市有所差异,但正是制度的多样性和互补性成为粤港澳区域合作优势和推动合作的动力。香港、广州、深圳在现代服务业和先进制造业领域对珠三角地区具有引领和外溢作用,以区域融合推动产业的特色化、多元化,促进粤港澳大湾区和世界级城市群的建设。由此看来,粤港澳大湾区的构建首先惠及中心城市,如深圳、广州经济的快速增长,对肇庆、江门这些相对落后城市的经济辐射有限,虽然拉动了地区的经济增长,但经济总量差距也在扩大。粤港澳大湾区区域经济发展不平衡势必会影响湾区经济的和谐,因此,对粤港澳大湾区 11 个城市区域之间的空间效应进行分析很有必要。

二、粤港澳大湾区区域经济增长的空间统计

在对粤港澳大湾区 11 个城市的经济差异做空间统计时,选取人均生产总值作为考察对象并作出空间分布图,以此体现指标的分布情况。本章利用 ArcGIS 软件合成地图数据并在 Geoda 软件中生成粤港澳大湾区 11 个城市的

人均生产总值空间分布图以直观观察各市的经济情况。

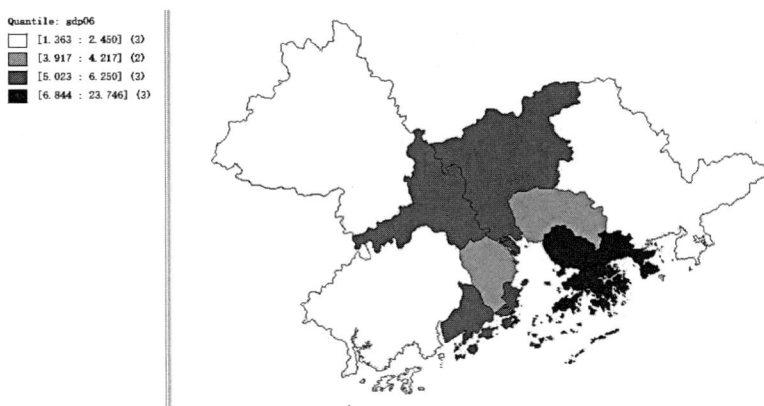

图 4-4　2006 年粤港澳大湾区 11 个城市人均 GDP 空间分布图

观察图 4-4,分析 2006 年粤港澳大湾区 11 个城市人均 GDP 的分布情况。图中以颜色的深浅来展现经济分布情况,颜色越深说明该地区的人均 GDP 越高。可以明显看出香港、澳门、深圳的人均生产总值明显高于其他城市,其次是广州、佛山、珠海。这几个城市构成了粤港澳大湾区的核心经济圈,经济发展优势突出。肇庆、惠州、江门三个城市的人均 GDP 明显落后于其他城市,由于距离核心经济圈较远、区域范围大,很难受到粤港澳大湾区核心经济圈中心资源的辐射,经济发展较为落后。

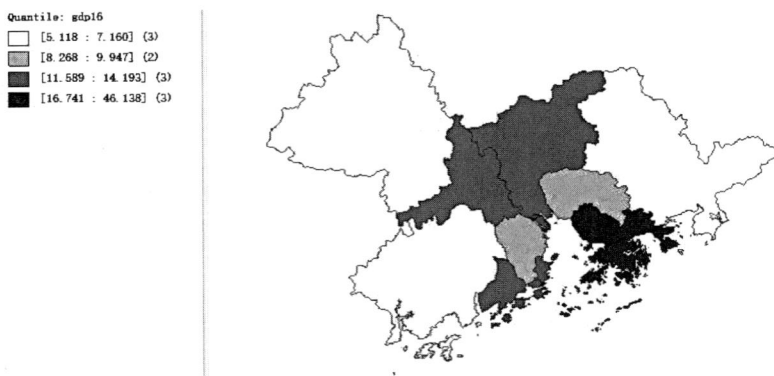

图 4-5　2016 年粤港澳大湾区 11 个城市人均 GDP 空间分布图

观察图 4-5,经过 11 年的经济发展,可以看出粤港澳大湾区 11 个城市的人均 GDP 都有明显的增长,但经济分布没有发生明显的变化。香港、澳门、深圳的人均 GDP 依然处于最高位,其次是广州、佛山、珠海。肇庆、江门、惠州虽然经济增长明显,但经济发展水平和核心经济圈的经济发展仍存在明显的差距。核心经济圈的区域不仅经济发展条件好且发展水平高,更重要的是,核心经济圈具有经济辐射能力,可以产生溢出效应带动周围城市的经济发展。

三、空间自相关检验

为了证明粤港澳大湾区经济增长存在空间效应,本章通过 Queen 邻接方式构建 0—1 空间权重矩阵,对 2006—2016 年粤港澳大湾区的经济总量进行全局空间自相关统计分析。

表 4-2　粤港澳大湾区全局空间自相关 Moran's I 指数表

年　份	2006	2007	2008	2009
Moran's I	0.244429** (0.0400)	0.258880** (0.0430)	0.274581* (0.0520)	0.276909* (0.0640)
年　份	2010	2011	2012	2013
Moran's I	0.273964* (0.0710)	0.278467* (0.0840)	0.289743* (0.0750)	0.273501* (0.0830)
年　份	2014	2015	2016	—
Moran's I	0.273438* (0.0820)	0.282601* (0.0750)	0.295658* (0.0650)	—

注:括号内为该统计量的相伴概率;***、**、*分别表示在 1%、5%、10%的水平上显著。

由空间自相关分析结果可见粤港澳大湾区的经济增长存在空间溢出效应,即具有空间相关性。Moran 散点图可以直观地看出各地区的集群情况,本章仅选取 2006 年和 2016 年的 Moran 散点图来观察粤港澳大湾区各城市的集群变化情况(见图 4-6)。

2006 年的 Moran 散点图中,香港、深圳处于 HH 区域(第一象限),属于高值—高值空间正相关关系集群,说明这两个城市的发展水平较为突出,且为发展经济两市通力合作,相互促进。惠州、东莞处于 LH 区域(第二象限),属于

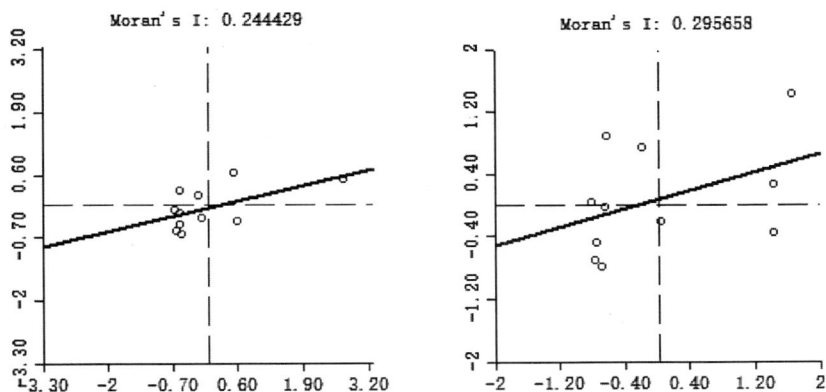

图 4-6　2006 年和 2016 年粤港澳大湾区生产总值 Moran 散点图

空间负相关集群,其中东莞属于经济较好地区,惠州属于经济较落后地区,由此形成 LH 集聚模式。广州处于 HL 区域(第四象限),其余城市皆处于 LL 区域(第三象限)。2016 年的 Moran 散点图中,香港、深圳依然处于 HH 区域,说明 11 年间这两个城市发展水平长期处于领先地位,充分发挥地理优势,互相帮扶和促进;惠州、东莞依然在 LH 区域中,与 10 年前比较,增加了肇庆市,属于空间负相关集群,其中东莞属于经济较好地区,惠州、肇庆属于经济较落后地区,由此形成 LH 集聚模式。广州、佛山处于第四象限,即 HL 区域,其余城市皆处于第三象限。由此可见,香港、深圳这些高值—高值集聚的城市经济发展迅速且相互利用资源促进经济发展,与现实情况吻合。江门、肇庆、惠州这些经济相对较为落后的城市必须利用空间相关关系,协同发展,才能跟上粤港澳大湾区经济增长的步伐。

四、平稳性检验

为避免面板数据不平稳造成伪回归,我们对面板数据进行单位根检验。本章采用的检验为 LLC 检验和 Fisher-PP 检验,其中,LLC 检验为相同根检验,Fisher-PP 检验为不同根检验。检验结果见表 4-3,所有变量通过平稳性检验,可进行空间计量分析。

表 4-3　面板数据的单位根检验

	检验方法	lnGDP	lnITR	lnFDI	lnGE	HC
水平值	LLC 检验	−2.9087*** (0.0018)	−7.0131*** (0.0000)	−4.1149*** (0.0000)	−12.5665*** (0.0000)	−5.0473*** (0.0000)
	Fisher-PP 检验	33.4229* (0.0562)	63.5597*** (0.0000)	55.2513*** (0.0001)	40.9354*** (0.0084)	32.2786* (0.0728)

注:括号内为该统计量的相伴概率;***、**、*分别表示在1%、5%、10%的水平上显著。

五、协整性检验

基于数据的可得性,本章使用 Pedroni 检验和 Kao 检验进行面板协整检验,检验结果见表 4-4。在 1% 显著性水平下,Panel PP-Statistic、Panel ADF-Statistic、Group PP-Statistic、Group ADF-Statistic 均拒绝原假设。而在 1% 显著水平下,Kao 检验拒绝原假设,即认为各变量通过协整性检验,各变量之间存在协整关系,可以进行空间计量分析。

表 4-4　本章所用变量的面板协整检验

检验方法	统计量	lnGDP lnITR lnFDI lnGE HC
Pedroni 检验	Panel v-Statistic	−0.3949 (0.6536)
	Panel Rho-Statistic	3.6779 (0.9999)
	Panel PP-Statistic	−2.2568** (0.0120)
	Panel ADF-Statistic	−1.5490* (0.0607)
	Group Rho-Statistic	5.0731 (1.0000)
	Group PP-Statistic	−6.1521*** (0.0000)
	Group ADF-Statistic	−1.3930* (0.0818)
Kao 检验	ADF	−5.3875*** (0.0000)

注:括号内为该统计量的相伴概率;***、**、*分别表示在1%、5%、10%的水平上显著。

六、估计结果与分析

根据上文的检验,我们对处理后的变量进行空间计量回归。由于粤港澳大湾区的经济增长存在空间相关性,因此,采用空间滞后模型或空间误差模型进行回归分析。对于空间面板模型是选取 SLM 模型还是 SEM 模型,通过比较两个 Lagrange 乘数及其稳健性、拟合优度 R^2 检验和对数似然值,本章选择空间误差模型作为最终的分析模型。本章采用极大似然估计法(ML)估计系数,估计结果如表 4-5 所示。

表 4-5　空间误差模型估计结果

变量	估计参数	变量	估计参数
lnITR	0.277602*** (5.723640)	Spat.aut.	0.878987*** (36.682883)
lnFDI	0.032355** (2.492824)	R^2	0.8899
lnGE	0.570131*** (13.291000)	log-likelihood	80.848719
HC	0.499734*** (4.214849)	—	—

注:括号内为估计参数的 t 统计量;***、**、*分别表示在 1%、5%、10%的水平上显著。

由上述结果可以看出,国际贸易、外商投资、政府支出、人力资本的系数都为正数,并且都通过了显著性水平的检验。国际贸易、外商直接投资、政府财政支出、人力资本每增加 1%,分别会引起 GDP 增加 0.277602%、0.032355%、0.570131%、0.499734%,说明国际贸易、外商直接投资、政府支出、人力资本都是拉动粤港澳大湾区经济增长的重要因素。在 SEM 模型中,Spat.aut.值为0.878987,系数符号为正,此系数衡量了相邻地区之间的经济总量具有同方向变化特征,相邻城市之间的产出存在相互影响的正面作用,一个城市的经济总量的增长将带动相邻地区经济总量的增长,粤港澳大湾区的区域经济增长在空间上存在空间溢出效应。

第五节 结论与建议

粤港澳大湾区是"一带一路"建设中中国政府对粤港澳区域合作提出的重要定位,借助香港和澳门两个国际窗口构建开放型经济新体制,成为建设"一带一路"的枢纽以及构建"走出去,引进来"双向平台的重要区域支点,通过构建粤港澳大湾区实现区域经济一体化,促进湾区内 11 个城市的经济增长。研究结果表明,粤港澳大湾区 11 个城市间的经济增长存在空间溢出效应。从各经济指标对粤港澳大湾区经济增长的贡献分析得知,国际贸易、外商投资、政府支出以及人力资本要素都是拉动湾区经济增长的重要推动力。国际贸易、外商投资体现了粤港澳大湾区对外的贸易开放度和投资开放度,二者均对粤港澳大湾区的经济增长产生显著的促进作用,说明粤港澳大湾区的构建提高了对外开放度,进而促进湾区的经济增长。

根据上述研究结论,本章针对促进粤港澳大湾区的经济增长提出以下两点建议。第一,加强粤港澳大湾区城市间的经济空间联系。加强基础设施建设,以增强湾区内城市间的空间联系,通过增加铁路布线密度来缩短粤港澳城市间的经济空间距离,进而增强粤港澳大湾区城市间的空间联系作用,增强湾区的经济实力和辐射力。城市间地理空间距离的缩短可以有效地降低要素流动成本,加快各要素资源在区际间的流动,从而推动粤港澳大湾区城市群经济的一体化融合发展。第二,强化粤港澳大湾区的开放引领作用。在"一带一路"的重大举措下抓住"21 世纪海上丝绸之路"的重大机遇,构建"走出去,引进来"的双向平台,吸引外资,加强国际贸易联系,深化与沿线国家基础设施互联互通及经贸合作,消除投资和贸易壁垒;深入推进粤港澳服务贸易自由化,携手构建"一带一路"开放新格局。粤港澳大湾区的建设已经从区域经济合作上升到全方位对外开放的国家战略。在"一国两制"的背景下,打造粤港澳大湾区城市群需要创新的思路。通过构建全球性的高端人才、高端资源要素、高端市场的平台,建立统筹协调机制,探索出促进粤港澳大湾区经济增长的独有模式。

第 五 章

粤港澳大湾区金融集聚对经济增长
影响的空间计量分析

作为目前全球三大较为成熟的世界级金融中心,纽约、伦敦和东京无时无刻不引领着世界金融业发展走向。这种金融产业集聚现象源自20世纪70年代,起初只是少数几家金融公司在金融业蓬勃发展的浪潮下开展企业间合作,随后金融控股公司应运而生,再到如今大量的金融机构以及相关的金融服务和监管机构集聚,并最终形成金融中心。金融集聚已成为现代金融业发展的重要模式之一(黄解宇,2007)。金融产业集聚一旦形成,将大大提高集聚中心及周边地区的金融系统的运行效率,从而为区域经济的发展提供内在动力,创造大量的就业机会和财政收入,并推动技术创新(刘军,2007)。

目前区域经济发展问题逐渐引起各国政府的重视,各国政府都希望通过区域经济的辐射效应带动周边经济的发展,从而推动整个经济体系蓬勃发展。在2015年,我国首次提出"粤港澳大湾区"概念,并于2017年正式将"粤港澳大湾区"提升为国家战略,旨在打造一个世界级的湾区经济体系。2017年12月18日,习近平总书记在中央经济工作会议上指出,粤港澳大湾区建设要科学规划,加快建立协调机制。目前世界公认的三大湾区中的纽约湾区、东京湾区、旧金山湾区都是全球著名的金融集聚地。中国人民银行原副行长李东荣在第14届国际金融论坛中亦表示建设一个具有竞争力的国际湾区,应配套一个高效运转、有效适配的金融服务体系。可见金融聚集与湾区经济的发展有着密不可分的关系。

但是必须注意到,金融功能是金融体系和本土经济共同作用的结果,中国现实环境下的金融体系对经济增长的影响相对其他国家而言必然呈现出差异性(方先明,2010)。所以,在"一国两制"的政策壁垒之下,粤港澳大湾区的金融集聚呈现出哪些特征,粤港澳大湾区金融集聚及其空间外溢效应对区域经济增长有什么影响?对于这些问题,本章试图构建一个粤港澳大湾区金融集聚及其空间外溢效应对经济增长影响的空间计量模型,为粤港澳大湾区中配套一个高效运转、有效适配的金融服务体系提供政策建议,助力粤港澳大湾区的区域经济发展,将粤港澳大湾区打造成一个具有竞争力的国际湾区。同时在理论层面,产业集聚作为西方学术界长期研究的重要课题,过多地集中在制造业和高新技术产业领域,而对金融新兴服务行业集聚问题的研究十分少见。因此,本章的研究对丰富金融产业集聚理论和区域经济增长理论都有一定的参考价值。

第一节　文献综述

一、金融集聚的内涵

产业集聚的概念最早由马歇尔(1890)基于外部经济理论所提出。金融集聚既是一个动态过程,又是一个静态的结果。从动态角度来看,金融资源具有复合性,金融业的发展是与其他产业的复合成长的过程,金融集聚并不是金融业孤立形成集聚的产物。在初期阶段,金融集聚往往是作为其他产业集聚的伴随物出现的(刘军、黄解宇,2006)。同时,金融集聚具有动态成长性,金融集聚成长阶段为"金融支点—金融增长极—金融中心"这几个阶段的发展进程(张凤超,2003)。而在集聚后期,金融集聚会产生"涓流效应",金融集聚中心地区向周边地区扩散和转移。

从静态角度来看,金融集聚是指金融监管部门、金融企业、金融中介企业在特定的地理区域集中的特殊产业空间结构(梁颖,2006)。金融集聚包含着金融市场集聚、金融机构集聚、金融人才集聚、金融研究与信息集聚、金融合作与交流中心、金融服务机构集聚六大层次的内涵(黄解宇,2006)。

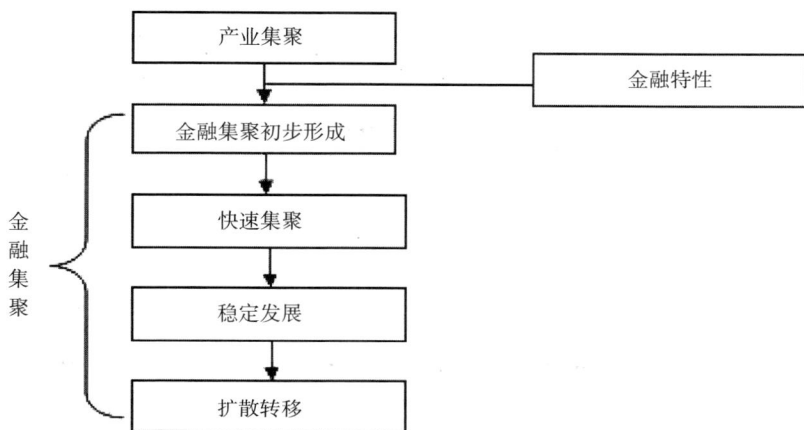

图 5-1　金融集聚的内涵(作为动态过程)

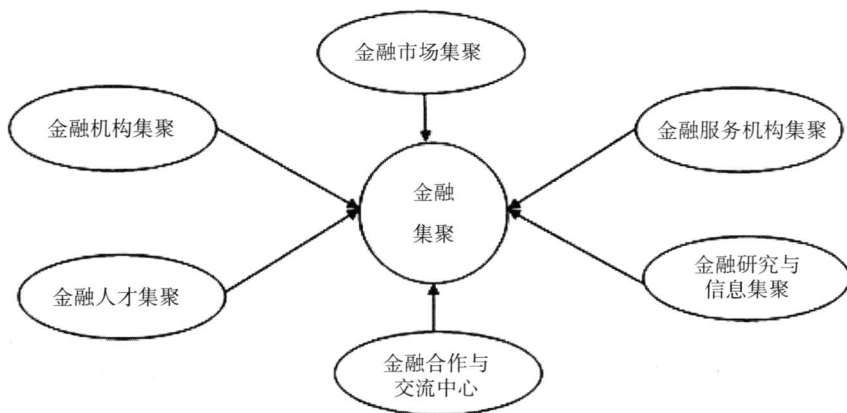

图 5-2　金融集聚的内涵(作为静态结果)

二、金融集聚的动因分析

在金融集聚动因分析方面,金融地理学派的信息流理论占据主导地位。Amin & Thrift(1994)、Corbridge(1994)、Porteous(1995,1999)、Leyshon and Thrift(1997)、Martin(1999,2000)等认为信息流是金融集聚地发展的先决条件。金融产业是"高增值"的信息服务业,可认为是金融产业的特性奠定了集聚的可能性(梁颖,2006)。非标准化的金融信息在传播过程会由于"距离损耗"而导致信息衰减,甚至产生歧义。由此,金融企业及其相关中介机构选址的随意性会大大降低,即信息生产、收集和传播源头的"信息腹地"或"信息中心"是金融集聚形成的主导力量(Porteous,1995)。即使在信息交流发达的互联网时代,信息外部性和不对称信息仍是塑造"信息腹地"的重要因素(Zhao等,2004)。Gehrig(2000)根据证券的流动性及其信息敏感程度研究金融活动,认为对信息较为敏感的金融交易更有可能发生在信息集中的地区。Bossone(2003)也认为对于信息较敏感而且支付手段复杂的金融产品来说,投资商和券商为了掌握更加丰富的金融信息,更愿意在地理位置相近的地区集聚,因此,信息溢出是造成金融集聚的主要原因。还有学者用外部规模经济效益理论分析金融集聚的动因,Kindle Berger(1974)从节约周转资金余额、降低融资费用等分析了金融集聚的规模经济效应是金融集聚的动因之一。

三、金融集聚对区域经济增长影响的实证分析

在金融集聚对区域经济增长影响的实证分析方面,Muhsin(2011)运用Granger检验法对中东和中非国家的金融集聚和经济增长的关系进行了实证分析,结果表明两者存在因果关系。李林和丁艺(2011)等对我国省域间的金融集聚对区域经济增长的关系进行了空间计量分析,发现在省域层面上,金融集聚促进了经济增长,且银行业集聚对区域增长的贡献较证券业和保险业更为显著。李红(2014)等采用空间杜宾模型对我国城市间的金融集聚与区域增长的关系进行了分析,发现金融集聚不仅促进城市经济增长,对邻近城市的经济增长还存在溢出效应。

通过对以上已有文献的梳理发现前人对金融集聚的研究仍有进一步的提升空间。虽有少量国内研究对中国经济面板数据运用空间计量分析模型进行分析,但大多停留在省级层面,难以深入揭示金融集聚及其空间外溢效应对区域经济增长的影响程度。粤港澳大湾区由于"一国两制"政策壁垒的存在,其金融集聚及其空间外溢效应对区域经济增长的影响作用具有独特性的一面。目前尚未有文献对粤港澳大湾区的金融集聚及其空间外溢效应对区域经济增长的作用进行分析。本章将以城市为研究尺度,构建引入空间滞后金融集聚

度变量的静态 SAR 空间面板模型深入探讨粤港澳大湾区金融集聚及其空间外溢效应对区域经济增长的影响程度。

第二节　金融集聚对区域经济增长的
作用机理分析

根据 Levine(1997)的分类,金融有五个基本功能:①便利风险的交易、规避、分散和聚集;②配置资源;③监督经理人,促进公司治理;④集聚储蓄;⑤便利商品与劳务的交换。而每一种功能都能促进资本积累和技术创新,从而影响实体经济的发展。同时,研究也表明金融集聚可以更好地深化金融的基本功能(Greenwood & Jovanovic,1990;King & Levine,1993;Gehrig,2000)。金融集聚通过外部规模经济效应、资源优化配置效应、创新激励效应和累计循环因果效应深化金融的基本功能并进一步推动经济的发展。

一、外部规模经济效应

金融机构集聚和金融服务机构集聚是金融集聚的内涵之一。得益于金融集聚的外部规模经济效应,整个地区的融资成本大大减少,金融机构以及金融服务机构得到迅速发展,提高了金融专业化服务水平,促进了经济发展。Kindle Berger(1974)认为金融集聚中心存在规模效应,金融集聚中心减少了资金的流动与结算成本,促进了不同区域间资金流的融合与转移,经济发展迅速。金融集聚通过促进不同区域间金融信息交流和资源共享而获得规模经济效应(Park,1989)。

二、资源优化配置效应

Wurgler(2000)通过对65个国家的制造业产值与总投资数据进行实证分析,发现金融集聚程度越高的国家,资源配置效率越高。Binh(2005)等利用26个国家的制造业数据也得到了金融集聚有利于提高资源配置效率的结论。金融集聚提高了金融服务的专业化分工水平,金融资源的使用效率也随着金融系统的专业化程度的提高而得到提高(Buera,2005)。

三、创新激励效应

金融人才集聚是金融集聚的内涵之一,金融集聚区拥有丰富的创新资源,通过金融体系促进各产业的技术进步与发展。Bencivenga & Smith(1995)通过构建模型研究金融交易与创新之间的关系,发现完善的金融体系更能促进专业化市场分工的形成和技术创新。金融集聚可以分散技术创新风险和加快技术转化,有效缓解技术创新的信贷约束,从而提高创新水平(Buera,2005)。

四、累计循环因果效应

金融发展与经济发展具有双向互动作用,即金融集聚与经济增长之间存在累计循环因果效应。金融集聚通过金融系统的功能对经济增长起着促进作用,而经济增长又能反作用于金融集聚,促进金融资本的增长,从而促进金融服务的分工专业化和现代化,进而促进金融集聚系统的发展。Baldwin & Matin(2011)建立空间集聚与区域经济增长之间的内生双向互动模型,也从侧面证明了金融集聚与经济增长之间存在累计循环因果效应。

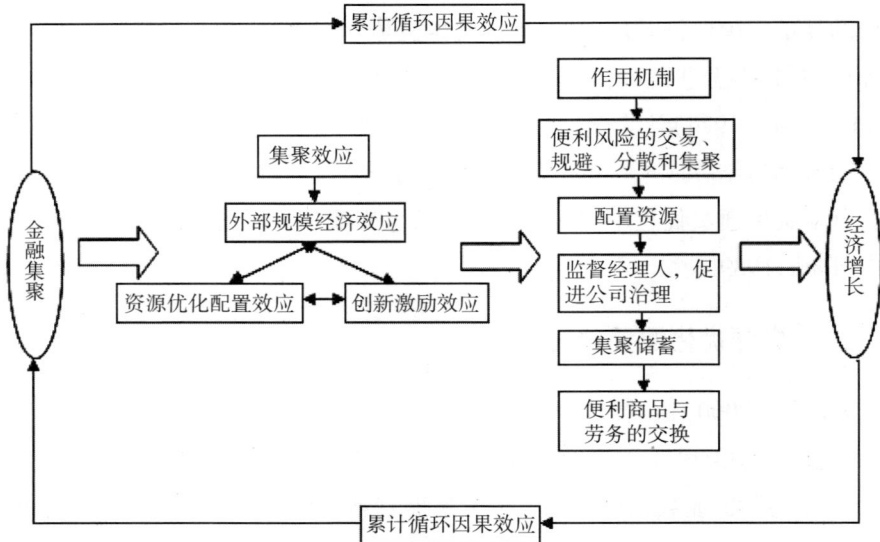

图5-3 金融集聚促进经济发展的作用机制过程图

从上述逻辑机理来看,金融集聚通过集聚效应、外部规模经济效应、资源优化配置效应、创新激励效应和累计循环因果效应深化金融的五大功能,推动着经济的发展。然而,并非所有学者认为金融集聚总是能促进区域经济增长。Mckinnon(1973)在著作中发现在发展中国家中,过度的政府行为干预金融体系会导致发展中国家的资本积累和经济增长产生不利影响。而根据黄解宇、杨再斌(2006)等人的研究,金融集聚可以归结为四个发展阶段:初级阶段、发展阶段、成熟阶段、扩散阶段,在初级阶段和发展阶段,金融集聚的快速发展会导致对创新的投入在短期内难以转化为 GDP,此时,金融集聚会对经济增长有抑制作用。因此,在开放成熟的金融体系下,金融集聚会促进区域经济增长。

第三节　实证分析

一、模型构建

本章旨在分析粤港澳大湾区金融集聚及其空间外溢效应对经济增长影响程度。借鉴 Ciccone & Hall(1996)提出的金融集聚对经济增长的溢出效应模型,公式如下:

$$Yi = A \left(K^{\beta} \ (HL)^{1-\beta} \right)^{\alpha} F^{(\lambda-1)/\lambda} \tag{5-1}$$

其中,Y_i 为城市 i 单位面积产出,A 为城市 i 全要素生产率,K 为单位面积物质资本投入,考虑资产闲置问题,世界银行估算中国平均资本使用率为85%,也是本章设置的资本使用率,H 是反映城市 i 就业者水平、管理能力等状态的人力资本水平。L 为单位面积劳动力投入,F 代表金融集聚度,为单位面积金融业产出。α 代表资本投入与劳动投入的报酬系数,且 α 取值范围为$(0,1)$,β 为该要素贡献率,β 取值范围为$(0,1)$,λ 是单位面积金融业空间产出系数,当 $\lambda>1$ 时,金融集聚表现出外部性,即金融集聚对城市经济效益产生贡献。

将上式进行对数变换,将非线性模型转变为线性模型。为了检验空间集聚对经济发展的空间溢出效应,本章基于空间计量相关理论,构建了如下静态空间面板 SAR 模型:

$$\ln Y_i = \rho \sum_{j=1}^{N} W_{ij}\ln Y + a_1\ln K + a_2\ln H + a_3\ln L + a_4\ln F + \varepsilon \qquad (5\text{-}2)$$

其中,$a_1 = \beta$,$a_2 = a_3 = 1-\beta$,$a_1 = (\lambda-1)/\lambda$,$\varepsilon$为随机扰动项,$\rho$为空间滞后系数,反映了区域经济增长的空间溢出效应,W_{ij}为空间权重矩阵,采用相邻城市为 1,不相邻城市为 0 的 0—1 空间邻接矩阵作为权重。虽然在 Ciccone & Hall(1996)理论上,系数 $a_2 = a_3$,但这并不影响实际的检验结果。为深入考察金融集聚及其空间外溢效应对区域经济增长的作用,本章将引入金融集聚的空间滞后模型,得下式:

$$\ln Y_i = \rho \sum_{j=1}^{N} W_{ij}\ln Y + a_1\ln K + a_2\ln H + a_3\ln L + a_4\ln F + \gamma \sum_{j=1}^{N} W_{ij}\ln F + \varepsilon$$

$$(5\text{-}3)$$

二、变量说明与数据选取

基于数据可得性与有效性原则,本章选取《广东省统计年鉴》《香港统计年刊》《澳门统计年鉴》以及珠三角 9 市的城市统计年鉴作为数据支撑,选取数据为 2006 年至 2016 年粤港澳大湾区 11 个城市的面板数据,选取的变量 Y_i 为城市 i 每年总 GDP 除以城市面积的单位面积平均 GDP,K 为城市固定资产形成乘以资产利用率再除以城市面积的单位面积平均固定资产形成额,H 为高等教育在校生除以常住人口的人力资本,L 为城市就业人口除以城市面积的单位面积平均就业人口,F 为金融集聚度,为城市金融增加值除以城市面积的单位面积平均金融增加值。

三、空间自相关性检验

Moran's I 指数常用于分析经济区域之间的经济指标的空间相关性。Moran's I 指数的取值在-1 至 1 之间,如果 Moran's I<0,表示存在空间负相关性;Moran's I=0,表示不相关;Moran's I>0,表示存在空间正相关性。因此,本章将通过 Moran's I 指数检验粤港澳大湾区金融集聚度的空间自相关性。表 5-1 给出了 2006—2016 年粤港澳大湾区金融集聚度的 Moran's I 指数检验结果。结果显示,在 5% 显著性水平上,金融集聚度的 Moran's I 指数通过检验,且都为正值,说明粤港澳大湾区的金融集聚具有显著的空间相关性。

表 5-1　2006—2016 年粤港澳大湾区金融集聚度的 Moran's I 指数检验结果

年份	2006	2007	2008	2009
F	0.257838 ** （2.2390）	0.273868 ** （2.2790）	0.289781 ** （2.1736）	0.293414 ** （2.2998）
年份	2010	2011	2012	2013
F	0.306241 ** （2.4643）	0.305607 ** （2.3502）	0.300116 ** （2.2251）	0.274726 ** （2.3819）
年份	2014	2015	2016	—
F	0.244974 ** （2.3262）	0.246107 ** （2.1019）	0.228162 ** （2.3178）	—

注:括号内为 t 值;***、**、* 分别表示该统计量在 1%、5%、10%的水平上显著。

四、平稳性检验

为避免伪回归,首先对面板数据进行平稳性检验,以确定面板数据的平稳性。本章采用的单位根检验为 LLC 检验和 Fisher-ADF 检验,其中,LLC 检验为相同根检验,Fisher-ADF 检验为不同根检验。由表 5-2 可得,在 1%显著水平上,所有变量都通过 LLC 检验,在 10%显著水平上,所有变量都通过 Fisher-ADF 检验,认为所有变量通过平稳性检验,可进行下一步的协整性检验。

表 5-2　面板数据的单位根检验

	检验方法	LNY	LNK	LNH	LNL	LNF
水平值	LLC 检验	−8.206 *** （0.0000）	−6.840 *** （0.0000）	−7.921 *** （0.0000）	−6.680 *** （0.0000）	−6.0128 *** （0.0000）
	Fisher-ADF 检验	40.127 *** （0.0000）	31.854 * （0.0799）	51.559 *** （0.0004）	37.523 ** （0.0207）	31.198 * （0.0921）
一阶差分后	LLC 检验	−8.866 *** （0.0000）	−5.438 *** （0.0000）	−9.776 *** （0.0000）	−5.155 *** （0.0000）	−11.495 *** （0.0000）
	Fisher-ADF 检验	56.012 *** （0.0001）	49.455 *** （0.0007）	55.133 *** （0.0001）	36.268 ** （0.0284）	92.457 *** （0.0000）

注:括号内为 P 值;***、**、* 分别表示该统计量在 1%、5%、10%的水平上显著。

五、协整性检验

协整性检验用以分析金融集聚与区域经济增长等各时间序列是否存在长期协整的关系。本章使用 Pedroni 检验和 Kao 检验对面板数据进行协整性检验。检验结果如表5-3。由表5-3得,在1%显著水平下,Panel PP-Statistic、Panel ADF-Statistic、Group PP-Statistic、Group ADF-Statistic 均拒绝原假设。而在1%显著水平上,Kao 检验拒绝原假设,各变量通过协整性检验,可认为变量之间存在协整关系,可以进行空间计量分析。

表5-3　面板数据的协整性检验

检验方法	统计量	LNY LNK LNL LNH LNF
Pedroni 检验	Panel v-Statistic	−2.170481 (0.9850)
	Panel Rho-Statistic	2.141843 (0.9839)
	Panel PP-Statistic	−8.698037 *** (0.0000)
	Panel ADF-Statistic	−4.445081 *** (0.0000)
	Group Rho-Statistic	3.543176 (0.9998)
	Group PP-Statistic	−17.69234 *** (0.0000)
	Group ADF-Statistic	−7.489712 *** (0.0000)
Kao 检验	ADF	−4.757915 *** (0.0000)

注:括号内为 P 值;*** 、** 、* 分别表示该统计量在1%、5%、10%的水平上显著。

六、估计结果和分析

对于空间计量模型采取 SAR 模型还是 SEM 模型的问题,本章通过比较拟合优度 R^2 检验和对数似然值,我们选择 SAR 模型作为最终的分析模型。而 SAR 模型分为无固定效应模型、空间固定效应模型、时点固定效应模型和双固定模型。在面板数据中,Hausman 检验用于确定随机效应模型还是固定效应模型。在 1% 显著性水平下,时点随机效应模型的 Hausman 检验的统计量为 3.712,P 值为 0.2942,不能拒绝原假设,即建立时点随机效应模型;而空间随机效应模型的 Hausman 检验的统计量为 18.418,P 值为 0.0004,拒绝原假设,即建立空间固定效应模型。综上所述,本章应选择空间固定效应的SAR 模型。由于本章模型引入了金融集聚的空间滞后变量,采用传统的 OLS估计方法容易出现自变量的共线性问题,导致估计的有偏性和不一致性,所以采用最大似然法(ML)估计系数,结果整理如下:

表 5-4　粤港澳大湾区城市数据的静态 SAR 模型估计结果

变　量	空间静态 SAR 模型	变　量	空间静态 SAR 模型
lnF	0.231486 *** (5.959305)	W * lnF	-0.182669 *** (-4.567950)
lnK	0.255035 *** (5.505442)	W * lnY	0.546995 *** (8.956065)
lnH	0.032739 ** (2.525325)	R^2	0.9967
lnL	0.241461 *** (4.490456)	log-likelihood	83.444981

注:括号内为 Z 统计量;*** 、** 、* 分别表示该统计量在 1%、5%、10%的水平上显著。

从表 5-4 看,单位面积物质资本投入 K、人力资本水平 H、单位面积劳动力投入 L、金融集聚度 F 的系数都为正,说明静态 SAR 的估计结果基本验证了 Ciccone & Hall(1996)理论预期。单位面积物质资本投入 K、人力资本水平H、单位面积劳动力投入 L 是粤港澳大湾区经济发展的决定因素。在 5%的显著性水平上,单位面积资本投资量 K 的弹性系数为 0.2550,即单位面积平均资本投资量 K 增加 1%,单位面积产出 Y 则上升 0.255035%。人力资本水平H 的弹性系数为 0.033,即人力资本水平上升 1%,则单位面积产出 Y 则上升0.033%。单位面积劳动力投入 L 的弹性系数为 0.2415,即单位面积劳动力投入 L 增加 1%,单位面积产出 Y 上升 0.2415%。在 SAR 模型中,被解释变量的自回归系数ρ为 0.547,系数为正,表明相邻城市间的单位面积产出具有同方向变化特征,相邻城市之间的单位面积产出存在相互正影响的作用,一个城市的单位面积产出的增长将带动相邻地区单位面积产出的增长,即粤港澳大湾区的区域经济增长在空间上存在空间溢出效应。而在金融集聚对城市经济增长的影响方面,金融集聚度 F 的弹性系数为 0.2315,金融集聚对经济增长有明显的促进作用。金融集聚度 F 每上升 1%,单位面积产出 Y 上升 0.2315%。表明目前粤港澳大湾区金融集聚对经济增长有显著的促进效应,验证了金融集聚促进了区域经济增长的理论机制。W * lnF 的弹性系数为 -0.1827,金融集聚的空间外溢效应对区域经济增长有显著的负向影响,即一个城市的金融集聚程度的上升会抑制相邻地区单位面积产出的增长。究其原因,首先,粤港澳大湾区金融体系仍处于发展阶段,区域金融集聚发展的极度不平衡导致区域经济增长的"挤占效应"和"极化效应"的产生。以 2016 年的数据为例,金融集聚度排名第一的澳门为 51374.90 万元/平方公里,第二的香港为 26606.29 万元/平方公里,而排名倒数第一的肇庆市仅为 43.37 万元/平方公里,倒数第二的惠州市为 134.66 万元/平方公里。这可以看出粤港澳大湾区区域金融发展的极度不平衡,在短期内,金融高度集聚区在吸引和挤占金融低度集聚区周围的经济资源,并对邻近地区的资源配置和创新能力水平产生负向影响,进而影响整个地区的经济发展。这两种效应一般是产业集聚初期所呈现的短期效应,随着金融集聚的发展,"挤占效应"会消失,"极化效应"会转化为"涓流效应"。其次,在"一国两制"政策壁垒之下,粤港澳大湾区城市间的金融交流行为受到政府的干预,这可能会导致经济效率的降低,从而导致粤港澳大湾区金融集聚的空间外溢效应对区域经济增长产生不利影响。

第四节　结论与建议

本章从金融集聚效应理论出发,分析了粤港澳大湾区金融集聚对区域经济增长的影响机制,提出金融集聚通过集聚效应、外部规模经济效应、资源优化配置效应、创新激励效应和累计循环因果效应,深化金融的五大功能的路径,推动经济发展。基于 2006—2016 年粤港澳大湾区 11 个城市的面板数据,引入空间滞后的金融集聚变量,构建静态 SAR 空间计量模型进行实证分析,结果表明粤港澳大湾区金融集聚对经济增长有着显著的正向影响作用,但受制于政策壁垒与金融发展极度不平衡现象等因素,粤港澳大湾区的金融体系仍处于发展阶段,金融集聚的空间外溢效应对区域经济增长有显著的负向影响作用。

根据上述研究结论,中央政府可适当调整粤港澳大湾区的相关金融制度、政策和法规:

(1)进一步开放市场,减少"一国两制"政策壁垒对区域间金融发展的消极作用。只有金融体制壁垒消除后,才能进一步开放粤港澳三地的金融合作与交流,推动金融集聚的形成与发展,从而有效地发挥金融集聚对区域经济增长的促进作用。粤港澳三地政府之间就金融系统的制度问题进行峰会,对三地的金融系统问题出台多边协议,通过市场化制度和利益补偿机制,进一步开放金融市场。其中,深港通就是一个值得借鉴的经验,两地政府进一步优化互联互通制度,推出更多的资产风险管理工具,扩大投资标的和互联互通的证券范围,进一步开放市场,助力粤港澳大湾区建设。

(2)建立粤港澳大湾区金融风险防范机制。金融风险随着市场的开放而增大,中央政府可考虑成立粤港澳大湾区金融管理委员会,下放部分管理权限,对广东、香港、澳门三地之间的金融业务统一管理,消除金融市场的不规范行为,以防范市场开放程度加大所带来的金融风险。

(3)实行差异化的金融区域政策,协调粤港澳大湾区的区域金融发展不平衡问题。研究表明,在粤港澳大湾区的金融集聚问题上,显著的"马太效应"会导致经济效率的损失,实行差异化的金融区域政策,促进资金、创新人才等经济资源的合理流动,缩小粤港澳大湾区各城市之间金融系统的差距,加快湾区金融系统结构调整的速度,促使湾区城市群的金融系统达到均衡状态。

第　六　章

粤港澳大湾区内地城市群技术进步
质量差异性研究

　　建设粤港澳大湾区是习近平总书记亲自谋划,并且亲自部署和推动的国家战略,在全国经济社会发展中具有重要战略地位。在2017年3月5日召开的第十二届全国人大五次会议上,国务院总理李克强在《政府工作报告》中明确提出要研究制定粤港澳大湾区城市群发展规划,粤港澳大港湾的地位由此得到确认。粤港澳大湾区城市群构想的提出促进粤港澳三地在经贸、技术、金融等方面开展深度合作交流,从科技创新、产业价值链、技术进步、产业转型升级等方面重点谋划粤港澳大湾区的发展。其中技术进步是促进经济增长的重要途径,产业转型、价值链升级和科技创新均与城市群的技术水平和技术进步质量有密切联系。早在2005年,林毅夫已根据我国经济环境提出以技术进步为拉动经济增长的因素的理论,并在随后数年内,对以技术进步为核心的技术选择、技术引进以及适宜技术等相关指标建立计量模型并通过了实证检验。由此,以技术进步为经济增长因素的理论逐渐得到学者的认可和经济发展数据的支撑。

　　由于粤港澳大湾区城市群发展存在地域性差异,各城市技术发展水平极不均衡,根据统计资料显示,粤港澳大湾区城市群之一的深圳市在2016年的研发经费达到760亿元,而同属粤港澳大湾区城市群的肇庆市的研发经费只有21.44亿元。[1] 但是林毅夫(2005)指出,技术差距的存在,在一定意义上并

---

　　① 《广东统计年鉴·2017》。

不只具有消极影响,反而能通过发挥技术水平较低的后发优势进行经济发展;而对于如何发挥后发国家存在的较低技术水平的优势,欧阳峣(2012)的研究表明应存在最优的生产资源和研发资源分配比例以推动最优的经济增长速率。

因此,为更有利于分析城市群的技术水平和发展趋势,使研究模型和研究结果尽可能切合粤港澳城市群的技术水平特征,也为了制定更为准确的产业政策,本章将以粤港澳大湾区城市群中除香港、澳门两个特别行政区以外的内地9市,即广州、佛山、肇庆、深圳、东莞、惠州、珠海、中山和江门的市级面板数据为研究对象,对城市群分层次、按类别进行剖析研究,对各城市的经济发展现状和技术水平作出描述,测量技术进步的差异程度,并据此提出提高技术进步质量的建议。

其余结构安排如下:第一节是文献综述,就技术进步问题阐述国内外经济学者的研究成果,按照外生技术进步理论和内生技术进步增长理论的理论发展进行综合阐述;第二节是理论分析和模型设定,将简要分析基于后发国家地位的资源分配模型的理论,并设定关于粤港澳大湾区城市群技术进步资源分配的模型;第三节为实证分析和稳健性检验,采用粤港澳大湾区城市群内地9市的面板数据进行实证分析;第四节是结论与建议,根据实证结果得出相应的结论和给出政策建议。

第一节　文献回顾

在经济增长理论的研究中,将技术进步作为经济增长因素而考虑在经济增长模型中主要有两大类,即外生技术进步增长模型和内生技术增长模型。

一、外生技术进步经济增长模型

外生技术进步增长模型,以索洛模型(Solow Growth Model)为代表,Solow(1956)在修正哈罗德增长模型的基础上,指出外生技术进步增长模型中包含三个因素,即劳动、资本和技术进步,认为技术进步和创新是一个国家经济发展的动力,但将技术进步因素视为经济系统外生给定。索洛提出具有规模报酬不变特性的总量生产函数和增长方程,利用全要素生产率(TFP)来测定技术进步的质量,测量方法基本都是建立在索洛残差法之上。但由于全要素生产率的内涵界定还存在分歧,当 Krugman(1994)"东亚奇迹"一文建立在索洛模型的基础上,通过对"亚洲四小龙"的全要素生产率的测量,显示全要素生产率对东亚经济增长没有贡献,并因此得出"东亚奇迹"的经济增长模式由于缺少技术进步的贡献将不可持续的结论时,国内不少学者对克鲁格曼测算全要素生产率的方法提出质疑,陈坤耀(Edward K.Y.Chen,1997)批评克鲁格曼的文章对全要素生产率的误解,指出 TFP 的增长并不完全等于技术进步,而是排除资本投入后的技术进步;同样,中国学者郑玉歆(1998)也同样指出由于方法不同和数据不同而可能导致全要素生产率的估计出现误差;而林毅夫、任若恩(2007)对克鲁格曼引用 Solow 1957 年模型而不采取新的改良模型表示疑问。直到今天,全要素生产率的估算方法仍未得到统一,但不少学者依然在不断探究全要素生产率的测量方法,而外生技术进步经济增长模型和全要素生产率测量技术进步的测量方法依然是研究经济增长的重要手段。

二、内生技术进步经济增长模型

与外生技术进步增长理论相对,技术进步在内生技术进步增长理论中被视为内生变量,该理论是在经济的内部系统中讨论技术进步的原因和进一步探讨技术进步与其他变量之间是否存在一定关系。内生技术进步经济增长模型最早是阿罗(1962)提出的"干中学"(Learning by Doing)模型,认为从事生产的人获得知识的过程是内生的技术进步,并在柯布—道格拉斯函数的基础上推导出规模收益递增的生产函数。"干中学"模型表明技术进步的积累是发生在物质资本或人力资本的投资中。随后在经济增长理论的不断发展中,作为新增长理论(New Growth Theory)代表人物的罗默和赫尔普曼等人(Romer,1990;Grossman and Helpman,1991;Aghion and Howitt,1992)也强调技术的内生化,提出 R&D 模型,通过企业的研发行为促进技术进步,从而促进经济增长。

早期的 R&D 模型主要包括以增加产品种类为特征的水平创新的技术进步模型,以及通过改进产品质量而提高技术创新的垂直创新模型。罗默

（1990）是第一类水平创新 R&D 模型的提出者,他将全部社会生产部门分成研究部门、中间产品部门和最终产品部门三个部门进行研究,并认为通过研发活动的开发提高中间产品的产出数量,从而增加最终产品的产出数量,以促进经济增长。第二类垂直创新 R&D 模型以 Aghion and Howitt（1992）,Grossman and Helpman（1991）,Segerstrom（1990）为代表,其观点是经济增长的动力来源于产品质量的升级,同时更高质量的产品也会导致旧产品被淘汰。但无论是水平创新模型还是垂直创新模型,这些 R&D 模型都建立在发达经济的基础上,由于发达国家的技术水平处于世界前沿,它们只能通过自主研发从而实现技术创新,所以模型主要讨论的是技术前沿国家的创新选择,并不能包容欠发达国家的技术创新活动,因而它们无法解释二战后欠发达国家向发达国家收敛的现象。内生技术进步增长 R&D 模型虽然给出了发达国家技术进步的实现机制,但是对于欠发达国家的技术创新而言,并没有很好的指导性。因此,一部分内生技术进步增长模型开始关注创新的外部性,研究其对研发投资的影响。

在阿罗（1962）所阐述的技术溢出效应之上,研究表明模仿能作为技术进步的一种手段（西格斯托姆,1991）。在此基础上,对于欠发达国家而言,由于其研发资源较为不足以及技术水平相对落后,可以通过引进和模仿发达国家的先进技术的方法,获取技术外溢效应而缩小与发达国家之间的经济水平差距（Coe and Helpman,1995;Helpman,1997）;随后在技术外溢效应的前提上,"蛙跳模型"的提出表明（Brezis,Krugman and Tsinddon）后发国家可以通过模仿赶超发达国家,其认为具有后发优势的发展中国家,由于先进国家的技术水平可能会因为技术惯性而被锁定在某一范围内,而后发国家会选择新技术,这样就可能超过原来的先进国家。

然而,经济发展情况表明全球范围内大多数发展中国家却没能通过发挥后发国家的技术后发优势从而实现经济的赶超。对这个问题的解释,"适宜技术"（localized learning by doing）概念的提出（Basu and Weil,1998）解决了技术匹配的问题,说明发达国家的技术与其国内资本存量是相匹配的,即发达国家的技术结构和其要素投入结构是相匹配的,而发展中国家却会对水平较高的技术产生不适应;而对于发展中国家而言,阿斯莫格鲁和瑞立波蒂（Acemoglu and Zilibotti）通过研究认为,不适应的原因是发展中国家的人力资本存量和引进技术不匹配。但对于后发优势,他们都一致认为发展中国家选择的技术结构和发达国家的技术结构必须完全相同,因此都面临着一定的局限。

由于后发优势理论与我国的发展情况密切相关,我国学者一直对该理论保持高度关注。在后发优势理论难以得到实现时,以林毅夫先生为代表的中国学者投入到技术进步与经济增长的模型的研究中。当 Currie(1999)尝试将技术创新纳入发展中国家技术进步途径的考虑中,初步讨论了后发国从模仿到创新的技术进步模式的转换时,林毅夫(2002、2004、2005)提出发展中国家应该遵循由自己本身的要素禀赋结构而具有比较优势来进行发展,应该循序渐进推动技术进步,背离内生于要素禀赋结构最优技术选择对经济增长率有负向的影响。因此,发展中国家政府应根据最优技术选择而采取相应发展战略,没有必要研发或者引进发达国家最先进的技术而追求与发达国家同样的技术结构;若允许发展中国家自主选择自己的最适宜技术,发展中国家的经济发展速度可以超越发达国家,并最终追上发达国家(林毅夫,2006)。对于何为最优技术选择,易先忠(2008)明确了技术进步模式的选择与技术差距和人力资本有关,即技术差距和两种人力资本的构成比例决定了后发国技术进步模式的选择,而在人力资本约束的条件下,技术差距则决定了鼓励技术进步的政策效应;有学者提出技术吸收与模仿的重要影响因素是技术差距,技术差距将进而影响技术赶超效果(Lai,2009),易先忠(2010)通过进一步的实证分析表明:技术差距能有效促进技术进步,但差距需控制在一定范围以内,并且后发国家应根据技术差距的大小选择适宜的技术进步模式来实现技术赶超。对于如何定义主导技术进步模式,吉亚辉和祝凤文(2011)主要从总体上探讨了发展中国家技术模仿和自主创新,以及发展中国家与发达国家间的技术差距对发展中国家技术进步的影响,研究认为当发展中国家与发达国家的技术水平相差较大时,应主要采用技术引进来缩小技术差距,反之,技术水平差距缩小时则应形成自己的技术自主创新体系。我国学者普遍认同后发国技术进步途径分为自主创新和国外模仿,但指出在技术水平不同的地区,不同比例的生产投资与研发投资以及模仿与创新等因素均对技术进步和经济增长产生不同的效果,后发国的经济增长方式应跟随技术水平的提升而逐步转变(欧阳峣,2012)。

第二节　理论分析与模型设定

理论模型参照欧阳峣、易先忠、生延超（2012），以后发国家地位为出发点，通过对后发国家与领先国家的技术差距的测量，将不同的技术水平对应不同的技术进步方式——国外模仿和自主创新；并进一步推出在不同的技术进步模式中人力资本和物质资本投入到最终产品的生产活动、创新活动和模仿活动之间的最佳分配比例。

模型设定为两个部门，分别是最终产品生产部门和研发部门，且研发部门由模仿部门（C）和创新部门（I）组成。其中，最终产品生产部门采用柯布—道格拉斯形式生产函数 $Y = A(\mu H)^{\alpha} K^{1-\alpha}$ $(0 < \alpha < 1)$。其中，Y 表示产品总产出，A 表示技术水平，H 和 K 分别表示人力资本和物质资本，μ 为总人力资本中投入到最终产品生产部门中的人力资本的比例。

设定技术领先国技术水平为 A^*，后发国技术水平为 A，有 $A^* > A$，技术水平增长率 gA^* 为外生给定的常数 b，构建后发国的技术进步的动态方程：

$$A = \mu A^{\varphi} \left[R_I^{\lambda} H_I^{\omega} + \left(\frac{\eta A^*}{A} \right)^{\beta} R_C^{\lambda} H_C^{\omega} \right] \tag{6-1}$$

$\frac{\eta A^*}{A}$ 表示有效技术差距 T，创新部门的技术产出用 $R_I^{\lambda} H_I^{\omega}$ 表示，而模仿部门的技术产出由 $\left(\frac{\eta A^*}{A} \right)^{\beta} R_C^{\lambda} H_C^{\omega}$ 表示。将式（6-1）结合理论分析，当技术差距越大时，能够模仿的技术越多，且模仿的成本越低，效率越高；当后发国的技术水平逐渐提高，技术差距将逐渐缩小，能够模仿的技术的数量减少，模仿带来的收益也随之降低，所以在式（6-1）中表现为模仿部门的技术进步与技术差距成正比。由于我国技术水平较低，是后发国家，在技术差距 $T > 1$（$T = \frac{\eta A^*}{A}$）的条件下，而研发投入相同时，即 $R_I^{\lambda} H_I^{\omega} = R_C^{\lambda} H_C^{\omega}$ 时，体现了后发国在技术进步上的后发优势，通过模仿活动所获得的技术进步比创新活动多，所以后发国的技术进步率会高于领先国的技术进步率，即 $gA > gA^*$。

设定物质资本和人力资本的积累方程，技术进步涉及自主创新和模仿两种方式均需要投入物质资本和人力资本。中央计划者要最大化代表性消费者的终生效用水平，即在 $C(t)$、$R_I(t)$、$R_C(t)$、$H_I(t)$、$H_C(t)$ 和 u 中选择最优路径，建立 Hamilton 函数计算欧拉方程和最优性条件。在研发部门中，根据物质资本和人力资本投入在创新活动与模仿活动中的边际产出相等的条件，可求得两种资本在创新活动与模仿活动之间的最优分配比例：

$$\frac{L_I}{L_C} = \frac{R_I}{R_C} = \left(\frac{\eta A^*}{A}\right)^{\frac{\beta}{\lambda+\omega-1}} \tag{6-2}$$

由式（6-2）得出，技术差距决定了物质资本和人力资本两种资源投入到研发部门中的创新活动与模仿活动的最优分配比例，投入到创新活动与模仿活动之间的资源比与技术差距 T 成反比，即技术差距 T 越大时，投入到创新活动中的物质资源和人力资源相对于模仿活动中的资源均应相应减少，反之，技术差距 T 越小时，应加大对创新活动的投入。当技术差距越大时，能够模仿的技术越多，且模仿的成本越低，效率越高，为获取更高的技术进步率，应将更多的资源分配到效率更高的模仿部门。反之，当技术差距缩小，模仿活动的效率降低，创新活动所提供的技术进步率相对于模仿活动会更高，因此应增加对创新部门的资源投入。由于在经济发展的不同阶段，由创新活动和模仿活动所带来的技术进步的效果不同，因此对经济发展的促进作用也有所不同，应根据当期的技术差距而作出物质资源和人力资源的最优分配决策，并及时调整研发资源投入的方向。

分别设定研发物质资本总投入 R 和研发人力资本总投入 H_0，结合式（6-2）在创新活动和模仿活动中最优分配比例得到最优分配比例下的技术积累方程，并将新的技术积累方程联合新的 Hamilton 函数得到最优分配比例下的物质资本投入到研发部门中的动态方程（6-3）；将该动态方程结合边际生成率为 ε 时的生产函数，利用 Hamilton 函数得到最优分配条件下的人力资本投入到研发部门中的动态方程（6-4）：

$$\frac{\dot{R}}{R} = r - \lambda \frac{Y\dot{A}}{RA} - \frac{A}{A}\left(\varphi - \beta + \frac{\beta}{1 + T^{\frac{\beta}{1-\lambda-\omega}}}\right) + \frac{dA/dt}{A} \tag{6-3}$$

$$\frac{\dot{H_0}}{H_0} = \varepsilon\lambda B\frac{H_0}{\omega R} - r + \frac{\dot{R}}{R} + B(1-u) \tag{6-4}$$

从式(6-3)和式(6-4)得出物质资本的研发投入与技术差距呈现负相关,而与物质资本投入的情况类似,人力资本的研发投入与技术差距也呈现负相关。

根据物质资本和人力资本的积累方程,以及技术进步积累函数,在所有变量增长率均等于某一常数的均衡条件下,再分别推出均衡条件下总物质资本的研发投入份额 S_R^*、人力资本研发投入的最优份额 v^* 和人力资本生产投入份额 u^*:

$$S_R^* = \left(\frac{R}{Y}\right)^* = \frac{\lambda b}{\rho + \dfrac{\beta b T^{*\beta/(1-\lambda-\omega)}}{1+T^{*\beta/(1-\lambda-\omega)}} + \dfrac{b}{\lambda+\omega}\left[(\sigma-1)\dfrac{\omega}{\alpha} + (\sigma+\lambda+\omega-1)(1-\varphi)\right]}$$

$$\tag{6-5}$$

$$v^* = (B - g_H^*)\omega S_R^* / (\omega S_R^* B + \lambda\alpha) \tag{6-6}$$

$$u^* = (B - g_H^*)\lambda\alpha / B\omega S_R^*\left(B + \frac{\lambda\alpha}{\omega S_R^*}\right) \tag{6-7}$$

由式(6-5)得到 $\dfrac{dS_R^*}{dT^*} < 0$,即均衡时物质资本的研发投入比例与技术差距呈负相关,表明均衡条件下,技术差距越大,物质资本的研发投入比例应越小,此时将物质资本投入到生产部门收益更大,反之,技术差距缩小时,物质资本的投入应更多放在研发部门,以获得最大收益。根据式(6-6)、式(6-7)得出,$\dfrac{dv^*}{dT^*} < 0$,而 $\dfrac{du^*}{dT^*} > 0$,同样说明了均衡时人力资本的研发投入比例、生产投入比例分别与技术差距呈负相关和正相关,即表明技术差距较大时,人力资本应更多投入生产部门以获得产量最大化;而随着技术不断进步,技术差距缩小,人力资本的投入应实现从生产部门到研发部门的转变。

第三节　实证检验

一、计量模型与数据说明

本章以欧阳峣、易先忠、生延超(2012)的分析模型为基础,构建两个计量

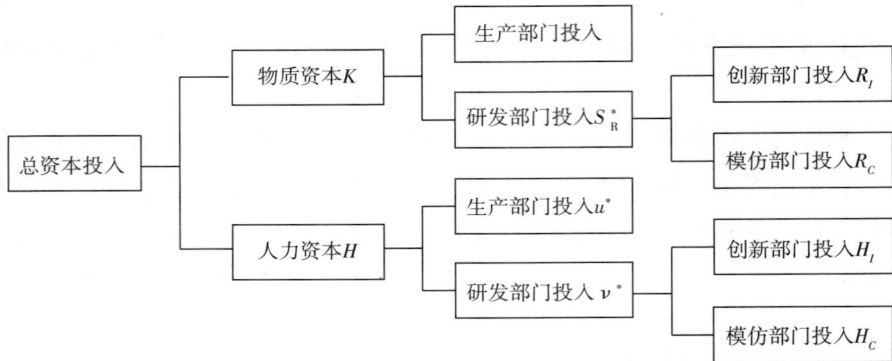

图 6-1　模型理论分析关系图

模型,分别是技术进步模型和经济增长模型。

技术进步模型包括四个变量,即技术进步 $shchl$ 、自主创新 rd 、高新技术的进口模仿 $hhim$ 和 FDI 技术外溢效应 $hhfdi$;由于数据的绝对值较大,为有效消除异方差性,对原有模型取对数,其最终表达如下:

$$\ln shchl_{it} = C_i + a_1 \ln rd_{it} + a_2 \ln hhim_{it} + a_3 \ln hhfdi_{it} + \mu_{it} \qquad (6-8)$$

经济增长模型同样包括四个变量:经济增长 $rjgdp$ 、总研发物质资本投入 $kjjfei$ 、生产性投入 $tuzi$ 和贸易开放度 $trade$ 。为验证不同的生产性投资和研发投资对经济增长的影响,设定模型如下:

$$\ln rjgdp_{it} = C_i + b_1 \ln kjjfei_{it} + b_2 \ln tuzi_{it} + b_3 \ln trade_{it} + \mu_{it} \qquad (6-9)$$

本章将对粤港澳大湾区内地城市群的 9 座城市(广州、佛山、肇庆、深圳、东莞、惠州、珠海、中山和江门)2010 年至 2016 年的面板数据进行实证检验。实证数据来自各年《广东统计年鉴》、各市的统计年鉴以及统计公报,面板数据均已通过各类价格指数平减,消除价格因素带来的影响而有效减少估计的误差。

二、面板数据平稳性检验

在进行模型回归分析之前,为避免出现伪回归,首先需要对面板数据进行单位根检验。本章运用 EViews 9.0 软件,对两个计量模型的变量均进行平稳性检验。

表 6-1　面板数据单位根 Fisher-ADF 检验

技术进步模型	Fisher-ADF 检验（水平值）	经济增长模型	Fisher-ADF 检验（水平值）
ln*shchl*	42.36050 （0.0025）***	ln*rjgdp*	83.88000 （0.0000）***
ln*rd*	119.88100 （0.0000）***	ln*kjjfei*	107.21800 （0.0000）***
ln*hh* * *im*	62.01030 （0.0000）***	ln*tuzi*	17.54160 （0.0486）**
ln*hh* * *fdi*	54.37310 （0.0001）***	ln*trade*	1.94387 （0.0074）***

注:括号内为 t 统计量相伴概率;***、**、*分别表示在 1%、5%、10%的水平上显著。

由表 6-1 检验结果显示可知,无论是经济增长模型还是技术进步模型,在 5%的显著水平上,所有的变量均在水平的 Fisher-ADF 检验中通过单位根检验,证明该面板数据具有良好的平稳性,可以进行模型的回归估计。

三、模型回归结果

在模型进行回归之前,需要选择合适的回归模型。先分别对技术进步模型和经济增长模型的面板数据进行随机效应模型(REM)的回归,然后分别就两个模型的随机效应的回归结果进行 Hausman 检验。技术进步模型和经济增长模型的 Hausman 检验结果分别是 0.0034 和 0.0000,均小于 0.05,即应拒绝原假设的随机效应模型而选择固定效应模型(FEM)。

下文将分别分析技术进步模型和经济增长模型的回归结果,回归结果将分别从粤港澳大湾区城市群整体和高技术水平区域进行对比分析。高技术水平区域的确定根据各市人均实际 GDP 与美国人均 GDP 的比值确定,比值达到 20%即为高技术水平区域,因此将广州、深圳、佛山、东莞、珠海和中山 6 个城市认定为高技术水平区域。

表6-2 技术进步模型固定效应回归结果

粤港澳大湾区城市群	固定效应(FE)	高技术水平区域	固定效应(FE)
$\ln rd$	0.62870*** (11.49508)	$\ln rd$	0.72314*** (10.47945)
$\ln hh*im$	0.03510** (0.84543)	$\ln hh*im$	0.01867** (0.30777)
$\ln hh*fdi$	0.06007* (1.69384)	$\ln hh*fdi$	0.12663** (4.54243)
C	−4.81120*** (−11.33467)	C	−5.90516*** (−9.23100)
R^2	0.97466	R^2	0.96452
F Test	222.1983 [0.0000]	F Test	140.3011 [0.0000]

注:括号内为异方差稳健性标准误对应 t 值;***、**、*分别表示在 1%、5%、10%的水平上显著;[ ]为 F Test 对应 P 值。

首先分析技术进步模型。由表6-2结果可知,无论是粤港澳大湾区城市群还是处于高技术水平区域的城市,自主创新比起高新技术的进口模仿 FDI 技术外溢效应,更能有效促进技术进步;而高技术水平区域的自主创新相对于粤港澳大湾区城市群整体的自主创新而言,能对技术进步产生更大的促进作用。

因此,我们可以总结,对于粤港澳大湾区城市群中的技术进步而言,创新活动比模仿活动更有效率,应加大研发部门中自主创新活动的投入资源;而对于高技术水平区域的城市,由于自主创新对技术进步的推动力更大,应比低技术水平区域增加更多的创新活动的资源投入以获得更高的技术进步率,从而促进经济增长。

表 6-3　经济增长模型固定效应回归结果

粤港澳大湾区城市群	固定效应（FE）	高技术水平区域	固定效应（FE）
ln$kjjfei$	0.35975 *** （9.39455）	ln$kjjfei$	0.44574 *** （8.51437）
ln$tuzi$	0.25904 *** （4.04065）	ln$tuzi$	0.19790 ** （2.05373）
ln$trade$	0.28471 *** （4.54243）	ln$trade$	0.27978 ** （2.69967）
C	4.31981 *** （12.37044）	C	3.88003 *** （5.05716）
R^2	0.99188	R^2	0.97800
F Test	703.2260 ［0.0000］	F Test	228.7852 ［0.0000］

注:括号内为异方差稳健性标准误对应 t 值;***、**、* 分别表示在 1%、5%、10%的水平上显著;［］为 F Test 对应 P 值。

对于经济增长模型而言,由表 6-3 回归结果可知,贸易开放度 $trade$ 对经济增长在粤港澳大湾区城市群整体和高技术水平区域范围中都有相似的较大的推动作用,这与粤港澳大湾区城市群的地理位置有密切联系,多是以出口为导向的城市,回归结果符合目前的经济发展现状。对于两个部分而言,研发物质资本投入 $kjjfei$ 相对于生产性物质资本投入 $tuzi$ 对经济增长均具有更大的拉动力,而这一特征在高技术水平区域表现得更为明显,研发物质资本投入 $kjjfei$ 对经济的影响力达到生产性物质资本投入 $tuzi$ 的 2 倍之多。因此,粤港澳大湾区应该逐渐从"投资主导"向"研发主导"的经济增长模式转变,而高技术水平区域的城市更应加快转变的步伐。

四、基于内生性的稳健性检验

由于固定效应模型可能存在内生性问题从而影响模型回归结果的真实性,因此需要进行内生性的稳健性检验以确定回归结果的准确度。本章将通过变换样本的方式对回归模型进行内生性检验,样本将选取广东、广西、福建、浙江、上海、江苏、山东、江西和安徽 9 个省市 2010 年至 2016 年的面板数据进行内生稳健性检验。

对于新样本的检验同粤港澳大湾区城市的样本的处理方法一致,先进行平稳性检验,通过 Hausman 检验确定回归模型,再按照固定效应模型进行回归。最后的回归结果如下。

表6-4　内生性检验固定模型效应回归结果

技术进步模型	固定效应(FE)	经济增长模型	固定效应(FE)
ln*rd*	0. 47544 *** (14. 44054)	ln*kjjfei*	0. 29640 *** (8. 65766)
ln*hh* * *im*	0. 03334 *** (1. 01792)	ln*tuzi*	0. 12420 *** (4. 62541)
ln*hh* * *fdi*	0. 02394 *** (0. 76025)	ln*trade*	0. 16093 ** (2. 923596)
C	−5. 11418 *** (−15. 78183)	C	4. 78583 *** (15. 60287)
R^2	0. 98234	R^2	0. 98942
F Test	320. 8250 [0. 0000]	F Test	538. 5041 [0. 0000]

注:括号内为异方差稳健性标准误对应 t 值;***、**、* 分别表示在 1%、5%、10% 的水平上显著;[ ] 为 F Test 对应 P 值。

由表6-4 结果显示,在更换样本过后,技术进步模型与经济增长模型仍然得到相对稳定的回归结果。并且,与粤港澳大湾区城市群的回归结果相比并无太大差异,不同变量对技术进步或经济增长的影响程度也较相似。因此,可以认为该模型不存在明显的内生性问题,能够较准确地估计出参数的大小,所以结论也更真实可靠。

第四节　结论与建议

本章探讨粤港澳大湾区内地城市群的未来发展动向,根据内生技术进步经济增长模型,在理论上探讨实现技术进步和经济增长的可行途径。为实现后发优势,应选择"适宜技术",即根据目前跟国外的技术差距选择技术进步的方式。因此,本章分别就技术进步和经济增长设定计量模型,通过粤港澳大湾区内地城市群的面板数据的分析,明确了在不同的技术水平区域有不同的创新活动和模仿活动的投入以及生产性投资和研发投资的比例。

对于技术进步而言,根据模型回归结果显示,粤港澳大湾区内地城市群的自主创新对技术进步的贡献达到 0.629,相比进口模仿的 0.035 和 FDI 外溢效应的 0.06 的贡献度要大得多。因此,从总体上应增加总物质资本投入中的研发投入,尤其增加研发部门中的创新活动的资源投入以提高技术进步率;而在高技术水平区域的城市中,由于自主创新对技术进步的拉动力达到了更高的 0.72,因此在以上提到的总物质资本的研发投入以及研发部门中的创新活动资源投入都需要比粤港澳大湾区城市群的整体投入更高,以实现更高的技术进步率。

对于经济增长而言,在粤港澳大湾区内地城市群中,研发物质资本投资和生产性物质资本投资以及进出口贸易是拉动经济增长的 3 个重要因素。研发物质资本投资的贡献度在三者中最高,达到 0.36,而生产性投资只占 0.26,说明粤港澳大湾区内地城市群的经济增长并不是主要依靠生产性投资,更多依赖于研发投资。因此,为实现更高经济增长,应逐渐实施“研发主导”的经济发展战略,减少生产性投资而增加研发投资。同样的特征在高技术水平区域更为明显,研发投资的贡献度在该区域内达到 0.45,远远超出生产投资 0.12 的贡献度,所以对于该区域的城市而言,应集中将物质资源投资在研发部门,大量减少生产投资,以实现最佳的经济增长。

附　　录

附表 6-1　粤港澳大湾区内地城市群各市 GDP 总额　（单位:亿元）

	2010	2011	2012	2013	2014	2015	2016
全省	46036.25	53246.18	57147.75	62474.79	67809.85	72812.55	79512.05
广州	10748.28	12423.44	13551.21	15497.23	16706.87	18100.41	19547.44
深圳	9773.31	11515.86	12971.47	14572.67	16001.82	17502.86	19492.60
惠州	1729.97	2094.94	2379.49	2705.13	3000.37	3140.03	3412.17

续表

	2010	2011	2012	2013	2014	2015	2016
佛山	5622.63	6179.68	6579.18	7010.68	7441.60	8003.92	8630.00
肇庆	1088.39	1328.83	1467.68	1673.37	1845.06	1970.01	2084.02
东莞	4278.21	4771.93	5039.21	5517.47	5881.32	6275.07	6827.69
珠海	1210.79	1410.34	1509.24	1679.00	1867.21	2025.41	2226.37
中山	1853.45	2194.73	2446.30	2651.93	2823.01	3010.03	3202.78

附表 6-2　粤港澳大湾区内地城市群各市人均 GDP　（单位:元）

	2010	2011	2012	2013	2014	2015	2016
全省	44758.12	50841.53	54171.05	58833.03	63468.60	67503.41	72787.00
广州	87458.01	97588.00	105908.94	120293.52	128478.33	136188.00	141933.02
深圳	96184.02	110520.00	123450.78	137631.87	149495.24	157985.00	167411.15
惠州	38650.28	45371.00	51130.11	57715.65	63657.47	66230.70	71605.21
佛山	79902.12	85650.00	90792.45	96317.12	101617.47	108298.63	115891.04
肇庆	28051.64	33754.00	36998.61	41811.31	45795.18	48669.86	51177.99
东莞	53193.05	57913.00	60907.49	66439.93	70605.32	75616.05	82682.17
珠海	78030.04	90140.00	95818.92	105833.75	116536.93	124706.00	134548.30
中山	60888.48	70063.00	77693.62	83803.91	88681.77	94029.73	99471.33

附表 6-3　粤港澳大湾区内地城市群各市科研经费内部支出额

（单位:万元）

	2010	2011	2012	2013	2014	2015	2016
全省	8087500	10454900	12361500	14434527	16054458	17981700	20351400
广州	1187729	1406661	1582281	1710177	1929674	2122613	2317659
深圳	3137877	3888917	4618655	5329402	5883496	6726494	7600311
惠州	176044	314606	435405	518729	547473	597225	676932
佛山	922224	1163528	1468785	1612186	1829277	1929893	1948807
肇庆	68140	99962	123820	154060	170701	192157	214433
东莞	495099	612516	748347	983720	1150506	1267890	1434048
珠海	203099	275089	312434	345668	386468	434013	490503
中山	350606	460413	531454	611855	663898	692376	747859

附表 6-4　粤港澳大湾区内地城市群各市固定资产投资　（单位:亿元）

	2010	2011	2012	2013	2014	2015	2016
全省	16113.19	16843.83	19307.53	22828.65	25928.09	30031.20	33008.86
广州	3263.57	3412.20	3758.39	4447.30	4889.50	5405.95	5703.59
深圳	1944.70	2060.92	2314.43	2490.20	2717.42	3298.31	4078.16
惠州	894.02	1024.21	1208.68	1401.30	1606.71	1863.93	2039.71
佛山	1719.63	1933.96	2128.33	2375.60	2612.45	3035.52	3512.04
肇庆	625.21	710.03	852.60	1007.78	1138.73	1330.03	1373.74
东莞	1114.98	1079.31	1180.35	1383.94	1427.11	1446.52	1557.46
珠海	501.55	637.39	787.62	960.89	1135.05	1305.14	1389.75
中山	660.37	766.95	893.43	962.93	903.66	1055.41	1149.01

附表 6-5　粤港澳大湾区内地城市群各市进出口贸易总额

（单位:亿美元）

	2010	2011	2012	2013	2014	2015	2016
全省	7848.96	9133.34	9839.47	10918.22	10765.84	10227.96	9552.86
广州	1037.62	1161.63	1171.67	1188.96	1305.76	1338.62	1293.09
深圳	3467.63	4139.75	4668.03	5374.75	4877.40	4424.55	3984.36
惠州	342.35	388.13	494.94	573.90	594.12	543.56	461.44
佛山	516.58	608.89	610.58	639.40	688.07	657.12	621.84
肇庆	43.91	57.12	63.52	70.17	78.30	82.08	69.37
东莞	1215.66	1352.33	1445.17	1530.70	1624.97	1675.43	1724.95
珠海	434.83	516.30	456.81	542.88	549.60	476.38	417.32
中山	311.13	341.85	335.22	356.23	369.59	356.01	338.48

附表 6-6　粤港澳大湾区内地城市群各市就业人数　（单位:万人）

	2010	2011	2012	2013	2014	2015	2016
全省	5870.48	5960.74	5965.95	6117.68	6183.23	6219.31	6279.22
广州	711.07	743.18	751.30	759.93	784.84	810.99	835.26
深圳	758.14	764.54	771.20	899.20	899.66	906.14	926.38
惠州	260.14	267.94	270.04	277.27	280.62	281.51	285.57

续表

	2010	2011	2012	2013	2014	2015	2016
佛山	443.46	445.13	437.25	437.29	438.09	438.41	438.81
肇庆	213.05	215.13	215.55	216.22	217.79	218.44	220.31
东莞	626.25	628.54	631.40	633.25	660.46	653.41	653.97
珠海	103.02	104.09	104.93	106.32	108.79	108.92	109.55
中山	207.34	208.64	208.84	210.30	211.76	210.51	213.01

附表 6-7　粤港澳大湾区内地城市群各市 R&D 经费支出（单位:万元）

	2010	2011	2012	2013	2014	2015	2016
全省	8090000	10450000	12360000	14430000	16050000	17980000	20350000
广州	1187729	1406661	1582281	1710177	1929674	2122613	2317659
深圳	3137877	3888917	4618655	5329402	5883496	6726494	7600311
惠州	176044	314606	435405	518729	547473	597225	676932
佛山	922224	1163528	1468785	1612186	1829277	1929893	1948807
肇庆	68140	99962	123820	154060	170701	192157	214433
东莞	495099	612516	748347	983720	1150506	1267890	1434048
珠海	203099	275089	312434	345668	386468	434013	490503
中山	350606	460413	531454	611855	663898	692376	747859

附表 6-8　粤港澳大湾区内地城市群各市科研人员人数　（单位:人）

	2010	2011	2012	2013	2014	2015	2016
全省	359476	416017	519212	530551	544906	534293	585089
广州	47296	58905	64621	74008	80623	82594	80509
深圳	160148	155912	196202	187045	176345	174953	202684
惠州	9460	13885	19055	18678	20010	24376	34929
佛山	40890	57212	71576	75852	78933	68198	74427
肇庆	6282	7570	10267	10568	11200	11513	12100
东莞	36064	39400	51386	53258	58752	59469	64963
珠海	10357	13338	16409	15814	18408	16229	16737
中山	20608	24815	34269	37857	38551	38488	38970

附表 6-9　粤港澳大湾区内地城市群各市外商直接投资实际使用金额

（单位：亿美元）

	2010	2011	2012	2013	2014	2015	2016
全省	202.61	207.01	217.55	224.89	236.74	233.28	198.11
广州	39.79	40.49	42.10	43.09	44.78	46.70	47.86
深圳	42.97	43.64	48.26	49.14	51.14	56.01	56.68
惠州	14.38	14.95	16.02	16.66	17.49	9.65	9.79
佛山	19.68	20.42	21.71	22.72	23.40	20.62	12.48
肇庆	9.34	9.76	10.63	11.13	11.64	12.08	3.16
东莞	27.32	29.08	31.21	35.80	40.25	46.62	33.94
珠海	12.24	12.74	13.40	15.28	16.96	18.81	19.45
中山	6.68	6.92	7.46	5.90	6.08	4.05	4.13

附表 6-10　粤港澳大湾区内地城市群各市高新技术产品进口

（单位：亿美元）

	2010	2011	2012	2013	2014	2015	2016
全省	1489.79	1573.55	1718.90	2310.92	2035.27	2018.47	1812.27
广州	134.07	141.81	149.00	128.05	140.92	130.40	114.78
深圳	889.74	942.69	1023.02	1247.73	976.92	982.00	893.24
惠州	103.30	114.52	126.31	158.40	141.89	120.33	93.67
佛山	18.60	20.50	22.65	28.30	25.30	21.53	22.80
肇庆	1.65	1.30	1.67	1.34	0.92	0.80	0.55
东莞	110.46	117.60	127.49	156.72	122.34	123.95	113.86
珠海	71.10	68.61	50.34	60.99	53.24	59.03	44.41
中山	31.38	33.22	35.14	30.50	33.60	31.37	29.74

资料来源：《广东统计年鉴（2011—2017）》，各市统计年鉴以及统计公报。

附表 6-11　技术进步模型固定效应（FE）与随机效应（RE）结果对比

Variable	FE	RE	Var.	Prob.
$\ln rd$	0.62870	0.64969	0.000066	0.0095
$\ln hh * im$	0.03501	0.09265	0.000506	0.0105
$\ln hh * fdi$	0.06007	0.07001	0.000055	0.0175

附表 **6-12**　经济增长模型固定效应(**FE**)与随机效应(**RE**)结果对比

Variable	FE	RE	Var.	Prob.
ln$kjjfei$	0.35975	0.37114	0.000042	0.0784
ln$tuzi$	0.25904	0.19417	0.000285	0.0001
ln$trade$	0.28471	0.33929	0.000598	0.0256

中　篇

创 新 与 融 合

第 七 章

粤港澳大湾区城市群和产业集群的耦合与经济增长的关系

城市发展到现阶段,已逐步出现了城市群与产业集群这两种经济发展的模式。城市群是一种较为成熟的空间组织形式,是经济与产业发展到一定程度的产物。具体表现为在一定地域范围内的具有不同性质、类型以及等级规模的若干城市的集聚。而产业集群则代表在特定产业具有分工合作关系的不同企业在一定区域内的空间联合体。

现实中,区域产业集群在一定程度上会促进城市一体化的发展,使得区域内的城市尽快完善设施配备以跟上产业的发展脚步。而城市的集聚同样会引起产业集群的快速发展,使得产业间的分工更加专业、更加精细。与此同时,城市群和产业集群无形中形成的动态耦合系统,更是对经济发展有着一定程度的影响。一直以来,城市群与产业集群的协调发展都是备受关注与研究的话题,"产城互动"更是引发政府对大区域内城市功能规划的深思。

2012年12月,习近平总书记在党的十八大后首次离京考察就来到广东,习近平总书记立足全局和长远作出重大谋划,引领粤港澳大湾区建设加快推进。国务院总理李克强在2017年召开的十二届全国人大五次会议上提出,"要推动内地与港澳深化合作,研究制定粤港澳大湾区城市群发展规划,发挥港澳独特优势",这无疑是将粤港澳大湾区的发展问题上升至国家层面。同时也充分说明了国家与政府将致力于推动粤港澳大湾区城市群的发展,以此来促进大湾区城市群经济的全面提升。

鉴于粤港澳大湾区是目前政府建设的重点,而此城市群背后所辐射的经济情况更是群众所关注的焦点。因此,本章将结合粤港澳大湾区的背景,研究该区域的城市群优势与产业集群优势,同时挖掘两者之间的协调发展,并观察城市群与产业集群的耦合关系对经济发展所产生的影响。本章的主要研究内容有助于正确认识粤港澳大湾区的整体发展对经济发展带来的作用,并针对如何促进城市群与产业集群的耦合以产生更多正向效应提出有效的参考建议。另外,针对城市群和产业集群的耦合关系的研究,还有利于优化区域产业结构,推动城乡的统筹发展,从而全面提升区域的整体实力与竞争力,增强区域的自主创新能力。

其余部分的结构安排如下:第一节将回顾国内外文献对城市群与产业集群耦合关系的研究,整理研究思路;第二节将阐述城市群与产业集群发展的耦合机理,并建立模型以及说明变量;第三节将选取粤港澳大湾区城市群的相关数据进行实证分析;第四节将对实证结果进行解读,并提出相应的政策建议。

第一节 文献综述

关于城市群的研究,从现代意义上说,开拓者应为法国地理学家 Gottmann Jean。他提出了有关大都市带的概念,将学术界带进了一个热烈研究与讨论的境地。Gottmann(1957)认为会在一定区域内出现大都市带现象,这种现象具体是指在特定区域会出现沿着轴线延伸发展的中心城市网络。这样的城市网络会使城市间带来人口、资金、交通、信息等要素的流动。当各种生产要素互相交流时,城市间会产生相互作用,从而预示着人类经济发展的组织形式即将发生巨大变化。

随着城市群的逐渐发展,对产业集聚也渐渐产生了影响。Marshall (1920)首先留意到经济的外部性与产业集聚现象的高度关联性,他认为外部性会是促进产业集群的有效动力。Krugman(1991)利用数学模型来分析产业集聚优势带来的规模经济效应,将有利于制造业中心的形成。这在一定程度上说明了产业集群的形成反过来也能促进城市群的逐步发育。

城市群与产业集群渐渐成为一个耦合的动态系统,它们之间的相互关系以及由此而带来的影响,更是备受国外学者们的高度关注。Baldwin 和 Foslid

（2000）在假定劳动力是可以自由流动，同时企业间是垂直联系的情况下，研究了集聚与经济发展之间的关系，得出了集聚会促进经济增长的正向结论。Martin 和 Ottaviano（2001）利用内生经济增长理论来解释了产业集聚会降低生产成本从而促进经济增长的现象，同时，积极发展又会推动要素流动，进一步实现产业空间集聚。

　　除了外国学者的学术研究以外，国内的学术界也积极投身于城市群与产业集群耦合关系的研究。苏雪串（2004）指出了城市群与产业集群之间的关系，她认为二者会相互促进，同时产业集群将有利于城镇化的发展。因此，发挥产业集群和城市群的相互作用可以加速城市化进程。实际上，产业集群与城市群之间在一定区域内确实存在耦合关系，而且两者关系的耦合程度与所在区域的整体经济发展具有正相关性（郭凤城，2008）。通过个案研究以后，朱丽萌（2010）认为鄱阳湖应当积极促进城市群与产业集群的耦合发展，来实现生态经济区在经济上的可持续发展。牟群月（2012）基于温台沿海城市群的面板数据，通过实证研究分析了城市群与产业集群的耦合发展机理，以及两者协调发展的内外因，得出了产业集群与城市群的耦合能够提升城市的经济竞争力，从而有助于区域经济增长。在对中部地区城市群与产业集聚的互动分析当中，项文彪和陈雁云（2017）发现产业集聚对区域经济影响较大，而城市集聚对区域经济的影响较小，同时两者的互动对区域经济增长的作用并不明显。

　　综上所述，已有较多文献专注于研究城市群与产业集群的互动发展，同时结合个案探究其关系对经济发展的实际作用。有别于以往的文献，本章将以粤港澳大湾区为背景，研究大湾区城市群与产业集群的耦合关系，基于大湾区所包含的 9 个城市以及两个地区在 1996—2016 年的时间序列数据，利用回归分析模型实证研究集群优势对经济增长的作用，并结合实际情况提出有效实用的政策建议。

第二节　模型构建及变量说明

一、城市群和产业集群的耦合发展机理

城市群和产业集群的耦合关系，意指这两个集群体系在经济发展过程中

相互作用与协同发展,从而彼此影响的状态。实际上,这两个体系构成了一种动态的系统,它会随情况不同而变化,但基本的耦合发展机理如下:首先,因为城市发展过程中的边际报酬递增,部分产业开始集聚,有些还会迁入城市。随着产业集聚程度的不断提高,专业化分工日益明显,同时规模经济与外部经济效益显现,使得经济环境要求与城市服务相匹配,由此引起城市机构、服务的不断完善,最终导致城市规模扩大。这样的现象会带来生产要素在区域间的充分流动,接着就会引来更多新的产业集聚在该区域,从而使大城市或核心城市逐渐形成。与此同时,该区域又会吸引更多产业集聚到城市圈中,随着辐射效应与扩散效应的增强,最终便会形成联系密切的城市群。产业集群的优势会使城市的总体竞争力提升,而反过来城市群的集聚效益也会给产业带来积极的发展。总的来说,城市群和产业集群的耦合发展有利于经济主体对自身利益最大化的追求,同时,两者构成了有效的相互作用机制,形成了耦合的互动关系。

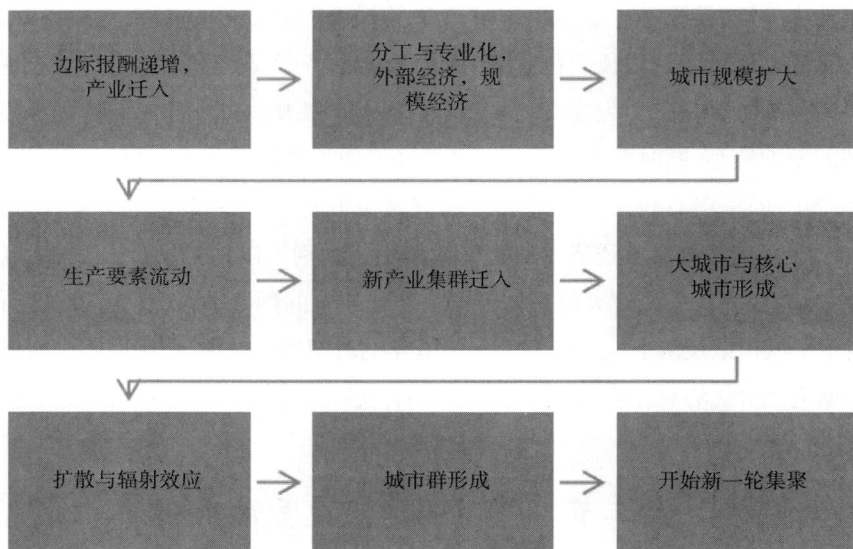

图 7-1　城市群和产业集群的耦合发展机理

二、模型构建

假定某城市群的所有产业都包含在产业集群当中,因此该城市群的 GDP 可以是各城市或者各产业集群的 GDP 总和。为研究城市群和产业集群的耦合与经济增长的关系,构建如下模型:

$$G = \alpha \cdot CS + \beta \cdot CY + \lambda \cdot (CS \cdot CY) + \varepsilon \qquad (7-1)$$

其中,G 为被解释变量,代表某城市群的地区生产总值的增长率;而其余皆为解释变量,城市群优势用 CS 表示,代表某城市群的集聚程度;而 CY 则代表某产业集群的集聚程度,也可理解为产业集群的优势;$CS \cdot CY$ 代表着城市群和产业集群的耦合优势。

三、变量说明

为考量城市群与产业集群的耦合对经济增长的影响,故采用地区生产总值增长率(即 GDP 增速)作为被解释变量。

另外,以各城市的城镇人口占总人口比例代表城市的集聚指数。由于目前我国仍是以第二产业为主,因此选择第二产业作为产业集群的代表来研究,以各城市第二产业从业人口占总从业人口的比例表示产业集聚优势。若城镇人口占比或第二产业从业人员占比的指标越大,则城市集聚或产业集聚的程度越高。各变量的具体定义如表 7-1 所示。

表 7-1 变量选择及其含义

变 量	符 号	指 标	含 义
被解释变量	G	GDP 增速	表示经济增长
解释变量	CS	城市人口占比	表示城市群的集聚程度
	CY	第二产业从业人口占比	表示产业集群的集聚程度
	$CS * CY$	耦合优势	表示城市群和产业集群的耦合优势
其他变量	ε		误差项

第三节　实证分析

一、数据来源

本章以粤港澳大湾区城市群为研究背景,选取广州、深圳、佛山、东莞、惠州、珠海、中山、江门、肇庆、香港和澳门等"9+2"个城市和地区在 1996—2016 年的时间序列数据,分析粤港澳大湾区城市群与产业集群优势分别对经济发展的影响,并有针对性地研究二者耦合关系对经济增长的作用。研究数据主要来自各地区统计年鉴、EPS 全球数据平台、国家统计局以及广东统计局等。

二、城市集聚指数分析

城市的集聚指数用区域城镇人口指数来表达,其公式为:$CS_1 = ($ 区域城镇人口/区域总人口)/(全国城镇人口/全国总人口)。

其中,从表达式中可以了解到,若区域的城市集聚指数大于 1,表明该区域的城市处于集聚状态,同时,集聚指数 CS_1 的数值越大,代表区域的城市集聚程度越高。

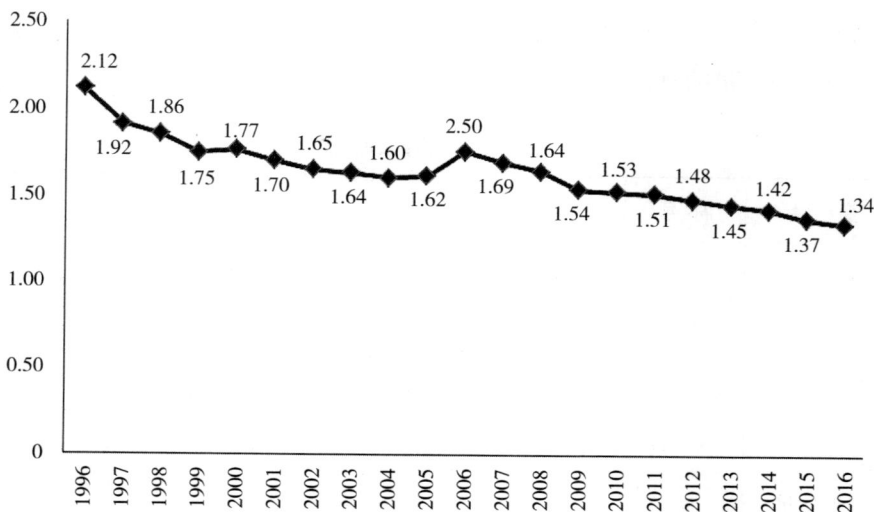

图 7-2　粤港澳大湾区城市群城市集聚指数的趋势

从图 7-2 中同样可以看出粤港澳大湾区城市群的城市集聚程度,1996—2016 年的数据明显表示大湾区的城市群集聚指数均在 1.3 以上,这代表了粤港澳大湾区城市群的城市集聚程度较高。同时,我们也可以观察到该区域城市群的城市聚集指数从一开始便在缓慢地下降,其中的原因有可能是由于统计口径在期间发生过变化,从而导致城市人口规模统计有偏差。还有可能是因为各城市间的经济和文化水平不一样,同时各城市的经济发展目标也不一致,因此各城市会有针对性地选择重点发展的产业和行业,不同的经济发展环境对劳动力的需求不一样,所吸引的劳动力也不尽相同,所以对城市人口的集聚会产生一定的影响。

三、产业集聚指数分析

产业集聚指数为区域第二产业从业人员指数,表达式为:CY=(区域第二产业从业人口/区域从业人口)/(全国第二产业从业人口/全国从业人口)。

由上式可知,产业集聚指数 CY>0。当区域的 CY 值为 1 时,则代表第二产业呈均匀分布状态,不集聚于任何地区;而当区域的 CY>1 时,表示该区域的第二产业处于集聚状态,同时数值越大,代表着集聚程度越高。另外,若区域的 CY 值趋近于零时,则表明第二产业不在该区域集聚,完全分布于其他区域(刘友金等,2001)。

图 7-3 是粤港澳大湾区城市群产业集聚程度的趋势,可以看出,1996—2016 年粤港澳大湾区城市群的产业集聚指数均在 1.4 以上,这代表了粤港澳大湾区的城市群间产业集聚程度较高。从图 7-3 我们也可以了解到,第十个五年计划的时候,粤港澳大湾区城市群的产业集聚指数有明显上升趋势,表明产业的集聚在提高,这有可能是我国产业转型升级的效果。但从 2006 年开始,产业集聚指数开始呈现相对下降趋势,直到 2012 年才开始渐趋平缓。由于本章的产业集聚指数主要是以第二产业为产业代表进行研究的,因此这说明了从 2006 年开始,第二产业的比重在逐步下降,同时这也代表着粤港澳大湾区城市群第三产业比重在逐渐上升的结果。

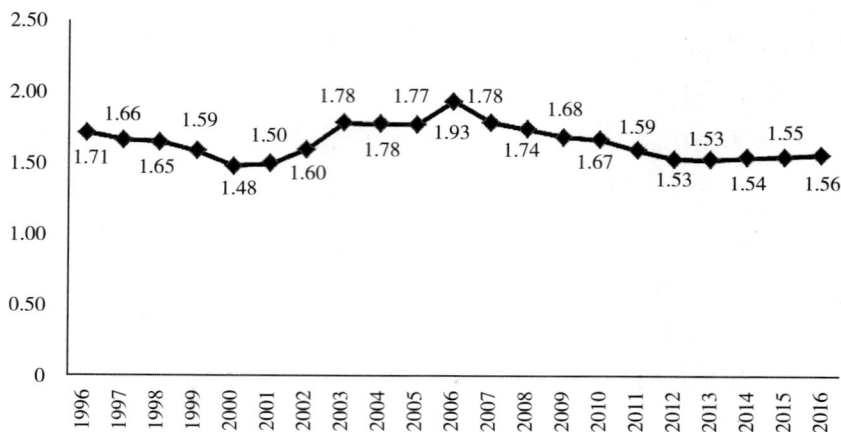

图7-3　粤港澳大湾区城市群产业集聚指数的趋势

四、变量单位根与协整检验

1. 单位根检验

众所周知,经典的计量模型都是建立在时间序列呈现平稳的状态之下的。若用非平稳的经济变量进行回归分析,则容易导致两个实际上不相关的变量间的虚假回归,因此对于变量必须做单位根检验,来考虑其平稳性。表7-2将展示对 GDP 增速 G、城市集聚指数 CS_1、产业集聚指数 CY 以及两者耦合优势 Z 的单位根检验结果。

表7-2　模型变量的单位根检验结果

变量	差分次数	(C,T,K)	DW 值	ADF 值	5%临界值	1%临界值	结论
G	1	(0,0,1)	1.97	−6.55	−1.96	−2.70	I(1)**
CS_1	1	(0,0,1)	1.92	−2.44	−1.96	−2.70	I(1)**
CY	1	(0,0,1)	1.97	−2.69	−1.96	−2.70	I(1)**
Z	1	(0,0,1)	2.05	−2.56	−1.96	−2.70	I(1)**

说明:(C,T,K)表示 ADF 检验式是否包含常数项、时间趋势项以及滞后期数;**表示变量差分后在 5% 的显著水平上通过 ADF 平稳性检验。

变量的单位根检验结果表明:GDP 增速 G、城市集聚指数 CS_1、产业集聚指数 CY 以及两者耦合优势 Z 这四个变量皆是一次差分序列才平稳,说明四个变量的原序列都有一个单位根。

2. 协整检验

另外,学术界都清楚,没有协整关系的单整变量的回归仍然是伪回归。因此,必须对变量进行协整检验,而且上文的单位根检验已经证明了四个变量的单整阶数相同。表 7-3 将展示四个变量的协整检验结果。

表 7-3 模型变量的协整检验结果

假设的协整方程数	特征值	迹统计量(P 值)	5%临界值	λ-max 统计量(P 值)	5%临界值
0*	0.861432	64.75217(0.00)	40.17493	37.55147(0.00)	24.15921
至多 1 个*	0.660059	27.20070(0.02)	24.27596	20.50068(0.02)	17.79730
至多 2 个	0.200878	6.700020(0.36)	12.32090	4.260582(0.59)	11.22480
至多 3 个	0.120491	2.439438(0.14)	4.129906	2.439438(0.14)	4.129906

注:*表示在 5%显著性水平上拒绝原假设,P 值为伴随概率。

从表 7-3 可以看出,没有协整关系的原假设的伴随概率为 0,小于 0.05,则拒绝原假设,说明变量间存在协整关系。同时,迹统计量值 64.75217 大于 5%显著水平的临界值 40.17493,说明至少有一个协整关系存在。同理可得,λ-max 统计量 37.55147>24.15921,同样可以得出四个变量存在协整关系的结论。

单位根检验已经验证了四个变量的原序列皆不平稳,而协整检验也证明了四个变量间的协整关系。只有四个非平稳变量有协整关系才可以直接使用普通最小二乘法进行回归分析。

五、回归模型结果

下面运用粤港澳大湾区中 11 个城市在 1996—2016 年的时间序列数据,按照模型(7-1)建立地区生产总值增长率 G 与城市集聚优势 CS_1、产业集聚优势 CY 以及二者耦合优势 $CS_1 \cdot CY$ 之间的回归模型,并利用 EViews 10.0 进行数据分析。

从 EViews 10.0 的回归结果,我们可以得出粤港澳大湾区城市群的回归模型是:

$$G = -0.72 \cdot CS_1 - 0.52 \cdot CY + 0.43 \cdot (CS_1 \cdot CY) + 0.97$$
$$\quad (-0.70) \qquad (-0.50) \qquad (0.68) \qquad (0.57)$$

$R^2 = 0.26$ D. W = 1.92   S. E = 0.04   F = 1.96   T = 21

(变量下方括号内数字表示参数估计值对应的 t 统计量)

通过模型回归,发现模型的拟合优度为 0.26,效果不算特别好。同时,代表产业集聚程度的 CY 系数为 -0.52,表示城市人口集聚 CS_1 的系数为 -0.72,两个指数均为负,在一定程度上说明在这个时间段的产业集聚与城市集聚的优势没有得到充分发挥。在此回归模型之下,产业集聚优势相对于城市集聚优势对经济增长的作用更加显著。另外,产业集聚与城市集聚的耦合优势的系数为 0.43,这表明在当期城市群与产业集群的耦合对经济增长是有一定促进作用的。

六、模型自相关与异方差检验

1. 自相关检验

估计的回归模型需要去做相关的检验,才能判断其是否符合理论的前提假设。自相关检验是对模型进行检验的方法之一。

表 7-4　模型自相关检验结果

	F 统计量(P 值)	TR^2(P 值)
一阶自相关	0.010911(0.92)	0.014310(0.90)
二阶自相关	2.304695(0.13)	4.936267(0.08)

表 7-4 的检验结果表明,一阶自相关检验时的 TR^2 伴随概率 0.90 大于 0.05,说明接受原假设,即模型不存在一阶自相关。同样地,由于二阶自相关检验 TR^2 的伴随概率 0.08 大于 0.05,无法拒绝原假设,即接受模型不存在二阶自相关的结果。

2.异方差检验

异方差检验是检验模型假设是否成立的方法。

表 7-5　模型异方差检验结果

	F 统计量(P 值)	TR^2(P 值)
White 异方差检验	1.244677(0.35)	8.426737(0.30)

表 7-5 的分析结果表明,统计量的伴随概率 0.30 大于 0.05,表明接受原假设,即该模型存在同方差,不存在异方差。

因此,上述构建的模型不存在自相关与异方差的情况。

七、内生性稳健性检验

为研究上文所构建模型的稳健性,本章将采取变换变量的方法进行内生性检验。上文对城市集聚指数的研究是采用区域城镇人口占比来表示的,但为了更准确地表达城市群集聚的程度,将城市的集聚指数改用城镇人口密度指数来表达,其公式为:$CS_2 = $(区域城镇人口/区域总面积)/(全国城镇人口/全国总面积)。

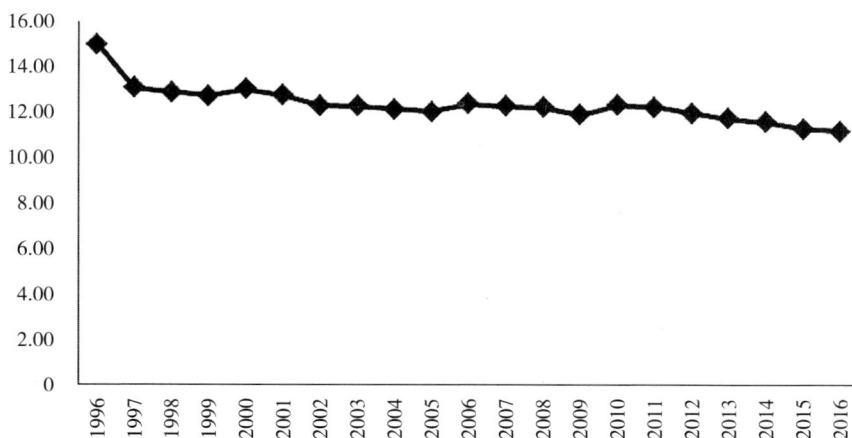

图 7-4　粤港澳大湾区城市群城镇人口密度指数

由图 7-4 可知,粤港澳大湾区城市群的城镇人口密度指数与上文所提及的区域城镇人口占比所呈现的大体状态是一致的,均是从整体上代表了粤港澳大湾区城市群的城市集聚程度呈现下降趋势。另外,城镇的人口密度指数均在 11 以上,表明该区域的城市相对来说还是比较集聚的。

更换变量以后,同样运用粤港澳大湾区中 11 个城市在 1996—2016 年的时间序列数据,按照模型(7-1)建立新的回归模型,利用 EViews 10.0 进行数据分析。此次回归分析所得出的新模型是:

$$G = -0.12 \cdot CS_2 - 0.76 \cdot CY + 0.08 \cdot (CS_2 \cdot CY) + 1.31$$
$$\quad (-0.50) \quad (-0.41) \quad (0.51) \quad (0.43)$$

$$R^2 = 0.40 \quad D.W = 2.21 \quad S.E = 0.04 \quad F = 3.74 \quad T = 21$$

(变量下方括号内数字表示参数估计值对应的 t 统计量)

从回归的结果,我们可以发现新模型的产业集聚优势 CY 的系数为 -0.76,城市集聚优势 CS_2 的系数为 -0.12,与上文构建的模型结果相同,均对经济增长的促进作用并不明显。但在新模型之下,粤港澳大湾区城市群的城市集聚优势比产业集聚优势对经济增长的影响更明显。不过,情况相似的是,在新模型中,城市群与产业集群的耦合优势系数为正数,表示二者的耦合效应对经济增长具有显著效果。

八、结果分析

通过对回归模型的估计,我们可以发现:在 1996—2016 年,粤港澳大湾区城市群的产业集聚以及城市集聚效应对经济增长的作用在这个时间段里并不显著,而城市群与产业集群的耦合优势却显示其对经济增长产生了促进的作用。

研究结果出现上述现象,一方面是由于粤港澳大湾区城市和产业的集聚在一定程度上未形成规模,各城市皆具有自己的重点发展目标与方向,因此还未在此两个维度上形成有效的集聚,以至于对经济的增长产生很大的效应。另一方面是由于政府对粤港澳大湾区城市群和产业集群的耦合优势比较重视,已逐渐有意识地去布局周围的城市与产业,使得两者逐渐形成互动的耦合效果,城市群和产业集群的耦合效应慢慢产生。因为单一的指标,如城市群集聚指数等是需要一定的规模才会有很明显的效果,但两者的综合却是能够在一定时间内被观察出来的,因此就有了上述模型的结果。

第四节　结论与建议

从以上研究发现,粤港澳大湾区的产业集聚优势与城市集聚优势对区域的经济增长的促进作用不太明显,但二者的耦合却对经济增长作用比较显著。目前,随着"产城互促"甚至是"产城融合"观念的提出,越来越多城市的规划布局开始考虑城市群与产业集群的协同发展,这也说明了城市群和产业集群的共同发展是未来的主流趋势,同时,如何促进城市群和产业集群的良性互动,使之为经济增长带来正面影响将是重点考虑的问题。

当今世界上,湾区已经成为带动全球经济发展的重点关注领域,由湾区带动经济发展而产生的经济效应,被称为"湾区经济"。而经济高度开放、资源高效配置、要素高度集聚、联系网络高度发达则是湾区经济的特征。目前,世界上比较知名的代表性湾区分别是纽约湾区、旧金山湾区、东京湾区和洛杉矶湾区。它们都是世界一流城市群的代表,以及"产城融合"的好例子。

因此,为了促进粤港澳大湾区的城市群与产业集群良性的互动和协调的发展,从而进一步推动粤港澳大湾区的经济增长,产生更加积极与正向的湾区经济效应,本章提出以下几点建议。

第一,提升产业集群的质量。粤港澳大湾区在建设过程中,应注重产业布局的优化,发挥产业集聚对城市发展的积极作用,保障各产业分区的专业分工、高效合作,以推动产业的转型升级。积极促进以产业带动城市转型,争取达到"产城融合"的发展目标。同时,粤港澳大湾区可以充分利用自身的地理位置与产业优势,提高高新技术产业的规模和效益,淘汰落后产能,发展创新经济。

第二,加强城市群的规划与协调。粤港澳大湾区包括东岸知识密集型产业带、西岸技术密集型产业带、沿海生态环保型重化产业带等城市群产业带。各区域所拥有的优势以及发展的核心都不尽相同,因此政府应当结合每个城市的特色,利用各区域的资源禀赋优势进行合理分工,对城市群内部进行有机的规划与协调,使之成为专业的、有竞争力的城市群,并充分发挥其城市集聚优势。粤港澳大湾区的建设,可以尝试突破行政区域划分的限制,考虑采用网络布局或点轴开发的形式,逐渐形成点、线、面的城市群发展网络。城镇化的深化能推动城市群的发展,进而推动产业集聚的扩散和辐射效应,使得城市群和产业集群能够有机结合,并产生正向的耦合效应。

第三,推动城市产业分工,促进城市群与产业集群的耦合。产业集群有利于提升城市竞争力,推动企业间的分工及专业化。而城镇化进程的加速,能为产业提供更好的发展条件,从而促进产业的集聚。因此,应当根据不同城市的功能与发展定位,发挥各自的产业优势。粤港澳大湾区的总体目标是要成为世界级的经济湾区,而其中包含的"9 市+2 区",应有各自的明确定位。广州的定位是要打造三大国际战略枢纽,具体是国际航运枢纽、国际航空枢纽、国际科技创新枢纽;深圳则是要成为国际创新服务中心,提升全球科技产业服务,在湾区内协同构建创新生态链;东莞将加快推进交通一体化、产业市场化、环境国际化,努力打造粤港澳大湾区的国际制造产业服务中心;佛山定位为国际产业制造中心,致力于构筑创新创业人才支撑体系;中山是世界级现代装备制造业基地,发挥其贯通南北、承东启西的作用,成为综合性交通枢纽;随着港珠澳大桥的建成,珠海将成为对接港澳市场的重要平台;位居西翼的江门,将朝着国家级先进制造业基地的目标前进;而肇庆将大力实施"东融西联"战略,打造传统产业转型升级齐聚区;惠州依靠其临港、近海,拥有山河海湖资源的优势,立志成为粤港澳大湾区的生态担当,重点发展绿色经济;而香港地区则会为粤港澳大湾区提供企业融资、引进国际投资者,重点发展为全球金融中心及物流中心;最后,澳门地区定位为世界旅游休闲中心,加强建设国际旅游城市。

第四,加强政府宏观调控。粤港澳大湾区城市群的建设是为了推动内地与港澳间的合作与发展,逐渐提升国家在经济发展以及改革开放中的地位和功能。因此,在市场机制仍不算太成熟的环境之下,应该充分运用"看得见的手",利用政府职能进行宏观调控,为大湾区的城市群产业带提供良好的经济运行环境。中央及各级地方政府应建立区域间的政策协调机制,打破行业垄断的现象,促进公平竞争。政府间应通力合作,使城市群和产业集群更加互动协调地发展,进而促进经济的增长。

第五,完善城市群产业带的基础设施。广东省发改委主任曾表示:"要把粤港澳大湾区建设成为全球创新发展高地、全球经济最具活力区、世界著名优质生活区、世界文明交流高地和国家深化改革先行示范区。"这就要求大湾区城市群的基础建设要着实跟上脚步。粤港澳大湾区的城市间可以建设区域综合性的公共信息交换平台,推动信息化的基础建设。另外,大湾区还应打造完善的现代物流网络体系,合理布局物流枢纽与物流园区,形成物流、信息流、资金流等顺利流通的局面。完善基础设施建设,才能使产业集聚得到必要的条件支持,才能使整个城市群得以健康发展。

综上所述,城市群和产业集群的耦合关系,形成了一个有机的动态系统。它们互相协同、互相促进,产业集群推动城市群快速发展,而城市群也因为产业集群而得到迅速扩张。二者之间的有机结合使得经济得到提升,从而提高区域整体的竞争力。本章通过采取粤港澳大湾区城市群在 2006—2016 年的面板数据,实证分析了城市群和产业集群优势对经济增长的影响。尽管在短期内,粤港澳大湾区的城市群和产业集群耦合关系对经济增长的效果并不显著,但在未来,"产城融合"必然是湾区城市和产业的布局与规划中所考虑的重点方向。因此,粤港澳大湾区应当朝着积极促进城市群和产业集群的耦合关系的方向前进,促使二者积极协调发展,从而迸发经济的魅力。

第 八 章

粤港澳大湾区城市群与产业集群
耦合程度研究

习近平总书记在广东考察时对广东寄予殷切期望,要把粤港澳大湾区建设作为广东改革开放的大机遇、大文章,抓紧抓实办好,充分彰显"一国两制"独特优势。2015 年,我国政府首次正式提出"粤港澳大湾区"的构想,官方出台文件《推动共建丝绸之路经济带和 21 世纪海上丝绸之路的愿景与行动》,正式宣布深化与港澳台的合作,着力打造我国重要的经济发达地区粤港澳大湾区。2016 年,"十三五"规划明确指出:要发挥好港澳特区在泛珠三角地区合作中的带头角色,加快建设大湾区和跨省区合作平台的步伐。2017 年,李克强总理在政府工作报告中提出:必须深化内地与港澳地区的合作,科学研究制定粤港澳城市群发展规划。自此,大湾区从普通的区域经济合作上升为全方位开放的国家战略。

粤港澳大湾区作为经济产业集群的集中地,囊括珠三角发达地区中极具竞争力的发达城市,力图增强整个珠三角区域的经济实力和提高区域经济质量,把地区内的优势产业作为一个带动区域经济发展的重要手段。经过改革开放四十年的经济发展和积淀,我国产业集群的相对竞争优势已逐步体现,但由于我国绝大多数产业集群的飞跃是在 20 世纪 80 年代以后才发生的事情,即使广东沿海地区开放时间在全国范围来说比较早,经济自身的萌芽阶段也仅能追溯到 20 世纪 70 年代初,真正要打造像美国硅谷这样的高技术产业集群区和区域内部经济结构更为协调、质量更高的大湾区,仍然有很长的路要走。例如,由集群的特征可知,人均产值、产业和城市发展的耦合程度等变量都能直接说明我国大部分地区的产业集群依然处于较低的水平,我国产业集群的方式至今依旧主要为依靠廉价丰富的劳动力资源和自然资源,这与产业集群有利于创新、产业升级,产业集群依赖于创新的基本优势是相悖的。作为创新前沿的领头羊,粤港澳大湾区本地的产业集群相较于其他地区则在发展经济的过程中体现了一定的优势,迅速打造企业间协同创新网络体系,通过研究城市化水平和产业集聚的耦合程度以及其对经济的带动作用能够对我们认识和打造一个创新前沿粤港澳大湾区产业集聚地,具有一定的借鉴意义。

其余结构安排如下:第一节梳理城市群与产业集群相关的国内外文献;第二节阐述城市群与产业集群的耦合关系;第三节构建城市群与产业集群耦合发展模型并进行实证分析;第四节为结论与建议。

第一节　文献综述

在进行城市群和产业集群的耦合发展相关文献梳理之前,首先对城市群和产业集群各自的发展历程进行整理,以便对于城市群和产业集群中的耦合与不耦合部分进行理解;其次从二者耦合的演进路径着手,了解二者耦合过程中起重要作用的相关因素,梳理城市群和产业集群的耦合模型及评价指标体系,为本章研究提供扎实的理论基础。

城市群的相关研究理论可追溯至20世纪,国外第一次进行城市群相关理论的研究和概括的是霍华德(2000),将城市群的发展过程划分为四个阶段。而当代真正意义上开拓"城市群研究"的是戈特曼,1957年他明确提出大都市带(Mega-lopolis)的概念,首次对于"城市群是什么"进行了阐述,城市群会依据功能需要形成连绵的区域,认为城市的集聚能够促进区域经济的发展,为之后城市群的学术研究发展奠定方向。随着国内城市群的发展,国内城市群的相关理论也逐渐形成一个成熟体系,涵盖城市群概念划分、内部发展竞争力、影响因素等多个方面。姚世谋(1992)根据我国城市化的基本特征对于国内城市群的概念进行界定以及对国内部分城市群的发展状况进行研究,而后对我国城市群进行了总结分类。关于城市群的形成动力原理领域,李玉江

(2009)总结,随着我国近年来经济的迅猛发展和大中城市群的快速形成,"城市病"等问题较严重,从而提出相关的对策及建议,自此学术界也逐步开始关注"城市群承载力影响因素"的课题。

关于产业集群的理论可以从三个方面进行归纳总结。首先,关于产业集群的形成原因方面,英国经济学家马歇尔(1890)首次总结出产业集聚的根本原因是规模经济,与之相同但规模经济影响因素更为细化的是波特(1990),经典的产业集聚"钻石模型"由此而来,吸引企业集聚的因素可细分为市场需求、政策扶持及企业管理战略。而克鲁格曼(1991)认为,企业的规模报酬递增、运输成本和生产要素通过市场的传导机制作用产生了产业集聚,本地较近的空间距离以及基础设施的完善带来交易费用的下降,因此交易费用的下降大幅度降低了企业的成本,从而形成产业集聚;随着城市群的发展和企业集聚,竞争与合作机制被重视,被认为是整个城市群和产业集群的发展核心动力,在竞争与合作的机制作用下能够提高市场主体的灵活度,从而增加市场潜力、提高劳动者素质(D.da Mata,2007),刺激经济增长。随着城市群和产业集群的发展呈现同向发展的趋势,波特(2005)对集群与经济发展之间的关系进行了系统研究,总结1990—2000年间美国著名城市群的发展状况,得出产业集群对于经济增长的积极促进作用的结论,拓宽新的研究思路。关于产业集群的发展动力方面,陈佳贵(2005)重点探索我国产业集群的发展现状,区别国内与国外产业集群之间的差异,提炼出产业集群发展的动力因素,并对国内产业集群的发展走向提出个人的建议与看法。除了这三个大方面的领域外,当代学者则细分领域,如区分不同产业的特性从而对某一集群产业的发展进行研究,如杜跃平(2010)以资源导向型产业集群作为切入口研究产业的生命周期、发展特征以及未来发展方向,从细化因素分析产业集群的发展对于城市群发展的影响。

国内学者对于如何实现城市群与产业集群的耦合进行了大量研究。通过分析二者之间的耦合关系、构建二者之间的耦合发展模型,逐步探索并实现二者高度耦合的发展模式。在较为科学和系统的协同思想的涌现性理论基础下,创建实用的耦合度和耦合协调度模型,对于衡量城市群与产业集群之间的耦合程度具有一定的科学性(王琦,2008)。由于耦合互动的发展关系必然会存在于以创新为主的城市群及产业群中,因此对于耦合演进的路径和耦合发展的动力进行探索研究能够科学实证本地区的经济发展状况（张虹，2008）。究竟如何建立一个科学的模型衡量城市群与产业集群之间相互作用的关系是现在学者们比较关心的一个问题。在产业集群和城市群的耦合程度对于区域经济发展的作用衡量方面，有研究指出耦合程度与所在区域的发展水平呈正相关，城市群经济体是较高耦合水平下的必然产物（郭凤城，2008）。但是否一直存在正相关关系依然存在质疑，一般而言，城市群发展以产业群作为基础，当产业群的发展滞后于城市群时，会存在阻碍作用；而滞后程度不高时，城市群的发展会带动产业群的发展（官锡强，2005）。

如何衡量城市群与产业群之间的耦合，建立一个科学化的指标评价体系具有重大现实意义。以产业集群理论为基础辅助实证研究分析是许多学者运用的方法，能够在数据支撑下重点分析产业集群与城市群的耦合发展的机理及其背后的原因。目前较为广泛应用的评价方法为构建耦合度和耦合协调度的计量模型，如徐玉莲（2011）、蒋天颖（2014）、王少剑（2015）分别分析科技创新与金融市场、城市化与自然环境之间的耦合状况，便以耦合协调度的计量模型为基础，将不同产业作为变量进行处理，由此分析城市化效率和产业创新的关联。得出产业集群和城市群之间的协同程度对于加快城镇化进程具有明显的优化作用的结论，改善产业布局能够促进城市群内的健康良好态势发展。

第二节　城市群与产业集群的耦合关系

一、产业集群促进城市群的发展机制

1. 产业集聚为城市化要素集聚奠定基础

城市是人口、生产要素以及各类经济活动在空间地理上集中的产物。当一个城市出现产业集聚的情况后，经济活动和人口的集聚也会随之而来，这同时带动了技术、资本等生产要素的集聚。与此同时，交通、餐饮等服务业和第三产业的发展质量和发展水平随之提高。简而言之，城市群内的产业集聚的过程就是要素集聚与新产业形成的过程，农村人口向城市转移的过程，非农产业在城市诞生并蓬勃发展的过程（陈柳钦等，2007）。

2.产业集聚促进了城市产业结构的转换

在我国几十年工业化的进程中,由于原来的城市具有较为完善的基础设施、信息、人才等优势,许多工业型企业会逐渐向城市集聚,为第三产业相关的服务业的发展创造了机遇。产业集群又是一种有利于创新模式产生、发展和扩散的组织形式。通过创新,优化产业结构,加大城市化的推动力(程德理,2008)。因此,产业集群不仅可以促进城市群产业结构的合理化、促进产业结构优化升级,也为优化城市化水平提供有力支持。

3.产业集聚降低了城市化成本

产业集聚能够有效地推动城市生产与生活功能的分离,提高了城市规划的科学合理性、设施的共享性,加之城市群内地理空间、思想文化的接近,企业的交易费用和生产成本都随之大大降低(赵淑玲等,2005)。

企业的地理集中,不仅有利于政府投资当地的基础设施建设,同时能够改善本地企业的生产环境、降低成本,提高设施的使用效率。有数据表明,依据我国对于城市化进程的概念定义,当城市群内产业的集聚程度不断升高并达到一定的水平后,大约节约土地30%,提高能源的利用率40%,节约行政管理等其他费用20%(应焕红,2002)。因此,产业集聚确实能够有效促进城市群的发展,降低城市群的成本。

4.产业集聚提升了城市竞争力

产业集聚的形成能够在短期内提高效率、降低中间的交易费用,长期能够扩大产业规模,促进企业的新旧更替,带来产业的良性循环发展,提高整个城市的综合竞争力(吴丰林等,2010)。阮平南等(2007)也从降低企业成本、改善分工体系、创造本地品牌口碑等方面,详细论证产业集群对于提升城市竞争力的重要作用。因此,一方面产业集聚有利于提高城市综合竞争力,另一方面城市综合竞争力的提高又加快城市化进程。提高城市综合竞争力才能吸引更多的人才、资金、技术等生产要素集聚,扩大城市群的规模以及增强城市群的辐射力。

二、城市群促进产业集群的发展机制

1.促进资源的合理配置和流动

实现健康发展的区域城市群,政府部门必须有科学的整体规划。对城市群的内部经济与社会协同发展进行科学规划,对地区内的整体资源进行整合利用及处理。就自然地理而言,其实城市群的形成打破人为的行政区域规划,使区域内的市场要素能够实现大流动。

利用内部市场机制提高城市之间资源分配的有效性,从而提高城市经济的发展水平,还能提高资源要素的边际生产率。另外,由于城市群的集聚吸引了更多的生产要素的聚集。如此一来,整个产业链的上下游都得到良性的发展,最终提高产业集群的健康发展水平。

2. 扩大区域产业集群

一般而言,城市群的发展一方面会使经济内部的规模不断扩大、提高自身的科技实力和综合实力;另一方面能够加速生产要素的聚集,如劳动力、技术和资本。因此,当城市群持续良性发展时,交通系统和基础设施等体系日益完善,城市居民会因上涨的地租、生活成本增加等原因向外围城乡接壤地区迁移。与此同时,企业郊区化倾向产生。此时整个城市区域的发展会使得大城市和小城镇协调发展,反过来也会扩大城市规模。作为一个区域的城市中心,吸引更多的生产要素聚集,使不同类型的企业在此聚集扎根,从而产生城市群和产业集群良性发展的结果。

3. 为产业集群提供发展空间

作为区域中心,高等院校、科研机构和各行各业的中介机构会在此集聚发展,为企业和居民提供更加优质完善的服务。一般而言,高等院校以及科研院能够提供一大批高素质劳动人才并输出较高质量的科技成果;另一方面,服务性中介机构将作为知识传送的桥梁,将知识贩卖给企业,真正将知识转化为劳动生产力,进而带动整个企业的良好发展和整个产业集群的良性发展。

与此同时,通过改进内部的生产方式和管理模式、提高生产效率降低生产成本等途径来提高企业的核心竞争力。总体而言,伴随得天独厚的地理优势和资源优势,城市群的发展有利于不同的产业集群发挥自己的优势,同时由于企业的集聚现象使得企业之间的交易费用降低,知识传递成本几乎为零,产业上下游之间的分工与协作程度提高,从而让较为完善的产业链为城市群发展创造条件。

4. 不断提高产业集群的综合竞争实力

城市群发展水平的提高能够同时推动城市内部的工业化水平和产业集群的水平。随着大量企业的集中和生产要素的集聚,作为区域内的核心,城市群具有一个经济社会关联程度高的空间体系,同时具备较强的经济辐射力和扩散效应,间接提高内部产业集群的竞争力。

此外,城市群中心是区域内的经济增长极,能够发挥辐射力全面提高产业集聚的综合水平。另外,由于城市群的完善发展,内部的信息系统已达到较为完善的地步,能够提供更为具体直接迅速有效的市场信息。同时,日益联系密切的企业会使信息、人才系统更为完善,从而对于提高本地区内的技术创新水平和人才质量有反向的促进作用。如此一来,产业集群的完善发展、产业结构的升级、城市群的发展之间发展为良性的循环模式。

第三节　城市群与产业集群的耦合模型构建及实证分析

一、研究方法及数据来源

本章采用规范分析和实证分析相结合的方法,通过借鉴前人所创建的产业集群和城市群之间的耦合模型,对大湾区 11 个城市和地区的城市群与产业集群进行实证分析,探寻城市群与产业集群的耦合程度和耦合协调度。

数据主要来自各城市的统计年鉴、《国家统计年鉴 2006—2017》《广东省统计年鉴 2006—2017》《广州市统计年鉴 2006—2017》《深圳市统计年鉴 2006—2017》《佛山市统计年鉴 2006—2017》《惠州市统计年鉴 2006—2017》《江门市统计年鉴 2006—2017》《中山市统计年鉴 2006—2017》《肇庆市统计年鉴 2006—2017》《珠海市统计年鉴 2006—2017》《东莞市统计年鉴 2006—2017》,少部分数据来自《中国城市统计年鉴》等其他统计资料。

二、耦合模型的构建

1. 城市群评价模型构建

从经济、基础设施、社会开放、科技实力、环境质量为一级指标建立相关的评价体系(陈梦筱,2007),对城市群的综合竞争力可以进行一个整体的综合评估。从经济发展、科技实力、社会环境等六个主要方面对衡量城市群进行探索(张会新,2006)。为了保证全面性、科学性以及可操作性,结合大湾区城市群发展的实际情况,在对其他学者建立的城市群评价指标体系进行总结归纳的基础上,建立了一个由经济发展、社会环境、自然环境、科技实力为一级指标,人均GDP、网络普及率等17个二级指标构成的城市群发展水平评价指标体系(见表8-1)。

表8-1　城市群发展水平评价指标体系

一级指标	二级指标	单位	指标性质
经济发展	人均GDP	元	正
	固定资产投入	亿元	正
	GDP增长率	%	正
	进出口总额	亿元	正
	金融机构年末存款余额	亿元	正
社会环境	城镇居民人均可支配收入	元	正
	城乡收入差距	元	负
	失业率	%	负
	网络普及率	%	正
	公路供给量	公里	正
自然环境	建成区绿化覆盖率	%	正
	污水处理率	%	正
	每平方公里SO_2排放量	吨	负
科技实力	科研人员数量	人	正
	科研经费支出额	万元	正
	高校在校学生人数	人	正
	专利申报数量	件	正

2. 构建产业集群的评价模型

产业集群整体发展涉及面较广，主要为产业集聚的程度、企业竞争程度等方面。左和平（2010）从产业集聚程度、企业竞争程度和企业创新能力等六个方面建立整个模型的评价指标体系。潘慧明（2006）从集群程度、企业数量、政府的干预3个方面对产业集群进行评估。

本章借鉴以往学者的研究成果，结合粤港澳大湾区本地产业集群特点，划分集聚力、竞争力、产出力三个一级指标，行业内企业个数以及行业总产值等10个二级指标作为评价体系。

其中，产值区位熵=（地区某产业产值/地区生产总值）/（全国该产业产值/全国生产总值）。就业区位熵=（地区某产业从业人员数量/地区从业人员总量）/（全国该产业从业人员数/全国从业人员总数）。市场占有率=地区某产业主营业务收入/全国该产业主营业务收入。全员劳动生产率=产业增加值/产业从业人员数量。

表8-2 产业群发展水平评价指标体系

一级指标	二级指标	单位	指标性质
集聚力	行业内企业个数	个	正
	行业内从业人员数	万人	正
	就业区位熵	/	正
	产值区位熵	/	正
竞争力	行业市场占有份额	%	正
	行业研发支出总额	万元	正
	企业年产值增长率	%	正
产出力	行业总产值	亿元	正
	利税总额	亿元	正
	全员劳动生产率	%	正

3.城市群与产业集群指标体系各指标权重的确定

一般而言,确定指标的权重主要有主成分分析法、德尔菲法。而通过定量和定性的双重方法确定指标权重,可以克服个人的主观性或数据绝对客观的局限。本章依据层次分析法,利用 yaahp 11.0 软件构建模型。同时填充本模型的判断矩阵,检验模型一致性,最后得出城市群和产业集群各自的评价系统指标的权重,如表 8-3 和表 8-4。

表 8-3　城市群评价系统各指标权重

一级指标		二级指标	
指标名称	指标权重	指标名称	指标权重
经济发展	0.4766	人均 GDP	0.1170
		固定资产投入	0.0476
		GDP 增长率	0.2130
		进出口总额	0.0695
		金融机构年末存款余额	0.0295
社会环境	0.1398	城镇居民人均可支配收入	0.0369
		城乡收入差距	0.0658
		失业率	0.0187
		网络普及率	0.0121
		公路供给量	0.0062
自然环境	0.087	建成区绿化覆盖率	0.0610
		污水处理率	0.0168
		每平方公里 SO_2 排放量	0.0092
科技实力	0.2966	科研人员数量	0.1421
		科研经费支出额	0.0799
		高校在校生人数	0.0235
		专利申请数量	0.0511

表 8-4 产业集群评价系统的指标权重

一级指标		二级指标	
指标名称	指标权重	指标名称	指标权重
集聚力	0.1571	行业内企业数目	0.0163
		行业内从业人员数	0.0489
		就业区位熵	0.0110
		产值区位熵	0.0809
竞争力	0.5936	行业市场占有份额	0.3392
		行业研发支出总额	0.0848
		企业年产值增长率	0.1696
产出力	0.2493	行业总产值	0.0689
		利税总额	0.1484
		全员劳动生产率	0.0320

4. 模型构建

本章在耦合模型的基础上计算大湾区的耦合度与耦合协调度。其中,耦合度测量耦合发展程度,衡量二者之间的强弱对比;耦合协调度则测量的是耦合发展之间的协调程度,衡量良性耦合程度。

指标数值的标准化计算公式为:

$$X_{ab}{}' = \frac{X_{ab} - \min\{X_{ab}\}}{\max\{X_b\} - \min\{X_b\}} \text{（正向指标）} \quad\quad (8-1)$$

$$X_{ab}{}' = \frac{\max\{X_b\} - X_{ab}}{\max\{X_b\} - \min\{X_b\}} \text{（负向指标）} \quad\quad (8-2)$$

城市群与产业集群的综合评价值的计算公式为:

$$u = \sum_{a=1}^{n} WaXa' \text{（用层次分析法计算权重）} \quad\quad (8-3)$$

城市群与产业集群耦合度的计算公式为：

$$C_i = \sqrt{(u_i \times u_{2i}) / (u_i + u_{2i})(u_i + u_{2i})}$$ （8-4）

城市群与产业集群耦合协调度的计算公式为：

$$Di = \sqrt{Ci \times Ti}$$

$$Ti = \alpha ui + \beta u2i$$ （8-5）

其中 c_i 为城市群与某个产业集群的耦合度；u_i 为城市群综合指数得分；u_{2i} 是产业集群的综合指数得分；T_i 为二者综合协调指数；α 和 β 则作为特定系数，通常取值为 $\alpha = \beta = 0.5$。耦合度取值范围在 0 到 1 之间。值越小表示二者的耦合水平越低。而耦合度的值越大则表明二者之间耦合水平越高，即相互作用越大，作用力越强。

根据城市群与产业集群的耦合协调度计算公式，计算出的耦合协调度介于 0 到 1 之间，数值越低则说明城市群与产业集群的耦合程度越小，数值越高则说明耦合程度越大。

由耦合度的得分可以划分为 5 个等级，如表 8-5。

表 8-5　城市群与产业集群耦合度评价标准

耦合度	耦合水平
C=0	城市群与产业集群之间不存在耦合，二者处于无序发展状态
0.0<C≤0.3	城市群与产业集群之间耦合形成期，水平较低
0.3<C≤0.5	城市群与产业集群之间耦合颉颃期，水平一般
0.5<C≤0.8	城市群与产业集群之间耦合磨合期，水平较高
0.8<C≤1.0	城市群与产业集群之间耦合成熟期，属于极度耦合

由城市群与产业集群的耦合协调度可知，其数值在 0 到 1 之间波动。数值越低则耦合程度越小，越高则耦合程度越大。根据耦合协调度数值的大小可以划分耦合程度为 4 大类 10 小类，具体如表 8-6。

表 8-6　城市群与产业集群耦合协调度评价标准

第一层次	第二层次	
	D	耦合类型
矛盾类(0.0—0.3)	0.0≤D<0.1	极度矛盾发展
	0.1≤D<0.2	严重矛盾发展
	0.2≤D<0.3	中度矛盾发展
失调类(0.3—0.4)	0.3≤D<0.4	轻度失调发展
	0.4≤D<0.5	濒临失调发展
调和类(0.5—0.6)	0.5≤D<0.6	勉强协调发展
	0.6≤D<0.7	初级协调发展
耦合类(0.7—1.0)	0.7≤D<0.8	中级协调发展
	0.8≤D<0.9	良好协调发展
	0.9≤D<1.0	优质协调发展

第四节　城市群与产业集群耦合发展状况的实证研究与评价

　　粤港澳大湾区自对外开放以来经济发展基础较为良好,主要以第二、第三产业为主导,细分为以产品加工业、能源化工业、装备制造业、高新技术产业为核心的产业集群,这四大产业集群在本地区域内已经形成较良好的规模并带动本地区域发展。本章将以此四大产业群进行研究。

　　产业集群行业划分如表 8-7。

表 8-7　产业集群各行业分类表

产业集群名称	细分行业名称
产品加工业	食品加工业;食品制造业;纺织业;纺织服装;饮料制造业
能源化工业	电力、热力的生产和供应业;燃气生产和供应业;煤炭开采和洗选业;石油加工及核燃料加工业;化学原料及化学产品

续表

产业集群名称	细分行业名称
装备制造业	家具制造业;交通运输设备制造业;电器机械及器材制造业;通用设备制造业;玩具制造业
高新技术产业	通讯设备、计算机、手机等电子设备制造业;医药设备制造业

运用表 8-3 及评价计算公式(公式 8-1、公式 8-2、公式 8-3)可计算得出 2006—2017 年粤港澳大湾区城市群的综合评价指数及得分,如表 8-8。

表 8-8　粤港澳大湾区城市群综合评价指数

指标名称 / 年份	经济发展	社会环境	自然环境	科技实力	总体得分
2006	0.1608	0.1492	0.1403	0.1521	0.6024
2007	0.1823	0.1529	0.1495	0.1652	0.6499
2008	0.1709	0.1652	0.1402	0.1876	0.6639
2009	0.1809	0.1752	0.1529	0.1883	0.6973
2010	0.1903	0.1895	0.1572	0.1992	0.7362
2011	0.2091	0.1863	0.1620	0.1979	0.7553
2012	0.2102	0.2054	0.1739	0.1982	0.7877
2013	0.2339	0.2073	0.1753	0.2081	0.8246
2014	0.2459	0.2769	0.1833	0.2203	0.9264
2015	0.2535	0.2987	0.1938	0.2103	0.9563
2016	0.3201	0.2873	0.2174	0.2467	1.0715
2017	0.3492	0.2893	0.2045	0.2354	1.0784

资料来源:《国家统计年鉴2006—2017》《广东省统计年鉴2006—2017》《广州市统计年鉴2006—2017》《深圳市统计年鉴2006—2017》《佛山市统计年鉴2006—2017》《惠州市统计年鉴2006—2017》《江门市统计年鉴2006—2017》《中山市统计年鉴2006—2017》《肇庆市统计年鉴2006—2017》《珠海市统计年鉴2006—2017》《东莞市统计年鉴2006—2017》。

从指数变化可明显看出,综合指数呈健康上升趋势,综合得分增长 100%。

其中,科技实力指数和经济社会指数位列前茅,速度最快,并且存在较大增长的空间。但其中几个年份出现波动,大概与全球性的经济危机有明显相关。总体而言,经济发展、社会环境、自然环境、科技实力均呈现良好态势,这都是粤港澳大湾区城市群评价得分较高的原因。

运用表8-4及评价计算公式(公式8-1、公式8-2、公式8-3)可计算得出2006—2017年粤港澳大湾区产业集群的综合评价指数及得分,如表8-9。

表8-9 粤港澳大湾区产业集群综合评价指数

年份 ＼ 产业集群名称	产品加工业	能源化工业	装备制造业	高新技术产业
2006	0.4892	0.3212	0.5923	0.5023
2007	0.5362	0.3283	0.6932	0.6034
2008	0.4932	0.3239	0.6032	0.6032
2009	0.6923	0.4023	0.7932	0.7232
2010	0.7932	0.4923	0.8032	1.0922
2011	0.8032	0.5932	0.9083	1.1023
2012	0.9301	0.5823	0.9934	1.2783
2013	0.9222	0.6923	1.0342	1.2832
2014	0.9832	0.7039	1.1034	1.2993
2015	1.2033	0.7309	1.2034	1.3023
2016	1.2543	0.8032	1.2333	1.3723
2017	1.3923	0.9532	1.2012	1.3892

资料来源:《国家统计年鉴2006—2017》《广东省统计年鉴2006—2017》《广州市统计年鉴2006—2017》《深圳市统计年鉴2006—2017》《佛山市统计年鉴2006—2017》《惠州市统计年鉴2006—2017》《江门市统计年鉴2006—2017》《中山市统计年鉴2006—2017》《肇庆市统计年鉴2006—2017》《珠海市统计年鉴2006—2017》《东莞市统计年鉴2006—2017》。

从上述指数各年份变化可看出,除了化工类产业发展速度不如其他三大产业集群,四大集群均呈现出上升速度较快的趋势。从2010年后,高新技术产业的发展速度远快于装备制造业,可以推测是与当时进行产业转移及升级的因素有关。本地区更加着力打造高新技术产业园区以及更高水平、更高生产率的制造业和加工业。装备制造业后期仍存在一定的发展空间。

结合城市群和产业集群的综合评价指数及公式(8-4,8-5)进行2006—2017年粤港澳大湾区的耦合度的数值计算,如表8-10。

表 8-10　粤港澳大湾区城市群与产业集群耦合度

产业集群名称　年份	产品加工业	能源化工业	装备制造业	高新技术产业
2006	0.5333	0.4689	0.5402	0.5323
2007	0.5674	0.5023	0.5902	0.5823
2008	0.5893	0.4902	0.6201	0.6023
2009	0.6539	0.5539	0.6504	0.6523
2010	0.6034	0.5302	0.6903	0.6892
2011	0.6833	0.6392	0.7203	0.7012
2012	0.6982	0.623	0.7403	0.6902
2013	0.7010	0.6392	0.7421	0.7023
2014	0.7102	0.6492	0.7603	0.7201
2015	0.7203	0.6523	0.7522	0.7323
2016	0.7645	0.6721	0.7512	0.7632
2017	0.7603	0.6702	0.7601	0.7821

资料来源:《国家统计年鉴 2006—2017》《广东省统计年鉴 2006—2017》《广州市统计年鉴 2006—2017》《深圳市统计年鉴 2006—2017》《佛山市统计年鉴 2006—2017》《惠州市统计年鉴 2006—2017》《江门市统计年鉴 2006—2017》《中山市统计年鉴 2006—2017》《肇庆市统计年鉴 2006—2017》《珠海市统计年鉴 2006—2017》《东莞市统计年鉴 2006—2017》。

数据表明,在 2006—2017 年间,本地大湾区的城市群与产业集群耦合度在 0.5 到 0.8 之间,处于耦合磨合期阶段。其中,原本就为弱势产业的能源化工产业也具有一定的增长,高新技术产业和装备制造业有迈入成熟期的趋势,说明后期建立大湾区后进行大力的高新技术产业政策的扶持具有成效,而装备制造业和产品加工业由于转型和结构调整优化的原因,相对耦合度整体会低于高新技术产业,但基本较为平均。

运用指标评价体系、指标评价标准及耦合协调度计算公式(8-4,8-5)可以计算得出,粤港澳大湾区的城市群与产业集群之间的耦合协调度数值。具体见表 8-11。

表 8-11　粤港澳大湾区的城市群与产业集群的耦合协调度

产业集群名称 年份	产品加工业	能源化工业	装备制造业	高新技术产业
2006	0.4604	0.4312	0.4532	0.5323
2007	0.4785	0.4212	0.4823	0.5823
2008	0.5032	0.4582	0.4523	0.6023
2009	0.4999	0.4832	0.4622	0.5323
2010	0.4953	0.4903	0.4905	0.5823
2011	0.5102	0.4829	0.4899	0.6023
2012	0.5203	0.4689	0.5023	0.6523
2013	0.5304	0.5023	0.5201	0.6892
2014	0.5359	0.4902	0.5632	0.6982
2015	0.5482	0.5539	0.5723	0.6903
2016	0.5732	0.5302	0.5832	0.7012
2017	0.5532	0.6392	0.5903	0.7032

资料来源：《国家统计年鉴 2006—2017》《广东省统计年鉴 2006—2017》《广州市统计年鉴 2006—2017》《深圳市统计年鉴 2006—2017》《佛山市统计年鉴 2006—2017》《惠州市统计年鉴 2006—2017》《江门市统计年鉴 2006—2017》《中山市统计年鉴 2006—2017》《肇庆市统计年鉴 2006—2017》《珠海市统计年鉴 2006—2017》《东莞市统计年鉴 2006—2017》。

　　数据表明，大湾区城市群的发展程度以及产业集群的发展程度均较高和完善，未来可保持持续健康的发展态势。数值都在失调区间和调和区间，后期有从调和区间向协调区间发展的趋势。这也与大湾区自身发展的水平基础较好有关，与事实相符合。

　　此外由数据可知，二者之间的耦合程度并不高。耦合度高说明此地区的城市群和产业集群基础较为良好，均为中上水平的耦合。而另一方面耦合协调度较低，说明本地区城市群发展水平与完善程度和产业集群发展程度其实并不协调，以高新技术产业为动力的产业集群水平滞后于城市群发展水平，产业内部的结构调整亟待进一步优化。

<h2 style="text-align:center">第五节　结论与建议</h2>

　　城市群与产业集群相互促进、共同发展。实现城市群与产业集群之间的

良好耦合能够对经济产生积极的促进作用。通过研究发现,大湾区城市群与四大产业集群的耦合度基本低于 0.7,这表明耦合程度仍不够协调,但优势产业在近几年已达到轻度协调水平,说明假以时日便可达到较高的耦合协调水平,实现经济良好发展。此外,高新技术产业仍存在进步的空间,因此从加快城市群建设、培育地区性特色产业、加快耦合发展,实现经济的持续快速发展。此外,产业集聚对经济增长的促进作用具有门槛效应,产业集聚发展到一定程度以后由于过度集聚而产生的经济负外部性会逐渐凸显,从而对经济产生负面的影响。同时,产业集聚的增长效应也受到初始经济发展程度的限制,只有当经济水平发展到一定高度时,它才会使交通基础设施、产业集群程度得到进一步提升,此时才能克服负外部性,使经济正外部性大于产业集聚的负外部性。

综上,本章大湾区城市群与产业集群的耦合度的研究对于我国城市群产业集聚区的科学合理规划、城市群体系功能的完善,提高其他地区产业集群和城市群的耦合度具有重要启示。

1. 发挥产业集聚优势

产业集聚与经济增长之间存在强力互动机制。在进行合理规划时,要充分考虑衡量本地区内的产业集聚优势。考虑到产业集聚对于经济具有自身固有的门槛效应,加强城市群内空间组织的合理规划和引导,同时发挥好政府在协调中的部分干预作用,集中政府产业政策力量与优势,加强土地合理规划与资源的合理采用。

2. 加强有利于集聚经济发展的硬环境和软环境建设

目前大湾区内部具有制造业与其他产业集聚之间日益分化的现象,应当在政策上努力延长自主创新能力较高的产业链,同时完善内部交通体系,缓解由于过度集聚而造成的交通拥堵、企业恶性竞争现象。

3. 培育大湾区自主特色产业集群,进一步发展高新技术产业

目前大湾区的城市群发展水平与发达国家的发展水平的差距在经济总产值上并不大,然而产业群的自主创新力仍存在较大的差距。完善产权制度,为产业集群的发展提供更加合理的发展环境。

第 九 章

粤港澳大湾区城市群空间结构要素特征分析

2017年7月1日,在习近平总书记亲自见证下,国家发展改革委和粤港澳三地政府在香港共同签署《深化粤港澳合作 推进大湾区建设框架协议》。

粤港澳大湾区的发展对我国经济发展和对外开放具有重要意义。世界银行(2010)数据显示,全球60%的经济总量集中在港口海湾及其直接腹地,世界上75%的大城市、70%的工业资本和人口集中在距海岸100公里的海岸带地区。Paul Krugman(1999)认为:"拥有一个好的港口或是非常接近主要的水上通道,是世界上很多大城市得以发展的自然优势。"湾区经济具有开放的经济结构、高效的资源配置能力、强大的集聚外溢功能和发达的国际交往网络,已成为带动全球经济发展的重要增长极和引领技术变革的领头羊(马忠新和伍凤兰,2016)。张日新(2017)研究发现,粤港澳大湾区具备成为世界级湾区的三个关键因素:经济全球化的参与度、内部经济结构的开放性、科学技术产业革命。粤港澳大湾区的经济重要性不言而喻,对更好地服务国家"一带一路"建设,发挥核心枢纽节点的作用,实现跻身世界级湾区的宏伟目标具有重要意义(钟韵,2017)。

改革开放后的一段时期内,港澳地区与珠三角地区发挥各自优势,逐步形成了"前店后厂"的发展格局,但随着改革的进一步深化、经济水平上升以及交通工具的迅猛发展,这种格局逐渐发生变化,呈现"厂店合一"格局。粤港澳城市群的空间结构也在与时俱进地变化和发展。Christaller(1933)认为:"对于空间关系在经济及理论上的处理,需联系它们所处的具体空间和时间。"新的时代背景和空间格局要求我们有必要结合现实研究粤港澳大湾区。Christaller(1933)又提出:"每一种经济关系和每一种经济活动都同空间和空间联系有关,这种空间关联性也是这些关系和活动的一个结构元素。如果这些空间关系为经济理论所解释,由此产生的成果将具有重要意义。"对城市群空间结构进行研究,有助于理解经济行为主体的空间行为,强化城市之间的功能联系,优化区域产业空间布局,增强城市群竞争力,为区域建设和治理提供依据(贺欢欢,2014)。因此,对粤港澳大湾区城市群空间结构特征进行研究,有助于了解大湾区空间结构,为规划和发展粤港澳大湾区提供参考。粤港澳大湾区城市群的空间结构是怎样的? 有什么样的特征? 对于这些要素特征,我们如何进行优化,以推动城市群的一体化融合发展? 以上是本章要回答的问题。

余下结构安排如下:第一节回顾和梳理相关文献;第二节阐述本章的数据来源和研究方法;第三节以"点""线"两个要素特征和 ESDA 方法进行分析和实证;第四节提出相应的政策建议。

第一节　文献综述

关于城市群空间经济学的研究成果颇丰。陆大道(1984)在 Christaller 的中心地理论和 Perroux 的增长极理论基础上提出了"点—轴"理论和"T"字型结构,但其本身存在一定局限性,缺乏对网络和域面的认识,无法对空间结构做出全方位解析。魏后凯(1988)的网络开发模式论、陆玉麒(1998)的双核结构模式论和胡长顺(2002)的节点城市—轴线开发模式论是对"点—轴"理论的演绎和发展。许多学者在研究城市群空间结构特征时,从点、线、面三个角度展开讨论(Peter Hall and Kathy Pain,2006),其中以"点"要素和"线"要素研究占多数。"点"要素是指城市群中的节点城市,具体表现为多等级、多数量的中心城市之间通过要素流动、经济联系、政府合作等方式构成区域中心城市体系;"线"要素是依托于自然地物、人工构筑物等形成的城市群空间轴线网络(姚作林,2017),用经济联系强度予以表示。在"点"要素方面主要是关于城市中心性的研究。陆玉麒(1998)、李国平(2001)、黄静波(2011)等学者先后对城市中心性强度进行测量。国内外研究者常用的中心性测度方法目前有以下三种:熵值法、最小需要量法、潜能模型(刘耀彬,2008),这三种测度方法各有利弊(Irwin and Hughes,1992)。刘静玉(2006)通过构建潜能模型反映中原城市群中心城市的中心性强度。姚作林等(2017)运用熵值法构建城市中心性测度指标体系,研究成渝经济区城市群空间格局。Gibson 和 Worden(1981)两位学者曾对美国亚利桑那州 20 个小城镇用普查法、抽样调查法、熵值法和最小需要量法进行对比研究,结果表明最小需要量法与普查结果最为接近(周一星,1995)。

区域内城市之间的经济联系一直是城市经济地理学研究的重点问题(贺欢欢,2014),为了得出城市间的经济联系强度大小,学界使用最多的方法主要有引力模型和城市流(何胜,2014)。但由于城市流方法涉及的人流、物流、技术流、信息流和金融流等数据的收集存在较大难度(王海江和苗长虹,2012),城市间的经济联系是难以精确表达的量(苗洪亮,2017),因此,在缺乏城市流所需相关数据时,运用引力模型计算经济联系强度是一个较为有效的替代方法。牛慧恩(1998)、王海江和苗长虹(2012)均运用引力模型对城市或区域的经济联系强度进行了定量测度,但三位学者都只考虑了两地 GDP、工业总产值和非农业人口三个要素的作用,城市作为由人口、物资、资金、技术、信息等所组成的巨大"磁场",仅考虑这些因素显然是不够科学的。石贤光(2008)则采用主成分分析法综合了两地经济实力、城市基础设施、科技以及城市规模对引力模型加以修正,测量郑州与中原城市群各城市间的吸引力,苗洪亮(2017)也采用主成分分析构建引力模型对中国三大城市群内部经济联系进行比较。除了引力模型和城市流,还有少部分学者采用可达性分析模型研究城市之间的联系强度和经济隶属度(郑翔,2015;李一曼等,2016),Alderson 等(2010)采用开发网络分析技术评估了 6300 多个城市,分析世界城市体系中的城际关系。目前对粤港澳大湾区城市群空间结构要素特征的研究相对较少。本章立足于粤港澳大湾区城市群,围绕其空间结构要素特征,运用最小需要量法计算城市中心性指数,修正引力模型,测量城市间经济联系强度并计算其经济联系隶属度,再运用 ESDA 分析方法进行城市群空间关联分析,探讨其空间结构要素的优化问题,以推动城市群的一体化协调发展。

第二节　数据来源和研究方法

一、数据来源

根据 2017 年《政府工作报告》，粤港澳大湾区是由广州、深圳、珠海、佛山、中山、东莞、肇庆、惠州、江门、香港和澳门组成的城市群，即"9+2"。本章数据主要来源于《中国城市统计年鉴（2016）》和《广东省区域经济发展报告（2015）》，结合中华人民共和国国家统计局、香港特别行政区政府统计处、澳门特别行政区统计暨普查局等专项统计网站，运用 SPSS、GeoDa 软件进行运算分析。

二、研究方法

1. 城市中心性——普林斯顿模型

根据 Gibson 和 Worden（1981）的研究结果，为使测量结果更加接近实际，本章采用最小需要量法测量粤港澳大湾区城市群的城市中心度。为了把城市中心性量化成中心性指数，本章采用普林斯顿模型对城市中心性进行计算。模型如下：

$$C_{mn} = U_{mn} - K_{mn} \cdots W_m \tag{9-1}$$

其中，C_{mn} 表示 m 城市 n 行业的中心性指标值，U_{mn} 表示 m 城市 n 行业从业人员总数，K_{mn} 表示 m 城市 n 行业的最小需要量（%），W_m 表示 m 城市第二、第三产业的从业人员总数。

2. 测量经济联系强度——引力模型

传统的引力模型认为，两个城市之间的相互吸引力与两者的规模成正比，与它们之间的距离成反比，其数学表达式如下：

$$F_{ij} = G \frac{M_i \cdot M_j}{d_{ij}} \tag{9-2}$$

其中，F_{ij} 是指城市 i 与城市 j 之间的相互吸引力（经济联系强度）；G 是引力常数，一般取 1；M_i、M_j 分别指城市 i 和城市 j 的"质量"；d_{ij} 是两城市之间的距离。

3.测量经济联系方向——经济联系隶属度模型

牛慧恩(1998)根据美国加利福尼亚大学教授 Zadeh(1965)的隶属度定义,设定了经济隶属度的计算公式如下:

$$L_{ij} = \frac{F_{ij}}{\sum_{j=1}^{k} F_{ij}} \tag{9-3}$$

其中, L_{ij} 表示城市 i 与城市 j 之间的经济联系隶属度(%), F_{ij} 表示城市 i 与城市 j 之间的经济联系强度,k 为次级城市的数量。

4.空间关联分析——ESDA 分析

(1)全局空间关联分析

全局空间自相关常用于研究某种地理现象或某一属性值的整体分布,判断此现象或属性值在空间上是否有聚集特征存在,分析区域总体的空间关联和空间差异程度。一般采用 Global Moran's I 测量,计算公式如下:

$$I = \frac{\sum_{p=1}^{n} \sum_{q=1}^{n} w_{pq} (x_p - \bar{x})(x_q - \bar{x})}{(\sum_{p=1}^{n} \sum_{q=1}^{n} w_{pq}) \sum_{p=1}^{n} (x_p - \bar{x})^2} \tag{9-4}$$

其中,n 为粤港澳大湾区县级区域个数; x_p 和 x_q 分别表示粤港澳大湾区 p 县级区域和 q 县级区域 2015 年的 GDP 值; $\bar{x}$ 为粤港澳大湾区 2015 年各县级区域 GDP 的平均数; w_{pq} 为空间权重矩阵 W 中的元素,空间权重矩阵具体形式如下:

$$\begin{bmatrix} w_{11} & w_{12} & \cdots & w_{1n} \\ w_{21} & w_{22} & \cdots & w_{2n} \\ \cdots & \cdots & \cdots & \cdots \\ w_{n1} & w_{n2} & \cdots & w_{nn} \end{bmatrix} \tag{9-5}$$

当空间单位 p 与空间单位 q 相邻时, $w_{pq} = 1$;当空间单位 p 与空间单位 q 不相邻时, $w_{pq} = 0$;当 p=q 时, $w_{pq} = 0$。

(2)局部空间关联指标

局部 Moran's I 的计算公式如下:

$$I_p = z_p \sum_{q \neq p}^{n} w_{pq} z_q \tag{9-6}$$

其中,n 是研究县域总数, z_p 和 z_q 分别是县域 p 与其相邻县域 q 的 GDP 标准化值; w_{pq} 是空间权重矩阵 W 中的元素,此时 $w_{pq} = 1$; $\sum_{q \neq p}^{n} w_{pq} z_q$ 是其相邻县域 GDP 的偏差的加权平均,也称为空间滞后向量。除了得到局部经济空间关联的正负相关性,局部 Moran's I 还可以通过 Moran 散点图研究区域经济空间结构特征。由公式(9-6)可看出,Local Moran's I 的计算由两部分构成:一部分是某局部县域 GDP 的标准化值(z_p),另一部分是其相邻县域的空间滞后向量($\sum_{q \neq p}^{n} w_{pq} z_q$)。在 Moran 散点图中,横轴对应全部县域的 GDP 标准化值,纵轴对应全部县域的空间滞后向量。由于 z_p 和 $\sum_{q \neq p}^{n} w_{pq} z_q$ 都可以取正、负值和零,因此可以得到四种组合关系(+ + ,+ - ,- - ,- +),分别对应四种区域经济空间关联类型,在 Moran 散点图中分别对应为四个象限,不同的象限对应不同的区域经济空间关联类型,具体如下:①第一象限(HH):在这一象限中, $z_p > 0$, $\sum_{q \neq p}^{n} w_{pq} z_q > 0$,局部县域及其相邻县域的经济发展水平都较高,两者经济发展水平存在正的相关性,经济空间差异较小,可以认为该局部县域经济增长具有扩散效应,是经济发展较快的地区。②第二象限(HL):在该象限, $z_p > 0$, $\sum_{q \neq p}^{n} w_{pq} z_q < 0$,局部县域自身的经济发展水平较高,但是相邻的县域经济发展水平较低,两者经济发展水平存在空间负相关,经济空间差异较大,可以认为该局部县域经济增长具有极化效应,是极化效应区,自身经济增长较快,但对周边的县域经济带动作用较小。③第三象限(LL):在该象限中, $z_p < 0$, $\sum_{q \neq p}^{n} w_{pq} z_q < 0$,局部县域自身的经济发展与其相邻县域的经济发展水平都较低,两者经济发展水平存在正相关,空间差异较小,在空间上形成了低速经济增长带,属于经济低速增长地区。④第四象限(LH):在该象限中, $z_p < 0$, $\sum_{q \neq p}^{n} w_{pq} z_q > 0$,局部县域自身经济发展水平较低,与其相邻的县域经济水平较高,两者的经济发展水平存在负相关,经济空间差异较大。该局部县域形成了经济增长凹陷区,这种空间关联类型常常出现在经济增长较快的地区与增长较慢的地区之间,可以看作经济增长过渡带。

第三节 城市群空间结构要素特征分析

一、"点"要素特征

1. 城市中心性测度

本章将位于粤港澳大湾区的 11 个城市根据《中国城市统计年鉴(2016)》中的行业分类,加以整理,分成制造业,建筑业,水电气矿生产和供应业,交通运输、邮电通信业,批发零售业,高端服务业,商务服务业,科教文卫业和社会公共管理服务业九大行业。基于所搜集到数据的范围,其中,水电气矿生产和供应业包括电力、燃气、水的生产和供应业、采矿业;交通运输、邮电通信业包括交通运输、仓储和邮政业、信息传输、计算机服务和软件业;批发零售业包括批发业、零售业和进出口贸易(香港);高端服务业包括金融业、房地产业、博彩业(澳门);商务服务业包括住宿和餐饮业、租赁和商业服务业;科教文卫业包括科学研究、技术服务和地质勘查业、教育、文化、体育、医疗卫生、社会保障和社会福利业、艺术娱乐及康乐活动(香港);社会公共管理服务业包括居民服务修理、公共管理和社会组织、水利、环境和公共设施管理业、行政及支援服务(香港)、公共行政(香港)、其他社会及个人服务(香港)、人类保健及社会工作服务(香港)和家务工作(澳门)。

表9-1 2015年粤港澳大湾区城市群各城市从业人员比重 (单位:%)

城市	制造业	建筑业	水电气矿	交通运输邮电通信	批发零售	高端服务	商务服务	科教文卫	社会公共管理服务
广州	19.89	8.43	0.97	13.60	9.14	9.32	10.27	19.77	8.61
深圳	53.87	6.66	0.48	8.59	5.83	6.38	8.60	5.82	3.77
珠海	53.64	8.21	0.87	6.31	4.34	6.57	5.82	8.11	6.13

续表

城市	制造业	建筑业	水电气矿	交通运输邮电通信	批发零售	高端服务	商务服务	科教文卫	社会公共管理服务
佛山	69.76	3.29	0.81	3.15	3.42	3.62	2.42	8.91	4.63
中山	71.99	3.14	0.92	2.67	3.99	4.11	3.09	6.80	3.28
东莞	80.12	2.09	0.41	1.74	2.58	2.43	3.05	4.44	3.15
肇庆	48.25	4.49	1.99	3.39	4.46	4.34	2.33	19.26	11.50
惠州	67.57	1.57	1.11	3.25	2.81	5.09	1.78	9.45	7.37
江门	51.83	7.94	1.34	3.94	4.38	5.17	2.91	13.15	9.34
香港	2.60	8.60	0.40	11.00	23.20	10.30	7.20	11.90	24.80
澳门	1.74	13.82	0.30	4.41	11.35	33.99	13.87	7.03	13.49

数据来源:《中国城市统计年鉴(2016)》、香港政府统计处、澳门统计暨普查局。

采用最小需要量法获得粤港澳大湾区的各个城市从业人员比重如表9-1所示。从表9-1可得出,位于广东省的9个城市均以制造业为主导;香港则以批发零售业和社会公共管理服务业为主;澳门从业人员中,最多的是从事高端服务业,占比达到33.99%,远高于澳门的其他行业。同时可得到各个行业的最小需要量分别为:制造业1.74%,建筑业1.57%,水电气矿生产和供应业0.30%,交通运输、邮电通信业1.74%,批发零售业2.58%,高端服务业2.43%,商务服务业1.78%,科教文卫业4.44%,社会公共管理服务业3.15%。其次,计算出每个城市第二、第三产业的从业人数总数和总就业人数,运用公式(9-1),计算得到11个城市的城市中心性指数如图9-1所示。

由图9-1可以看出,粤港澳大湾区城市群呈现出"多核联动"发展模式,城市群发展较为完善。具体来说是以深圳和东莞的制造业型城市、广州的综合型城市和香港的服务型城市为主的四市联合驱动。深圳的城市中心性指数最高,为369.16,区域中心城市地位突出,城市职能强度大,具有很强的区域经济吸引力和辐射能力。值得注意的是,深圳的制造业中心性指数最高,制造业集聚程度明显,其制造业从业人数占比过半。香港以304.06的城市中心性

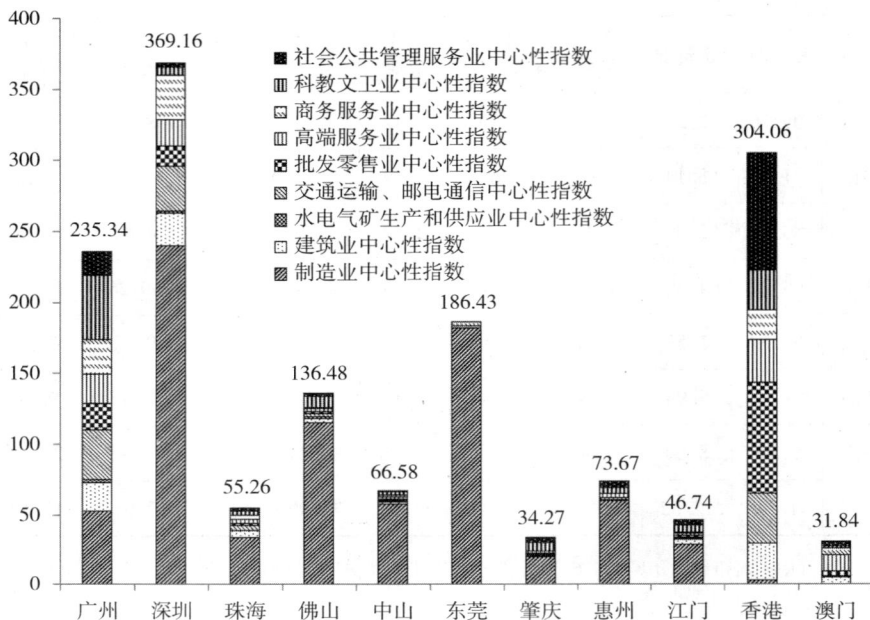

图 9-1 2015 年粤港澳大湾区城市群城市中心性指数

数据来源:《中国城市统计年鉴(2016)》、香港政府统计处、澳门统计暨普查局。

指数居其次,在粤港澳大湾区城市群中影响力为第二位。得益于自由开放的市场环境和良好的贸易条件,香港的批发零售业集聚化程度远高于广州和深圳。城市中心性位列第三的是广州,为235.34。广州虽然作为广东省的行政中心,但其区域一级城市中心地位已经逐步让位于作为经济特区的深圳,同时,由于制造业外迁的影响,广州的制造业中心性程度不明显,在11个城市中仅位列第六位。深圳、香港和广州中心性指数最高背后的逻辑是质量效应,在这里可以理解为经济体量越大的城市,其中心地职能越强,对周边城市的经济影响越大。除了三个中心性指数最高的城市之外,东莞的区域影响力也在逐渐增大,尤其是制造业中心性指数占据了其城市中心性指数的绝大部分,其制造业对周围地区的影响程度仅次于深圳。从图9-1也可以看出,江门、肇庆和澳门的城市中心性较弱,中心性指数均低于50,在大湾区的城市影响力较小。粤港澳大湾区城市群城市中心性具有以下特征:(1)不同城市中心性指

数差异显著,其中最大(深圳 369.16)和最小(澳门 31.84)中心性指数相差
10.59 倍。(2)开放程度越高,城市中心性指数越大,其中深圳和香港的中心
性指数远高于其他城市中心性指数的平均值 96.29。这是由于开放程度越高
的城市,其商业、旅游业以及现代物流业等行业越发达,资本、技术和人才流动
性越强,对其他地区的经济影响程度也越高。(3)经济体量越大的城市中心
性指数越高,大多数城市 GDP 总量与城市中心性成正比关系,GDP 总量最大
的城市同时也是城市中心性最高的城市。

2. 中心城市体系

城市的中心性程度越高,中心地职能越大,对其他地区的影响力越强,在
城市体系中的等级越高。为了更进一步研究粤港澳大湾区的中心城市体系结
构特征,现将城市进行等级分类。为使分类结果更为科学合理,使得类间差异
较大,类内差异较小,得到较为理想的聚类结果,通过定义平方欧氏距离,采用
Ward 聚类法对各城市的中心性指数进行系统聚类,得到城市群的中心城市体
系(姚作林等,2017)。聚类结果如表 9-2 所示。

表 9-2　粤港澳大湾区城市群城市中心性聚类

中心性等级类别	类别城市个数	研究单元
一类中心	2	深圳、香港
二类中心	3	广州、东莞、佛山
三类中心	6	肇庆、澳门、珠海、江门、中山、惠州

从表 9-2 来看,粤港澳大湾区城市群基本形成了三级中心城市体系,是
明显的"金字塔"型结构。第一类中心城市有 2 个,分别为深圳和香港,中心
性指数均大于 300,具有很强的中心地职能,服务范畴广,对粤港澳大湾区的
区域经济具有带动引领作用和支撑功能;广州、东莞和佛山属于第二类中心城
市,履行次中心地职能,对大湾区城市群影响作用较第一类别弱,既承接上一
级城市的辐射带动,又引领下一级中心城市的发展;第三类中心城市有 6 个,
中心性强度介于 31.84—73.67 之间,包括惠州、中山、珠海、江门、肇庆、澳门,
这 6 个城市中心地职能较弱,影响范围较小,属于较低级中心地。

二、"线"要素特征

1. 对引力模型进行修正

引力模型虽然在经济学领域被广泛使用,但在以往的计算过程中,城市质量经常由两地 GDP、非农业人口数、工业总产值等单一性指标来表示,且两地距离经常用空间直线距离来描述,这是不合理的。首先,城市质量是城市系统符合社会经济生活、满足城市进一步发展需要和市民生活需要的程度,城市质量需要综合考量,仅从经济或人口等单一方面分析是片面的,还需要考虑城市的基础设施、教育、医疗卫生、城市规模等因素。其次,城市之间的直线距离并不能准确反映两地经济联系强度随距离衰减的情况,在通达性较好的方向上城市的作用力可以达到较远的距离,在通达性较差的方向上作用力可能衰减得更快,故空间直线距离无法真正体现城市之间的作用力关系。基于此,本章对引力模型中的城市质量和距离两方面进行修正。

(1)对城市质量的修正

为尽量全面地评估城市质量,基于数据的可获得性,选取了涵盖经济规模、人口规模、城市面积、投资水平、交通运输、教育、医疗卫生等方面的 8 项指标构成综合评价体系。为获得各指标权重,本章采用了学界常用的主成分分析方法。利用主成分分析获得的载荷矩阵、特征根和累积方差贡献率等信息确定各个指标的权重(苗洪亮,2017),结果见表 9-3。

表 9-3　城市质量综合评价指标体系及权重

评价领域	评价指标	权重(%)
经济规模	地区 GDP(亿元)	7. 33
人口规模	常住人口(万人)	15. 40
城市面积	城市面积(平方公里)	6. 99
投资水平	固定资产投资(亿元)	12. 57
交通运输	公路客运量(万人次)	14. 96
	公路货运量(万吨)	14. 69
教育	高校在校生数(人)	15. 12
医疗卫生	医生人数(人)	12. 94

其中,地区 GDP 用于衡量该城市的经济规模水平,权重为 7.33%;常住人口用于衡量人口规模,权重为 15.40%;城市面积权重为 6.99%;固定资产投资用于衡量投资水平,权重为 12.57%;公路客运量和公路货运量衡量了交通运输水平,权重分别为 14.96% 和 14.69%;用高校在校生数衡量教育水平,权重为 15.12%;医疗卫生水平由医生人数衡量,权重为 12.94%。

由于各项指标数据量纲量级不同,需先对 8 项指标的原始数据进行标准化处理,再结合各指标权重进行加权平均,测算出粤港澳大湾区 11 个城市的城市质量,结果见表 9-4。

表 9-4　粤港澳大湾区城市群城市质量

城市	广州	深圳	珠海	佛山	中山	东莞
质量	0.96	0.31	0.08	0.22	0.07	0.14

城市	肇庆	惠州	江门	香港	澳门	
质量	0.12	0.15	0.12	0.24	0.01	

数据来源:《中国城市统计年鉴(2016)》、香港政府统计处、澳门统计暨普查局。

由表 9-4 可看出,广州的城市质量最大,这是因为广州作为广东省的行政中心,人口规模大,交通运输量庞大,是华南地区重要的交通枢纽。同时,广州高校众多,教育资源充足,拥有完善的基础设施和较高的医疗卫生水平,能较大程度满足居民生活需求和城市发展需要。深圳和香港的城市质量位列第二和第三,分别为 0.31 和 0.24。澳门的城市质量最小,这是由于澳门无论从人口数量、城市面积、投资水平还是交通运输量都与其他城市存在较大差距,澳门城市规模较小,满足其发展需求的能力十分有限。

(2)对距离的修正

鉴于空间直线距离不能真实反映两地经济联系强度随距离衰减的情况,这里把距离定义为时间距离,数值上等于两地之间按日常主要交通方式所耗费时间。通过查找相关地图册,整理得出粤港澳大湾区城市群各城市之间最短时间距离,如表 9-5 所示。

表9-5　粤港澳大湾区城市群各城市最短时间距离　（单位:小时）

	广州	深圳	珠海	佛山	中山	东莞	肇庆	惠州	江门	香港	澳门
广州	—	2.30	2.12	1.17	1.73	1.47	2.10	2.10	1.73	2.71	2.82
深圳	2.30	—	3.00	2.80	2.56	1.50	3.75	1.77	3.02	1.00	3.72
珠海	2.12	3.00	—	2.22	1.10	2.80	2.77	3.40	1.60	3.57	0.75
佛山	1.17	2.80	2.22	—	1.60	2.00	1.68	2.65	1.32	2.97	2.53
中山	1.73	2.56	1.10	1.60	—	2.20	2.37	2.88	1.27	3.23	1.88
东莞	1.47	1.50	2.80	2.00	2.20	—	2.87	1.83	2.48	2.42	3.20
肇庆	2.10	3.75	2.77	1.68	2.37	2.87	—	4.07	1.65	4.07	3.22
惠州	2.10	1.77	3.40	2.65	2.88	1.83	4.07	—	3.32	2.78	4.03
江门	1.73	3.02	1.60	1.32	1.27	2.48	1.65	3.32	—	3.35	2.07
香港	2.71	1.00	3.57	2.97	3.23	2.42	4.07	2.78	3.35	—	3.97
澳门	2.82	3.72	0.75	2.53	1.88	3.20	3.22	4.03	2.07	3.97	—

由表9-5可看出，各城市间最短时间距离长短不一，广州与佛山地理位置接近，最短时间距离为1.17小时；深圳毗邻香港，最短时间距离约1个小时；东莞位于广州与深圳的"中间点"上，与两者距离接近1.5小时；澳门与香港最短时间距离较大，接近4小时；肇庆与香港、肇庆与惠州的空间距离最大，大于4个小时。

2. 计算经济联系强度

将修正后的城市质量和各城市间最短时间距离代入式（9-2），计算经济联系强度，结果如表9-6所示。

表9-6　粤港澳大湾区城市群经济联系强度

	广州	深圳	珠海	佛山	中山	东莞	肇庆	惠州	江门	香港	澳门
广州	—	56.26	17.09	154.28	22.45	62.20	26.12	32.65	38.49	31.37	1.21
深圳	56.26	—	2.76	8.70	3.31	19.29	2.65	14.84	4.08	74.40	0.22
珠海	17.09	2.76	—	3.57	4.63	1.43	1.25	1.04	3.75	1.51	1.42
佛山	154.28	8.70	3.57	—	6.02	7.70	9.35	4.70	15.15	5.99	0.34
中山	22.45	3.31	4.63	6.02	—	2.02	1.50	1.27	5.21	1.61	0.20
东莞	62.20	19.29	1.43	7.70	2.02	—	2.04	6.27	2.73	5.73	0.14

	广州	深圳	珠海	佛山	中山	东莞	肇庆	惠州	江门	香港	澳门
肇庆	26.12	2.65	1.25	9.35	1.50	2.04	—	1.09	5.29	1.74	0.12
惠州	32.65	14.84	1.04	4.70	1.27	6.27	1.09	—	1.63	4.66	0.09
江门	38.49	4.08	3.75	15.15	5.21	2.73	5.29	1.63	—	2.57	0.28
香港	31.37	74.40	1.51	5.99	1.61	5.73	1.74	4.66	2.57	—	0.15
澳门	1.21	0.22	1.42	0.34	0.20	0.14	0.12	0.09	0.28	0.15	—

注:表中经济联系强度数量级为 10^{-3}。

从表9-6可以明显看出,由于城市发展水平、地理空间距离等因素的影响,粤港澳大湾区城市群的经济联系强度呈现明显差异。首先,城市间经济联系强度与城市的经济规模、人口规模等指标呈正相关。广州和深圳作为粤港澳大湾区发展的领头羊,人口总数最多,经济规模最大,投资水平最高,与多个城市的经济联系强度都较大,如广州与深圳的经济联系强度为0.05626,深圳与香港的经济联系强度为0.0744,广州与佛山为0.15428,广州与东莞为0.0622等。其次,经济联系强度与最短时间距离呈负相关,距离越近的城市经济联系强度越大。如珠海毗邻澳门,经济联系强度为0.00142,是澳门在大湾区经济联系强度最大的城市;深圳毗邻香港,两者经济联系强度超过广州与香港的经济联系强度;广州与周边的佛山、东莞经济联系强度较大,与较远的珠海、澳门经济联系强度较小等。从整体来看,广州和深圳是粤港澳大湾区城市群的两大经济"核心",与其他城市的经济联系最为密切,佛山和东莞与广州的经济联系强度最大,是广州的"两翼";由于空间距离较近,香港是深圳经济联系最紧密的城市;但除了广州和深圳,其余城市间的经济联系强度较弱。

3. 计算经济联系隶属度

在粤港澳大湾区城市群经济联系强度基础上,进一步探讨经济隶属度问题。由经济联系强度表可以看出,广州和深圳是经济联系的两大"核心"。运用隶属度计算公式(9-3),以广州和深圳为中心,根据其余城市与广州、深圳的经济联系强度,得出这些城市在两个"核心"城市的经济联系强度比重,得出经济隶属度排序。结果如表9-7所示。

表 9-7 粤港澳大湾区城市群经济联系隶属度表

城市	广 州			深 圳		
	经济联系强度	比重(%)	排序	经济联系强度	比重(%)	排序
广州	—	—	—	56.26	30.16	2
深圳	56.26	12.73	3	—	—	—
珠海	17.09	3.86	9	2.76	1.48	8
佛山	154.28	34.90	1	8.70	4.67	5
中山	22.45	5.08	8	3.31	1.77	7
东莞	62.20	14.07	2	19.29	10.34	3
肇庆	26.12	5.91	7	2.65	1.42	9
惠州	32.65	7.38	5	14.84	7.96	4
江门	38.49	8.70	4	4.08	2.19	6
香港	31.37	7.10	6	74.40	39.89	1
澳门	1.21	0.27	10	0.22	0.12	10

注:表中经济联系强度数量级为10^(-3)。

根据表9-7,以广州为中心的经济隶属度排名前三的城市分别为:佛山(34.90%)、东莞(14.07%)和深圳(12.73%),表明广州对外经济联系的主要方向为这三个城市。佛山和东莞由于与广州的空间区位最为接近,引力最大;深圳由于经济体量庞大,与广州的经济联系也较为密切。排名最后的三个城市分别为中山(5.08%)、珠海(3.86%)和澳门(0.27%),这三个城市一方面由于与广州相距较远,另一方面则是因为该地区的城市经济规模较小,与广州经济联系强度较弱。深圳的对外经济联系以香港(39.89%)、广州(30.16%)、东莞(10.34%)为主,其中香港以经济体量和空间距离两方面的绝对优势占据了最多的经济引力;广州凭借最大的城市规模排名第二;而东莞则以与深圳相邻的区位优势位居第三。与深圳经济联系隶属度排名最后的三个城市分别为:珠海(1.48%)、肇庆(1.42%)、澳门(0.12%),主要是由于这三个城市与深圳地域空间距离较远,经济作用力较弱。

三、ESDA 实证分析

上文通过引力模型对粤港澳大湾区城市群中各城市的经济联系强度进行

了测算,但由于引力模型究其根本是物理学模型,本身缺乏严谨的经济学逻辑,为了更进一步研究粤港澳大湾区城市群的空间经济要素特征,本章将结合空间计量经济学中新兴的 ESDA 技术,运用 GeoDa 软件对粤港澳大湾区进行空间关联分析,进一步完善研究结果。

为了便于分析,本章以粤港澳大湾区 11 个城市范围为准,将各地级市市区和县级行政区域作为独立研究单元,共选取粤港澳大湾区 51 个县(市、区),包括 34 个市辖区、15 个县(市)和 2 个特别行政区,分析变量为 2015 年各县域 GDP。

1. 全局空间关联分析

通过定义空间权重矩阵,运用 GeoDa 软件对粤港澳大湾区 Global Moran's I 进行计算,得到分析结果如表 9-8 所示。

表 9-8 全局空间自相关统计量

Moran's I	E(I)	sd	z-value	p-value
0.1098	−0.0200	0.0428	3.0165	0.007

由 GeoDa 输出结果可知,2015 年粤港澳大湾区 GDP 的 Global Moran's I 大于 0,且结果通过显著性检验。因此,可以得出,2015 年粤港澳大湾区县域 GDP,也即各县域的经济发展水平在空间上并非呈现随机分布形态,而是存在显著正的空间自相关,说明粤港澳大湾区经济发展具有明显的空间集聚特征,其空间关系的特征为:经济发展水平较高的地区与较高的地区相邻,经济发展较为落后的地区与落后地区相邻。但是,Global Moran's I 统计量仅作为一种总体统计指标,只能够反映整体经济在空间上的集聚程度,无法反映出局部区域的集聚程度和空间关联程度。为了更加全面反映区域的经济空间特征,接下来对粤港澳大湾区进行局部空间关联分析。

2. 局部空间关联分析

基于 2015 年粤港澳大湾区城市群 51 个县域地区的 GDP,借助 GeoDa 计算 Local Moran's I,进行局部空间关联分析,并将计算结果用 Moran 散点图表示,将局部区域的经济空间结构可视化,结果如图 9-2 所示。

Moran's I: 0.109785

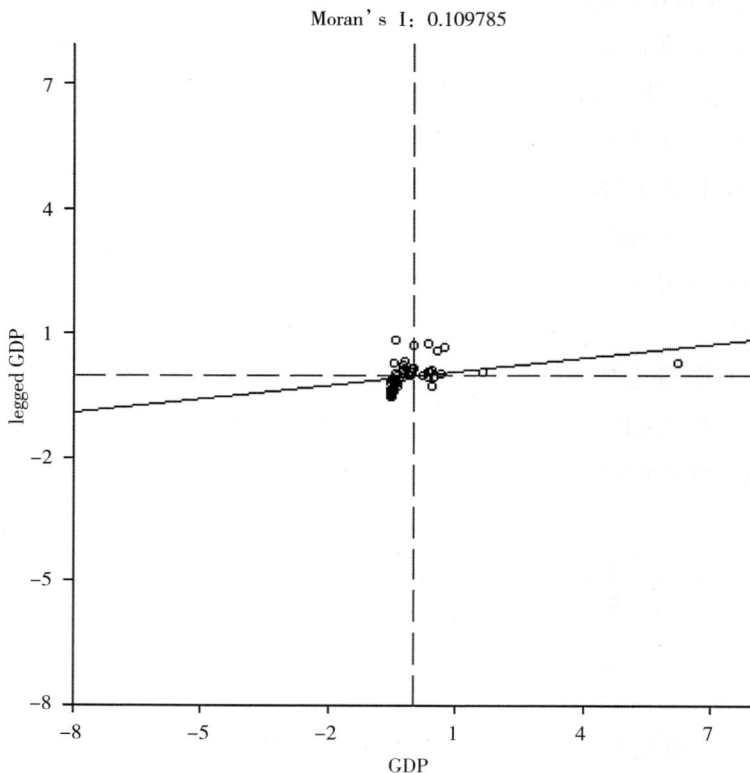

图 9-2 粤港澳大湾区城市群 2015 年县域 GDP Moran 散点图

　　由 Moran 散点图可以看出,四个象限都有相应的县域分布。其中,位于第一象限(HH)的主要有广州的天河区、黄埔区和越秀区,深圳的南山区、福田区、罗湖区和宝安区,香港、东莞以及佛山的顺德区等;位于第二象限(HL)的有深圳龙岗区、佛山南海区、中山市和澳门;位于第三象限(LL)的县域较多,主要有佛山高明区和三水区,惠州的惠东县、博罗县、龙门县、惠阳区和惠城区,江门的江海区、台山市和开平市,肇庆的端州区、鼎湖区、高要市、广宁县、德庆县和封开县,以及珠海的斗门区等;而位于第四象限(LH)的主要是广州的南沙区、荔湾区、花都区、从化市和增城市,深圳的盐田区、坪山新区和龙华新区等。

　　由 Moran 散点图可以进一步发现,粤港澳大湾区城市群各区域经济发展不平衡,且经济发展落后地区较多,结果与实际情况比较吻合。首先,广州、深圳、香港和东莞与周边区域发展存在正相关关系,区域经济空间差异较小。广州和深圳作为粤港澳大湾区城市群的经济核心,经济发展在空间上呈现出扩散效应,而且经济较为发达的地区集中在人口密集、发展历史悠久、交通方便、科技创新水平较高的区域。从地理空间上来看,广州的发达区域主要位于珠江沿岸,深圳的四个县域或邻近珠江出海口,或毗邻香港,都具备良好的地理空间条件。香港对外的主要经济联系是深圳,二者相辅相成,同时,香港具有天然的深水良港,开放自由的贸易条件,使得其具有较强的对外经济拉动作用。而东莞发达的制造业则为周边城市的发展发挥了强有力的支撑作用。其次,佛山南海区、深圳龙岗区、中山市和澳门相比于相邻的县域,自身经济发展水平较高,但由于自身发展的局限性,不足以带动周边区域的经济增长,与周边区域经济空间差异较大,呈现出局部区域的极化效应。再次,位于第三象限(LL)的县域数量较多,大部分县域均位于距离粤港澳大湾区城市群经济核心区域较远的地区,空间差异小,经济发展水平较为落后,在空间上形成了低速经济增长带。最后,广州的南沙区、荔湾区、花都区、从化市和增城市,深圳的盐田区、坪山新区和龙华新区等县域则属于经济增长的凹陷区,这部分区域主要位于经济发达与落后地区之间,充当发达地区与欠发达地区的经济过渡带。

第四节　结论与建议

本章研究发现:第一,粤港澳大湾区城市中心性指数差异大,中心城市体系呈"金字塔"型结构。各城市中心性指数差异显著,开放程度越高、经济体量越大的城市中心性越强。第一类中心城市有 2 个城市,第二类中心城市有3 个城市,第三类中心城市有 6 个城市,等级越高,城市数量越少。深圳、香港、广州等城市的中心地职能较强,但第三类中心城市的城市中心性指数较低,与高等级城市相差悬殊。在中心城市体系结构优化上,首先,应保持较高级中心城市的经济集聚功能和中心地职能,持续发挥区域经济带动与辐射作用;其次,低级中心城市应提高对高级城市经济辐射的吸收能力,重点发展优势产业,增强自身经济影响力。第二,经济联系以广州和深圳为"核心",其他城市间经济作用力较弱。经济联系强度与城市的经济规模、人口规模等指标呈正相关,与最短时间距离呈负相关,城市间的经济联系强度差异较大。广州和深圳是粤港澳大湾区的两大经济"核心",广州主要的经济联系方向是佛山、东莞和深圳,深圳主要的经济联系方向是香港、广州和东莞。除了广州和深圳,其余城市间的经济联系强度弱,严重影响大湾区城市群的融合发展。因此,应该继续加强和促进中小城市之间的经济联系和经济增长,扩大其经济规模,同时,扶持这些城市科教文卫的发展,增加城市"质量";完善基础设施建设,如通过增加高铁布线密度来缩短城市间的距离,降低要素流动成本,有效推动粤港澳大湾区城市群的一体化发展。第三,从全局空间关联来看,粤港澳大湾区城市群之间存在显著正的空间自相关,其经济发展具有明显的空间集聚特征。从局部空间关联来看,广州、深圳、香港和东莞属于经济扩散效应区,对周边地区具有经济带动作用;佛山南海、深圳龙岗、中山和澳门则属于极化效应区,自身发展水平较高,但对周边县域的经济带动作用不足;而惠州、肇庆和江门等部分地区由于地理位置距离经济核心区域较为偏远,经济发展水平落后,属于低速经济增长带;而广州的南沙、增城、花都、从化以及深圳的盐田、坪山等县域,处于经济增长迅速的地区与增长较慢的地区之间,形成经济增长凹陷区。

因此,要实现粤港澳大湾区的经济协调发展,因地制宜和平衡好各个空间关联类型区域的发展是关键。对于扩散效应区,应继续加大人才、资本和技术的输出,完善较落后地区的基础设施,缩小地区间经济发展差距;对极化效应区域,在自身经济水平得以发展的同时,通过提供交易市场、促进消费、提供就业机会等方面惠及落后地区;对于处于低速经济增长带的地区,可以改善交通条件以缩短与经济核心区域的时间距离,降低运输成本,发展当地特色产业实现经济增长;对于经济增长凹陷区,一方面应该加大对发达地区经济发展红利的吸收,发展自身经济;另一方面应发挥对落后地区的经济带动作用,实现区域经济协调发展。

第 十 章

粤港澳大湾区城市群技术进步与
经济增长的关系研究

随着经济的不断增长,中国的经济总量已经跃升至世界第二。在 2013—2016 年,我国 GDP 以每年 7.2% 的速度增长,对经济的世界总增长的贡献率已超过 30%。2017 年我国经济总量将达 80 万亿元人民币,折合约 12 亿美元,稳居世界第二位。然而,目前我国技术进步对经济增长的贡献度还比较低,2013 年我国的技术进步贡献率约为 52%,而日本、美国等发达国家的技术贡献率已达 80% 左右。党的十九大报告指出,社会主义基本实现现代化的主要目标是,在经济建设方面,中国的经济实力和技术实力将得到很大的提升,并跻身创新型国家前列。可见,技术进步的要求是我国未来发展战略的重点。

唐未兵(2014)等指出,技术进步是经济持久稳定增长的根本动力,是促使经济增长方式改变的根本路径。要使中国经济增长方式的转变加快,则需要最有效地改变粗放型的经济增长模式,发挥技术进步对经济增长的主导力量(赵文军,2012)。因为经济的长期增长率与基本科学知识的长期增长率成正比(杨立岩等,2003),而丰富的科学知识是技术进步的一种表现形式。可见,技术进步对经济增长的影响之大。2015 年,在《推动共建丝绸之路经济带和 21 世纪海上丝绸之路的愿景与行动》中正式提出打造粤港澳大湾区。要达成打造粤港澳大湾区、建立世界城市群的目的,必须设计和改进各方互利共赢的体制和政策。香港前财政司司长梁锦松(2017)认为,早在几十年前,世界经济不仅是国家之间的竞争,而且是城市群与城市群之间的竞争,当前世界经济已从工业经济转向创新经济，中国需要在大湾区或者城市群中把金融、产业和科技创新有机融合起来发展创新经济。

2016年粤港澳大湾区 GDP 总量为 93500 亿元人民币，它以不足全国 1% 的土地总量，贡献了全国多于 11.8% 的经济份额，且未来的发展前景依然可观。粤港澳大湾区能弥补单个城市土地资源稀少、劳动力不足、资本投入不足、技术水平低等缺陷，更易于集聚产业和人群，提升城市群的发展潜力，发展经济。粤港澳大湾区是中国极其重要的经济区域，如何准确地对技术进步贡献率进行测量，科学地反映出技术进步对区域经济增长的重要作用，显得尤为重要。本章测算粤港澳大湾区城市群技术进步对经济增长的贡献度，并进行城市间的对比分析，更好地回答湾区技术进步与经济增长的关系，发现城市群的发展潜力，为粤港澳大湾区城市群的发展提出有效建议。

余下部分结构安排如下：第一节综述关于技术进步与经济增长关系以及关于粤港澳大湾区目前的研究成果的相关文献；第二节阐述技术进步对经济增长贡献的测度方法；第三节是实证分析，选定变量，确定模型并且分析实证结果；第四节由实证研究结果得出结论并针对粤港澳大湾区城市群提出相关的政策建议。

第一节　文献综述

一、技术进步与经济增长关系

国外学者一直以来致力于技术进步与经济增长关系的研究。索洛（1957）采用柯布—道格拉斯生产函数法建立经济增长率模型，将经济增长因素分解为技术进步、劳动投入和资本投入，他指出劳动和资本对经济增长率的贡献约为 12.5%，技术贡献率约为 87.5%，所以他认为技术进步是经济增长的主导因素。而 Chow（1993）估算了中国的生产函数，认为技术进步是影响经济增长的决定性因素。

国内很多学者的研究都证明了技术进步对我国经济增长的重要性。用索洛余值法测算我国技术进步贡献率的学者较为常见，如裴旭东（2005）和韩莹

（2008）。前者算出 1978 年至 2003 年间我国技术进步对经济增长的贡献为27.52%,并指出要使我国的经济增长保持高速且稳定的发展,就必须更加重视技术进步,后者则采用更加新的数据,通过对经济增长三大因素的分解分析,证实技术进步对我国经济增长的重要性。王虎（2008）把高技术产业的相关变量作为解释变量引用到增长模型中去,通过 1995 年到 2006 年各省的面板数据,实证分析了我国高技术产业的发展对经济增长的影响,指出我国高技术产业的投入越多,经济增长越多。而有的学者不仅研究国内的技术进步对经济增长的贡献率,他们还加上了与其他国家的对比,如张雄辉（2010）对比了中国与韩国的经济情况,得出 1978 年至 2006 年韩国的 TFP 更高,并且韩国的技术进步对经济增长的贡献率高于中国,指出中国应在学习韩国成功经验基础上,坚持自主创新,促进高科技企业发展壮大,全面提高技术水平。

部分学者则从地区出发,研究了技术进步与经济增长的关系。岩芬（2004）测算了武汉市 1990—2003 年技术进步对经济增长的贡献,说明武汉的技术进步状况比不上发达省市地区,并提出增强技术水平的建议。而刘胜荣（2009）和邵俊岗等（2017）均利用索洛余值法分别测算技术进步对江西和上海经济增长贡献率,指出了技术进步对经济增长的主导作用。另外,我国长三角和珠三角地区逐渐成为我国极为重要的经济区域,1990—2009 年长三角和珠三角的 5 个代表性省市中,前期技术进步的波动性很大,并且资本劳动贡献率较高,而之后技术进步水平逐渐稳定,并维持在对经济增长贡献率约为70%的水平（赵喜鸟等,2012）。可见,在这 5 个省市的经济发展中,技术进步发挥了重要的推动作用。

二、空间结构、功能定位和未来发展

当前对粤港澳大湾区研究的文献主要集中在空间结构、功能定位以及未来的发展等方面。

周春山等（2017）基于粤港澳大湾区城市群之间的空间结构,以粤港澳大湾区各地域单元 1995 年到 2015 年的数据为基础构建指标体系,用熵值法确定指标权重,测算了综合经济发展水平,并借助变异系数、标准差和 GIS 空间分析等方法分析粤港澳大湾区的时空演变特征。研究发现:粤港澳大湾区的区域经济绝对差异大体上在扩大,经济空间格局由港澳两极中心变化为深圳、广州、香港、澳门多极中心,并且沿内湾呈现倒"U"型分布趋势。有学者认为粤港澳大湾区空间结构不尽合理,具体表现为显著的三级圈层结构和"核心—半边缘—边缘"结构特征,整体网络联系过于依赖港深穗的辐射带动和中介桥梁作用,缺乏合理的梯度,因此需要加强经济空间联系、注重构建梯度层级城市体系和扩展湾区经济空间范围(彭芳梅,2017)。

对于粤港澳大湾区的功能定位,众多学者纷纷发表看法。有学者认为粤港澳大湾区的使命是要引领中国发展新高度、连接中国和世界、引领改革与创新(李立勋,2017)。与此想法相似但更为具体的是,粤港澳大湾区应以世界级大湾区、高端生产性服务中心、国际航运物流中心枢纽为战略定位(申明浩,2017)。而黄丽华(2017)和陶一桃(2017)从湾区内城市的特征入手,黄丽华指出深圳、广州、香港之间有着激烈的资源竞争关系,也可以形成相互助力的关系,建议将三地协同作为实现城市地位提升的重点突破口。陶一桃提出深圳要发挥制度变迁的"示范效应"、区域经济的"发动机作用"、集聚优良资源的"虹吸效应"作用,让粤港澳大湾区城市群带动全国经济发展。

对于大湾区未来的发展,陈朝萌(2016)指出要结合国家"一带一路"建设发展的要求,未来需要将粤港澳大湾区建设成为世界一流的湾区,把其港口构建为层次分明、功能合理的港口格局,应以广州、深圳、香港三个关键港口为主体,以深圳港为港口群的核心,地区性重要港口为东西两翼的港口群的发展形态。覃成林等(2017)则把目光放得更广,既要把湾区建成国家战略"一带一路"建设的重要枢纽,成为国民经济重要的增长极,又要引领世界经济发展的新方向,成为未来世界上最具活力的湾区。有学者则从粤港澳大湾区的制度创新方面考虑,表明粤港澳大湾区要充分发挥现有沟通机制与协作平台的作用,提高地区内整合制度的效率,并且促进多种形式的合作,增加人员在湾区内的自由流动及执业可能(钟韵等,2017)。

三、创新思路

目前还没有学者研究粤港澳大湾区城市群的技术进步与经济增长的关系,虽然有学者对一些城市如深圳做了类似的研究,但是研究的对象是单个或者两个城市,并没有对多个城市间进行比较。本章将根据 1986 年到 2016 年的九个城市统计年鉴的最新数据,对粤港澳大湾区城市群对经济增长的技术贡献率进行测算,针对实证结果进行分析,并进行城市间的比较,对粤港澳大湾区城市群的进一步发展给出政策性建议。

第二节 技术进步对经济增长贡献的测度方法

关于测量技术进步与经济增长的关系的方法,国内外学者都在不断进行研究,方法主要包括柯布—道格拉斯生产函数法、索洛余值法、丹尼森的经济增长因素分析法、DEA 系统分析法等。各种测定方法虽然都会有不完美的地方,但是都在不断发展和完善。目前,使用较多的是柯布—道格拉斯生产函数法和索洛余值法,而本节也主要采取这两种方法进行技术进步与经济增长的测度。

一、柯布—道格拉斯生产函数法

柯布—道格拉斯生产函数法又名 C-D 生产函数,是美国数学家柯布和经济学家道格拉斯共同创立的。其基本形式如下:

$$Y = AK^{\alpha}L^{\beta} \tag{10-1}$$

在公式中,Y 是产出,K 是资本投入,L 是劳动力投入,A 是一定的技术水平,α 和 β 分别显示了 K 和 L 的产出弹性。

α 的经济学含义为:在其他要素条件都不变的情况下,如果资本数量增加 1%,那么产出数量将增加 α %;β 的经济含义为:当其他因素没有改变时,如果劳动人数增加 1%,那么产出数量则将增加 β %。

而丁伯根改进的柯布—道格拉斯生产函数如下:

$$Y = A_0 e^{\omega t}K^{\alpha}L^{\beta} \tag{10-2}$$

两边分别取自然对数,整理后得:

$$\ln Y = A_0 + \omega t + \alpha\ln K + \beta\ln L \tag{10-3}$$

设 $\alpha + \beta = 1$,上式可以表示为:

$$\ln \frac{Y}{L} = \ln A_0 + \omega t + \alpha \ln \frac{K}{L} \qquad (10\text{-}4)$$

Y 是产出，K 是资本投入，L 是劳动力投入，A 是技术的一定水平，ω 是技术进步系数，α 和 β 分别代表 K 和 L 的输入弹性。

二、索洛余值法

索洛余值法是美国经济学家索洛提出的，运用新古典经济学理论，对技术进步与经济增长之间的关系进行了详细的研究。他提出以增长速度方程为研究模型，用"余值法"来测量技术进步对经济增长的贡献，于是更加完善了 C-D 生产函数的应用。

索洛余值法是以 C-D 生产函数为基础，设定了生产函数的一般形式：

$$Y = F(K, L, A) \qquad (10\text{-}5)$$

Y 表示产出函数，K 表示资本投入函数，L 表示劳动投入函数，A 表示技术进步水平函数，它们都是时间 t 的函数。

等式两边分别对 t 求导，可以表示为：

$$Y^{'} = \frac{\partial Y}{\partial K} K^{'} + \frac{\partial Y}{\partial L} L^{'} + \frac{\partial Y}{\partial A} A^{'}$$

等式两边除以 Y，可以表示为：

$$\frac{Y}{} = \frac{\partial Y}{\partial K} \cdot \frac{K}{Y} \cdot \frac{K}{} + \frac{\partial Y}{\partial L} \cdot \frac{L}{Y} \cdot \frac{L}{} + \frac{\partial Y}{\partial A} \cdot \frac{Y}{} \qquad (10\text{-}6)$$

用差分表示微分，则产出增长率为 $\dfrac{Y}{}$、资本投入增长率为 $\dfrac{K}{}$、劳动投入增长率为 $\dfrac{L}{}$。分别令它们为 Y、K、L，又令 $\alpha = \dfrac{\partial Y}{\partial K} \cdot \dfrac{K}{Y}$，$\beta = \dfrac{\partial Y}{\partial L} \cdot \dfrac{L}{Y}$，$a = \dfrac{\partial Y}{\partial A} \cdot \dfrac{Y}{}$

则索洛增长速度方程为：

$$y = a + \alpha K + \beta L \qquad (10\text{-}7)$$

其中，α 表示资本的产出弹性，β 表示劳动的产出弹性，α 为索洛余值。可见，索洛余值 α 是除了资本和劳动要素以外的其他因素造成经济增长的全部贡献，所以也称其为全要素贡献，技术进步因素在这些因素中是最为重要的,所以一般来说,会用这个指标来衡量技术进步水平。

令 $E_A = \dfrac{a}{y}$, $E_k = \dfrac{\alpha k}{y}$, $E_L = \dfrac{\beta L}{y}$, 那么, $E_A + E_k + E_L = 1$

由这个式子可以看出 E_A, E_k, E_L 的意义分别是技术进步对经济增长的贡献率,资本增长对经济增长的贡献率,劳动增长对经济增长的贡献率。

第三节 技术进步与经济增长关系的实证分析

索洛(1957)发展了经济增长模型,利用美国的数据,对技术进步贡献率作了定量的测算,对经济理论的研究做出了巨大的贡献,索洛模型放弃劳动力与资本固定比例,修正了 Harold Thomas 模型,使资本、劳动和总产出之间的比例关系内生化。刘胜荣(2009)利用索洛模型,采用 GDP、全社会劳动人口数、固定资产总值等数据,计算其在经济增长中的份额。王芳等(2013)以柯布—道格拉斯生产函数法为基础模型,利用索洛余值法增长速度方程,对 1978—2011 年湖南省技术贡献率进行测算。

要对粤港澳大湾区的技术进步与经济增长关系进行实证分析,计算模型的选定和各种经济变量的选择是关键,本节采用柯布—道格拉斯生产函数法与索洛余值法对粤港澳大湾区城市群的技术贡献率进行测算。本节用索洛余值法测量技术贡献率,这里的技术进步不仅包括新技术、新产品的常识和应用技术的进步,也有其他因素,如提高城市水平等带来的收益等,这里的技术进步指广义的技术进步,经济学家称之为全要素生产率。对于数据的选取,产出量采用了本市的实际 GDP。在资本投入方面,国内外学者尚未确定统一的标准,曾被众多学者采用的有固定资产净值、固定资产原值、固定资产原值加上流动资本、固定资产净值加折旧来衡量资本量、当年度固定资产投资等。本节采用当年的固定资产投资总值。而对于劳动力投入量,则采用每个城市的全社会从业人数。

一、广州市技术贡献率分析

首先进行模型的确定。利用丁伯根改进的柯布—道格拉斯生产函数 $Y =$

$A_0\ e^{\omega t}\ K^\alpha\ L^\beta$ 可得回归模型:

$$\ln Y = A_0 + \omega t + \alpha \ln K + \beta \ln L \qquad (10-8)$$

假设是规模报酬不变的,则有 $\alpha + \beta = 1$,上式可以表示为:

$$\ln \frac{Y}{L} = \ln A_0 + \omega t + \alpha \ln \frac{K}{L} \qquad (10-9)$$

将 $\ln \dfrac{Y}{L}$ 记为 YL, $\ln \dfrac{K}{L}$ 记为 KL,t 值为以 1986 年为基期的时间序列数据,取附表 10-4 提供的 GDP、固定资产投资和全社会从业人口数的时间序列。考虑到此模型存在自相关以及异方差,利用软件 EViews10.0 计量回归结果如下:

$$YL = 0.6737 + 0.045t + 0.64KL \qquad (10-10)$$
$$(13.72) \quad (9.4677) \quad (12.78)$$
$$R^2 = 0.9962 \quad DW = 2.11$$

从回归结果可以看出, $R^2 = 0.9962$ 说明方程对样本数据拟合得很好,变量前的符号符合经济意义。常数项和自变量的估计系数 t 值分别为 $t_c = 13.72$, $t_t = 9.4677$, $t_{k1} = 12.78$,均通过了检验。DW 值为 2.11,查表得当 $n = 29$, $k = 2$ 时, $d_1 = 1.27$, $d_u = 1.56$。 $d_u < DW = 2.11 < 4 - d_u = 2.44$,说明模型不存在自相关。

1986—2016 年广州市的柯布—道格拉斯生产函数还可以表示为:

$$Y = 1.9615e^{0.045}K^{0.64}L^{0.36} \qquad (10-11)$$

二、实证结果分析

索洛增长速度方程为:

$$Y = a + \alpha K + \beta L \qquad (10-12)$$

技术进步对经济增长的贡献率,资本投入对经济增长的贡献率,劳动力增长对经济增长的贡献率分别为:

$$E_A = \frac{a}{y}, E_k = \frac{\alpha k}{y}, E_L = \frac{\beta L}{y} \qquad (10-13)$$

由求出的柯布—道格拉斯生产函数可知索洛增长速度方程为:

$$Y = a + \alpha K + \beta L = a + 0.64K + 0.36L \qquad (10-14)$$

可得索洛余值 a 的值:

$$a = Y - 0.64K - 0.36L \qquad (10-15)$$

y、k 和 l 的计算方法有两种,算术平均法和几何平均法。本章采用的方法是几何平均法。计算公式如下:

$$Y = \sqrt[t]{\frac{Y_t}{Y_0}} - 1, K = \sqrt[t]{\frac{K_t}{K_0}} - 1, L = \sqrt[t]{\frac{L_t}{L_0}} - 1 \qquad (10-16)$$

代入数据可算得 y、k、l、E_A、E_K、E_L 的值,结果如表 10-1。

表 10-1 广州市各投入要素的贡献测算结果

年份	y	k	l	E_A	E_K	E_L
1986	—	—	—	—	—	—
1987	24.1198%	11.3044%	0.7280%	68.9190%	29.9943%	1.0867%
1988	31.1656%	31.1112%	0.8608%	35.1196%	63.8860%	0.9944%
1989	27.2997%	21.1554%	1.5522%	48.3590%	49.5940%	2.0470%
1990	23.0184%	14.6234%	1.4362%	57.0965%	40.6572%	2.2463%
1991	22.6098%	14.6015%	1.8711%	55.6905%	41.3301%	2.9795%
1992	24.1390%	23.7120%	2.0521%	34.0734%	62.8659%	3.0607%
1993	27.0179%	32.3543%	2.5111%	20.0157%	76.6382%	3.3462%
1994	27.6752%	33.3805%	2.5977%	19.4297%	77.1909%	3.3793%
1995	27.6888%	31.5279%	2.3953%	24.0143%	72.8712%	3.1145%
1996	26.5326%	28.3942%	2.1118%	28.6466%	68.4879%	2.8655%
1997	25.3693%	25.8209%	2.0413%	31.9660%	65.1371%	2.8969%
1998	24.2682%	24.9333%	2.1580%	31.0468%	65.7517%	3.2015%
1999	23.3657%	24.2008%	1.9645%	30.6879%	66.2852%	3.0269%
2000	22.8643%	22.7341%	6.7142%	25.7944%	63.6334%	10.5722%
2001	21.7932%	21.5333%	6.3476%	26.2795%	63.2343%	10.4862%
2002	21.1403%	20.2955%	5.9929%	28.3534%	61.4405%	10.2061%
2003	20.8626%	20.0653%	5.8006%	28.4380%	61.5519%	10.0101%
2004	21.2100%	19.7657%	5.6867%	30.7075%	59.6398%	9.6527%
2005	20.9197%	19.3785%	5.7158%	30.8802%	59.2830%	9.8368%

续表

年份	y	k	l	E_A	E_K	E_L
2006	20.7639%	18.9805%	5.6476%	31.7066%	58.5012%	9.7923%
2007	20.6093%	18.5286%	5.5698%	32.7336%	57.5367%	9.7298%
2008	20.3989%	18.2715%	5.5298%	32.9172%	57.3232%	9.7596%
2009	19.9396%	18.6107%	5.4637%	30.4023%	59.7327%	9.8651%
2010	19.8420%	18.7783%	5.4318%	29.5775%	60.5668%	9.8556%
2011	19.6688%	18.1738%	5.3950%	30.9915%	59.1334%	9.8751%
2012	19.2430%	17.8545%	5.2262%	30.8425%	59.3797%	9.7777%
2013	19.0585%	17.8792%	5.0723%	30.3809%	60.0375%	9.5817%
2014	18.6371%	17.5793%	5.0076%	29.9613%	60.3652%	9.6735%
2015	18.2663%	17.3300%	4.9494%	29.5274%	60.7175%	9.7551%
2016	17.9087%	16.9153%	4.8836%	29.7343%	60.4481%	9.8176%
平均值	22.5799%	21.3265%	3.9572%	33.1431%	60.1072%	6.7497%

资料来源:根据附表10-4计算得到。

由表10-1的结果可以看出,广州从1986年到2016年技术进步、资本和劳动力对经济增长的平均贡献率分别为33.1431%、60.1072%和6.7497%,广州市经济主要受技术进步和资本投入的推动。劳动力投入与技术进步的贡献率一共占了九成左右,可以看出广州经济的高速发展离不开资本投入的同时也要依靠技术的投入以及劳动的投入。在1986年到1991年间,技术进步贡献率比较高,在1992年后,技术进步贡献率基本保持在30%左右,而资本对经济增长的贡献率超过一半,说明近三十年来,广州吸引了众多资本投资,并且这个阶段经济增长主要是依靠物质资本的大量投入。

广州市高新技术产业整体规模仍然偏小,实力还不够强,对经济增长的贡献度仍然偏小。广州的资本贡献率比较高,意味着广州经济增长过程中,资本发挥了不可替代的作用。实际上,资本主要投资于劳动密集型产业等出口导向型企业,而装备制造业等高技术、高附加值产业偏少。而2000年以来,劳动力贡献率有所增长,意味着广州目前劳动密集型产业依旧占据了较为重要的地位,具体体现在服装企业、制鞋企业、电子加工企业等。在供给侧结构性改革的背景下,需要技术进步来拉动经济增长。

1. 其他八个城市技术贡献率分析

根据附录的原始数据,消除模型的自相关后结果汇总为表10-2。

表 10-2 各城市的柯布—道格拉斯生产函数

城市	柯布—道格拉斯生产函数
深圳	$YL = 0.302891 + 0.080275t + 0.319068KL$ $Y = 1.3537669e^{0.080275t}K^{0.319068}L^{0.680932}$
珠海	$YL = 0.529434 + 0.067679t + 0.180690KL$ $Y = 1.697971e^{0.067679t}K^{0.18069}L^{0.81931}$
中山	$YL = -0.169168 + 0.090382t + 0.129757KL$ $Y = 0.844367e^{0.090382t}K^{0.129757}L^{0.870243}$
肇庆	$YL = -1.092155 + 0.104007t + 0.145064KL$ $Y = 0.33549273e^{0.104007t}K^{0.145064}L^{0.854936}$
惠州	$YL = 0.784876 + 0.112979t + 0.137064KL$ $Y = 2.1921351e^{0.112979t}K^{0.137064}L^{0.862936}$
东莞	$YL = 2.133673 - 0.012084t + 0.651004KL$ $Y = 8.445831e^{-0.012084t}K^{0.651004}L^{0.348996}$
江门	$YL = -0.141026 + 0.076711t + 0.104810KL$ $Y = 0.868467e^{0.076711t}K^{0.104810}L^{0.89519}$
佛山	$YL = 1.405855 + 0.048551t + 0.359918KL$ $Y = 4.079013e^{0.048551t}K^{0.359918}L^{0.6400821}$

资料来源:作者计算得到。

2. 其他八个城市实证结果分析

(1)深圳市的实证结果分析

由求出的柯布—道格拉斯生产函数可得索洛增长速度方程为:

$$y = a + \alpha k + \beta L = a + 0.319068K + 0.680932L \tag{10-17}$$

可得索洛余值 a 的值:

$$a = y - 0.319068K - 0.680932L \tag{10-18}$$

代入数据可算得 y、k、l、E_A、E_K、E_L 的值,结果如表10-3。

表 10-3 深圳市各投入要素的贡献测算结果

年份	y	k	l	E_A	E_K	E_L
1986	—	—	—	—	—	—
1987	34. 2331%	14. 7422%	22. 9190%	40. 6713%	13. 7404%	45. 5883%
1988	44. 5205%	32. 4740%	23. 0057%	41. 5399%	23. 2733%	35. 1868%
1989	40. 5623%	26. 2296%	37. 4805%	16. 4477%	20. 6326%	62. 9197%
1990	42. 4887%	25. 8445%	31. 9409%	29. 4030%	19. 4079%	51. 1891%
1991	41. 5511%	29. 7020%	32. 8821%	23. 3054%	22. 8080%	53. 8867%
1992	40. 2777%	38. 8657%	30. 2494%	18. 0724%	30. 7882%	51. 1393%
1993	40. 6359%	38. 8885%	29. 5573%	19. 9362%	30. 5348%	49. 5290%
1994	40. 5637%	35. 4699%	28. 8019%	23. 7509%	27. 9001%	48. 3490%
1995	39. 6725%	30. 6578%	26. 4793%	29. 8947%	24. 6567%	45. 4486%
1996	38. 0696%	29. 4146%	24. 4868%	31. 5488%	24. 6529%	43. 7983%
1997	36. 7018%	28. 5300%	23. 0692%	32. 3970%	24. 8026%	42. 8004%
1998	35. 0638%	27. 9916%	21. 9609%	31. 8810%	25. 4714%	42. 6476%
1999	33. 6282%	27. 2408%	20. 9426%	31. 7473%	25. 8464%	42. 4063%
2000	32. 7040%	25. 8256%	20. 2241%	32. 6951%	25. 1961%	42. 1088%
2001	31. 3273%	24. 7603%	19. 0248%	33. 4292%	25. 2184%	41. 3525%
2002	30. 5630%	24. 1150%	18. 0077%	34. 7043%	25. 1753%	40. 1204%
2003	29. 9644%	23. 8947%	17. 2083%	35. 4510%	25. 4437%	39. 1053%
2004	29. 3550%	23. 3898%	16. 4883%	36. 3298%	25. 4231%	38. 2471%
2005	28. 5929%	22. 5337%	15. 7070%	37. 4488%	25. 1454%	37. 4058%
2006	28. 0100%	21. 7537%	15. 1910%	38. 2900%	24. 7801%	36. 9299%
2007	27. 4627%	20. 9312%	14. 7423%	39. 1284%	24. 3184%	36. 5532%
2008	26. 8421%	20. 3674%	14. 3025%	39. 5070%	24. 2104%	36. 2826%
2009	25. 8800%	20. 1947%	13. 9305%	38. 4497%	24. 8976%	36. 6527%
2010	25. 5365%	19. 9204%	13. 5334%	39. 0234%	24. 8898%	36. 0868%
2011	25. 2187%	19. 3289%	12. 9964%	40. 4533%	24. 4550%	35. 0916%
2012	24. 7099%	18. 8071%	12. 5042%	41. 2574%	24. 2848%	34. 4577%
2013	24. 2285%	18. 4278%	12. 6533%	40. 1705%	24. 2678%	35. 5617%

续表

年份	y	k	l	E_A	E_K	E_L
2014	23.6822%	18.2530%	12.1769%	40.3959%	24.5921%	35.0120%
2015	23.1593%	18.3594%	11.7609%	40.1264%	25.2939%	34.5797%
2016	22.7468%	18.5318%	11.4295%	39.7911%	25.9945%	34.2145%
平均值	32.2651%	24.8482%	20.1886%	33.9082%	24.6034%	41.4884%

资料来源:根据附表10-5计算得到。

如表10-3所示,深圳从1986年到2016年技术进步、资本和劳动力对经济增长的平均贡献率分别为33.9%、24.60%和41.49%,在前半段时间,劳动力为主要拉动深圳的经济增长的因素。深圳在1995年后资本贡献率保持稳定在25%左右,在1995年到2005年,深圳的技术进步贡献率不断增长,而劳动增长率不断减少,在2005年技术贡献率超过劳动贡献率,2005年后,技术贡献率最高,意味着技术对经济增长起了主导作用,说明深圳近20年来,技术不断发展的趋势。总的来说,技术水平是促进深圳经济不断增长的主要因素。

(2)珠海市的实证结果分析

由求出的柯布—道格拉斯生产函数可知索洛增长速度方程为:

$$y = a + \alpha k + \beta L = a + 0.180690K + 0.819310L \qquad (10-19)$$

可得索洛余值 a 的值:

$$a = y - 0.180690K - 0.819310L \qquad (10-20)$$

代入数据可算得 y、k、l、E_A、E_K、E_L 的值,结果如表10-4。

表10-4　珠海市各投入要素的贡献测算结果

年份	y	k	l	E_A	E_K	E_L
1986	—	—	—	—	—	—
1987	43.6680%	13.1173%	7.8540%	79.8365%	5.4277%	14.7358%
1988	46.5040%	20.2544%	9.5378%	75.3265%	7.8698%	16.8037%
1989	40.5328%	4.5859%	10.7799%	76.1656%	2.0444%	21.7900%
1990	38.9902%	9.1751%	9.6965%	75.3725%	4.2520%	20.3755%
1991	41.2298%	14.7529%	10.1672%	73.3305%	6.4655%	20.2041%

续表

年份	y	k	l	E_A	E_K	E_L
1992	44.9998%	35.4676%	10.9906%	65.7479%	14.2415%	20.0106%
1993	42.6272%	37.4690%	11.0575%	62.8646%	15.8825%	21.2529%
1994	39.0793%	35.7829%	10.5201%	61.3994%	16.5448%	22.0558%
1995	36.5060%	30.0418%	9.8795%	62.9578%	14.8695%	22.1728%
1996	33.9339%	22.6533%	8.8234%	66.6342%	12.0624%	21.3034%
1997	31.9343%	21.3627%	8.8602%	65.1809%	12.0874%	22.7317%
1998	30.1741%	22.3636%	8.2597%	64.1806%	13.3919%	22.4275%
1999	28.4076%	22.3067%	8.1179%	62.3985%	14.1884%	23.4130%
2000	27.4812%	18.7841%	7.9244%	64.0238%	12.3506%	23.6255%
2001	26.3241%	18.2065%	7.6333%	63.7453%	12.4970%	23.7577%
2002	25.3386%	17.9996%	7.6569%	62.4063%	12.8355%	24.7582%
2003	24.8059%	17.9418%	7.2263%	63.0633%	13.0691%	23.8676%
2004	24.2682%	18.5557%	6.9829%	62.6097%	13.8157%	23.5746%
2005	23.7405%	18.6121%	6.7616%	62.4994%	14.1657%	23.3349%
2006	23.4191%	18.5657%	6.6576%	62.3842%	14.3243%	23.2914%
2007	23.2480%	19.2660%	6.3840%	62.5273%	14.9741%	22.4986%
2008	22.6850%	18.7885%	6.1826%	62.7049%	14.9654%	22.3297%
2009	21.8157%	18.3432%	5.7507%	63.2100%	15.1928%	21.5972%
2010	21.5919%	18.5005%	5.7186%	62.8188%	15.4820%	21.6993%
2011	21.3832%	18.8325%	5.5273%	62.9083%	15.9136%	21.1781%
2012	20.7964%	19.0113%	5.3413%	62.4390%	16.5180%	21.0431%
2013	20.4286%	18.9230%	5.1901%	62.4470%	16.7374%	20.8156%
2014	20.0865%	19.0849%	5.0864%	62.0852%	17.1680%	20.7468%
2015	19.6661%	18.9412%	4.9111%	62.1370%	17.4030%	20.4601%
2016	19.3277%	18.5033%	4.7636%	62.5087%	17.2982%	20.1930%
平均值	29.4998%	20.2064%	7.6748%	65.2637%	13.1346%	21.6016%

资料来源：根据附表10-6计算得到。

  如表10-4所示，珠海从1986年到2016年技术、资本和劳动力对经济增长的平均贡献率分别为65.2637%、13.1346%和21.6016%，技术进步贡献率占了较大的比重，劳动力贡献率次之，而资本贡献率最低。改革开放四十年来,我国 GDP 增长对投资和劳动力投入的依赖性很小,技术进步贡献率稳步提高。注意到 2009 年后,珠海的技术进步贡献率有略微下降的趋势,原因是 2009 年以后,受到金融危机的广阔性的影响,珠海的技术进步贡献率出现一定下降趋势。总体来看,近四十年来,技术进步的贡献率一直保持在较高水平,这意味着经济整体产业结构转型的成果开始显现,高新技术产业在经济和产业结构中所占的比重正在上升,技术进步贡献率增加,而且技术进步贡献率与珠海市的地区生产总值增长率同向变动。由此可见,技术进步对珠海的国民生产总值起到了很大的推动作用。

（3）中山市的实证结果分析

由求出的柯布—道格拉斯生产函数可知索洛增长速度方程为:

$$y = a + \alpha k + \beta L = a + 0.129757K + 0.8702431L \tag{10-21}$$

可得索洛余值 a 的值:

$$a = y - 0.129757K - 0.8702431L \tag{10-22}$$

代入数据可算得 y、k、l、E_A、E_K、E_L 的值,结果如表 10-5。

表 10-5　中山市各投入要素的贡献测算结果

年份	y	k	l	E_A	E_K	E_L
1986	—	—	—	—	—	—
1987	18.7006%	46.8703%	6.4661%	37.3881%	32.5216%	30.0903%
1988	27.4095%	74.9660%	4.7731%	49.3567%	35.4890%	15.1543%
1989	24.8530%	25.7776%	4.2342%	71.7152%	13.4585%	14.8263%
1990	21.7617%	21.7778%	4.3277%	69.7082%	12.9853%	17.3065%
1991	22.3531%	28.3230%	4.1463%	67.4167%	16.4411%	16.1421%
1992	23.2862%	37.8263%	5.6034%	57.9815%	21.0779%	20.9407%
1993	25.3077%	44.1984%	4.9838%	60.2010%	22.6613%	17.1377%
1994	25.9711%	40.2813%	5.4576%	61.5874%	20.1253%	18.2872%
1995	25.2179%	33.6774%	4.5294%	67.0410%	17.3285%	15.6304%
1996	24.0807%	28.8232%	5.3000%	65.3155%	15.5312%	19.1533%
1997	23.4001%	26.5013%	4.9885%	66.7526%	14.6954%	18.5520%
1998	22.6087%	25.0931%	4.7548%	67.2964%	14.4016%	18.3020%

续表

年份	y	k	l	E_A	E_K	E_L
1999	21.6597%	24.2390%	4.7961%	66.2094%	14.5209%	19.2698%
2000	21.2650%	25.6205%	5.2075%	63.0557%	15.6334%	21.3109%
2001	20.9803%	27.7629%	4.9557%	62.2734%	17.1706%	20.5560%
2002	20.6733%	27.4624%	5.0159%	61.6487%	17.2369%	21.1144%
2003	20.7383%	26.9897%	5.2991%	60.8760%	16.8872%	22.2368%
2004	20.8692%	26.3070%	6.4489%	56.7513%	16.3567%	26.8920%
2005	21.1218%	25.1633%	6.2057%	58.9732%	15.4585%	25.5683%
2006	21.0125%	24.2501%	6.0674%	59.8965%	14.9750%	25.1285%
2007	20.9810%	23.7966%	5.8178%	61.1521%	14.7171%	24.1308%
2008	20.6978%	23.2071%	5.6058%	61.8813%	14.5488%	23.5699%
2009	20.0957%	23.1815%	5.4603%	61.3861%	14.9682%	23.6457%
2010	20.0179%	23.0913%	5.2909%	62.0311%	14.9679%	23.0010%
2011	19.9533%	22.8054%	5.1002%	62.9256%	14.8304%	22.2440%
2012	19.6151%	22.5564%	4.9032%	63.3251%	14.9214%	21.7535%
2013	19.1800%	21.9745%	4.7444%	63.6073%	14.8663%	21.5265%
2014	18.7002%	20.8377%	4.5970%	64.1483%	14.4589%	21.3928%
2015	18.2619%	20.6960%	4.4137%	64.2620%	14.7052%	21.0328%
2016	17.8461%	20.2818%	4.3045%	64.2629%	14.7467%	20.9904%
平均值	21.6206%	28.8113%	5.1266%	62.0142%	17.0896%	20.8962%

资料来源:根据附表 10-7 计算得到。

　　如表 10-5 所示,中山从 1986 年到 2016 年技术进步、资本和劳动力对经济增长的平均贡献率分别为 62.0142%、17.0896% 和 20.8962%,与珠海市的情况相似,中山市的技术进步贡献率占了较大的比重,劳动力贡献率次之。中山市在这 40 年中发展十分迅速,技术进步贡献率占了比较大的比重,主要是因为中山市毗邻港澳,与珠海经济特区接壤,信息灵敏,在引进设备、技术和进口原材料等方面都较为方便。1984 年,中山市开发了 90 项新产品,而这是一个非常好的趋势,并且极大地拉动了中山市的经济发展。另外,随着中山市的经济不断发展,吸引了人们前往中山市工作,使得中山市的人力投入充足,在中山市的经济增长中也发挥了极大的作用。虽然中山市的资本贡献率稍低,但是资本也发挥着重要的作用,在这 40 年中,中山市贯彻了"对外开放"的政策,充分发挥了毗邻港澳和作为华侨之乡的优势,积极引进外资。总体而言,40 年来,技术进步贡献率一直保持比较高的水平,而且技术进步贡献率与中山市的地区生产总值增长率同向变动,说明技术进步对中山市生产总值有明显的促进作用。

(4)肇庆市的实证结果分析

由求出的柯布—道格拉斯生产函数可知索洛增长速度方程为:

$$y = a + \alpha k + \beta L = a + 0.145064K + 0.854936L \tag{10-23}$$

可得索洛余值 a 的值:

$$a = y - 0.145064K - 0.854936L \tag{10-24}$$

代入数据可算得 y、k、l、E_A、E_K、E_L 的值,结果如表 10-6。

表 10-6 肇庆市各投入要素的贡献测算结果

年份	y	k	l	E_A	E_K	E_L
1986	—	—	—	—	—	—
1987	60.0766%	43.6149%	3.6370%	84.2928%	10.5315%	5.1757%
1988	54.4946%	46.1356%	3.3786%	82.4183%	12.2812%	5.3005%
1989	36.8434%	-0.9921%	2.8924%	93.6789%	-0.3906%	6.7118%
1990	29.1589%	9.3587%	3.1530%	86.0995%	4.6559%	9.2446%
1991	26.1270%	18.6124%	2.9472%	80.0221%	10.3341%	9.6438%
1992	25.2689%	33.1000%	2.9954%	70.8636%	19.0021%	10.1343%
1993	26.2805%	38.7222%	2.5984%	70.1729%	21.3741%	8.4530%
1994	26.4380%	38.4332%	2.5949%	70.5205%	21.0882%	8.3913%
1995	26.0688%	34.2806%	2.6393%	72.2683%	19.0760%	8.6558%
1996	24.9687%	29.9406%	2.5331%	73.9316%	17.3950%	8.6734%
1997	23.7386%	25.8980%	2.4581%	75.3211%	15.8260%	8.8529%
1998	22.1600%	24.9640%	2.3072%	74.7567%	16.3420%	8.9014%
1999	20.8576%	23.4279%	2.1437%	74.9193%	16.2940%	8.7866%
2000	19.6167%	22.0232%	2.1093%	74.5214%	16.2860%	9.1926%
2001	18.7517%	20.9296%	2.0104%	74.6430%	16.1912%	9.1657%
2002	18.1574%	20.2712%	1.7159%	75.7255%	16.1952%	8.0793%

续表

年份	y	k	l	E_A	E_K	E_L
2003	17.7733%	20.1131%	1.8467%	74.7010%	16.4161%	8.8829%
2004	17.8392%	20.4967%	1.8241%	74.5907%	16.6674%	8.7419%
2005	17.4907%	20.5728%	1.8607%	73.8423%	17.0626%	9.0950%
2006	17.4344%	20.6371%	1.7796%	74.1020%	17.1712%	8.7267%
2007	17.6664%	21.3228%	1.7085%	74.2232%	17.5088%	8.2681%
2008	17.8916%	21.2020%	1.5357%	75.4713%	17.1904%	7.3384%
2009	17.6937%	21.6630%	1.4785%	75.0956%	17.7607%	7.1437%
2010	18.0356%	22.1953%	1.4307%	75.3659%	17.8521%	6.7820%
2011	18.1952%	21.8379%	1.4125%	75.9525%	17.4106%	6.6369%
2012	17.8875%	21.7698%	1.3654%	75.8190%	17.6549%	6.5261%
2013	17.7417%	21.6357%	1.3262%	75.9192%	17.6903%	6.3905%
2014	17.4660%	21.3160%	1.3047%	75.9098%	17.7040%	6.3862%
2015	17.0800%	21.1574%	1.2698%	75.6746%	17.9694%	6.3560%
2016	16.6848%	20.5146%	1.2560%	75.7281%	17.8362%	6.4357%
平均值	23.5296%	24.1718%	2.1171%	76.2184%	15.8792%	7.9024%

资料来源：根据附表 10-8 计算得到。

如表 10-6 所示，肇庆市从 1986 年到 2016 年技术进步、资本和劳动力对经济增长的平均贡献率分别为 76.2184%、15.8792% 和 7.9024%，肇庆市的技术进步贡献率占据最大的比重，意味着肇庆市近些年来的技术进步在对经济增长的作用中起了主导作用。在 1992 年后，技术进步贡献率在平稳增长，因为肇庆市致力于确保自己的产业特色，引进了像保利、百悦、龙光、宝能等知名企业来投资，以至于有一大批高端产业项目落户新区，全面植入高端服务体系，为肇庆市的发展注入了活力引领肇庆市产业转型升级和促进经济发展。肇庆市作为一个在不断发展的城市，资本和劳动贡献的作用也不可忽视。这里肇庆市劳动贡献率较低的原因可能是由于社会不断发展，技术水平有所上升，对低素质人才的需求减少，而高素质人才需求增加，因此导致劳动贡献率下降。总体而言，四十年来，技术进步贡献率一直保持比较高的水平，而且技术进步贡献率与肇庆市的地区生产总值增长率同向变动，说明技术进步对肇庆市生产总值有明显的促进作用。

（5）惠州市的实证结果分析

由求出的柯布—道格拉斯生产函数可知索洛增长速度方程为：

$$y = a + \alpha k + \beta L = a + 0.137064K + 0.862936L \tag{10-25}$$

可得索洛余值 a 的值：

$$a = y - 0.137064K - 0.862936L \tag{10-26}$$

代入数据可算得 y、k、l、E_A、E_K、E_L 的值，结果如表 10-7。

表 10-7　惠州市各投入要素的贡献测算结果

年份	y	k	l	E_A	E_K	E_L
1986	—					
1987	34.7331%	57.8459%	4.4438%	66.1323%	22.8272%	11.0405%
1988	39.4409%	50.3031%	3.8567%	74.0807%	17.4812%	8.4381%
1989	32.9370%	36.6910%	3.4539%	75.6823%	15.2686%	9.0491%
1990	30.8701%	40.8523%	4.0148%	70.6386%	18.1386%	11.2229%
1991	29.8594%	39.6627%	4.2123%	69.6199%	18.2065%	12.1737%
1992	31.0184%	46.9855%	4.6499%	66.3021%	20.7619%	12.9360%
1993	34.5054%	55.3555%	5.1820%	65.0520%	21.9886%	12.9595%
1994	34.6175%	43.5275%	5.5321%	68.9754%	17.2342%	13.7904%
1995	33.8625%	34.7654%	5.9908%	70.6616%	14.0719%	15.2666%
1996	29.3072%	31.1212%	4.9050%	71.0027%	14.5548%	14.4426%
1997	30.7998%	27.1139%	5.3146%	73.0437%	12.0661%	14.8902%
1998	29.1268%	24.8673%	4.9596%	73.6044%	11.7019%	14.6936%
1999	27.5701%	23.6789%	4.6578%	73.6493%	11.7719%	14.5788%
2000	26.3422%	23.1346%	4.3842%	73.6005%	12.0375%	14.3621%
2001	25.1087%	22.1426%	4.4537%	72.6063%	12.0873%	15.3064%
2002	24.1023%	22.2611%	4.2912%	71.9767%	12.6594%	15.3640%
2003	23.3148%	26.4968%	4.2179%	68.8115%	15.5771%	15.6115%
2004	22.9581%	26.7032%	4.1512%	68.4543%	15.9423%	15.6034%
2005	22.6433%	26.2519%	4.1725%	68.2080%	15.8908%	15.9013%
2006	22.2784%	23.9677%	4.0803%	69.4495%	14.7457%	15.8048%
2007	22.1857%	25.3962%	4.0664%	68.4935%	15.6899%	15.8166%

年份	y	k	l	E_A	E_K	E_L
2008	21.9285%	25.1889%	4.0211%	68.4318%	15.7443%	15.8239%
2009	21.3112%	25.3486%	3.9964%	67.5148%	16.3031%	16.1822%
2010	21.3512%	25.0243%	3.9616%	67.9243%	16.0644%	16.0113%
2011	21.3410%	24.5929%	3.9234%	68.3407%	15.7950%	15.8643%
2012	21.0330%	24.3285%	3.8004%	68.5541%	15.8539%	15.5920%
2013	20.7526%	24.0071%	3.7586%	68.5153%	15.8559%	15.6288%
2014	20.3867%	23.6604%	3.6662%	68.5739%	15.9074%	15.5186%
2015	19.8067%	23.3884%	3.5490%	68.3526%	16.1849%	15.4624%
2016	19.4176%	22.8956%	3.4781%	68.3815%	16.1615%	15.4571%
平均值	26.4970%	30.9186%	4.3048%	69.8221%	15.8191%	14.3597%

资料来源：根据附表 10-9 计算得到。

由表 10-7 的结果可以看出，惠州从 1986 年到 2016 年技术进步、资本和劳动力对经济增长的平均贡献率分别为 69.8221%、15.8191% 和 14.3597%，惠州市的技术进步贡献率占据最大的比重。近年来惠州市大力发展技术含量高，辐射力强，对经济拉动作用大的重点项目。如 2008 年，TCL 集团第八代液晶显示屏项目在惠州高新区落实，年产量与销售量都非常可观，拉动液晶产业链产值上百亿元，推动高新区产业升级。另外，惠州市积极推进产学研结合工作，推进科技成果产业化，这些项目都取得了很好的经济效益。惠州市近年来不断提升高新区自主创新能力，完善高新区科技创新体系。四十年来，技术进步贡献率在平稳增长，惠州市作为一个在不断发展的城市，资本和劳动贡献的作用也不可忽视。总的来看，四十年来，技术进步贡献率一直保持比较高的水平，说明科技进步对惠州市的经济增长有着非常重要的作用。

（6）东莞市的实证结果分析

由求出的柯布—道格拉斯生产函数可知索洛增长速度方程为：

$$y = a + \alpha k + \beta L = a + 0.651004K + 0.348996L \tag{10-27}$$

可得索洛余值 a 的值：

$$a = y - 0.651004K - 0.348996L \tag{10-28}$$

代入数据可算得 y、k、l、E_A、E_K、E_L 的值，结果如表 10-8。

表 10-8 东莞市各投入要素的贡献测算结果

年份	y	k	l	E_A	E_K	E_L
1986	—	—	—	—	—	—
1987	9.8918%	23.1678%	8.4729%	−82.3659%	152.4724%	29.8935%
1988	35.9258%	19.8588%	4.5569%	59.5875%	35.9857%	4.4268%
1989	26.6095%	9.2388%	4.5538%	71.4245%	22.6030%	5.9725%
1990	27.9462%	11.0335%	6.3564%	66.3596%	25.7025%	7.9380%
1991	26.1530%	10.2335%	5.9478%	66.5898%	25.4732%	7.9370%
1992	24.3339%	8.5886%	5.6343%	68.9422%	22.9771%	8.0806%
1993	26.6682%	16.1079%	4.9657%	54.1800%	39.3215%	6.4985%
1994	28.0547%	18.2651%	4.8794%	51.5463%	42.3838%	6.0699%
1995	28.9685%	20.8099%	4.5180%	47.7912%	46.7657%	5.4431%
1996	28.2639%	19.3635%	4.2410%	50.1634%	44.6000%	5.2367%
1997	27.8710%	17.1826%	4.1087%	54.7205%	40.1347%	5.1448%
1998	27.5770%	17.1546%	4.1585%	54.2408%	40.4966%	5.2627%
1999	26.9431%	16.9646%	3.9165%	53.9368%	40.9902%	5.0730%
2000	26.6523%	16.9313%	3.6616%	53.8495%	41.3559%	4.7946%
2001	26.2622%	17.2605%	3.4306%	52.6548%	42.7863%	4.5589%
2002	25.8394%	19.2097%	3.4636%	46.9245%	48.3974%	4.6781%
2003	25.6329%	21.5852%	6.7741%	35.9568%	54.8202%	9.2230%
2004	25.5606%	22.3369%	9.3918%	30.2867%	56.8900%	12.8233%
2005	25.3100%	23.0985%	10.2895%	26.3999%	59.4121%	14.1880%
2006	25.0584%	22.8445%	10.2789%	26.3354%	59.3488%	14.3158%
2007	24.8250%	22.6706%	9.8397%	26.7161%	59.4509%	13.8330%
2008	24.4679%	22.1771%	9.4393%	27.5308%	59.0055%	13.4637%
2009	23.4068%	21.8953%	8.9005%	25.8329%	60.8964%	13.2707%
2010	22.9549%	20.9892%	10.2376%	24.9095%	59.5256%	15.5649%
2011	22.4766%	19.9146%	9.8247%	27.0654%	57.6797%	15.2549%
2012	21.7803%	19.4904%	9.4487%	26.6038%	58.2561%	15.1401%
2013	21.3014%	19.4066%	9.0951%	25.7892%	59.3096%	14.9012%

年份	y	k	l	E_A	E_K	E_L
2014	20.7428%	18.7829%	8.9200%	26.0428%	58.9493%	15.0079%
2015	20.2289%	18.1350%	8.5594%	26.8713%	58.3617%	14.7670%
2016	19.8295%	17.7702%	8.2657%	27.1126%	58.3399%	14.5476%
平均值	21.9179%	18.4156%	6.8710%	38.4666%	51.0897%	10.4436%

资料来源：根据附表 10-10 计算得。

注：1987 年表现出负贡献率，这并不是说技术进步对经济增长起了消极作用，从而阻碍了经济的发展，从经济意义上讲，1987 年由于资本和劳动力的大部分使用，资本和劳动力投入的小部分没有产生利益或产生较少的利益，资本和劳动边际效率下降。

由表 10-8 的结果可以看出，东莞市从 1986 年到 2016 年技术进步、资本和劳动力对经济增长的平均贡献率分别为 38.4666%、51.0897% 和 10.4436%。1986 年到 2001 年，技术进步贡献率比资本贡献率高，从 2002 年开始，资本贡献率比技术进步贡献率高。技术进步贡献率处于下降的趋势，说明四十年来，资本占的比率更高，增长的速度比技术贡献率更快。东莞市的资本贡献率占据最大的比重。东莞制造业的成果相当突出。将投入的大量资源，用于电子、家具、服装等一批重点产业，形成完整的产业链和产业集群。另外，低劳动力成本是东莞制造业的重要基础，也正是由于这个原因外部资本大量涌入东莞，再加上源源不断的外来劳动力，导致外来资本越来越多。可见，除了资本贡献率比较突出，劳动力的作用也非常重要，这个结果可能低估了劳动力对东莞市经济增长的贡献程度。随着社会的发展，技术进步的作用显得越来越重要，东莞的转型升级已经从"要素驱动"进入到"创新驱动"阶段。近年来，东莞市积极引进科技项目，加强研发力度，取得了不错的效益。总的来说，虽然东莞的资本贡献率比较高，但是在供给侧改革的背景下，只有增加技术投入才能更好地促进东莞市的经济增长。

（7）江门市的实证结果分析

由求出的柯布—道格拉斯生产函数可知索洛增长速度方程为：

$$y = a + \alpha k + \beta L = a + 0.104810K + 0.895190L \tag{10-29}$$

可得索洛余值 a 的值：

$$a = y - 0.104810K - 0.895190L \qquad (10-30)$$

代入数据可算得 y、k、l、E_A、E_K、E_L 的值,结果如表 10-9。

表 10-9　江门市各投入要素的贡献测算结果

年份	y	k	l	E_A	E_K	E_L
1986	—	—	—	—	—	—
1987	28.1596%	29.1093%	4.5270%	74.7742%	10.8345%	14.3914%
1988	26.8831%	32.7171%	4.1907%	73.2896%	12.7555%	13.9549%
1989	22.9249%	−11.3604%	6.0756%	81.4694%	−5.1939%	23.7245%
1990	20.8336%	−1.7173%	5.6739%	76.4840%	−0.8639%	24.3800%
1991	20.2924%	4.8438%	6.3328%	69.5611%	2.5018%	27.9371%
1992	22.1759%	17.8311%	5.8436%	67.9832%	8.4275%	23.5892%
1993	24.4478%	24.5314%	5.0298%	71.0659%	10.5168%	18.4172%
1994	25.7755%	23.5159%	5.2489%	72.2084%	9.5622%	18.2294%
1995	25.4408%	22.3782%	5.0981%	72.8419%	9.2193%	17.9389%
1996	23.9399%	17.9372%	4.7828%	74.2624%	7.8530%	17.8846%
1997	22.1116%	14.9582%	4.3817%	75.1705%	7.0903%	17.7392%
1998	20.4651%	14.2780%	4.0454%	74.9921%	7.3124%	17.6955%
1999	19.2350%	14.4947%	3.9074%	73.9172%	7.8980%	18.1847%
2000	18.4476%	14.3793%	3.9382%	72.7198%	8.1696%	19.1106%
2001	17.5691%	14.2648%	3.6084%	73.1046%	8.5098%	18.3856%
2002	16.8016%	14.0859%	3.4780%	72.6821%	8.7869%	18.5310%
2003	16.3373%	14.2928%	3.0548%	74.0920%	9.1693%	16.7387%
2004	16.1264%	14.8240%	3.0737%	73.3032%	9.6346%	17.0623%
2005	16.0799%	15.0214%	3.0369%	73.3023%	9.7911%	16.9067%
2006	16.1615%	15.1489%	3.0577%	73.2391%	9.8243%	16.9366%
2007	16.1663%	15.1984%	3.1538%	72.6824%	9.8535%	17.4641%
2008	16.1506%	15.3814%	3.0192%	73.2836%	9.9818%	16.7346%
2009	15.6663%	15.8688%	3.0611%	71.8924%	10.6165%	17.4912%
2010	15.7265%	16.3653%	3.0438%	71.7669%	10.9067%	17.3263%
2011	15.7601%	16.4081%	2.9774%	72.1764%	10.9119%	16.9117%

年份	y	k	l	E_A	E_K	E_L
2012	15.2291%	16.3387%	2.7872%	72.3716%	11.2447%	16.3838%
2013	14.8882%	16.3885%	2.6203%	72.7078%	11.5372%	15.7550%
2014	14.4855%	16.1943%	2.5096%	72.7735%	11.7174%	15.5091%
2015	14.2390%	16.2442%	2.4174%	72.8453%	11.9570%	15.1977%
2016	14.0247%	16.2377%	2.3520%	72.8526%	12.1348%	15.0126%
平均值	19.0848%	15.5387%	3.8776%	73.1938%	8.7554%	18.0508%

资料来源:根据附表10-11计算得。

注:个别年份表现出负的贡献率,这并不是说技术进步对经济增长起了消极作用,从而阻碍了经济的发展,从经济意义上讲,说明该年由于资本和劳动力的大部分使用,资本和劳动力投入的小部分没有产生利益或产生较少的利益,资本和劳动边际效率下降。

由表10-9的结果可以看出,江门市从1986年到2016年技术进步、资本和劳动力对经济增长的平均贡献率分别73.1938%、8.7554%和18.0508%。1986年到2016年,技术进步贡献率、资本贡献率、劳动贡献率都比较稳定,没有很明显的波动。技术进步贡献率比较高,说明技术进步在江门市近年来的发展起着重要的作用。据了解,1992年,江门市高新技术产业开发区成立,2010年成为国家级高新技术产业开发区,还带动了开发区周边近400家企业的发展。近年来江门市在这方面做了不少努力,也取得了不错的效益。资本贡献相对较低,可能因为固定资本的投资建设是长期性的,对经济影响具有很大的滞后性,所以不能忽视资本投入对江门市经济增长的重要作用。江门市的地理位置优越,位于珠江西岸的江门,东连广佛、深港澳两大都市圈,西接珠三角进入粤西的战略通道,良好的地理位置使得江门拥有更多的资本与劳动力。总的来说,加强技术创新水平才是江门市真正富强的途径。

(8)佛山市的实证结果分析

由求出的柯布—道格拉斯生产函数可知索洛增长速度方程为:

$$y = a + \alpha k + \beta L = a + 0.359918K + 0.640082L \tag{10-31}$$

可得索洛余值 a 的值:

$$a = y - 0.359918K - 0.640082L \tag{10-32}$$

代入数据可算得 y、k、l、E_A、E_K、E_L 的值,结果如表10-10。

表 10-10　佛山市各投入要素的贡献测算结果

年份	y	k	l	E_A	E_K	E_L
1986	—	—	—	—	—	—
1999	13.3818%	33.2967%	18.3102%	−77.1375%	89.5553%	87.5822%
2000	12.9325%	22.3362%	12.4886%	−23.9737%	62.1628%	61.8109%
2001	13.0268%	19.1855%	7.5882%	9.7067%	53.0080%	37.2853%
2002	12.6983%	25.1753%	7.6995%	−10.1671%	71.3564%	38.8107%
2003	13.8955%	21.2591%	13.3701%	−16.6527%	55.0646%	61.5881%
2004	15.1309%	25.6169%	11.4790%	−9.4946%	60.9348%	48.5597%
2005	16.7112%	23.1299%	12.4966%	2.3187%	49.8162%	47.8651%
2006	17.4585%	20.8668%	11.5594%	14.6018%	43.0182%	42.3800%
2007	18.0259%	19.8576%	10.8451%	21.8408%	39.6492%	38.5100%
2008	18.1843%	20.2099%	10.0323%	24.6857%	40.0010%	35.3133%
2009	17.4263%	19.8992%	9.7234%	23.1861%	41.0992%	35.7147%
2010	17.4099%	19.6495%	9.2779%	25.2675%	40.6218%	34.1107%
2011	16.7690%	19.0917%	8.5661%	26.3258%	40.9771%	32.6971%
2012	16.0010%	18.4119%	7.7930%	27.4113%	41.4148%	31.1739%
2013	15.3463%	17.9730%	7.2557%	27.5844%	42.1523%	30.2632%
2014	14.7486%	17.4314%	6.7994%	27.9524%	42.5387%	29.5090%
2015	14.3125%	17.3582%	6.3915%	27.7650%	43.6508%	28.5841%
2016	13.9419%	17.2654%	6.0313%	27.7382%	44.5715%	27.6902%
平均值	15.4112%	21.0008%	9.8726%	8.2755%	50.0885%	41.6360%

资料来源:根据附表 10-12 计算得。

注:个别年份表现出负的贡献率,这并不是说技术进步对经济增长起了消极作用,从而阻碍了经济的发展,从经济意义上讲,说明该年由于资本和劳动力的大部分使用,资本和劳动力投入的小部分没有产生利益或产生较少的利益,资本和劳动边际效率下降。

　　由表 10-10 的结果可以看出,佛山市从 1999 年到 2016 年技术、资本和劳动力对经济增长的平均贡献率分别 8.2755%、50.0885% 和 41.6360%。资本贡献率最高,可见佛山市的经济增长主要是由大量的资本投入推动的。2005年以来,资本投入的贡献率有所下降,经济逐渐由粗放型向集约型转变。技术进步贡献率波动很大,且出现负值。2003 年,由于佛山行政管理体制的调整(顺德、南海、高明和三水撤县变区并入佛山)以及"非典"的影响,技术进步贡献率低至负数。2005 年之后,佛山市技术进步贡献率呈现良好的增长态势,不断增加,技术进步、科技创新对于佛山经济增长的贡献率已从负的变成正,并逐渐上升。近年来,佛山市以陶瓷工业的名义,在陶瓷工业的基础上不断创新。一些龙头企业不断创新陶瓷生产技术,得到国家的认可。在过去的三年里,佛山市已经建立了 10 多个创意产业园。佛山市把创意经济引入陶瓷等传统产业的转型升级中去,推动了佛山市的经济发展。佛山与广州这样的发展良好的大城市毗邻,众多资本与劳动力流动使得佛山市发展得更加快,由此可见,技术进步、资本投入和劳动力投入对经济增长起着重要作用。

第四节　结论与建议

一、主要研究结论

本章通过柯布—道格拉斯生产函数与索洛余值法对粤港澳大湾区九个城市从 1986 年到 2016 年的技术进步、资本和劳动力贡献率进行了分析,九个城市中,广州和佛山的资本贡献率最高,深圳的技术进步、资本、劳动的贡献率相差不大,但是平均劳动贡献率比较高,其他六个城市占比最高的都是技术进步贡献率。这并不是说广州、深圳和佛山的技术进步比其他城市低,技术进步贡献率只是一个相对指标,具有其他相对指标的共性,不是越高越好,也不是越高就能体现那个地区技术越进步,它只是反映技术进步速度占经济增长速度的比例,它的大小又与资金、劳动力投入增长的速度有关,城市间不能比较。

九个城市的特点各不相同,都有着独特的地理政治和经济环境,有着自己的比较优势。通过技术进步、资本和劳动力的贡献率的分析,能看出每个城市的特点不同,珠海、惠州、肇庆、中山和江门技术进步贡献率最高,说明目前技术进步确实对这些城市的经济增长的推动作用很大。广州、深圳、佛山和东莞这四个城市发展得相对较好,技术进步贡献率反而不是最高的。所以珠海、惠州、肇庆、中山和江门尤其要加强技术的发展,但是这并不能操之过急,要脚踏实地,先看准自己现有的优势,找准自己在粤港澳大湾区的定位,在提高经济水平的同时慢慢提高自身的技术水平。而发展较好的广州、深圳等城市除了要不断提高自己的技术水平外,还要发挥自己的"龙头"作用,带动其他城市的发展。

二、对粤港澳大湾区城市群发展的政策建议

结合国际成功湾区如旧金山湾区、纽约湾区和东京湾区的经验,粤港澳大湾区接下来的方向是,不断发展创新能力,推进产业集群的建设、打造高效便捷的交通网络、全面提高开放水平,并且需要政府的大力支持。以广州、深圳为核心城市,湾区的九个城市均发挥自己的独特优势,找准自己的定位,在保证湾区稳定发展的同时,不断提高自己的技术水平。接下来将以粤港澳大湾区的整体为背景,陈述各城市在湾区中应该担任的角色,进而给粤港澳大湾区提出建议。

1.广州:争当粤港澳大湾区的"龙头"

广州有着良好的地理优势,背靠强大的珠三角,在粤港澳大湾区的中心位置;有着全球前沿的科技汇聚,广州是人才聚集度最高的城市,有着先进的企业以及多种专利技术;有着发达的交通,与其他八个城市保持着畅通的人力、资本等的流通。广州未来应该成为粤港澳大湾区的"龙头",通过自己的不断发展,带动其他城市一起发展。经过对广州四十年来的要素贡献率分析,发现资本贡献率最高,接着是技术进步贡献率和劳动贡献率。但是技术进步才能真正提高一个城市的发展水平,广州未来的发展需要发挥资本优势,继续提高技术水平,把劳动力和资本投放在技术含量高的企业中。

尝试把资本多投资于高新技术、高附加值产业。首先要发展这些有高新技术和高附加值的产业,目前虽然广州人才、研发机构多,但是这并不能说明得到的效益很高。需要将新兴科技和新兴产业融合发展起来,促进科研机构市场化的转型,通过与港澳,甚至发达国家的深化合作来促进广州的创新。尽管广州的劳动贡献率较低,但劳动密集型的企业还是占了多数,要想真正发挥广州作为粤港澳大湾区的"龙头"作用,高新产业不可缺少。所以广州要发挥资本优势,提高技术发展水平,促进经济不断发展。

发挥广州南沙自贸区的优势,加强交通的建设。广州南沙自贸区是中心区域,因此要利用好这个独特的优势,要联合发展海陆空交通,更好地联系粤港澳大湾区的其他城市,利于加强各要素之间的相互流通,实现优势互补的局

面,深化周围城市的产业协同合作,使得城市间的流通和成果转化更加便捷,使得人才交流更频繁且高效,带动周边的城市共同发展。

作为核心城市的广州和深圳分工合作,共同带动其他城市的发展。仅仅由广州一个城市带动发展是不够的,通过发展比较好的城市共同合作使得高端要素能够更广泛地被周边城市吸收。如广州的产业可以辐射佛山、肇庆、江门、惠州的汽车装配行业,深圳的产业可以辐射惠州、东莞、中山、珠海的制造业等。在未来,可以将深圳、香港与广州作为粤港澳大湾区的创新发展走廊的核心城市,利用好以广深高速和广深铁路,通过技术创新和产业转型,形成高技术水平的发达城市群。

2. 深圳:作为另一个核心城市带动粤港澳大湾区发展

深圳具有非常突出的区位优势,它位于亚太地区的主要通道,毗邻香港,背靠珠江三角洲。具有雄厚的人才基础、强大的改革创新氛围、高新技术产业基础和国际市场优势,深圳应充分利用自己独特的优势,在粤港澳大湾区规划建设中发挥重大的作用。在要素贡献率的分析中,深圳的技术进步、资本和劳动的贡献率相差不大,说明三者同样重要。四十年来,技术进步贡献率逐步提高,超过了劳动贡献率,表明技术进步在深圳经济增长中起到了主导作用。这里将针对深圳作为粤港澳大湾区的其中一个城市给出未来的发展建议。

把更多劳动和资本投入到高新技术产业中去。深圳的企业主要是高新技术产业与金融业,技术发展水平已经在粤港澳大湾区的前列。但是为了更高的水平,深圳还需要继续努力,目前深圳人才聚集程度不够高,高水平大学的数量较少,所以需要继续提高科研水平,发展更多的高新技术产业。深圳独特的区位优势,吸引了大量的资本和劳动力,可以利用好这些优势,把更多的劳动和资本投放到高新技术、高附加值的企业中去,这样会更好地发挥粤港澳大湾区的核心城市的作用。

与东莞惠州共建大都市圈,弥补深圳面积狭小的缺陷。深圳面积狭小,但是劳动力源源不断,人口密度不断增加,空间狭小也是制约着深圳拥有首屈一指的科研机构、更完善的城市功能、极高的城市综合竞争力的原因之一,因此需要寻求新的发展途径来扩大城市发展空间。从粤港澳大湾区城市群的地理位置可以看出,深圳与惠州、东莞相连,可以建立"深莞惠"大都市圈。东莞,特别是惠州的土地面积大于深圳,而且人口和经济密度较低。深圳在科技创新,金融业等方面发展突出,而东莞、惠州制造业基础则较为突出,因此企业可以选择在深圳研发产品,在东莞和惠州等城市建立工厂投放生产。另外深圳与香港毗邻,可以利用香港的国际优势,做市场推广、融资和国际贸易等活动。

加强交通的建设,大力发挥港口优势,促进城市群的发展。为了成为能够辐射其他城市的核心城市,可以通过建立海陆空立体网络,把深圳机场作为对外的一个桥梁,加强深圳港、广州港的合作,发挥毗邻澳门和香港两个自由贸易港的优势,促进技术、资本和劳动的流动。总的来说,深圳市要统筹兼顾好港口、机场和高铁三者的建设和运营,实现资源的高效配置,促进自身的发展,从而带动其他城市的发展。

3. 珠海:要发展成为粤港澳大湾区的创新高地

珠海具有突出的区域优势。它位于珠江口的西岸,东方与香港横渡海洋,南部与澳门相连,背靠经济发达的珠江三角洲。珠海港靠近国际航道,港口条件十分优越。在要素贡献率的分析中,珠海的技术贡献率最高,其次是劳动贡献率,最后是资本贡献率。近些年,珠海的技术发展较为迅速,在经济增长的速度中占了较大的比重,说明技术进步的作用很大。作为珠江西岸的核心城市,珠海拥有珠三角最长的海岸线,拥有独特的经济条件和良好的大湾区的资源,产业优势明显。针对珠海的独特优势,以下将陈述珠海在粤港澳大湾区的背景中发展的建议。

建设沟通粤港澳大湾区的交通枢纽城市。加强海港与空港、城轨、有轨电车、地铁的建设,提升空港服务能力和辐射面,对接珠三角东岸,继续建设东西的联系通道,建成完善的公路网络,加快建设珠港澳综合交通枢纽,争取尽快实现粤港澳大湾区形成一个小时内交通圈。通过交通的方便快捷流通来促进城市间要素的流动,实现城市间的协同发展的局面。

加强建设为粤港澳大湾区的创新高地。珠海有着独特的区位优势,可以通过学习国际先进技术以及产业改革的方法,引进香港、澳门的国际化的意识,加快建设高新技术产业,通过科研补贴等政策引进更多的人才,开发更多的专利产品。然后结合珠海的地理优势,与引进的人才、科技和产业相配合,促进产业的升级,把资本投放到高新技术产业上去,让技术进步为珠海的经济增长做出更大的贡献。所以珠海应该用更开放的心态,积极地融入粤港澳大湾区建设中去,继续努力聚集国际创新资源,努力打造粤港澳大湾区的创新高地。

4. 中山:建设为粤港澳大湾区的高品位文化引领型宜居城市

中山位于珠江三角洲中部偏南的西、北江下游出海处。1925年,为纪念孙中山而改名为中山县。在要素贡献率的分析中,中山市的技术进步贡献率最高,其次是劳动贡献率和资本贡献率。说明技术进步对中山市的经济增长发挥了重要的作用。技术进步作为经济增长最根本的原因,继续加强中山的技术水平非常重要。在提高技术进步水平的同时,也要挖掘中山最独特的优势,在粤港澳大湾区中扮演着不可或缺的角色。

打造一个文化型宜居城市。中山市由伟人孙中山的名字命名,可以看准这个优势,打好"孙中山"这个品牌,发挥文化的作用,发展专业镇经济。目前,市内已建设中山纪念图书馆,这个也可能成为中山市的标志之一。另外,需要加速产业转型升级,把文化与产业、旅游等结合在一起,发展成为粤港澳大湾区中文化气息浓厚的城市,通过文化旅游产业带动经济增长。

当然仅仅靠文化是不够的,还要提升开放程度,提高技术进步水平,鼓励创新要素在湾区城市群的流动。中山有特色的文化产业,但是高等教育机构缺乏,人才不足,这就要发挥中山的沿海区位优势,引进澳门、珠海等城市的人才,比如可以建设一些知名大学的中山校区等,通过引进科研项目,推动一大批企业发展为科技型企业。

5. 肇庆:发挥土地资源与环境优势,加强技术创新

肇庆是粤港澳大湾区城市群中土地面积最大的城市,生态环境优良、土地资源充足、气候宜人、资源丰富,肇庆参与粤港澳大湾区建设有着极大的机遇与优势。可以最大限度地提高交通网络建设,加快肇庆与香港和澳门湾地区城市群的一体化建设。在要素贡献率分析中,肇庆的技术贡献率最高,其次是资本与劳动贡献率。说明技术进步对于正在发展的城市发挥的作用非常大。按照目前的阶段,为了更好发挥肇庆在粤港澳大湾区的作用,需要在技术创新、交通网络、土地优势等方面下功夫。

推进肇庆市创新驱动战略,不断发展技术水平。目前肇庆市的高等教育机构偏少,人才不足够,可以通过"千人计划"等项目引进人才。2017年年初,肇庆通过招商引资、招才引智活动,首批引进了国家"千人计划"的专家钟路华,他将自己成立的广东阿凡柯达环保科技有限公司华南研究总部设在了肇庆鼎湖区。通过这一计划的实施,其他如周才健等专家也陆续加入"肇庆引进领军人才"这一阵营。另外,肇庆的土地资源充足,也可以通过建立名牌学校的肇庆分校来引进人才。肇庆有望通过诸如此类的人才引进计划,吸收更多的人才,为肇庆的技术进步做出贡献,不断提升肇庆的经济发展水平。

加强完善交通网络建设,促进城市间产业转移。肇庆是粤港澳大湾区的城市中仅有与西南地区接壤的,位于珠江西江经济带的核心位置。对大湾区内部,需进一步完善肇庆通往广州、佛山和江门的联系,对大湾区外部,需完善通往大西南的高速公路。这样有利于城市间的要素流动,加上肇庆的土地、生态资源和极大的成本优势,可以实现资源的高效配置。肇庆可以接受如广州、佛山等周边城市的人才、资金、技术的转移,与这些城市合作,发展产业共建,并且逐渐引入发达城市的先进技术,积极参与粤港澳大湾区的建设中去,与其他城市共同发展。

6. 惠州:发展旅游业,并在粤港澳大湾区的背景下提高整体技术水平

惠州作为沿海城市之一,在粤港澳大湾区中与发展较好的广州、深圳和东莞相邻,具有独特的区位优势。惠州是粤港澳大湾区城市群中生态环境最好的城市,而且土地面积大,有着优良的生态优势。在要素对经济增长的贡献率分析中,惠州的技术进步贡献率最高,劳动力与资本贡献率占比相差不大。说明四十年来惠州的经济增长速度可观,并且技术进步起到了非常重要的作用。但是目前惠州的技术水平还不算高,特别是在粤港澳大湾区的背景下,要不断提高惠州市的技术发展水平。在现阶段,要发挥惠州原有的生态优势,成为粤港澳大湾区的旅游胜地,同时要发挥原有的制造业优势,引进先进的技术,提高惠州市的技术水平。

惠州是一个历史文化浓重的城市,是历史军事,经济和文化集中的地方,而且惠州生态环境优良,风景优美,是发展旅游业的重要城市。如惠州西湖,有着浓厚的文化底蕴,山清水秀,适宜游客观光与悠闲,已经被国家列为AAAA级旅游景区。惠州还有很多这种景色,可以通过保护与宣传,让更多人

知道惠州的景区,让第三产业更好地发展,带动惠州的经济增长,也让惠州成为粤港澳大湾区的重要的名片。

惠州的优势还在于制造业,未来可以在发挥原有的优势的基础上提高技术水平。石化产业、电子信息是惠州的重点产业,并且在粤港澳大湾区的城市群中排名在前列,说明这也是惠州在粤港澳大湾区的背景下发展的一个重要机遇。在近些年来,惠州在制造业技术化这方面已经取得一定的成果,已初步建立了以汽车电子、新型电池、家庭数字、平板显示灯等新型高端产业,并且取得了不错的经济效益。未来,在粤港澳大湾区的背景下,惠州可以利用毗邻深圳、拥有广阔的土地等优势,加强与深圳的合作,并利用好深圳创新资源优势,加快创新,提高本市创新成果转化的能力,也要通过产业转移来吸收深圳的先进技术,再通过融合发展,提高整体经济水平。不仅是与深圳合作,惠州未来需要积极主动地联结别的城市,突破城市区域界限去发展,加强与其他城市的互动,实现资源高效配置。

7. 东莞:发展成为粤港澳大湾区具有高技术水平的"世界工厂"

东莞市在粤港澳大湾区城市群中具有极佳的地理位置,南部与深圳市接壤,西部和北部分别与广州市相连,东莞还与惠州市相邻,因此,东莞可以接受广州和深圳的产业外溢,成为广州和深圳科技成果转化的重要场所。在东莞的要素对经济增长的贡献率分析中,资本贡献率占最大的比重,其次是技术与劳动贡献率,说明东莞资本和技术进步对经济的贡献率都非常高,但是在未来还需要继续提高技术水平,东莞可以利用自己的资源优势以及区位优势发展技术创新,成为高技术水平的"世界工厂"。

东莞目前最大的优势在于制造业,在粤港澳大湾区的背景下要继续发展制造业。东莞的优势产业有服装、电器、机械、家具、电子信息、玩具、鞋业、食品等产业。东莞的私营经济非常活跃,具有很强的创造和转化成果的能力。东莞的交通很发达,再加上东莞位于广州和深圳之间,是两个城市互通的枢纽,也是聚集资本、技术、劳动力的重要城市,为东莞市制造业的发展锦上添花,而东莞要继续利用好这些优势。作为"世界工厂",可以利用交通优势,把东莞作为生产的重要平台,方便广州、东莞、深圳三地的物流和人流的流动,形成如"广深接单,东莞制造生产,其他城市出货"的良好模式,打造闻名于世界的"世界工厂"。

要想经济得到真正发展,还需要将东莞打造成科技强市。目前东莞的高等教育机构缺乏,人才数量不足,缺乏创新科研能力。虽然制造业突出,但是大多以劳动密集型企业为主,未来东莞的发展方向要向科技强市前进。近年来,东莞在技术这方面取得了一定成果,比如东莞产业园吸引了华为等公司,一些高新技术产业也相继在东莞松山湖机器人产业园建立。在粤港澳大湾区的背景下,应该创建创新型企业,科技创新型企业协同发展,在东莞的优势产业制造业中,更多采用先进的智能创造技术,提高制造的精度和制造的技术水平,形成产业的升级。

8. 江门:构建粤港澳大湾区的交通桥梁,促进技术发展

位于珠江西岸的江门,毗邻于佛山、中山和珠海,并且是一个沿海城市,东边连着广佛和深港澳两大核心都市圈,西连珠三角进入粤西乃至大西南、南海的战略通道,正好处于"承东启西"的位置上,形成了粤港澳大湾区的"黄金三角地带",可见地理位置非常优越。在要素贡献率的分析中,江门的技术对经济增长的贡献率最高,其次是劳动力与资本。可见,对于江门来说,技术进步的作用非常大,但是明显江门的技术水平还不够高,既然技术水平这么重要,就要继续提高江门市的技术创新水平。现阶段先要构建一个良好的交通网络,发展现有的制造业优势,同时不断提高技术水平。

交通便捷是湾区经济流通的基础,江门要发挥地理优势打造城市间交通互通的局面。比如建立与国际航运接轨的深水港码头,为粤港澳大湾区港口群做出巨大贡献。江门拥有"大广海湾经济区",开发强度很低,发展空间很大,这是大湾区内唯一可以大规模开发的区域,未来可以利用这片区域建设枢纽城市,成为粤港澳大湾区的西部的重要枢纽,这将会帮助推进粤港澳大湾区的协调发展。

实现与周边城市的分工合作,加强技术创新。江门的生态环境良好,土地资源丰富,为粤港澳大湾区城市群今后在科技、产业、文化、旅游方面的合作提供了空间。在粤港澳大湾区的建设过程中,促进如佛山、珠海等发展较好的城市的产业一体化。作为发展较弱的城市,要始终保持开放的心态,积极向粤港澳大湾区的"龙头"城市广州和深圳学习,现阶段可以发展成为这些城市的高

端装备和先进的装备产业的生产制造的基地，在这个过程中吸收创新要素，加速融合到现有的制造产业中。另外江门是一个沿海城市，也可以通过加强与香港澳门的产业合作，推动港口贸易与物流业，引进人才与科研项目，为学习科技创新打好基础。

9. 佛山：创新改革陶瓷产业，加强与周边城市合作

佛山与肇庆、江门、中山和广州相邻，也有较为方便的交通网，有着优越的地理环境优势。佛山的陶瓷业非常著名，生产历史悠久，领跑于中国陶瓷业，这是粤港澳大湾区城市群中最突出的一个特点。在佛山经济增长因素贡献率分析中，佛山资本贡献率最高，劳动贡献率较高，技术进步贡献率相对较低。这说明佛山的资本和劳动对经济增长起到很大的作用，但是技术进步能够从真正意义上提高一个城市的经济发展水平，因此在粤港澳大湾区的背景下，佛山要在陶瓷业的基础上把技术水平发展起来，并且加强与周边城市的合作，发挥比较优势，优化资源配置，实现城市群共同发展的局面，共同推动粤港澳大湾区的经济发展。

继续发展创新性陶瓷，推动产业升级。近年来，佛山通过陶瓷产业的整治提升产生了许多成功案例，比如，2017年佛山的宏宇陶瓷的自主研发的"高清三维胶辊印刷技术"获得"中国建材联合会科技进步"一等奖，并研发出诸如木头陶瓷、浮在水上的陶瓷、国画陶瓷等具有创新性的陶瓷，为粤港澳大湾区城市群做了个好榜样。未来，政府要继续推出包括产业转移、资金扶持等政策支持佛山陶瓷业的发展，建立更多的创意产业园区，把创意经济引入陶瓷这样的传统产业中去，推动佛山陶瓷向高端的产业链延伸，不断创新陶瓷的功能。佛山在粤港澳大湾区的背景下要继续发展这样的势头，不断创新，由传统制造发展为技术制造，不断焕发新的活力。

抓住粤港澳大湾区的战略机遇，加强城市间的合作，提高本市的城市发展水平。虽然佛山的陶瓷业闻名于全国，但还是面临着产业层次水平不够高、技术水平不够高的问题，这就需要提高佛山的开放水平，积极向发展更加好的城市如广州和深圳学习先进技术，引进人才，积极与香港对外经济市场对接，把创新资源与佛山地方工业相结合。另外与肇庆、江门和中山等城市的资源进行整合，打破区域界限，共同发展，提高粤港澳大湾区城市群的整体经济水平。

附　录

一、实证分析部分回归结果

附表 10-1　未调整的回归结果

Variable	Coefficient	Std.Error	t-Statistic	Prob.
C	0.662870	0.042424	15. 62477	0. 0000
T	0.044999	0.004185	10. 75325	0. 0000
K1	0.650511	0.040103	16. 22086	0. 0000
R-squared	0.992565	Mean dependent var		1. 795426
Adjusted R-squared	0.992034	S.D.dependent var		1. 005769
S.E.of regression	0.089765	Akaike info criterion		−1. 891468
Sum squared resid	0.225619	Schwarz criterion		−1. 752695
Log likelihood	32. 31776	Hannan-Quinn criter.		−1. 846232
F-statistic	1869. 085	Durbin-Watson stat		0. 682488
Prob(F-statistic)	0. 000000			

资料来源:根据附表 10-4 数据回归而得。

附表 10-2　一阶迭代结果

Variable	Coefficient	Std.Error	t-Statistic	Prob.
C	0.716187	0.096485	7. 422759	0. 0000
T	0.047296	0.006401	7. 388440	0. 0000
K1	0.563454	0.059270	9. 506518	0. 0000
AR(1)	0.660585	0.131543	5. 021807	0. 0000
R-squared	0.995781	Mean dependent var		1. 867237
Adjusted R-squared	0.995295	S.D.dependent var		0. 938657
S.E.of regression	0.064387	Akaike info criterion		−2. 524229
Sum squared resid	0.107789	Schwarz criterion		−2. 337403
Log likelihood	41. 86344	Hannan-Quinn criter.		−2. 464462
F-statistic	2045. 748	Durbin-Watson stat		1. 370163
Prob(F-statistic)	0. 000000			
Inverted AR Roots	.66			

资料来源:根据附表 10-4 数据回归而得。

附表 10-3　二阶迭代结果

Variable	Coefficient	Std.Error	t-Statistic	Prob.
C	0. 673729	0. 049103	13. 72071	0. 0000
T	0. 045090	0. 004763	9. 467672	0. 0000
K1	0. 639978	0. 050087	12. 77731	0. 0000
AR(1)	0. 980918	0. 173409	5. 656668	0. 0000
AR(2)	−0. 533341	0. 170720	−3. 124066	0. 0046
R-squared	0. 996249	Mean dependent var		1. 936801
Adjusted R-squared	0. 995623	S.D.dependent var		0. 873034
S. E. of regression	0. 057756	Akaike info criterion		−2. 709588
Sum squared resid	0. 080059	Schwarz criterion		−2. 473848
Log likelihood	44. 28903	Hannan-Quinn criter.		−2. 635757
F-statistic	1593. 426	Durbin-Watson stat		2. 111114
Prob(F-statistic)	0. 000000			
Inverted AR Roots	.49+.54i	.49—.54i		

资料来源:根据附表 10-4 数据回归而得。

二、九个城市的原始数据

1. 广州市

附表 10-4　1986 年到 2016 年广州市统计表

年份	GDP（亿元）Y	固定资产投资（亿元）K	全社会从业人口数（万人）L
1986	139. 5466	52. 4813	199. 8000
1987	173. 2050	58. 4140	201. 2546
1988	240. 0818	90. 2161	203. 2545
1989	287. 8733	93. 3326	209. 2489
1990	319. 5952	90. 5937	211. 5276
1991	386. 6741	103. 7424	219. 2054
1992	510. 7027	188. 1379	225. 6982

续表

年份	GDP （亿元）Y	固定资产投资 （亿元）K	全社会从业人口数 （万人）L
1993	744.3455	373.3976	237.6800
1994	985.3082	525.7053	245.3000
1995	1259.1974	618.2515	247.2382
1996	1468.0643	638.9360	246.2386
1997	1678.1156	656.5767	249.5357
1998	1892.5177	758.8283	258.1462
1999	2139.1758	878.2586	257.2959
2000	2492.7400	923.6676	496.2579
2001	2685.7600	978.2093	502.9338
2002	3001.4800	1009.2421	507.0216
2003	3496.8800	1175.1668	521.0706
2004	4450.5500	1348.9283	540.7087
2005	5154.2300	1519.1582	574.4550
2006	6073.8300	1696.3824	599.4973
2007	7140.3200	1863.3437	623.6312
2008	8287.3800	2105.5373	652.9045
2009	9138.2100	2659.8516	679.1495
2010	10748.2800	3263.5731	711.0695
2011	12423.4400	3412.2005	743.1755
2012	13551.2100	3758.3868	751.2997
2013	15497.2300	4454.5508	759.9295
2014	16706.8700	4889.5026	784.8358
2015	18100.4100	5405.9522	810.9881
2016	19547.4420	5703.5900	835.2580

数据来源：《广州市统计年鉴·2016》。

2. 深圳市

附表 10-5　1986 年到 2016 年深圳市统计表

年份	GDP（亿元）Y	固定资产投资（亿元）K	全社会从业人口数（万人）L
1986	41. 6451	24. 8551	36. 0400
1987	55. 9015	28. 5193	44. 3000
1988	86. 9807	43. 6191	54. 5300
1989	115. 6565	49. 9919	93. 6500
1990	171. 6665	62. 3380	109. 2200
1991	236. 6630	91. 2324	149. 3200
1992	317. 3194	178. 2322	175. 9700
1993	453. 1445	247. 7875	220. 8100
1994	634. 6711	281. 9413	273. 0000
1995	842. 4833	275. 8243	298. 5100
1996	1048. 4421	327. 5270	322. 1200
1997	1297. 4208	393. 0657	353. 5300
1998	1534. 7272	480. 3901	390. 3300
1999	1804. 0176	569. 5878	426. 8900
2000	2187. 4515	619. 6993	474. 9700
2001	2482. 4874	686. 3749	491. 3000
2002	2969. 5184	788. 1459	509. 7400
2003	3585. 7235	949. 1016	535. 8900
2004	4282. 1428	1092. 5571	562. 1700
2005	4950. 9078	1181. 0542	576. 2600
2006	5813. 5624	1273. 6693	609. 7600
2007	6801. 5706	1345. 0037	647. 1100
2008	7786. 7920	1467. 6043	682. 3500
2009	8290. 2842	1709. 1514	723. 6100
2010	9773. 3062	1944. 7008	758. 1400
2011	11515. 8598	2060. 9180	764. 5400
2012	12971. 4672	2194. 4319	771. 2000
2013	14572. 6689	2391. 4648	899. 2400

续表

年份	GDP （亿元）Y	固定资产投资 （亿元）K	全社会从业人口数 （万人）L
2014	16001.8207	2717.4226	899.6600
2015	17502.8634	3298.3076	906.1400
2016	19492.6012	4078.1600	926.3780

数据来源:《深圳市统计年鉴·2016》。

3. 珠海市

附表 10-6　1986 年到 2016 年珠海市统计表

年份	GDP （亿元）Y	固定资产投资 （亿元）K	全社会从业人口数 （万人）L
1986	11.1008	8.5315	27.1200
1987	15.9483	9.6506	29.2500
1988	23.8261	12.3375	32.5400
1989	30.8097	9.7599	36.8700
1990	41.4277	12.1205	39.2700
1991	62.3715	16.9763	44.0100
1992	103.1712	52.7275	50.7000
1993	133.2820	79.1515	56.5100
1994	155.4016	98.5792	60.3700
1995	182.6924	90.7342	63.3200
1996	206.1857	65.7383	63.1700
1997	234.0404	71.7733	69.0000
1998	262.8135	96.1286	70.2900
1999	286.4414	116.9175	74.8100
2000	332.3525	94.9823	78.8800
2001	369.5289	104.8682	81.7500
2002	411.8259	120.5346	88.3000
2003	480.1238	141.0518	88.8000
2004	554.4182	182.6539	91.4000
2005	635.4514	218.5110	94.0100

年份	GDP （亿元）Y	固定资产投资 （亿元）K	全社会从业人口数 （万人）L
2006	746.4566	257.1608	98.4300
2007	894.8148	345.0467	99.4700
2008	997.1603	376.7575	101.5000
2009	1038.7961	410.5052	98.1300
2010	1210.7921	501.5458	103.0200
2011	1410.3357	637.3858	104.0900
2012	1509.2438	787.6184	104.9200
2013	1678.9995	918.7674	106.3200
2014	1867.2129	1135.0492	108.7900
2015	2025.4111	1305.1412	108.9200
2016	2226.3708	1389.7500	109.5471

数据来源：《珠海市统计年鉴·2016》。

4. 中山市

附表 10-7　1986 年到 2016 年中山市统计表

年份	GDP （亿元）Y	固定资产投资 （亿元）K	全社会从业人口数 （万人）L
1986	23.2313	4.5116	60.1600
1987	27.5757	6.6262	64.0500
1988	37.7118	13.8114	66.0400
1989	45.2137	8.9772	68.1300
1990	51.0641	9.9221	71.2700
1991	63.7013	15.6983	73.7100
1992	81.5756	30.9260	83.4400
1993	112.6985	58.4863	84.5600
1994	147.3132	67.6594	92.0300
1995	175.8208	61.4969	89.6300
1996	200.9632	56.7901	100.8300
1997	234.7168	59.8931	102.7700

年份	GDP（亿元）Y	固定资产投资（亿元）K	全社会从业人口数（万人）L
1998	268.1195	66.2417	105.0500
1999	297.1536	75.8024	110.6100
2000	345.4361	109.9453	122.4500
2001	404.3816	177.9923	124.2800
2002	469.7340	218.9987	131.6400
2003	572.0540	262.0572	144.7200
2004	704.2951	302.0109	185.2900
2005	885.7187	320.9197	188.8500
2006	1053.6064	346.9510	195.4100
2007	1268.0373	399.2242	197.2600
2008	1457.0052	444.9541	199.7300
2009	1567.4962	545.6051	204.3400
2010	1853.4454	660.3747	207.3400
2011	2194.7338	766.9539	208.6400
2012	2446.3002	893.4346	208.8400
2013	2651.9330	962.9280	210.3000
2014	2823.0069	903.6570	211.7600
2015	3010.0326	1055.4086	210.5100
2016	3202.7780	1149.0100	213.0100

数据来源:《中山市统计年鉴·2016》。

5.肇庆市

附表 10-8　1986 年到 2016 年肇庆市统计表

年份	GDP（亿元）Y	固定资产投资（亿元）K	全社会从业人口数（万人）L
1986	20.3457	5.0900	151.5000
1987	32.5687	7.3100	157.0100
1988	48.5623	10.8700	161.9100
1989	52.1368	4.9400	165.0300

续表

年份	GDP（亿元）Y	固定资产投资（亿元）K	全社会从业人口数（万人）L
1990	56.6200	7.2800	171.5300
1991	64.9400	11.9500	175.1800
1992	78.6200	28.3000	180.8500
1993	104.1900	50.3200	181.3000
1994	132.8900	68.6500	185.9600
1995	163.6600	72.2500	191.5300
1996	189.0100	69.8500	194.5600
1997	211.8500	64.1100	197.8900
1998	224.7100	73.8140	199.2000
1999	238.8000	78.5397	199.6000
2000	249.7800	82.5871	202.9200
2001	267.9600	88.0456	204.2100
2002	293.6600	97.5672	198.9000
2003	328.3000	114.7510	206.7800
2004	390.5600	145.9725	209.7600
2005	435.0500	178.0148	215.0500
2006	506.2700	216.9395	215.5900
2007	619.6900	294.7859	216.2300
2008	760.5000	349.8881	211.8500
2009	862.5700	462.7665	212.3300
2010	1088.3900	625.2060	213.0500
2011	1328.8300	710.0299	215.1300
2012	1467.6800	852.6039	215.5500
2013	1673.3700	1007.7778	216.2200
2014	1845.0600	1138.7298	217.7900
2015	1970.0100	1330.0331	218.4400
2016	2084.0190	1373.7439	220.3100

数据来源：《肇庆市统计年鉴·2016》。

6. 惠州市

附表 10-9　1986 年到 2016 年惠州市统计表

年份	GDP（亿元）Y	固定资产投资（亿元）K	全社会从业人口数（万人）L
1986	16.6334	4.2022	102.3900
1987	22.4107	6.6330	106.9400
1988	32.3416	9.4932	110.4400
1989	39.0768	10.7324	113.3700
1990	48.7913	16.5399	119.8500
1991	61.4253	22.3295	125.8500
1992	84.1348	42.3763	134.4900
1993	132.4826	91.7831	145.8300
1994	179.3884	75.6761	157.5200
1995	229.5679	61.6145	172.8500
1996	217.3746	63.1257	165.2800
1997	318.9026	58.8301	180.9800
1998	357.4207	60.3754	183.0300
1999	394.2003	66.5760	185.0500
2000	439.1944	77.4104	186.7000
2001	478.9523	84.4273	196.8400
2002	526.5704	104.7340	200.5500
2003	586.4620	228.4704	206.6700
2004	686.4489	297.6139	212.9200
2005	803.9248	352.3708	222.6200
2006	928.9210	308.7813	227.8400
2007	1117.9105	486.9094	236.4700
2008	1304.0471	588.7368	243.7400
2009	1414.8207	758.9682	252.1600
2010	1729.9613	894.0191	260.1400
2011	2094.9392	1025.2067	267.9700

续表

年份	GDP （亿元）Y	固定资产投资 （亿元）K	全社会从业人口数 （万人）L
2012	2379.4930	1208.6803	270.0400
2013	2705.1327	1401.3040	277.2700
2014	3000.3674	1606.7089	280.6100
2015	3140.0306	1863.9306	281.5100
2016	3412.1671	2039.7100	285.5698

数据来源:《惠州市统计年鉴·2016》。

7.东莞市

附表 10-10　1986 年到 2016 年东莞市统计表

年份	GDP （亿元）Y	固定资产投资 （亿元）K	全社会从业人口数 （万人）L
1986	30.0167	11.5173	60.3712
1987	32.9859	14.1856	65.4864
1988	55.4583	16.5459	65.9987
1989	60.9202	15.0135	69.0000
1990	80.4401	17.5052	77.2475
1991	95.9073	18.7464	80.5917
1992	110.8922	18.8824	83.8800
1993	157.0491	32.7630	84.7545
1994	217.0341	44.0762	88.3795
1995	296.2892	63.1355	89.8569
1996	361.7502	67.6185	91.4568
1997	448.5981	65.8941	94.0124
1998	557.9964	76.9953	98.4385
1999	667.2386	88.3201	99.4778
2000	820.2530	102.8914	99.8798
2001	991.8905	125.4945	100.1305

续表

年份	GDP （亿元）Y	固定资产投资 （亿元）K	全社会从业人口数 （万人）L
2002	1186.9374	191.5741	104.0953
2003	1452.5186	319.3889	183.9700
2004	1806.0258	433.8961	303.7800
2005	2183.1961	597.2443	388.1300
2006	2627.9797	705.4511	427.2500
2007	3160.0489	841.2074	433.2900
2008	3703.6004	944.3426	439.1800
2009	3785.8259	1094.0753	429.0600
2010	4278.2106	1114.9822	626.2500
2011	4771.9336	1079.3144	628.5400
2012	5039.2120	1180.3493	631.4000
2013	5517.4708	1383.9400	633.2500
2014	5881.3173	1427.1100	660.4600
2015	6275.0737	1446.5200	653.4100
2016	6827.6868	1557.4600	653.9724

数据来源:《东莞市统计年鉴·2016》。

8. 江门市

附表 10-11　1986 年到 2016 年江门市统计表

年份	GDP （亿元）Y	固定资产投资 （亿元）K	全社会从业人口数 （万人）L
1986	47.1661	16.6263	121.5144
1987	60.4479	21.4661	127.0154
1988	75.9342	29.2853	131.9125
1989	87.6091	11.5792	145.0354
1990	100.5496	15.5133	151.5300
1991	118.8011	21.0625	165.1828

续表

年份	GDP（亿元）Y	固定资产投资（亿元）K	全社会从业人口数（万人）L
1992	156.8709	44.4995	170.8500
1993	218.0420	77.2232	171.3227
1994	295.3916	90.0694	182.9645
1995	362.7255	102.3601	190.1000
1996	403.4040	86.5571	193.8785
1997	424.5756	77.0437	194.7574
1998	440.5178	82.4799	195.5700
1999	464.3868	96.6064	200.0000
2000	504.6565	109.0586	208.6800
2001	534.5988	122.8804	206.8000
2002	565.9912	136.9324	209.9900
2003	617.8068	161.1066	202.6700
2004	695.6419	200.1636	209.5500
2005	801.7004	237.4597	214.5300
2006	943.7866	279.2473	221.9400
2007	1097.2609	324.4700	233.2500
2008	1270.8751	387.0646	233.7900
2009	1340.8813	492.0698	243.1100
2010	1570.4191	631.7680	249.5500
2011	1830.6373	741.9441	253.0300
2012	1880.3941	850.4108	248.3400
2013	2000.1764	1000.8418	244.3000
2014	2082.7636	1111.6497	243.2400
2015	2240.0243	1307.8743	242.9200
2016	2418.7806	1517.7723	244.0700

数据来源:《江门市统计年鉴·2016》。

9. 佛山市

由于佛山市找到的数据有限,此次分析只用了 1998 年到 2016 年的数据。具体数据如附表 10-12 所示:

附表 10-12　1998 年到 2016 年佛山市统计表

年份	GDP（亿元）Y	固定资产投资（亿元）K	全社会从业人口数（万人）L
1998	823.5835	199.7574	152.9200
1999	933.7935	266.2700	180.9200
2000	1050.3780	298.9600	193.5000
2001	1189.1904	338.2000	190.4400
2002	1328.5468	490.4300	205.7400
2003	1578.4876	523.6900	286.3900
2004	1918.0422	784.8567	293.5100
2005	2429.3794	857.1333	348.6900
2006	2983.9022	909.8300	366.8700
2007	3660.1821	1019.7500	386.2900
2008	4378.2968	1258.6500	397.8000
2009	4820.8972	1470.5600	424.3800
2010	5651.5223	1719.6300	443.4600
2011	6179.6814	1936.2600	445.1300
2012	6579.1838	2128.3300	437.2499
2013	7010.6822	2383.6500	437.2930
2014	7441.5994	2612.4500	438.0910
2015	8003.9186	3035.5200	438.4144
2016	8630.0002	3512.0400	438.8141

数据来源:《佛山市统计年鉴·2016》。

第十一章

粤港澳大湾区城市群经济增长的
空间关联与溢出效应

　　全球化已是世界经济发展的必然趋势,在世界范围内,各地区的经济重心逐渐转移到沿海地区,经济发展呈上升趋势,由此诞生了一个新的经济概念:"湾区经济"。湾区经济主要集聚在世界各大海湾的城市群,依托港口、海洋运输而迅猛发展。世界上最为典型的湾区经济有纽约湾区、旧金山湾区和东京湾区。21 世纪,湾区经济已是推动世界经济发展的经济增长极和带动技术创新的引擎,更是世界经济版图上的一个重要且不可分割的组成部分。为了顺应这一趋势,中国亦提出了"粤港澳大湾区",以珠江口海湾为根基,依托珠三角 9 个城市和香港澳门 2 个特别行政区,发展湾区经济。习近平总书记高度重视粤港澳大湾区规划工作,亲自指导,并要求提高规划建设顶层设计水平。2017 年《政府工作报告》提出"研究制定粤港澳大湾区城市发展规划",即粤港澳大湾区已被作为一项重要的国家战略,进入国家的顶层设计和总体规划,将从上而下带动中国湾区经济的发展。此外,在国家层面上,粤港澳大湾区还是"一带一路"建设的基石之一,可推动大珠三角地区经济发展,辐射泛珠三角地区经济发展,战略意义非凡。

　　目前学术界对粤港澳大湾区的区域范围界定说法不一,大多数学者认为粤港澳大湾区是以"大珠三角"城市群为依托,即广州、佛山、肇庆、深圳、东莞、惠州、珠海、中山、江门 9 个珠三角城市和香港、澳门两个特别行政区形成的城市群,也有人认为是广州、珠海、中山、澳门、香港、深圳和东莞所辖范围及其下辖海岛和海域。本章选取前者,将粤港澳大湾区研究范围定义为"大珠三角"城市群。即广州、佛山、肇庆、珠海、中山、江门、深圳、东莞、惠州 9 个地级市与香港、澳门两个特别行政区,区域面积共计约 55904.5 平方公里,2016年人口约为 6672.42 万人。

随着粤港澳大湾区经济的蒸蒸日上,粤港澳大湾区城市群经济联系是否可以从新区域经济学理论中寻找答案? 城市群是否存在空间关联和空间溢出效应? 粤港澳大湾区是否存在区域经济增长中心? 区域经济增长中心能否对邻近城市产生空间溢出效应? 粤港澳大湾区城市群整体与各城市之间的空间溢出效应是竞争还是合作? 这些是我们要回答的问题。

其余部分的结构安排如下,第一节回顾相关文献;第二节是建模与变量解释;第三节根据模型的回归结果,实证分析粤港澳大湾区空间关联程度、空间溢出效应和对各城市经济增长的影响程度;第四节给出相关的结论与建议。

第一节　文献综述

一、粤港澳大湾区城市群的合作与竞争

陈朝萌(2016)把粤港澳大湾区分为核心层、协同层和辐射层三个层次。"核心层"指临近珠江口岸线的滨海地带;"协同层"指粤港澳临海各行政区划的总和,包括广东省的沿海地市及香港、澳门两个特别行政区;"辐射层"指泛珠三角区域。"粤港澳大湾区"三个层次的范围不同,集聚辐射的作用范围亦不同,但都有一个相同的属性:融合与协同发展。在四十年的改革开放中,珠三角城市发挥各自的优势,有合作也有竞争,但从整体来看,广东省与港澳台的经济关系呈现强竞争弱合作趋势,独立发展趋势日趋明显。而其他学者对此却有不同看法,朱万果(2017)通过研究广东省与港澳的旅游,发现粤港澳大湾区由于自然环境和文化环境的内在差异,存在大量互补性强的资源、产品和服务,呈现强合作弱竞争的趋势,正如粤港澳大湾区各地区的服务业不尽相同,存在优势互补的关系,协同发展的益处远远大于各自发展;还有学者研究粤港澳大湾区枢纽城市的竞争力,发现香港、深圳、广州在各项资源方面处于

竞争的态势,但也存在协作互助的共生关系,提出将广州、深圳、香港三个城市协同发展,以此作为粤港澳大湾区城市群向世界级城市群发展(黄丽华,2017)。简而言之,"大珠三角"城市群内部存在着各城市无序竞争的问题,若成立粤港澳大湾区,则可通过融合与协调发展去整合"大珠三角"城市群的资源与优势,建立合理高效的分工体系,减少珠三角和港澳的经济摩擦,扩大自由贸易区的影响力。

二、粤港澳大湾区城市群经济的空间关联

在 19 世纪以前的西方经济学中,时间一直是经济学的一个重要维度,但空间维度却一直被经济学家和学者所忽略。直到 19 世纪末,学者 A.Marshall 开始关注产业集聚,第一次将空间维度引入经济学。随后更多的学者关注产业聚集,古典区位论逐渐被建立起来。二战后,发达资本主义国家不断产生一系列重大的区域经济和宏观经济问题,促使当时学者的研究从区位研究转向区域的国民经济体系,在此影响下,前后产生了一系列与空间相关的经济学理论,如 E.L.Ullman(1945)提出互补性、中介机会和可运输性是空间在经济中相互作用的三大重要因素。Franscqis Perroux(1950)认为经济发展在空间上是从一个增长极开始的,从增长极扩散,对整个经济产生重要影响,此观点随后发展成"增长极理论"。沃尔特·艾萨德(1954)提出应将地理学与经济学相结合,形成一门新学科,反对经济学中"没有空间基础"的均衡分析方法。G. Mydral(1957)提出"循环累积因果理论",并指出在增长极和落后地区之间存在"回波效应"与"扩散效应"。A.O.Hirschman(1958)认为经济发展是通过经济增长较快的部门带动其他经济增长较慢部门增长、发展较快的支柱产业带动其他产业发展,不存在国民经济各部门均衡增长的可能性,并提出了"涓滴效应"与"极化效应"。后来发展成"中心—外围"理论,认为中心与外围的发展关系并不平等,中心区域是统治地位,外围区域是被中心区域剥削的(J.R. Friedman,1966)。这些学者对空间的研究,涉及范围广,研究内容深入,逐渐形成了区域经济学。20 世纪 80 年代以来,国外学者对经济的空间维度研究更进一步。第一本空间计量领域的书籍 *Spatial Processes：Models and Applications* 出版,揭示了空间自相关指数,空间三大计量基础模型和参数估

计、检验等（Cliff,Ord,1981），是有史以来有学者第一次完整地对空间关联性有更深入更全面的剖析，奠定了空间计量学体系的基础。Anselin（1988）提出检验回归模型对空间估计的方法论，第一次将科学的分析方法引入空间计量学中，为其他研究空间维度的经济问题提供更好的分析方法。"中心—外围"理论的形成，揭示了空间经济的不同形态与演变受规模经济、运输成本、本地市场效应、报酬递增、价格指数效应和市场拥挤效应等影响，并揭示一个国家内部的产业是如何在区域空间上产生集聚效应和外扩效应的（Paul R. Krugman,1991）。Krugman 为经济的空间维度研究提供了新的理论，并因此开创了新经济地理学这个学派。Ottaviano 等将区域文化差异因素、创新因素等引入空间经济学，并认为经济集聚是长期动态关系。Hirose 等提出内生经济增长模型，首次将知识、企业所在区位等引入空间经济学。空间溢出不是平白无故产生的，它需要一定的载体才能在空间中流动，这些载体是生产要素、人力资源、知识、交通与创新等（Marshall,2009）。简而言之，国外学者的空间经济学派认为，经济发展存在空间相关性（Le Sage,Fischer,2008），经济在城市集聚到一定规模后，规模经济对区位空间产生作用，吸引生产要素、人力资源、知识等并增强集聚效应，并扩散到与之有密切联系的城市，对相关城市的经济增长产生影响，甚至形成城市群和区域城市带。

国内学者对空间经济学的研究相对起步较晚，研究重点也不同，与国外学者的研究形成鲜明的对比。国内研究大体上可分为以下几类：一是将其他学派与其他理论引入空间经济学，多维度解释区域经济的空间关联与趋同性，如殷江滨、曾刚、张伟丽、覃成林、蒲英霞等。二是以空间计量学为依据，去研究解释生产要素、环境、旅游等在空间上的联系，如马丽梅、许和连等。三是引入新变量与虚拟变量，研究经济增长在不同生产要素、不同函数中的区域空间关联性，如张学良、李林、李婧、刘秉镰、吴玉鸣等。四是在空间经济学、新经济地理学等理论指导下研究区域经济产生空间关联的因素、关联特征、作用机制、反馈机制和意义，如李晓龙、王宁宁、刘新争、戢晓峰等。五是基于面板数据、Moran's I 指数和空间权重矩阵建立区域经济增长模型和城市经济增长模型，研究区域经济和城市经济的收敛性、分化性、超传统性、溢出效应、综合性和隐形竞争等现象，如孙志红、王少剑、刘修岩、潘文卿、刘华军等。

三、粤港澳大湾区城市群空间的溢出效应

非均衡性是经济活动在空间维度上的显著特征,经济活动遵循 Waldo Tobler 的地理学第一定律,但因现实各种阻碍的因素,使得经济活动及其生产要素在空间中流动率与流动性不尽相同,产生集聚分布、规则分布、随机分布等空间形态,彼此之间存在空间关联,即 Overman H.G(2010)所说的"空间交互作用",空间交互作用使得不同区域的经济活动之间存在相互依赖性,影响区域经济发展。为方便研究,学者们从经济学角度出发,将此类空间依赖性称为"溢出效应"。经济增长的溢出效应是指在经济活动中,某生产经营主体受到来自其他生产经营主体正的外部性的影响,以及该生产经营主体自身对其他生产经营主体存在的正的外部性影响,此二者均为经济增长的溢出效应。研究经济增长的溢出效应,能够掌握不同生产要素和经营活动在空间中流动的规律,为促进不同区域经济发展提供科学依据,同时也能掌握经济在不同区域的空间维度上的演变与趋势,为经济一体化做贡献。

国外学者对溢出效应的研究起步较早,但早期研究重点在于区域因素的投入产出,对区域经济发展产生的溢出效应和反馈效应,如 Round、Miller、Sonis、Hewing 等。在 2000 年后学术界对经济增长的溢出效应研究发生转变,重点研究溢出效应在不同空间距离上的作用,有学者研究发现,经济增长的溢出效应与距离有关(Caniels、Verspagen,2001)。经济增长的溢出效应是某区域与其他区域相互影响的产出部分,这部分产出是该区域内部无法生产的(Conley、Ligon,2002)。具有公共物品性质的生产要素,更容易突破政治的空间维度,在其他区域产生溢出效应(Varga,2003)。存在上下级关系的区域,更容易产生溢出效应与反馈效应(Feser、Isseman,2007)。Selin、Marie(2013)研究发现,巴西的溢出效应存在负面影响,在促进经济发展的同时,对本区域的收入产生抑制作用。

国内学者的研究起步较晚,倾向于经济增长在其他区域的溢出效应的效果,有学者研究发现区域经济增长受溢出效应和地理位置的影响(吴玉鸣,2005)。在更小的空间维度上,如行政区、行政县,即使空间相关性不高,也存在显著的经济增长的溢出效应(李小建、樊新生,2006)。经济集聚更容易发

生在有着溢出效应关系的相邻区域,且经济增长存在"组内趋同而组间趋异"这一趋势(李国平、陈晓玲,2007)。陈丁、张顺(2008)研究发现,相邻区域存在显著的溢出效应。石敏俊等(2011)研究发现,不同区域的市场需求和经济溢出,对区域经济增长有显著作用。潘文卿(2012)研究发现,溢出效应较之于投资,更影响中国的区域经济。俞路(2013)研究发现,经济溢出对相邻城市的经济增长更显著,使得相邻城市的经济增长在空间维度上依赖性更强。刘建国等(2014)研究发现,生产要素存在显著的溢出效应。王少剑等(2015)则进一步证实,在更小的空间维度上,存在显著的空间关联与溢出效应。

总而言之,以上学者们对区域经济溢出效应的研究,存在较高的研究价值,给后续研究者以很多启发。但总体来看,现有的空间溢出研究都或多或少存在部分不足之处。第一,现有研究多以省域和县域为研究单位,但在21世纪以来,区域经济增长与区域合作的支撑点是城市群和经济带的发展,而城市群与经济带不完全是以行政区域划分的,使得相关研究滞后于现实情况。第二,在多数学者的研究当中,其重点在于区域经济的差异问题、集聚问题、收敛性问题等,而这些问题只是通过空间计量模型来体现的,并没有重点关注经济增长与空间关联的关系,经济增长的空间溢出效应也不是这些研究重点关注的对象。第三,部分研究采用空间计量模型研究经济增长的空间关联关系,但其采用的空间权重矩阵是基于新经济地理学的"相邻"或"相近"区域,即各区域在地理上相邻或相近,这些研究忽略了部分在地理上不相邻,却在经济增长上存在关联性的区域,以至于其得到的研究结论可能有偏差。第四,大部分研究没有将粤港澳大湾区作为一个紧密相关的区域来研究,难以系统全面地把握粤港澳大湾区的空间关联与溢出效应。

有鉴于此,本章将以粤港澳大湾区城市群为研究对象,运用新经济地理学的市场潜能、经济关联、空间联系与空间溢出,区域溢出指数等概念,采用2000—2016年粤港澳大湾区各城市面板数据,引进市场潜能变量,构建经济溢出效应函数与空间计量模型,对粤港澳大湾区经济增长的经济关联与空间溢出效应的关系进行研究与分析,一方面为经济增长的空间溢出效应提供新的证据,另一方面为探讨粤港澳大湾区建设发展提供参考依据。

第二节　研究方法与数据来源

一、模型设定

在新经济地理学中,不同的国家、地区、省份、城市乃至县城,经济增长与发展都有一定的差异,其根源在于外部性对经济的影响。在空间计量经济学理论中,一地区的经济属性与相邻地区的同一属性是相关的,需要将空间维度纳入模型进行修正。构建空间计量模型主要分为两大内容:其一是判断研究主体是否存在空间相关性,其二是选择合适的空间计量模型去检验异质性单位在区域中的空间差异性。

1.空间相关性的判断

Moran's I 指数是观测地区总体空间自相关程度和局部地区与其相邻地区之间空间相关程度的指标,也是确定空间集聚的重要依据(Anselin,1988;潘文卿、吕健,2012)。Moran's I 指数又分为全局 Moran's I 指数(Global Moran's I)和局部 Moran's I 指数(Local Moran's I)。全局 Moran's I 指数反映空间相关性的总体趋势,取值范围为[-1,1],绝对值越大表明空间相关程度越大,反之则越小。若粤港澳大湾区 Moran's I 指数有离散倾向,说明经济增长呈空间负相关;反之则呈空间正相关。全局 Moran's I 指数计算公式如下:

$$Global\ Moran's\ I = \frac{\sum\limits_{i=1}^{n}\sum\limits_{j=1}^{n} w_{ij}(Y_i - \bar{Y})(Y_j - \bar{Y})}{s^2 \sum\limits_{i=1}^{n}\sum\limits_{j=1}^{n} w_{ij}}, i \neq j \qquad (11-1)$$

其中, $s^2 = \frac{1}{n}\sum\limits_{i=1}^{n}(Y_i - \bar{Y})^2, \bar{Y} = \frac{1}{n}\sum\limits_{i=1}^{n} Y_i$

Y_i 表示 i 地区的观测值,在本章中为 GDP 和人均 GDP,n 为地区总数;W_{ij} 表示 i 城市到 j 城市行政中心之间的公路里程倒数。粤港澳大湾区之间的交通运输主要以公路为主,两城市的公路里程数越短,其交通联络越紧密,因此,本节以两城市之间的公路里程的倒数作为权数,为这两个城市的空间关联程度赋值。局部 Moran's I 指数可以有效表现各观测地区与其他观测地区的区域关联等"非典型"情况(Anselin L,1995),是对全局 Moran's I 指数的补充,能将不同单元的观测值与相邻观测值的关系通过 Moran's I 散点图来表现,共有四个象限,分别代表空间局部自相关的四种模式。局部 Moran's I 指数计算公式如下:

$$Local\ Moran's\ I = \frac{(Y_i - \bar{Y})}{s^2} \sum_{j=1}^{n} W_{ij}(Y_i - \bar{Y}), i \neq j \tag{11-2}$$

其中,$s^2 = \dfrac{1}{n} \sum_{i=1}^{n} (Y_i - \bar{Y})^2, \bar{Y} = \dfrac{1}{n} \sum_{i=1}^{n} Y_i$

Moran's I 指数大于零,表示局部空间单元相似值趋于空间集聚,即具有相似人均收入水平的地区集聚在一起;小于零,则表示局部空间单元相似值趋于分散,即具有相异人均收入水平的地区集聚在一起。

2. 回归计量模型

借鉴潘文卿(2012)、王雪辉等(2016)将市场潜能作为经济增长的空间溢出效应指标。本节采用 Harris 的市场潜能指数,其公式为:

$$MP_i = \sum_{i \neq j} \frac{GDP_j}{D_{ij}} + \frac{GDP_i}{D_{ii}} \tag{11-3}$$

GDP_j 代表 j 城市地区国内生产总值,i、j 代表不同地区,D_{ij} 代表两城市之间的欧式直线距离。D_{ii} 为城市的内部空间距离,为城市区域面积半径的 2/3,即 $D_{ii} = \dfrac{2}{3} \sqrt{\dfrac{area_i}{\pi}}$,$area_i$ 为 i 市的区域面积。

市场潜能是一个区域对产品和服务的潜在需求,需求可从该区域的工资水平来推导,因此,市场潜能函数通常以新经济地理学的经典工资公式来推导。这一公式也可以表示地区劳动力价格与市场准入性关系,具体公式表示如下:

$$W_i = (\sum S_j e^{-\tau(\sigma-1)d_{ij}} G_j^{\sigma-1})^{1/\sigma} \tag{11-4}$$

W_i 为 i 地区的工资收入,S_j 为 j 地区的总消费支出,$e^{-\tau(\sigma-1)d_{ij}}$ 为两地区的双边冰山成本,$(\sum S_j e^{-\tau(\sigma-1)d_{ij}} G_j^{\sigma-1})$ 是 Krugman 定义的市场潜能,Harris 定义的市场潜能与 Krugman 的本质上一样,因此,用 Harris 的市场潜能(MP)替

代 $W_i = \left(\sum S_j e^{-\tau(\sigma-1)d_{ij}} G_j^{\sigma-1} \right)^{1/\sigma}$ 。

即地区工资收入与市场潜能的关系可表示为：

$$W_i = MP_i^{1/\sigma} \qquad\qquad (11-5)$$

再用人均收入 Y 替换区域工资水平 w，即可得到区域经济增长水平与市场潜能的关系：

$$\ln Y_i = 1/\sigma \ln MP_i \qquad\qquad (11-6)$$

基于古典增长理论和新增长理论，我们引入资本和劳动作为控制变量，考虑到粤港澳大湾区所处的特殊交通条件，引入港口城市作为虚拟变量，以降低因遗漏变量导致的回归结果误差。具体计量模型设计如下：

$$\ln Y_i = \gamma_0 + \gamma_1 \ln MP_i + \gamma_2 \ln K_i + \gamma_3 \ln L_i + \gamma_4 P_i + \mu_i \qquad\qquad (11-7)$$

i 表示地区，在本章中代表 11 个城市；Y 代表 11 个城市的区域经济增长水平，即 GDP；MP 代表新经济地理中的市场潜能；K 为人均固定资产投资额，即资本对经济增长的影响程度；L 为年末劳动人口占年末常住人口的比例，即劳动力对经济增长的影响程度；P 代表港口城市虚拟变量，若该城市为港口城市，则取值为 1，否则为 0；μ 代表随机扰动项。

3. 空间计量模型

空间计量模型因对"空间"的体现方式不同，主要分为三种：空间滞后模型、空间误差模型和空间杜宾模型。其中，空间滞后模型主要是引入被解释变量的空间滞后项，把被解释变量的空间位置变化与其相邻地区的变量相关联，以表达被解释变量的空间依赖性；空间误差模型主要是引入误差项的空间滞后项，表达由于测量误差等原因造成的冗余空间依赖性；空间杜宾模型主要是引入解释变量和被解释变量的空间滞后项，以表达解释变量和被解释变量的空间相关性，即本区域的被解释变量不仅受本地区解释变量的影响，还受到邻近区域解释变量和被解释变量的影响。式（11-8）、（11-9）和（11-10）分别是空间滞后模型、空间误差模型和空间杜宾模型。

$$\ln y_i = \alpha + \rho \sum_{i=1}^{n} W_{ij} \ln y_i + \gamma_1 \ln MP_i + \gamma_2 \ln K_i + \gamma_3 \ln L_i + \gamma_4 P_i + \varepsilon_i$$

$$(11-8)$$

$$\ln y_i = \alpha + \gamma_1 \ln MP_i + \gamma_2 \ln K_i + \gamma_3 \ln L_i + \gamma_4 P_i + \mu_i ,$$
$$\mu_i = \lambda W_{ij} \mu_j + \varepsilon_i \tag{11-9}$$

$$\ln y_i = \alpha + \rho \sum_{i=1}^{n} W_{ij} \ln y_i + \gamma_1 \ln MP_i + \gamma_2 \ln K_i + \gamma_3 \ln L_i +$$

$$\gamma_4 P_i + \theta_1 \sum_{i=1}^{n} W_{ij} \ln MP_j + \theta_2 \sum_{i=1}^{n} W_{ij} \ln K_j + \tag{11-10}$$

$$\theta_3 \sum_{i=1}^{n} W_{ij} \ln L_j + \theta_4 \sum_{i=1}^{n} W_{ij} \ln P_j + \varepsilon_i$$

上式中，ρ、λ 和 θ 为空间自相关系数，μ_i 为随机误差向量；$W_{ij} \mu_j$ 为随机误差项的空间滞后项；ε_i 为随机误差项，W_{ij} 为 n×n 阶的空间权重矩阵。

4. 区域增长溢出指数 GS

我们引入颜银根、安虎森（2014）构建的区域增长溢出指数 GS，以分析粤港澳大湾区一城市经济增长与其他城市经济增长之间的关系，该指数的公式如下：

$$GS_i = \sum_{j=1}^{n} \frac{gdpg_j}{d_{ij}} \tag{11-11}$$

$gdpg_j$ 为城市的经济增长率，即 $gdpg_i = \dfrac{GDP_i - GDP_{i-1}}{GDP_i}$，i 表示时期，$d_{ij}$ 表示从 i 城市到 j 城市之间的欧式直线距离，n 的最大值为 10。当 GS>0 时，表明一城市经济溢出与经济增长有正相关的关系，该城市与其他城市的经济交流紧密，经济合作大于竞争，城市与城市的分工体系完善，相互促进；当 GS<0 时，表明一城市经济溢出与经济增长有负相关的关系，该城市与其他城市的经济交流较少，竞争大于合作；当 GS＝0 时，彼此之间没有经济联系，该城市是经济孤岛。

二、数据来源

基于数据的可获得性，本章研究 2000—2016 年粤港澳大湾区经济增长的空间溢出效应，各城市的 GDP、人均 GDP、固定资产投资总额、劳动人数、年末常住人数等数据来源于《广东统计年鉴（2001—2017）》《香港统计季刊（2001—2017）》《澳门统计年鉴（2000—2016）》；各城市的城市面积数据来源于《中国城市统计年鉴（2000—2016）》，各城市之间的欧式直线距离、公路里程来源于《2017 广东省及周边地区公路里程地图册》。此外,本章以 2000 年为基准年份,粤港澳大湾区各城市按当年 GDP 平减指数计算当年的真实 GDP。

第三节　实证分析

一、空间相关性检验

1. logGDP 和市场潜能的全局空间相关性

在公路里程空间权重矩阵下,本节采用全局 Moran's I 指数,对粤港澳大湾区 11 个城市的 GDP 和市场潜能的全局空间相关性进行检验,GDP 以对数形式进行检验,表 11-1 是检验结果,图 11-1 是 logGDP 和市场潜能的演变趋势变化图。

表 11-1　logGDP 的全局 Moran's I 指数与市场潜能的全局 Moran's I 指数

年份	logGDP 的全局 Moran's I 指数			市场潜能的全局 Moran's I 指数		
	I	E(I)	z	I	E(I)	z
2000	0.073	−0.100	1.707	−0.010	−0.100	1.668
2001	0.084	−0.100	1.778	−0.008	−0.100	1.690
2002	0.095	−0.100	1.840	−0.005	−0.100	1.726
2003	0.101	−0.100	1.851	−0.002	−0.100	1.764
2004	0.100	−0.100	1.818	−0.001	−0.100	1.776
2005	0.103	−0.100	1.829	−0.002	−0.100	1.771
2006	0.101	−0.100	1.791	−0.002	−0.100	1.775
2007	0.100	−0.100	1.779	−0.002	−0.100	1.773
2008	0.109	−0.100	1.835	−0.002	−0.100	1.774
2009	0.116	−0.100	1.891	−0.002	−0.100	1.780
2010	0.113	−0.100	1.860	−0.001	−0.100	1.792
2011	0.105	−0.100	1.789	0.000	−0.100	0.809

续表

年份	logGDP 的全局 Moran's I 指数			市场潜能的全局 Moran's I 指数		
	I	E(I)	z	I	E(I)	z
2012	0.100	−0.100	1.748	0.001	−0.100	0.823
2013	0.092	−0.100	1.676	0.002	−0.100	0.838
2014	0.094	−0.100	1.698	0.003	−0.100	1.854
2015	0.121	−0.100	1.928	0.006	−0.100	0.888
2016	0.132	−0.100	2.017	0.008	−0.100	1.917

注:表中 I 为全局 Moran's I 指数值,E(I)为残差均值,z 为 Z 的统计量值。

由表 11-1 可以看出,GDP 和市场潜能这两个变量大部分能够通过 10%的显著性水平检验,粤港澳大湾区的 GDP 和市场潜能存在较为显著的空间相关性。2000—2016 年,粤港澳大湾区 11 个城市的经济增长呈全局空间正相关分布,整体上彼此依赖程度较低,并不排除空间溢出的可能。同时,Moran's I 指数在 2000—2016 年逐年变大,说明粤港澳大湾区的空间相关性在不断上升,空间集聚程度也在逐年提高。此外,这些样本城市的市场潜能以 2011 年为界限,前者呈全局空间负相关分布,后者呈全局空间正相关分布,彼此之间的依赖程度很低,但从演变趋势来看,样本城市的市场潜能全局空间相关性从 2000 年的−0.010 上升到 2016 年的 0.008,呈现出整体上升趋势。同时,从图 11-1 可以看出,当空间相关性越高时,市场潜能也越高,两者之间存在一定的正向关系。

2.粤港澳大湾区经济增长的局部空间分析

全局 Moran's I 指数反映了粤港澳大湾区经济增长与空间形态的整体情况,但在一定程度上掩盖了大湾区内部空间分布特征。为测算出粤港澳大湾区城市群的区域经济关联性和变化趋势,受篇幅所限,本章只抽取 2000 年、2006 年、2011 年和 2016 年四个代表年份的局部 Moran's I 散点图(见图 11-2 到图 11-5)①,并使用局部空间关联指标 LISA 进行检验。将局部 Moran's I 指

---

① 1 是广州,2 是深圳,3 是珠海,4 是佛山,5 是惠州,6 是东莞,7 是中山,8 是江门,9 是肇庆,10 是香港,11 是澳门。

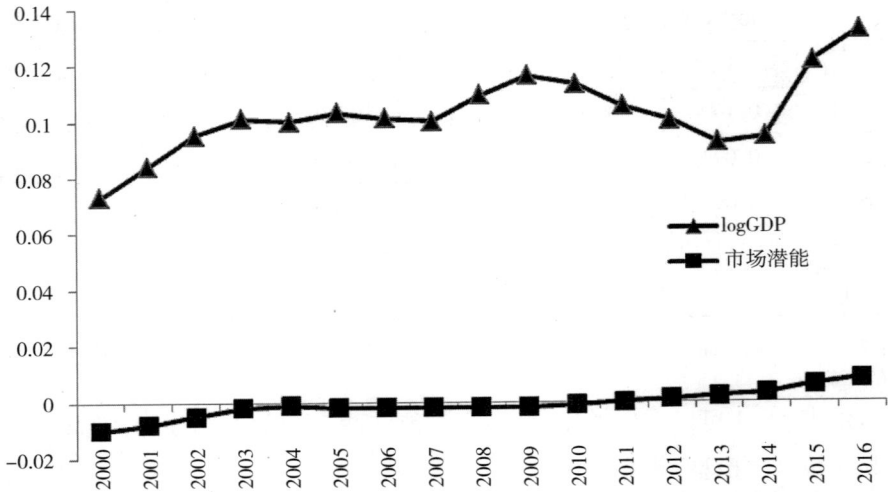

图 11-1 logGDP 的全局 Moran's I 指数与市场潜能的全局 Moran's I 指数趋势图

数分为四种空间分布类型,分别落入四个象限,第一象限对应的是高值区域被高值区域包围的 HH(High-High)区域,第二象限对应的是低值区域被高值区域包围的 LH(Low-High)区域,第三象限对应的是低值区域被低值区域包围的 LL(Low-Low)区域,第四象限对应的是高值区域被低值区域包围的 HL(High-Low)区域。

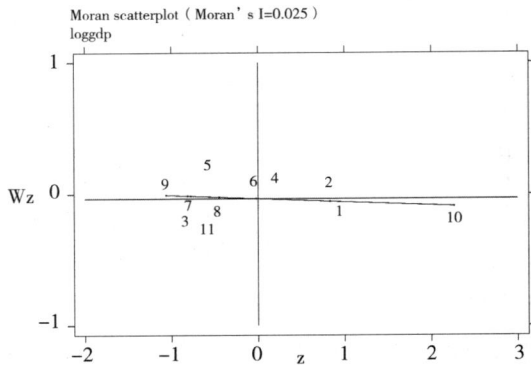

图 11-2 2000 年粤港澳大湾区局部 Moran's I 散点图

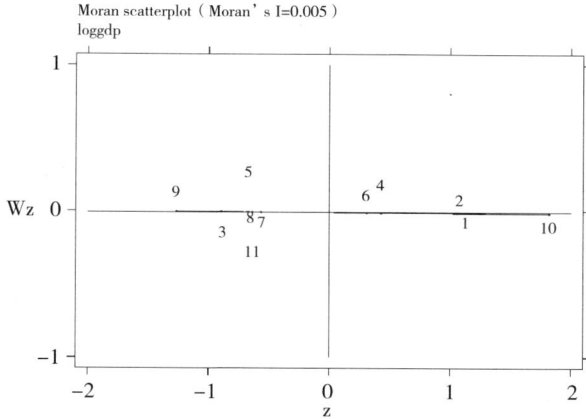

图 11-3　2006 年粤港澳大湾区局部 Moran's I 散点图

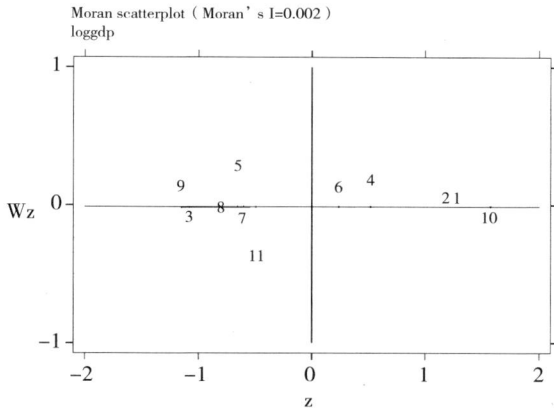

图 11-4　2011 年粤港澳大湾区局部 Moran's I 散点图

（1）从时间角度分析图 11-2 到图 11-5，2000 年 HH 区域和 HL 区域占整个粤港澳大湾区的 18.2%，LH 区域占 27.3%，LL 区域占 36.4%，2006 年东莞从 LH 区域进入到 HH 区域，HH 区域占比增加到 27.3%，LH 区域占 18.2%，其他区域无变化，说明粤港澳大湾区在 2000—2016 年间经济增长的弱空间溢出效应使得东莞从 LH 区域跃迁到 HH 区域。与 2006 年相比，2011 年和 2016 年局部空间分布格局均无发生变化，说明粤港澳大湾区各城市与其相邻区域之间的空间经济格局具有稳定性。

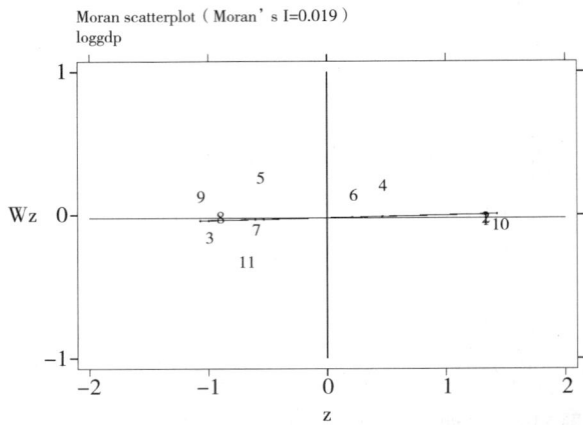

图 11-5　2016 年粤港澳大湾区局部 Moran's I 散点图

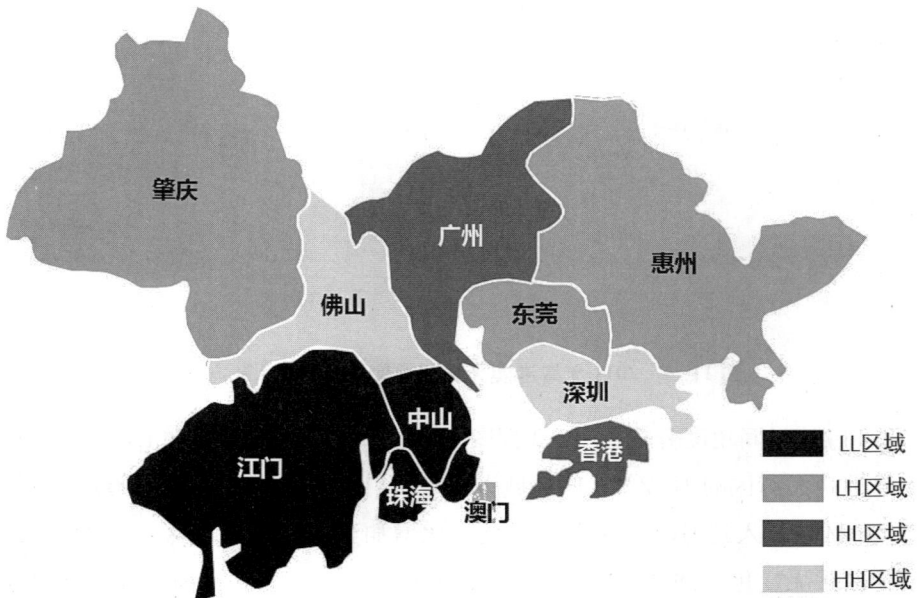

图 11-6　2000 年粤港澳大湾区局部空间分布特征

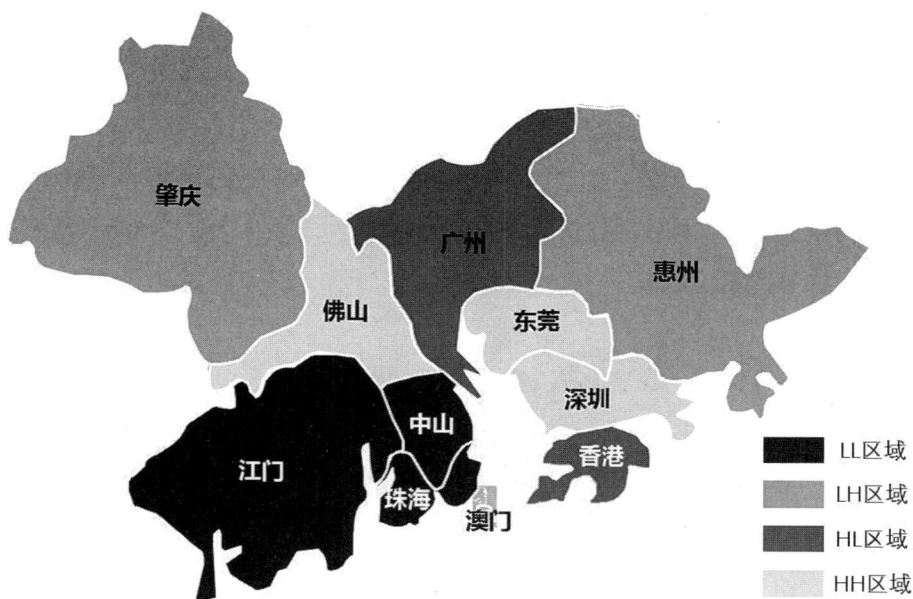

图 11-7 2006 年粤港澳大湾区局部空间分布特征

（2）从空间角度分析图 11-6 到图 11-9，LL 区域集聚在粤港澳大湾区的西南部，LH 区域都远离湾区的中心位置，与之相邻的城市较少，HH 区域都与三个或三个以上的城市相邻，区位优势较好，其余城市都处于 HL 区域。值得注意的是，处于 LL 区域的城市多于处于 HH 区域的城市，说明粤港澳大湾区区域经济呈现严重矛盾的二元结构，区域内整体经济差异较大，拉低了湾区的整体经济水平。综合来看，粤港澳大湾区各城市经济增长呈现弱集聚模式，其经济增长的空间分布是非完全均质的，与该城市所处地理位置有较大关系，如东莞处于广州与深圳的辐射地带，是承接广州和深圳企业外迁的重要城市，有从 LH 区域跃迁至 HH 区域的先天条件，这也说明了粤港澳大湾区的二元结构可以在空间相邻地区发挥空间溢出效应，实现各城市的均衡发展。此外，粤港澳大湾区 2006 年之后的局部空间分布都较稳定，结合全局空间分布情况，说明粤港澳大湾区各城市的相对差异在逐渐缩小。

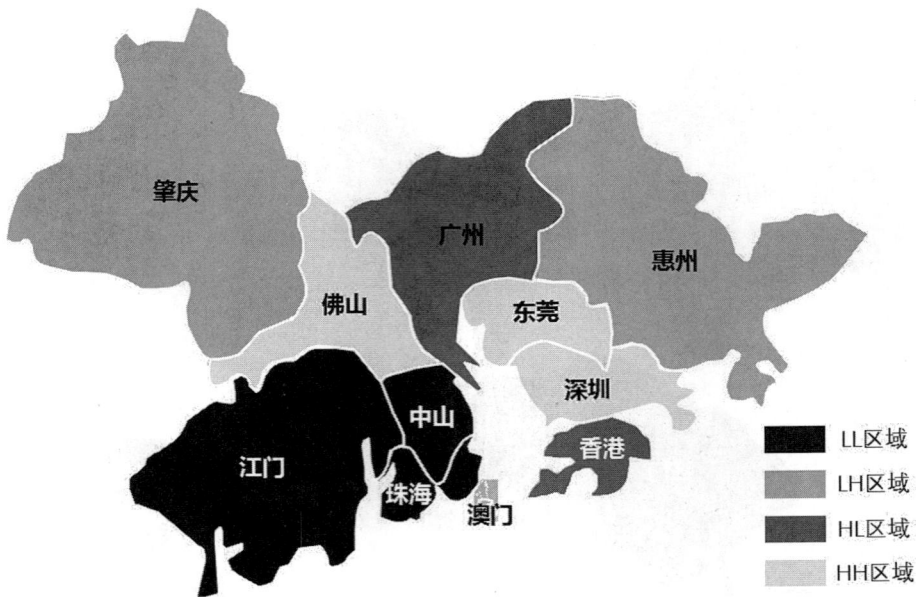

图 11-8　2011 年粤港澳大湾区局部空间分布特征

二、空间计量模型结果分析

GDP 和市场潜能的 Moran's I 指数检验表明,粤港澳大湾区存在空间相关性,各城市经济增长与市场潜能有相关关系。我们进一步采用空间杜宾模型、空间误差模型和空间滞后模型以及 Matlab9. 10 软件,对 2000—2016 年粤港澳大湾区经济增长的市场潜能、资本、劳动力与港口之间的关系进行回归分析(各要素均取对数),分析结果如表 11-2 所示,可以看出,所有固定效应模型中各变量系数都通过了 1% 的显著性水平检验,对被解释变量的空间影响都是显著的。三种模型双向固定效应中 logMP、logK、logL 的系数变化不明显,而时间固定效应和个体固定效应的系数差距较大,不如双向固定效应模型稳定。三种模型中双向固定效应的 LogMP 的系数都为负数,说明样本城市的市场潜能增长时,其空间溢出效应是负的,对区域内其他城市的经济增长产生负面影响。市场潜能每增加一个单位,空间杜宾模型、空间误差模型和空间滞后模型

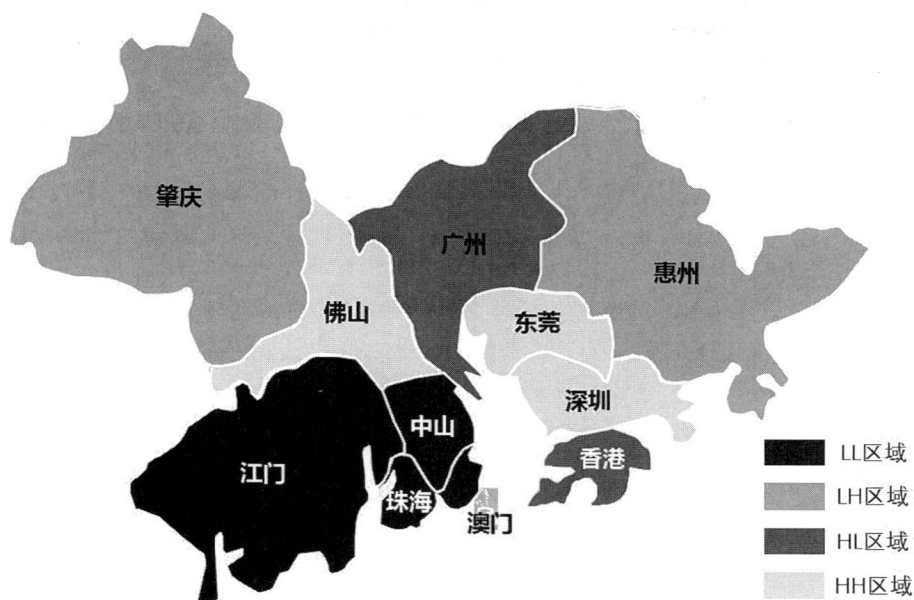

图 11-9　2016 年粤港澳大湾区局部空间分布特征

下经济增长水平分别减少 0.974 个单位、1.426 个单位和 1.378 个单位,三种模型的结果差异不大。logK 的系数均为正值,说明资本投入对粤港澳大湾区的经济增长起正向的促进作用,即使加入空间关联与空间溢出效应之后,该系数变化也不大。投入产出的弹性系数较大,对粤港澳大湾区的经济增长影响明显。总之,资本是现阶段粤港澳大湾区杠杆作用较强的投入因素,而劳动力投入系数绝对值较小,对粤港澳大湾区的经济增长影响比较有限。三种模型双向固定效应的空间滞后项系数均为负,而时间固定效应模型的空间滞后项均为正,随时间推移空间溢出效应对经济增长产生正向影响,但由于各城市的市场潜能因素,使得其他城市接收到负的空间溢出效应。除去市场潜能、资本投入和劳动力投入产生空间溢出效应之外,还有交通、技术、知识、全产业生产要素等的空间外溢影响因素。结合前面的 Moran's I 指数可知,粤港澳大湾区的空间溢出效应总体上为正溢出,交通、技术、知识、全产业生产要素等的正向空间外溢效应改变了市场潜能带来的负向空间溢出效应的影响。

表 11-2　三种空间计量模型的回归分析表

三种模型	空间杜宾模型（SDM）			空间误差模型（SEM）			空间滞后模型（SLM）		
	时间固定效应	个体固定效应	双向固定效应	时间固定效应	个体固定效应	双向固定效应	时间固定	个体固定效应	双向固定效应
logMP	0.202 *** （3.30）	−1.064 *** （−9.16）	−0.974 *** （−6.08）	0.298 *** （4.64）	0.716 ** （19.90）	−1.426 *** （−11.00）	0.0923 （1.32）	0.200 * （1.66）	−1.378 *** （−11.11）
logK	0.839 *** （18.41）	0.231 *** （10.08）	0.264 *** （11.47）	0.634 *** （11.84）	0.381 *** （12.66）	0.224 *** （9.42）	0.624 *** （10.06）	0.345 *** （9.23）	0.213 *** （9.22）
logL	−0.0583 （−0.54）	0.0665 *** （3.40）	0.0786 *** （3.86）	0.00658 （0.05）	−0.00302 （−0.23）	0.100 *** （4.98）	−0.0121 （−0.07）	0.0429 * （1.90）	0.0852 *** （4.15）
Wx * logMP	−2.801 *** （−14.87）	1.967 *** （16.18）	1.512 *** （2.59）						
Wx * logK	−1.167 *** （−5.15）	0.199 *** （3.15）	0.496 *** （5.69）						
Wx * logL	−0.157 （−0.39）	−0.0895 *** （−3.44）	0.0487 （0.61）						
rho	0.322 *** （2.57）	−0.194 （−1.58）	−0.638 *** （−4.43）				0.598 *** （6.69）	0.432 *** （4.04）	−0.484 *** （−3.51）
lambda				0.743 *** （11.83）	−0.939 *** （−7.01）	−0.641 *** （−4.12）			
sigma2_e	0.195 *** （9.55）	0.00743 *** （9.65）	0.00577 *** （9.36）	0.445 *** （9.03）	0.0185 *** （9.09）	0.00666 *** （9.32）	0.530 *** （9.25）	0.0228 *** （9.47）	0.00701 *** （9.47）
R^2	0.0742	0.0379	0.0319	0.460	0.314	0.0483	0.445	0.418	0.0300

注：***、**、*分别表示在 1%、5%、10% 的水平上显著，括号内的数据为对应估计量的 t 统计量，空白为无数据。

三、区域增长溢出指数分析

使用 Matlab9.10 软件对粤港澳大湾区的区域经济增长溢出指数进行分析，结果见表 11-3。表 11-3 和图 11-10 显示粤港澳大湾区各城市经济突飞猛进的同时，区域经济增长溢出指数更是逐年强势递增，外部经济增长带动各城市经济增长的溢出效应明显，经济合作带来的收益远远超过彼此竞争。首先，2000 年溢出指数最高的城市是珠海，值为 331.4，最低的为香港，是 106.7，两者为 3 倍以上关系；2016 年最高值是佛山的 1672.6，最低值是肇庆的759.7,差距降为2倍以下,粤港澳大湾区各城市的相对差异在逐渐缩小,区域溢出趋向于均衡。其次,作为一线城市的广州和深圳,区域增长溢出指数一直处于中间状态,原因各异:前文中局部Moran's I指数的LISA图显示广州一直处于高值区域被低值区域包围的HL区域,即广州经济增长总量与增长速度明显领先于其周围城市,广州的外部经济增长对广州经济增长的正向溢出关联度较差,因此,广州区域增长溢出指数处于各城市的中间水平。与广州相比,深圳则不同,深圳在2000年以后一直处于产业调整状态,不断向周边城市迁移部分产业,而周边城市向深圳迁移的产业较少,深圳受周边城市的影响程度较少,存在不对等的外部经济增长影响关系,令深圳的区域增长溢出指数处于中间状态。

表11-3　2000—2016年粤港澳大湾区11个城市区域经济增长溢出指数表

年份	广州	深圳	珠海	佛山	惠州	东莞	中山	江门	肇庆	香港	澳门
2000	200.3	316.5	331.4	276.2	192.3	238.9	277.9	218.9	141.2	106.7	308.5
2001	215.0	323.1	343.9	301.4	202.5	253.3	292.6	233.9	151.3	120.3	321.9
2002	232.2	329.7	362.0	329.6	215.7	271.1	311.0	251.8	162.9	139.1	338.2
2003	258.6	339.4	388.0	371.0	233.8	296.9	337.6	278.1	180.3	165.1	361.6
2004	300.7	373.3	443.1	430.6	265.5	338.8	384.6	320.7	207.7	198.2	405.2
2005	354.9	416.4	501.8	493.9	301.6	386.9	437.9	370.5	240.0	232.4	458.2
2006	416.0	464.2	574.0	573.6	344.4	444.4	502.7	428.5	278.3	275.4	519.2
2007	492.1	527.7	666.1	668.6	397.4	515.4	583.4	500.9	325.2	326.7	597.4
2008	565.0	576.4	742.3	762.8	444.3	580.8	655.5	567.3	369.5	377.2	661.3
2009	596.6	587.6	766.5	816.0	460.5	612.9	683.8	598.2	390.7	400.7	683.0
2010	689.7	659.7	895.0	951.0	528.0	710.5	790.3	693.6	452.2	476.2	778.3
2011	777.0	741.3	1044.2	1096.9	601.6	815.9	906.1	794.3	515.6	557.9	884.5
2012	837.3	795.8	1151.6	1194.7	653.7	890.3	983.9	865.7	558.9	617.9	955.6
2013	907.8	864.5	1285.1	1343.8	719.7	987.1	1087.5	957.0	617.1	693.4	1044.4
2014	971.3	922.5	1380.3	1447.2	774.0	1063.7	1169.0	1028.8	662.2	753.1	1125.5
2015	1035.5	973.7	1403.1	1553.6	827.6	1137.5	1234.9	1093.3	707.1	801.0	1210.9
2016	1113.4	1026.7	1477.4	1672.6	890.3	1224.4	1322.1	1171.8	759.7	872.5	1301.8

地理位置是影响各城市区域经济增长溢出指数的重要因素,如佛山、东莞和深圳,分别是三四个城市的区域中心城市,处于这些相邻城市的经济辐射重合地带,与相邻城市的交流合作便捷,它们的区域经济增长溢出指数都比其他城市突出;而惠州、肇庆因其所处地理位置影响,属于粤港澳大湾区的偏远地区,与其他城市的交通联系不太便捷,只能受到一两个城市的经济辐射,严重阻碍了区域经济增长溢出指数的上升。香港是世界性经济都市,与其他国家和地区的经济交流更便捷,但由于我们研究范围的限制,并没有将香港与其他国家地区的经济交流纳入研究,因此,香港的区域增长溢出指数在本章中不如其他城市。

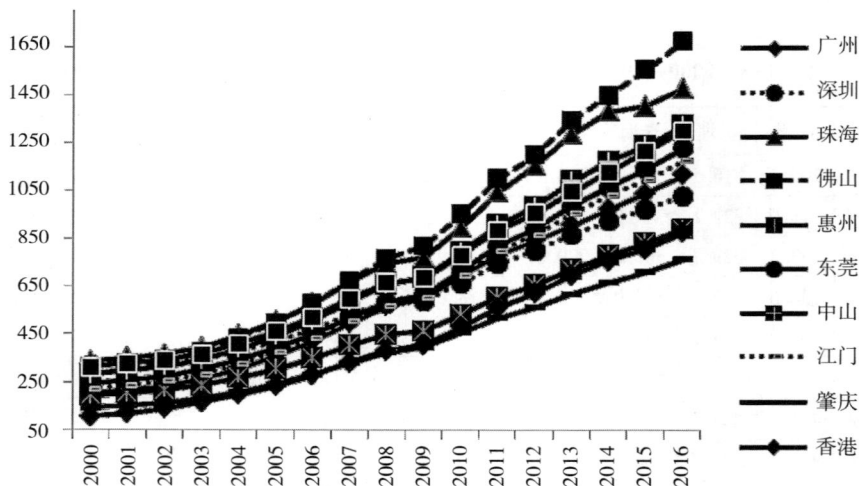

图 11-10　2000—2016 年粤港澳大湾区 11 个城市区域经济增长溢出指数图

四、模型稳健性检验

1. 基于不同空间权重矩阵的稳健性检验

我们依据粤港澳大湾区各城市之间的公路里程构建空间权重矩阵,探寻区域城市之间交通便捷程度对经济关联性的影响,但广东属于多山、多丘陵地区,交通受此地貌影响较大,公路里程倒数矩阵无法对空间地理距离的远近程度做出讨论;而且,粤港澳大湾区经济增长的各影响因素也与空间地理距离的邻近程度有相关关系,所以,本章重新构建空间邻近矩阵和欧式直线距离倒数矩阵(见表11-4),以检验上述回归结果的稳健性程度。结果表明,在新的空间权重矩阵下,回归系数的方向无本质上的变化,回归系数有较大变化,但更为显著,据此认为上述研究结果稳健。

表 11-4 粤港澳大湾区各城市欧式直线距离倒数矩阵与
空间邻近矩阵的全域 Moran's I 指数

年份	欧式直线距离倒数矩阵			空间邻近程度矩阵		
	I	E(I)	Z	I	E(I)	Z
2000	0.158	−0.045	1.702	0.131	−0.045	3.306
2001	0.253	−0.045	2.401	−0.040	−0.045	0.169
2002	0.263	−0.045	2.457	0.147	−0.045	4,464
2003	0.278	−0.045	2.554	−0.007	−0.045	1.029
2004	0.296	−0.045	2.664	0.046	−0.045	1.775
2005	0.318	−0.045	2.820	0.018	−0.045	1.275
2006	0.334	−0.045	2.933	0.271	−0.045	6.133
2007	0.348	−0.045	3.031	0.044	−0.045	1.675
2008	0.361	−0.045	3.120	0.068	−0.045	2.142
2009	0.355	−0.045	3.065	0.149	−0.045	3.601
2010	0.356	−0.045	3.062	0.162	−0.045	4.004
2011	0.362	−0.045	3.106	0.123	−0.045	3.444
2012	0.355	−0.045	3.054	0.163	−0.045	3.879
2013	0.351	−0.045	3.020	−0.012	−0.045	0.939
2014	0.347	−0.045	2.988	0.004	−0.045	1.072
2015	0.338	−0.045	2.930	0.085	−0.045	2.575
2016	0.336	−0.045	2.912	0.171	−0.045	4.211

2. 基于样本替换的稳健性检验

本章所研究的粤港澳大湾区,是"大珠三角"城市群,空间研究范围相对较小,因此本章引入新的粤港澳大湾区范围,将广东省和香港特别行政区、澳门特别行政区作为粤港澳大湾区的主体,样本城市增加至 23 个城市。本章采用欧式直线距离倒数矩阵,对模型结果进行回归分析。回归结果显示,广东省与香港特别行政区、澳门特别行政区存在空间关联,回归系数和显著性水平与"大珠三角"城市群相比,并无本质上的变化,据此认为研究结果稳健。

第四节　结论与建议

一、结论

基于 2000—2016 年粤港澳大湾区 11 个城市的面板数据,采用 Moran's I 指数和空间滞后模型、空间误差模型和空间杜宾模型三种空间计量模型,构造区域间经济增长溢出指数,研究证实:资本是现阶段粤港澳大湾区杠杆作用较强的投入因素,若能增加资本投入,粤港澳大湾区的经济增长将更为迅速;劳动力投入对粤港澳大湾区的经济增长影响比较有限。粤港澳大湾区存在正的空间相关性,经济增长呈现较弱的空间非均衡特征。在样本时期内,粤港澳大湾区各城市经济增长的空间关联度逐年上升,相互依赖的程度逐年增强。粤港澳大湾区的空间溢出效应存在较弱的正溢出,而市场潜能产生负的空间溢出效应,资本投入对各城市的经济增长有着显著的正向影响,劳动力投入对其正向影响较弱。粤港澳大湾区各城市之间分工体系较完善,经济合作远大于竞争。粤港澳大湾区各城市经济增长的绝对差异呈现扩大趋势,相对差异则降低趋势明显。空间溢出效应是粤港澳大湾区经济发展不可忽视的重要影响因素。

二、建议

粤港澳大湾区的全面发展,不仅依靠本区域内资本、劳动力以及人力资本投入的增长,而且在很大程度上依赖邻近地区经济发展所创造的市场需求规模。各级政府要不断完善粤港澳大湾区的整体规划,重视粤港澳大湾区经济增长中的非均衡趋势,缩小城市间的经济发展的差异性,关注整体与部分的关系,增强粤港澳大湾区的整体竞争力。充分发挥区域中心节点城市的辐射作用,带动落后城市的经济增长。各城市要加快基础设施建设与升级,通过增加交通布线密度缩短城市间的经济空间距离,提高经济交流的便捷性,与周边城市开展多层次、全方位的经济合作,稳定经济增长。各城市合理布局产业,做好承接转移产业的准备,同时也要推进城镇化程度,有效吸纳农村劳动力,促进产业结构升级,扩大消费市场和改善投资环境。进一步消除城市间的市场壁垒,充分发挥经济发展的空间溢出效应,探索出促进粤港澳大湾区经济增长的独有模式。

第十二章

粤港澳大湾区城市群空间结构与
经济绩效研究

　　湾区经济,是指以海港为依托、以湾区自然地理条件为基础,发展形成的一种开放型区域经济,具有开放的经济结构、高效的资源配置能力、强大的集聚外溢功能和发达的国际交往网络(王宏彬,2014)。湾区城市一般以开放性、创新性、宜居性和国际化为重要特征,带动着区域经济的发展以及科学技术的变革,湾区不仅是带动全球经济的重要增长极,更是引领科技创新的先驱。

　　习近平总书记强调:"在国家扩大对外开放的过程中,香港、澳门的地位和作用只会加强,不会减弱。"2017 年 3 月,李克强总理在十二届全国人大五次会议上,在政府工作报告中提出"研究制定粤港澳大湾区城市群发展规划",粤港澳大湾区及其发展规划引起社会各界的广泛关注和热烈讨论。同年 7 月,中央政府又携香港和澳门政府共同签订了《深化粤港澳合作推进大湾区建设框架协议》,可见粤港澳大湾区城市群的建设受到政府的高度关注,成为推动我国区域发展格局、"一带一路"沿线国家和地区整体经济实力的全方位对外开放的国家战略。到目前为止,粤港澳大湾区与之前世界公认的美国旧金山湾区、纽约湾区、东京湾区这三大湾区共同组成全球四大湾区发展布局。

　　建设粤港澳大湾区战略计划公布之后,引发学术界、社会各界等的广泛关注。一方面,人们热切关注着粤港澳大湾区未来可能的发展机遇,结合全球背景,剖析粤港澳大湾区目前和将来可能面临的局势;另一方面,从粤港澳大湾区城市群内部出发,关注以香港、广州、深圳为代表的龙头城市的驱动力以及对周边地区甚至我国区域经济的影响力。

另外,随着城市群区域经济集聚程度的提高,城市群逐步成为缓解单中心城市拥挤堵塞以及最大限度实现集聚效益的基本地域单元。在城市群内部,特大城市实现多元经济引领发展,中等城市以地方制造业为主,二者为农业提供服务的市镇相互促进和补充,成为区域经济的多元增长极。作为反映地区经济活动的集中程度以及演进过程的指标,城市群的空间结构特征及其演变规律一直以来都是学术界研究的核心内容。

本章的创新,首先从研究视角上来看,近年来,由于湾区经济的独特经济形态,有不少学者对这个论题展开研究。但是,现有的研究主要集中在湾区经济的概念界定、形成发展、国内外湾区经济发展对比和评价等方面,比较少的学者从城市群经济空间结构,特别是空间结构和经济绩效二者联系的角度来研究大湾区城市群建设发展的空间作用和经济效益。本章从这个角度着手,通过对粤港澳大湾区的城市群城市空间结构与经济绩效的关系以及影响经济绩效的因素进行分析,有利于加深对大湾区城市群经济空间结构的认识,并为粤港澳大湾区及周边城市融合发展提供新思路。

其次,在模型建立上,本章考虑到粤港澳大湾区可能存在的"香港、广州、深圳"的多中心的特殊发展态势,借鉴曾鹏等(2011)的研究方法,以全要素生产率作为衡量经济绩效的指标,选择综合运用位序—规模法则以及城市首位指数来测算粤港澳大湾区的城市群空间结构特征。在此基础上采用时间序列数据模型,通过分析研究粤港澳大湾区城市群空间结构因素与经济绩效的关系,从而为粤港澳大湾区城市群发展规划的制定提供依据。

余下内容安排如下,第一节是对国内外重要文献进行归纳和总结,为本章奠定理论基础,提供研究思路;第二节是对粤港澳大湾区以及各城市的地理位置、地区 GDP、人口、产业结构、金融产业等指标进行统计分析,建立研究基础;第三节是模型设计,实证分析粤港澳大湾区城市群空间结构与经济绩效指标之间的关系;第四节是结论与建议,根据文章的研究结果提出有利于促进粤港澳大湾区未来经济发展的政策建议。

第一节　文献综述

前人的研究为我们的研究提供了宝贵的方向以及坚实的理论基础,对本章选题的相关文献进行梳理和总结具有重要作用。

一、空间结构与经济绩效

在涉及城市群的空间结构研究中,城市群的单中心和多中心结构对该城市群产生的经济、社会等多方面效应的正负与否一直是国内外学术界争论的话题。在研究经济绩效时,众多学者往往选择用全要素生产率来进行表示。一部分学者通过研究得出单中心城市群的空间结构更有利于空间资源的整合和规模经济效益的提高。比如 Bailey and Turok(2001)就曾在研究中表示,单中心城市产生的集聚效应比同规模的多中心城市集聚效应更加理想。张浩然和衣保中(2012)基于 2000—2009 年中国十大城市群面板数据研究也得出城市群的单中心结构对全要素生产率具有显著的促进作用,且这种作用在城市群规模较小时尤为明显的相似结论。陈金英(2016)研究发现空间结构集聚特别是城市群规模结构能显著提高城市群的全要素生产率。王悦和王梓蕴(2016)评价研究得出规模密度引起的集聚效应将会正向影响经济绩效,研究中还表明交通设施在经济绩效中发挥着十分积极的作用。张鹏(2012)通过统计分析,发现单中心的城市空间结构确实能够增加经济效应,但是作用效果会随着经济水平的提高而降低,另外,首位城市的规模也影响到城市集聚程度与经济效应的关系。但是李佳洺、张文忠、孙铁山和张爱平(2014)却发现人口集聚与经济增长没有表现出明显的规律性特征。

另一部分学者认为,与单中心城市群相比,多中心城市群更适应城市群未来发展的需要,多中心能够分散城市压力以及均衡资源,并通过研究说明多中心城市群对经济绩效和生产率的贡献程度。比如梁琦和黄利春(2014)认为城市体系一般由单中心模式向多中心模式演化。Anne Aguiléra(2009)发现巴黎大都市区的城市中心区居民就业逐渐向周边郊区过渡和扩散。Jan G.Lambooy(1998)基于荷兰多中心的城市体系,研究发现更高水平的经济文化职能需要更大的集聚,人口和经济活动会逐渐从大型城市向周边中小型城市分散。Simin Davoudi(2003)也基于欧洲空间规划提出多中心城市可以促进欧洲区域均衡发展的观点。魏守华和陈扬科等(2016)也通过研究发现城市群多中心集聚能够提高城市生产率,特别是制造业次中心集聚和生产性服务业。

除了上述的城市单中心程度和城市群规模等空间结构特征主要指标,还有一些空间要素被学者们证实对经济绩效产生一定的影响。比如 Sylvie Démurger(2001)通过对中国省会城市的面板数据分析,研究表明交通设施是解释经济增长差距的关键因素。E.J.Meijers and M.J.Burger(2010)也通过研究得出人力资本、基础设施和全要素生产率存在长期均衡关系。

二、粤港澳大湾区的研究

目前国内针对于粤港澳大湾区的研究更多地是集中在对粤港澳大湾区发展面临的问题以及形势,并在此基础上提出发展建议。比如袁宏舟(2018)具体分析了香港在粤港澳大湾区发展的过程中在服务业、金融业以及高新产业的带动作用。周春山、罗利佳、史晨怡和王珏晗(2017)对粤港澳大湾区 1995 年至 2015 年数据进行研究,发现其整体经济水平近年来呈现波动快速增长,汪行东和鲁志国(2017)发现粤港澳大湾区空间结构从之前的以香港和澳门为中心转变为以香港、澳门、广州和深圳多经济中心,但是存在中心城市同质化竞争和空间整合不足的问题。而彭芳梅(2017)通过更具体地深入研究粤港澳大湾区内部城市之间的联系,得出该城市群呈现由香港、深圳和广州向周边城市梯度衰减的圈层空间结构特征的结论。

然而,目前为止,关于粤港澳大湾区城市群的空间结构要素与经济绩效的关系并没有被很好地定量研究过。本章以这个角度为切入点,从地理位置、人口、GDP、产业结构以及金融业发展等角度进行基本情况分析,再在此基础上采用时间序列数据模型,研究了该城市群空间结构变量与经济绩效的关系,从而为粤港澳大湾区城市群发展规划的制定提供依据。

第二节　粤港澳大湾区基本情况分析

一、地理位置和人口

粤港澳大湾区是由广州、深圳、珠海、佛山、东莞、中山、江门、惠州、肇庆（市区）以及香港、澳门两个特别行政区组成的世界级城市群,面积约 5.6 平方公里。2015 年,常住总人口约 6672 万人[1]。1995 年至 2015 年,年末常住人口数量前五位的城市是广州、深圳、香港、东莞和佛山(不同年份排名先后略有变动)。这五座城市年末常住人口均已在 2015 年超过了 500 万人,其中广州和深圳分别为 1350.11 万人和 1137.87 万人,就业总人口分别为 810.99 万人和 711.07 万人,占总人口的比重有持续上升的趋势[2]。

二、地区生产总值(GDP)

表 12-1　2015 年粤港澳各城市 GDP 及比重

城市	GDP（万亿元）	占大湾区 GDP 比重（%）	城市	GDP（万亿元）	占大湾区 GDP 比重（%）
香港	2.40	26.91	中山	0.30	3.36
广州	1.81	20.29	澳门	0.29	3.25
深圳	1.75	19.62	江门	0.22	2.47
佛山	0.80	8.97	珠海	0.21	2.35
东莞	0.63	7.06	肇庆	0.20	2.24
惠州	0.31	3.48			

---

[1]　广东省统计局、国家统计局广东调查总队:《广东统计年鉴 2016》,中国统计出版社 2016 年版。香港特别行政区统计处:《香港统计数字一览 2016》,香港统计出版社 2016 年版。澳门特别行政区政府、统计与普查局:《统计年鉴 2015》,中国统计出版社 2015 年版。

[2]　广东省统计局、国家统计局广东调查总队:《广东统计年鉴 2016》,中国统计出版社 2016 年版。

从《广东统计年鉴 2016》《香港统计年鉴 2016》《澳门统计年鉴 2015》搜集到的数据整理成表 12-1。2015 年年末,香港、广州和深圳属于第一梯队,这三座城市的 GDP 均占总 GDP 的 20%左右或以上,第二梯队是佛山和东莞,GDP 比重在 5%—10%范围内,第三梯队为惠州、中山、澳门、江门、珠海和肇庆,GDP 比重都不足大湾区总 GDP 的 5%[1]。

三、产业结构

从图 12-1 中可以看出,粤港澳大湾区第三产业增加值占总产出比重从 1996 年的 47%增长到 2015 年的 56%,整体上是上升趋势,且明显高于第二产业增加值比重。第二产业增加值比重从 1995 年至 2005 年逐年上升,但在 2005 年之后的 10 年间呈现小幅下降的趋势。这些变化趋势表明,粤港澳大湾区近年来仍然在积极地进行产业结构调整和转型升级,具体表现在第二产业增加值比重的下降和第三产业增加值的上升。截止到 2015 年年底,粤港澳大湾区各城市服务业、第三产业占 GDP 比重前两位的仍然是香港和澳门,在 90%以上,广州为 66.77%,深圳和东莞分别为 58.8%和 53.4%,肇庆以 36.1%位居末位[2]。由此可见,金融业、贸易物流业、旅游业和专业服务仍为香港的四大支柱行业。

四、金融产业

金融业发展程度一直是衡量城市经济实力和竞争力的重要指标,粤港澳大湾区城市群已经形成了以香港为主,广州和深圳为辅的金融中心结构。根据 2017 年全球金融中心指数(GFCI)排名,香港位居全球前 20 金融中心的第 4 位。金融业是香港支柱产业之一,自香港回归 20 年以来,香港金融业占 GDP 的比重从 10%左右增加到 18%左右,未来香港将和内地金融业以及资本市场实现全方位的互联互通,这不仅会带动香港城市的发展,更会延

---

①　肖亚红、国世平:《粤港澳湾区内部的经济辐射效应》,《特区经济》2017 年第 8 期。

②　广东省统计局、国家统计局广东调查总队:《广东统计年鉴 2016》,中国统计出版社 2016 年版。香港特别行政区统计处:《香港统计数字一览 2016》,香港统计出版社 2016 年版。澳门特别行政区政府、统计与普查局:《统计年鉴 2015》,中国统计出版社 2015 年版。

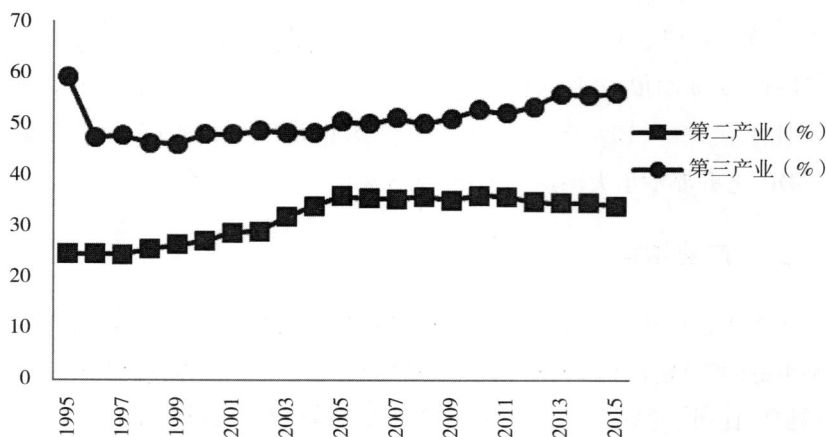

图 12-1　粤港澳大湾区产业增加值比重

伸到粤港澳大湾区其他城市上来。在 2017 年,广州的金融业增加值近 2000 亿元,拉动广州 GDP 增长了 0.8%,金融业已经成为广州第五大支柱产业。另外,近年来深圳发展迅猛,借助紧邻香港的地理优势,在过去的五年内资金增速超过广州,金融业 GDP 也较为理想。以香港为主,广州和深圳为辅的金融辐射圈,将为粤港澳大湾区城市群的金融和经济发展带来勃勃生机。

第三节　空间结构与经济绩效实证分析

一、变量以及测量指标的选取

根据前文分析,本章主要关注粤港澳大湾区城市群单中心程度、核心城市就业程度以及城市群规模对粤港澳大湾区的经济绩效影响,并选取粤港澳大湾区的人力资本、外商直接投资、产业结构、基础设施、政府开支等变量作为控制变量,详细情况见表 12-2。

表 12-2　变量及指标说明

变量 类型	变量名称及符号	测量指标
被解释 变量	大湾区全要素生产率(TFP)	全要素生产率
主要 解释 变量	城市群城市规模斜度(|q|)	各城市人口规模拟合斜率|q₁|和经济规模拟合斜率|q₂|
	核心城市就业程度(s)	首位城市就业人口数占城市群总就业人口数比
	城市群规模(lnpop)	年末总人口的对数值
控制 变量	人力资本(lnedu)	每万人中普通高校在校生人数对数值
	外商直接投资(lnfdi)	实际外资投资额占当年 GDP 比重对数值
	产业结构(lnind、lnser)	第二、第三产业占当年总产出比重对数值
	基础设施(lnroad)	公路通车里程对数值
	政府财政开支(lngov)	政府财政支出占当年 GDP 比重的对数值

数据来源:历年的《中国区域经济年鉴》《中国城市统计年鉴》《广东省统计年鉴》《香港统计年鉴》《澳门统计年鉴》。

二、样本数据的选取与处理

选取 1995—2015 年粤港澳大湾区 11 座城市相关指标的时间序列样本数据。用全要素生产率(TFP)指标表示粤港澳大湾区的经济绩效,用粤港澳大湾区城市群的实际 GDP 表示产出总量,根据广东省的 GDP 平减指数,本章采用 1978 年的不变价格。投入变量包括资本存量和劳动投入,其中资本存量(K)使用戈登史密斯的永续盘存法进行估算,借鉴单豪杰(2008)的处理方法,折旧率设定为 10.96%。基期资本存量是以 1978 年珠江三角洲地区、香港和澳门的 GDP 占广东省 GDP 比重为权重乘以广东省基期的资本存量来计算。劳动投入(L)采用《中国统计年鉴》《广东省统计年鉴》《香港统计年鉴》《澳门统计年鉴》提供的年末就业人口总数。

考虑到城市的空间结构与城市规模分布高度相关,本章使用城市群的位序规模分布特征反映城市群的空间结构。位序规模法则的定义如下:

$$\ln P_i = C - q\ln R_i \tag{12-1}$$

粤港澳大湾区：集聚与融合

其中，P_i表示第 i 城市的人口或经济规模，C 是常数，R_i是城市位序，q 是通过拟合估算的最小二乘回归斜率的绝对值。由于|q|是通过线性拟合获得的，因此，这一数值能否准确地反映区域城市规模分布，还需要取决于R^2。根据拟合结果，得出粤港澳大湾区1995 年至 2015 年间的城市群（仅包括珠江三角洲九个城市、香港和澳门）单中心程度对应指标|q|及对应R^2，其中 2006—2015 年结果如表 12-3 所示。

表 12-3　大湾区城市群单中心值

年份	人口规模|q|	人口规模 R^2	经济规模|q|	经济规模 R^2
2006	0.663943	0.908001	0.901566	0.706024
2007	0.932485	0.974417	1.018129	0.733996
2008	0.981168	0.970550	1.106688	0.774032
2009	1.034507	0.964129	1.130255	0.801155
2010	1.095637	0.959931	1.258473	0.817415
2011	1.100655	0.960009	1.405333	0.820815
2012	1.107150	0.959462	1.514355	0.822204
2013	1.112874	0.958496	1.651685	0.820225
2014	1.124467	0.955661	1.767351	0.814588
2015	1.162833	0.947415	1.905650	0.800718

从表 12-3 看出，对经济规模（GDP）数据线性拟合的R^2过小。选取人口规模即|q_1|进行分析，经济规模即|q_2|数据仅作为参考，后文分析仅用 q 来表示这里的q_1。结合拟合数据分析，粤港澳大湾区|q|值从 2009 年开始大于 1，这说明粤港澳大湾区城市群仍然是核心城市突出，服从单中心分布，并且|q|呈现每年递增的趋势，单中心的趋势仍然明显。我们用首位城市的就业人数占城市群总就业人数比重（s_1和s_2分别以广州和香港作为首位城市）直观地反映城市群核心城市的就业程度。考虑到选用指标的数量级不同，通过取对数的方式进行调整，数据更加平稳。

三、模型建立

全要素生产率(TFP)是经济绩效的主要测度指标,反映了一定时间内投入品转化为产出品的效率,通常被定义为总产出与全要素投入的比值:

$$TFP = Y/K^{\alpha}L^{\beta} \tag{12-2}$$

为了消除量纲的影响,对式(12-2)两边同时取对数:

$$\ln TFP = \ln Y - \alpha \ln K - \beta \ln L \tag{12-3}$$

其中,Y、K、L分别为各城市群历年的总产出、资本存量和劳动投入。α和β为资本和劳动的产出弹性,借鉴蔡伟毅和陈学识(2010)的处理方式,$\alpha = 0.4$,$\beta = 0.6$。本章在现有的理论基础上,将回归方程设定为如下形式:

$$LnTFP = \alpha + \beta Q_t + \gamma X_t + \varepsilon \tag{12-4}$$

式中下标 t 代表年份,Q_t为解释变量,是城市群的单中心程度、城市群核心城市聚集程度以及城市群规模的变量集合,X_t为人力资本、外商直接投资、产业结构等控制变量的集合。

1. 变量的描述性统计分析

表 12-4　变量描述性统计

变量	最小值	最大值	平均值	标准差
LNTFP	5.948378	6.145646	6.026769	0.056946
Q	0.663943	1.162833	0.907673	0.165672
S_1	0.090746	0.16998	0.125757	0.03168
S_2	0.174586	0.235803	0.196907	0.020806
LNPOP	8.283393	8.805303	8.593694	0.16048
LNEDU	3.460549	5.755813	4.807217	0.881056
LNFDI	1.416234	2.302129	1.985456	0.118107
LNIND	3.197936	3.587138	3.443746	0.149754
LNSER	3.830798	4.081742	3.925337	0.068816
LNROAD	9.919509	11.05175	10.57276	0.068816
LNGOV	2.077124	2.568651	2.243981	0.118107

表 12-4 显示,所有变量标准差较小,稳定性较好。从变量的相关系数表以及自变量和因变量的散点图中可以看出,城市群单中心程度|q|、城市群规模(lnpop)、人力资本(lnedu)、外商直接投资(lnfdi)、第三产业增加值(lnser)、基础设施(lnroad)和政府财政支出(lngov)与被解释向量(lntfp)可能存在正向线性相关系,城市群核心城市集中程度(s)与被解释向量(lntfp)可能存在负相关关系。

2. 模型的回归估计与结果

表 12-5　模型回归估计与结果

	模型一	模型二	模型三
Q		0.174 * (3.38)	
S_1			- 3.694 * (-8.62)
LNPOP	0.428 * (4.04)		
LNFDI	0.099 ** (2.85)	0.116 * (3.14)	
LNIND	-0.314 ** (-2.78)		- 0.684 * (-7.67)
LNGOV			0.136 ** (2.74)
R^2	0.75	0.65	0.85
样本量	21	21	21

注:系数下括号内的值为参数估计值对应的 t 统计量, * 和 ** 分别表示在 1% 和 5% 水平上显著。

3. 模型的正态性和异方差检验

通过对上述三个模型分别进行正态性检验(Histogram-Normality Test)、序列自相关的 LM 检验(Serial Correlation LM Test)和带交叉项的 White 异方差检验(White Heteroskedasticity),得到如下检验结果:

表 12-6　回归模型检验结果①

序号	Jarque-Bera	Prob.	一阶 Prob.	二阶 Prob.	异方差 Prob.	结论
模型一	2.0954	0.3507	0.0062	0.0450	0.3011	随机扰动项正态,存在二阶自相关,不存在异方差
模型二	1.6887	0.4298	0.0204	0.0571	0.5455	随机扰动项正态,存在一阶自相关,不存在异方差
模型三	0.2772	0.8706	0.9633	0.2077	0.4166	随机扰动项正态,不存在自相关,不存在异方差

从表 12-6 中可以看出,三个模型都满足随机扰动项正态分布和不存在异方差的前提假设条件,模型一存在一阶和二阶自相关,模型二存在一阶自相关,不存在二阶自相关,模型三不存在一阶和二阶自相关。

4. 时间序列的平稳性检验

传统的时间序列计量经济学研究时,通常假定经济数据和产生这些数据的随机过程是稳定的过程,并以此为基础对模型中的参数进行估计和假设检验,因此要对变量进行平稳性检验,如果变量平稳,可继续进行估计,反之需要建立协整关系。在本章中,对上述三个方程涉及的变量,采用 ADF 检验方法、相关图和偏相关图法对变量进行平稳性检验,ADF 检验结果如表 12-7 所示,可以看出三个方程中涉及的变量中,$\ln TFP$、$\ln FDI$、$\ln IND$、Q、S_1 和 $\ln GOV$ 都满足一阶单整。

---

① 注:在正态性检验中,Jarque-Bera 统计量用来检验序列是否为正态分布,在该序列服从正态分布这个原假设成立的情况下,JB 统计量服从自由度为 2 的卡方分布,将该统计量的伴随概率与显著水平 0.05 比较,若大于 0.05 则表明随机扰动项是正态的假设成立。在自相关检验中,将一阶和二阶 Obs* R-squared 对应的伴随概率与 0.05 显著水平比较,若大于 0.05 则表明不存在一阶或二阶自相关。在异方差检验中,将 Obs* R-squared 对应的伴随概率(Probability)与 0.05 显著水平比较,若大于 0.05 则表明不存在异方差。

表 12-7 ADF 平稳性检验结果

变量	差分次数	(C,T,K)	DW	ADF	5%临界值	10%临界值	结论
lnTFP	1	(0,0,1)	1.92	−2.39	−1.96	−2.70	I(1)**
lnFDI	1	(0,0,1)	1.99	−2.38	−1.96	−2.69	I(1)**
lnPOP	0	(C,1,2)	2.18	−5.29	−3.69	−4.57	I(0)
lnIND	1	(0,0,0)	2.34	−2.38	−1.96	−2.69	I(1)**
Q	1	(0,0,0)	1.84	−9.19	−1.96	−2.69	I(1)*
S_1	1	(C,0,0)	1.85	−3.57	−3.03	−3.83	I(1)**
lnGOV	1	(0,0,1)	1.33	−3.22	−1.96	−2.71	I(1)*

注:(C,T,K)表示 ADF 检验式是否包含常数项、时间趋势项以及滞后期数。*和**分别表示变量差分后在 1%和 5%的显著性水平上通过 ADF 平稳性检验。

由表 12-8 可知,对向量 lnPOP 进行相关图和偏相关图检验以及对差分序列 dlnPOP 进行 ADF 平稳性检验,分析结果表明:lnPOP 的差分序列 dlnPOP 的 ADF 值为 0.0338,小于 0.05,说明 dlnPOP 序列是平稳的,即表明 lnPOP 序列是一阶单整的,即 I(1)。

表 12-8 残差序列 ADF 检验结果

ADF 统计值	显著性水平	临界值	P 值	检验结果
	1% level	−3.886751		
−3.261038	5% level	−3.052169	0.0338	平稳
	10% level	−2.666593		

5. 协整检验

没有协整关系的单整变量的回归仍然是伪回归,因此,我们要对上述所涉及的变量进行协整检验,参考上述单位根检验的结果,模型一和模型二中的变量可继续进行协整检验,模型三中的 lnGOV 是二阶单整,同其他变量不同阶,在协整检验中剔除该变量。本章先选择使用 Johansen 检验方法,协整检验结果整理成表 12-9。

表 12-9　Johansen 协整检验结果

序号	Trace Statistic	0.05 Critical Value	Prob.**	Max-Eigen Statistic	0.05 Critical Value	Prob.**	结论
模型一	68.64	40.17	0.00	32.94	24.16	0.00	存在协整关系
模型二	20.68	24.28	0.13	13.71	17.80	0.19	不存在协整关系
模型三	37.66	35.19	0.03	23.77	2.30	0.03	存在协整关系

注:Trace Statistic 是迹统计量,0.05 Critical Value 是 5% 显著水平临界值,Max-Eigen Statistic 是 λ-max 统计量,若 Trace Statistic 和 Max-Eigen Statistic 大于 5% 显著水平的临界值(0.05 Critical Value),或者 Prob.** 值小于 0.05,则说明存在协整关系。

由表 12-9 可以看出,模型一和模型三中的 Trace Statistic 和 Max-Eigen Statistic 都大于 5% 显著水平的临界值,Prob.** 的数值都小于 0.05,说明模型一和模型三的变量存在协整关系。模型二不满足上述条件,即 Johansen 检验不存在协整关系。使用 E-G 两步法对模型二的变量进行协整检验,即对回归方程的残差进行单位根检验,检验结果表明在 1% 的显著水平上通过 ADF 平稳性检验,说明残差序列是平稳的,LNTFP、Q 和 LNFDI 存在长期均衡关系。考虑到模型三中剔除了 lnGOV 这个变量,现对剩下的 lnTFP、S_1 和 lnIND 三个向量进行普通最小二乘法回归分析(OLS),新的回归结果如表 12-10 所示。

表 12-10　OLS 模型回归结果

	模型一	模型二	模型三	模型四
Q		0.174* (3.38)		
S_1			-3.694* (-8.62)	-3.903* (-7.93)
LNPOP	0.428* (4.04)			
LNFDI	0.099** (2.85)	0.116* (3.14)		

续表

	模型一	模型二	模型三	模型四
LNIND	-0.314^{**} (-2.78)		-0.684^{*} (-7.67)	-0.683^{*} (-6.56)
LNGOV			0.136^{**} (2.74)	
R^2	0.75	0.65	0.85	0.79
样本量	21	21	21	21

注:系数下括号内的值为参数估计值对应的 t 统计量, * 和 ** 分别表示在 1% 和 5% 水平上显著。

6. 格兰杰因果关系检验

如果某一变量的前期值可以作为另一变量本期值的解释变量,则称此变量为另一变量变化的格兰杰原因。本章对三个方程所涉及的变量进行了格兰杰因果关系检验,滞后阶数采用 2 阶。从表 12-11 中可以看出,在 5% 的显著水平上,LNIND 是 LNFDI 的格兰杰原因,LNIND 的前期信息会影响到 LNFDI 的当期。在 5% 的显著水平上,Q 是 LNFDI 的格兰杰原因,Q 的前期信息会影响到 LNFDI 的当期。在 5% 的显著水平上,S_1 是 LNTFP 的格兰杰原因,LNIND 是 S_1 的格兰杰原因,S_1 的前期信息会影响到 LNTFP 的当期,LNIND 的前期信息会影响到 S_1 的当期。检验结果说明第二产业占总产出比重和外商直接投资、城市单中心程度和外商直接投资、城市群第二产业比重与核心城市就业程度以及核心城市就业程度和城市群全要素生产率之间可能存在因果关系。

表 12-11 格兰杰因果关系检验结果

	F 值	Prob.	滞后阶数	结论
LNIND→LNFDI	4.1003	0.0397	2	存在格兰杰因果关系
Q→LNFDI	15.6074	0.0003	2	存在格兰杰因果关系
S_1→LNTFP	3.8491	0.0466	2	存在格兰杰因果关系
LNIND→S_1	10.2943	0.0018	2	存在格兰杰因果关系

第四节 结论与建议

一、研究结论

第一,城市群单中心程度(Q)、城市群规模(lnpop)对城市群全要素生产率(lnTFP)有显著的正向影响。本章分别估算了人口规模和经济规模的城市群单中心程度,结合拟合效果,最终选择人口规模的单中心程度代入回归方程。粤港澳城市群处于显著的单中心阶段,核心城市比较突出,说明城市群的单中心更有利于资源的集中利用。这也和国外学者的研究结果吻合:集中的空间结构有利于生产效率的提高。城市群的人口规模对全要素生产率具有显著的正向影响。粤港澳大湾区吸引大量人口涌入,人口集聚带来人力资本和技术外溢效应,显著提高城市群特别是核心城市的经济效率。但是本章研究结果显示,人力资本对全要素生产率的贡献率并不显著这可能是由于教育的滞后性,很难直接测量和估计其产生的效应。

第二,城市群核心城市就业程度(S)对城市群全要素生产率(lnTFP)的影响为负。考虑到城市人口和经济的因素,本章分别以广州和香港作为首位城市,计算了这两个城市的就业人数占粤港澳大湾区城市群总就业人数的比重。近年来,城市群核心城市就业程度 s 值呈现降低的趋势,说明周边城市的就业人口数量的增加趋势大于核心城市,随着周边城市的就业率的提高将会带来更加理想的规模经济效应。

第三,第二产业增加值(lnIND)占总产出的比重对城市群全要素生产率(lnTFP)的影响为负。我国正处于产业结构的调整阶段,近年来粤港澳大湾区城市群内部城市,特别是以香港和澳门为代表的以第三产业为经济支柱的城市,第二产业的比重呈现下降的趋势,第三产业的比重呈现上升趋势,结合本章回归结果,说明对于粤港澳大湾区城市群现阶段,第二产业比重的增加并不能带来良好的规模经济以及集聚效应。对于粤港澳大湾区来说,仍然需要进行产业结构的调整,但并不意味着一味地降低第二产业比重和增加第三产业的比重,而应该寻找产业结构的最优结构点,产业结构的优化可以提高该地区的全要素生产率。

第四,外商直接投资(lnFDI)和政府财政支出(lnGOV)对城市群全要素生产率(lnTFP)有着较显著的正向影响。外商直接投资溢出效应以及前后关联效应提高了城市群生产要素的边际产出,对城市群的经济绩效产生积极影响。另外,政府财政支出也对生产效率发挥积极作用,说明目前粤港澳大湾区城市群的政府财政支出处于合理范围,因为过多的政府支出会挤出私人投资、扭曲资源配置功能。从本章的研究结果来看,粤港澳大湾区的财政支出对市场资源配置起到了调整和促进作用,进而影响到全要素生产率。

二、政策建议

首先,粤港澳大湾区各市政府可通过优化公共政策,引导人才资源向核心城市集中,不断优化和重组城市群内部的空间结构,在香港、广州和深圳的带动下,注重核心城市和周边城市的资源交换,充分发挥核心城市的集聚效应和规模经济效应,并注重协调发展。其次,调整城市群内部的产业结构,推动产业转型升级,既要适度分散核心城市的制造业比重,又要注重提高周边城市的生产技术程度,适当提高第三产业的比重。最后,通过鼓励和优惠政策的实施,吸引外商投资,创造安全和便捷的投资环境,引导外资往核心技术和支柱产业上加大投入,提高交通和通讯等基础设施的投资力度。参照对财政支出的分析结果,充分发挥宏观调控作用,加大对各城市间资源和功能的配置整合,提高整个城市群的经济绩效。

三、研究不足与展望

由于广东省统计年鉴的统计口径变化,部分相关数据所能找到的年份有限,并且有些数据寻找难度较大,如TFP,国内现有多种方法进行估算,同时还考虑到基期年份选择的区别,结果也因此有较大出入,可能会影响到分析的准确度。另外,因为粤港澳大湾区包括香港和澳门两个城市,统计指标也会和其他珠三角城市有些出入,因此在一些变量的数据处理上使用了代理变量或者是近似能获取的数据,难免会对研究结果造成一定的影响。

　　此外,本章的解释变量是在前人研究的基础上进行选择,难免会有疏漏以及和现实不符的情况存在,结果可能会存在一定的片面性,对大湾区城市群经济绩效的影响因素还有很多,仍待研究和修正。

第十三章

粤港澳大湾区市场一体化测度及其
经济增长效应研究

湾区经济作为共享湾区而形成的区域经济高级形态,是国际上较为认可的一种高级一体化的发展模式。习近平总书记从全局高度为粤港澳大湾区发展擘画蓝图,指出粤港澳大湾区建设要科学规划,加快建立协调机制。2017年3月5日召开的十二届全国人大五次会议上,国务院总理李克强在政府工作报告中提出,要推动内地与港澳深化合作,研究制定粤港澳大湾区城市群发展规划,发挥港澳独特优势,提升在国家经济发展和对外开放中的地位与功能。粤港澳合作不是新概念,大湾区城市群的提出,是包括港澳在内的珠三角城市融合发展的升级版,升级成为先进制造业和现代服务业有机融合最重要的示范区。当前,粤港澳大湾区一体化建设正以不可逆转之势向前推进。大湾区实现市场一体化,可以消除湾区内各种商品和要素流动的经济和非经济壁垒,促成湾区统一大市场的形成,从而为区域内产业分工的细化和合理布局、资源配置的优化和效率提升以及区域规模经济的有效发挥提供条件,并最终实现区域一体化发展。本章利用粤港澳大湾区 9 市两区 2000—2015 年商品 CPI 指数和 2005—2015 年生产要素投入数据,分别使用"相对价格法"和"空间杜宾模型"测算了粤港澳大湾区产品市场和要素市场的一体化水平,并建立计量模型分析了市场一体化对粤港澳大湾区经济增长的作用,分析市场一体化对经济发展的影响,并提出推进大湾区市场一体化的政策建议。

本章余下部分做如下安排:第一节回顾有关市场一体化的研究文献;第二

节对产品市场一体化和要素市场一体化程度进行测度分析;第三节构建模型,研究市场一体化对粤港澳大湾区的经济增长进行研究分析;第四节由实证研究结果总结出结论,并提出相关的政策建议。

第一节　文献综述

对市场一体化水平,多位学者分别用不同的方法进行了测算和分析。Young(2000)最早用生产法研究了中国市场一体化表现,认为中国存在着严重的国内市场割裂,经济诸侯(沈立人、戴园晨,1990)林立,严重阻碍了国内市场一体化建设。Pocent(2005)用贸易流法研究发现20世纪90年代我国市场一体化正逐步弱化,衡量市场割裂程度的边界效应显著上升。国内有部分学者持此观点,如郑毓盛、李崇高(2003)认为地方分权促进了市场竞争,但同时也造成了地方分割,产生了市场扭曲。

也有学者得出了与此相反的结论。如赵奇伟、熊性美(2009)利用分地区居民消费价格指数等测算了消费品市场、资本品市场和劳动力市场的分割指数,发现中国各地区市场分割程度都出现了稳定的收敛趋势,意味着中国市场日趋整合。Park(2002)、陆铭(2004)、桂琦寒(2006)等采用价格法评价了中国相邻省份的商品市场整合程度,他们认为中国国内市场整合程度总体呈上升趋势。此外,Naughton(2002)、邢伟波(2009)、徐现祥(2009)等采用贸易流法;白重恩(2004)、胡向婷(2005)等采用生产法得到20世纪90年代以来国内市场一体化程度正逐步加强的结论。

对市场一体化对经济发展的作用问题,诸多学者进行了研究,发现市场一体化对经济增长的影响并非一成不变,个体和时期的差异性会影响结果,并未得出统一性的结论。现有实证结论包括三种情形:第一种结论认为市场一体化有助于经济增长,如徐现祥、李郇(2007)以1990—2002年间的长三角城市群为例,从理论和实证两个方面证明了选择区域一体化的地方政府取得了更快的经济增长,长三角的地方政府官员自1992年选择区域一体化实践后,平均增长速度显著地比全国其他非一体化区域高;第二种认为市场非一体化会促进经济增长,如陆铭、陈钊(2009)的研究发现在某一特定时期,市场分割会促进经济增长,即区域市场整合对全要素生产率产生了负面影响;第三种认为市场一体化对经济增长影响与区域经济发展水平有关,如刘志彪等(2010)的研究。此外,还有部分研究认为市场一体化对经济增长存在非线性影响,如陆铭和陈钊(2009)还进一步研究了邻省之间商品市场的分割对省级经济增长的影响,他们发现分割市场对经济增长具有"倒 U 型"的影响,即对于超过96%的观察点来说,市场分割有利于本地的经济增长,并且对于经济开放程度更高的观察点来说,分割市场可能更有利于当地的增长。

综上,目前的研究大都是从全国视角出发,分析各地产品市场一体化水平及其对经济发展的作用,但是中国地区发展极不平衡,东中西区域分异显著,此外,我国尚未推动建立统一性的全国市场,更多的是实行区域一体化战略,如京津冀、长三角和珠三角等地方性区域一体化市场和经济。因此,如果单纯考虑全国市场一体化水平可能会出现失真和误判现象,地方性区域性经济体是更加值得研究的对象,只有如此,才能由点及面,推而广之,为全国建立一体化市场和经济提供示范和借鉴意义。另外,相比产品市场,目前学界尚相对缺乏对要素市场一体化的定量探讨,而这正是中国供给侧改革和市场化改革的重点,也是难点。

党的十九大以后,粤港澳大湾区已上升为国家级战略,是华南乃至全国最大的区域性经济体,具有独特的经济意义和研究价值。本章以粤港澳大湾区为样本,分别研究其产品和要素市场一体化水平与演进趋势,并考察其对大湾区经济增长的影响。

第二节　粤港澳大湾区市场一体化水平测度

一、产品市场一体化测度与分析

1. 方法和数据

关于地区产品市场一体化的测度方法主要有经济周期法、贸易法、生产法、调查问卷法和相对价格法五类。但由于商品价格能综合反映市场交易活动的较多信息,是衡量产品市场一体化的最直接的指标,且前 4 种方法都有其内在的缺陷,目前,价格法已广泛用于市场一体化测度文献中,比如 Parsley 和 Wei(1996、2001)、Park(2002)、陆铭(2004)、桂琦寒(2006)等。基于此,本章借鉴其研究,采用相对价格法测度 2000—2015 年大湾区 9 市 2 区消费品市场的市场一体化程度。

具体而言,设第 t 期目标商品 k 在 i,j 两地价格分别为 P_{it}^k 和 P_{jt}^k;商品价格环比指数为 P_{it}^k/P_{it-1}^k 和 P_{jt}^k/P_{jt-1}^k,则商品价格方差为:

$$\Delta Q_{ijt}^k = \ln(P_{it}^k/P_{jt}^k) - \ln(P_{it-1}^k/P_{jt-1}^k) = \ln(P_{it}^k/P_{it-1}^k) - \ln(P_{jt}^k/P_{jt-1}^k)$$

(13-1)

通过去均值方法剔除 | ΔQ_{ijt}^k | 中由商品异质性导致的不可加效应,最终用以计算方差的相对价格变动部分是仅与地区间分割因素和随机因素相关的 q_{ijt}^k,即:

$$q_{ijt}^k = | \Delta Q_{ijt}^k | - | \Delta Q_t^k |$$

(13-2)

因此,通过测算 $\text{Var}(q_{ijt}^k)$,其计算结果即为地区 i 和 j 之间的市场分割指数,其值越大,表明市场一体化程度越低;其值越小,表明市场一体化程度越高。通过将地级市之间的市场分割指数合并求均值以得到每个地级市的市场分割指数,即:

$$\text{var}(q_{it}) = \left(\sum_{i \neq j} \text{var}(q_{ijt})\right)/N$$

(13-3)

N 为地区总个数,在市场分割指数的基础上,借鉴盛斌、毛其淋(2011)等的研究,构造本章的市场一体化指数(以 integ 表示)如下:

$$integ_{it} = \sqrt{1/\text{var}(q_{it})}$$

(13-4)

显然,市场分割指数与国内市场一体化程度之间呈反向关系。

本章使用居民消费价格指数(CPI)来测算消费品市场的相对价格方差,选取珠三角地区 9 个地级市和香港、澳门 2000—2015 年的环比价格指数。基于数据的可得性、连续性和完整性考虑,选取了 8 大类消费品,即食品、烟酒及用品、衣着、家用设备用品及维修服务、医疗保健和个人用品、交通和通信、娱乐教育文化用品及服务、居住,数据来源于《广东统计年鉴》和《中国统计年鉴》。

2. 测度结果

经过数据收集、整理和处理,得到大湾区 9 个地级市和香港、澳门行政区的市场一体化指数(见表 13-1),以及大湾区产品市场一体化指数的时间变化趋势(见图 13-1)。

表 13-1　大湾区 11 个城市主体的商品市场一体化指数

年份	广州	深圳	珠海	佛山	惠州	东莞	中山	江门	肇庆	香港	澳门	均值
2000	32.63	32.62	31:80	34.00	33.50	32.38	36.66	38.29	34.28	32.11	36.56	34.08
2001	46.15	46.13	44.97	48.08	47.38	45.79	51.85	54.15	48.48	47.04	53.22	48.48
2002	58.03	45.79	68.04	48.68	56.08	45.41	67.73	46.78	58.62	47.51	54.88	54.32
2003	76.47	70.71	67.42	61.08	63.63	49.81	42.76	54.55	56.52	55.81	64.15	60.27
2004	60.63	64.82	57.45	66.82	65.23	59.65	41.56	65.80	52.85	58.82	65.65	59.94
2005	60.41	47.30	76.25	65.23	66.82	49.45	58.12	58.72	74.95	54.64	67.27	61.74
2006	80.32	72.55	81.65	75.16	72.93	75.16	84.52	87.04	60.52	74.95	74.12	76.27
2007	84.82	65.23	71.80	67.57	79.81	71.98	51.03	72.17	76.47	70.19	75.81	71.53
2008	59.13	51.10	38.87	76.03	59.13	61.55	81.11	59.44	68.36	72.55	72.74	63.64
2009	67.73	67.57	64.15	81.65	54.72	67.88	64.55	79.06	62.87	65.65	70.89	67.88
2010	78.23	74.70	69.37	74.31	70.73	70.48	67.88	71.01	71.89	129.53	73.26	77.40
2011	57.12	57.92	58.23	58.40	58.90	57.36	56.10	59.65	57.15	102.37	101.34	65.87
2012	77.95	76.57	78.22	77.33	76.87	77.75	73.92	81.62	78.76	93.98	117.22	82.74
2013	79.22	86.49	84.41	100.50	83.82	79.22	69.90	72.36	82.67	82.86	76.55	81.64
2014	78.93	78.75	90.72	77.27	79.94	80.98	92.85	89.71	83.12	128.30	119.52	90.92
2015	85.20	94.07	83.70	80.06	101.02	78.81	76.08	85.44	77.44	94.39	105.26	87.41

　　结果表明:在本章的研究期 2000—2015 年内,粤港澳大湾区 9 市 2 区的一体化指数的变动趋势总体是一个逐渐上升的过程,即大湾区的商品市场的一体化程度越来越高,各城市区域之间市场趋于整合而非分割,但局部地区个别年份存在波动与振荡。此外,粤港澳大湾区中,广佛肇、深惠莞、珠中江和港澳经济圈的产品市场一体化也呈现出比较缓慢的有波动性的上升趋势,且彼此之间的市场一体化程度同期差异性较小。

　　改革开放以来,我国进行了多次关于克服价格刚性、供求弹性不足和强化市场竞争的改革,如 2001 年颁布《国务院关于禁止在市场经济活动中实行地区封锁的规定》等,珠三角在国家改革框架下,针对产品市场机制不完善的状

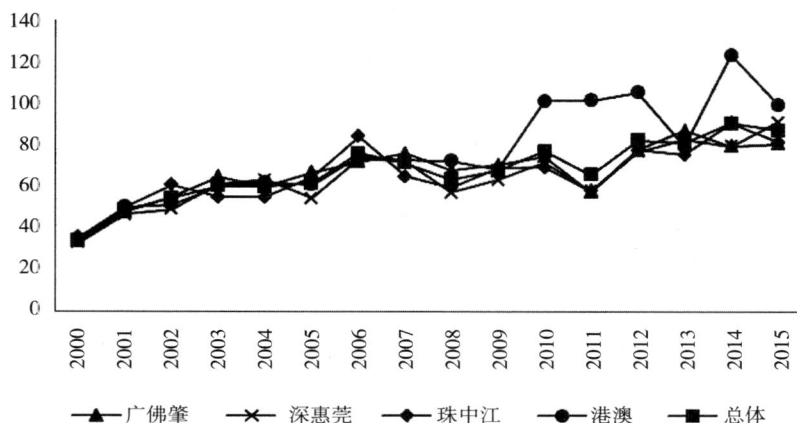

图 13-1　大湾区产品市场一体化指数随时间变化趋势

况,进行了系列体制改革和市场化改革,提高了产品市场一体化程度。同时,珠三角由于改革开放早,毗邻港澳,经济自主权较大,政府出台了多项规划,如:CEPA 系列协议,粤港、粤澳合作框架协议,《珠江三角洲城镇群协调发展纲要(2004—2020)》等,随着诸多珠三角规划的实施,进一步加深了粤港澳市场一体化。2008 年发布《珠江三角洲改革发展规划纲要(2008—2020)》规划建设广佛肇、深惠莞、珠中江三大经济圈,这在一定程度上更是加快了一体化进程。

二、要素市场一体化程度测度与分析

1. 方法和数据

对要素市场,本章借鉴张超等(2016)的研究,通过考察不同生产要素边际产出及其"空间方差系数"来分析其一体化程度和演化特征。从理论上说,当各地区要素投入的边际产出相等时,资源配置达到最优。但是由于诸多如风险、基础设施、交通网络等原因,要素投入边际产出的绝对水平在各地区间不相同,但在时间尺度上各地区间指标的相对变化仍能体现分割的程度和趋势(张超,2016)。空间方差系数为空间目标样本方差与其平均值之比,则能够较好地刻画这种程度和趋势。

本章借鉴并拓展了龚六堂（2004）和张超等（2016）对要素边际收益的估算方法，假设各城市区经济增长的生产函数为 C-D 形式，其中，生产要素不仅包括劳动力（L）和资本（K），还纳入土地（T）及技术资源（A）等。则生产函数设定形式为：$Y = C_0 A^\gamma K^\alpha L^\beta T^\varphi$，其对数变换形式为：

$$lnY = c + \gamma lnA + \alpha lnK + \beta lnL + \varphi lnT + \varepsilon \qquad (13-5)$$

其中，c 为常数，γ、α、β、φ 分别为技术、资本、劳动和土地的产出弹性，并假设其取值区间为（0,1）。

考虑到湾区生产要素：劳动力、资本、土地、技术等，在空间上具有流动和关联特性，本章建立空间杜宾模型（SDM）进行回归。空间杜宾模型包括被解释变量与解释变量的空间滞后项。其形式如下：

$$Y = \rho WY + \alpha I_N + X\beta + WX\theta + \varepsilon \qquad (13-6)$$

式（13-6）中，Y 为 N×1 的因变量向量，X 为 N×K 的自变量矩阵，故而 WY 表示因变量的内生交互效应，WX 表示自变量的外生交互效应；α、β、ρ、θ 为对应的回归系数，而且 θ 和 ρ 被统称为空间相关系数；IN 为 N×1 且元素都为 1 的列向量，$\varepsilon \sim IID(0, \sigma^2 I)$。

本章的空间杜宾模型（SDM）可表示为：

$$lnY_{it} = \rho WlnY_{it} + \gamma lnA_{it} + \alpha lnK_{it} + \beta lnL_{it} + \varphi lnT_{it} +$$
$$\overline{\gamma} WlnA_{it} + \overline{\alpha} WlnK_{it} + \overline{\beta} WlnL_{it} + \overline{\varphi} WlnT_{it} + \varepsilon_{it} \qquad (13-7)$$

权重矩阵选择使用各市经济距离的空间权重矩阵，具体为：

$$W_{ij} = \begin{cases} 1/(\overline{PGDP_i} - \overline{PGDP_j}), (若\ i \neq j) \\ 0, (若\ i = j) \end{cases} \qquad (13-8)$$

其中，$\overline{PGDP_i} = \sum_{t=T_0}^{T} PGDP_{it}/(T - T_0)$，$PGDP_{it}$ 为 i 城市第 t 年的人均 GDP 水平。

基于以上模型，利用大湾区 9 市 2 区 2005—2015 年各市的总产出、劳动力投入、资本投入、土地建设用地扩张及技术投入等指标，使用 MATLAB 编程，对总量生产函数进行估计，最终得到产出弹性 γ、α、β、φ 的拟合系数；进而通过各城市（行政区）要素弹性，求得要素边际产出。最终，本章将 2005—

2015 年各行政单位历年各要素边际产出值按年份求方差系数,以观察资本、劳动、土地和技术边际产出变动随时间波动的情况。

2. 测度结果

2005—2015 年 9 市 2 区的要素产出弹性估计结果见表 13-2。

表 13-2　大湾区 11 市生产函数要素产出弹性估计

城市	lnL(β)	lnK(α)	lnT(φ)	lnA(γ)
广州	0.412	0.563	0.152	0.099
深圳	0.521	0.698	0.182	0.109
珠海	0.231	0.634	0.151	0.032
佛山	0.268	0.639	0.495	0.028
惠州	0.468	0.238	0.229	0.042
东莞	0.422	0.699	0.058	0.045
中山	0.112	0.365	0.097	0.018
江门	0.302	0.325	0.047	0.014
肇庆	0.457	0.257	0.068	0.064
香港	0.047	0.648	0.078	0.079
澳门	0.043	0.636	0.086	0.067

在 C-D 生产函数假设下,我们可以计算大湾区 11 个城市要素边际产出。其中,根据要素产出弹性定义:

$$E_x = \frac{\partial Y/Y}{\partial X/X} = \frac{\partial Y/\partial X}{Y/X} \Leftrightarrow \frac{\partial Y}{\partial X} = E_x \frac{Y}{X} \qquad (13-9)$$

因此,劳动力边际产出:$w_i = \beta_i \frac{Y_i}{L_i}$;资本边际产出:$r_i = \alpha_i \frac{Y_i}{K_i}$;土地边际产出:$t_i = \varphi_i \frac{Y_i}{T_i}$;技术边际产出:$a_i = \gamma_i \frac{Y_i}{A_i}$。而各市要素边际产出方差系数波动特征即可反映要素市场一体化的程度。方差系数越大,表明各市要素回报率差异性越高、市场一体化程度越低,反之则市场一体化程度越高(张超等,2016)。粤港澳大湾区各要素边际产出方差系数见表 13-3,时间趋势图见图 13-2。

表 13-3　粤港澳大湾区各要素边际产出方差系数

年份	L	K	T	A
2005	1.6129	1.3150	2.7210	2.8098
2006	1.5741	1.3394	2.0347	2.9202
2007	1.0753	0.6993	2.0016	1.9602
2008	0.9793	0.4007	2.3691	1.9674
2009	0.5615	0.3920	1.9499	1.1599
2010	0.8420	0.4774	2.2454	1.3684
2011	0.5699	0.4082	1.8851	1.5572
2012	0.5904	0.4296	2.1086	1.4181
2013	0.5378	0.4082	1.8182	1.4430
2014	0.5543	0.3960	1.8201	1.4578
2015	0.5781	0.2764	1.7220	1.3753

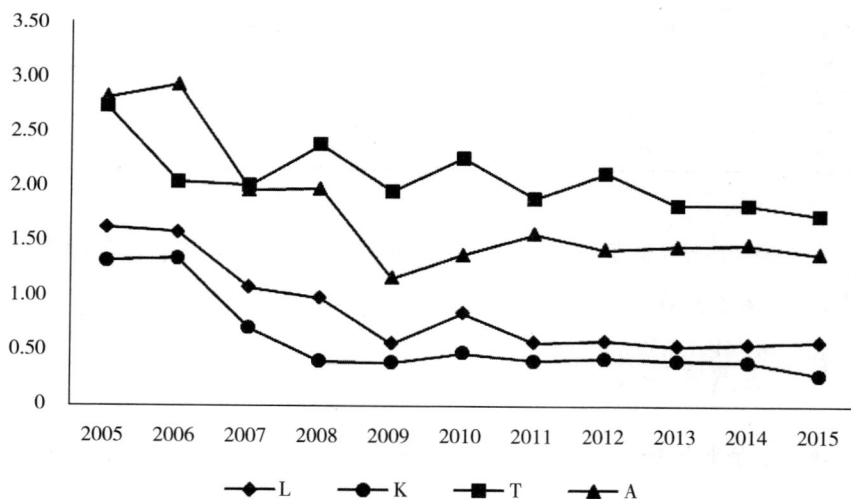

图 13-2　粤港澳大湾区各要素市场一体化程度变化趋势

　　根据上述测算与分析,可以得出:粤港澳大湾区 11 市劳动力和资本市场的标准差系数数值较小,且逐渐减小,表明 11 市劳动力和资本要素边际产出,即回报率,差异性较小,劳动力和资本市场一体化程度较高,一体化程度有逐渐增大的趋势与迹象。土地要素和技术市场一体化系数较大,数值整体呈下降趋势,这表明技术和土地要素市场一体化程度较低,但一体化程度整体上在不断提高。且从图 13-2 中可以看出:大湾区要素市场的一体化程度高低排序中,资本市场一体化程度高于劳动力市场,高于技术市场,高于土地市场。

粤港澳地区地缘相近、人缘相亲、语言文化同源,合作由来已久。自改革开放伊始,粤港澳地区有良好的市场、资源及产业互补性,在此基础上开展多维度的合作,联系日益加深,并由此推动了区域经济要素市场一体化进程。同时,大湾区一体化程度整体提高在较大程度上有赖于政府政策的规划与引导,对包括人口、金融资本、技术产权市场和土地市场等多项生产要素市场进行了协调与改革,政策规划见表 13-4。

表 13-4　粤港澳大湾区发展历程及相关重大规划与政策文本

规划与政策文本	主要内容	历程
2003 年《关于建立更紧密经贸关系的安排》(CEPA)	内地与港、澳之间的贸易和投资合作,促进双方的共同发展	内地与港澳第一个全面实施的自由贸易协议
2005 年《珠江三角洲城镇群协调发展纲要(2004—2020)》	将环珠江口地区作为区域核心,实施经济发展与环境保护并重的策略,努力建成珠江三角洲重要的新兴产业基地、专业化服务中心和环境优美的新型社区	正式提出"湾区"概念
2008 年《珠江三角洲改革发展规划纲要(2008—2020)》	将珠三角 9 市与港澳的紧密合作纳入规划,目标是到 2020 年形成粤港澳三地分工合作、优势互补、全球最具核心竞争力的大都市圈之一	粤港澳地区合作发展的国家政策开始出台
2009 年《环珠江口湾区宜居区域建设重点行动计划》	"宜居湾区"是建设大珠三角宜居区域的核心和突破口	将"湾区"作为粤港澳合作重点区域
2015 年《推动共建丝绸之路经济带和 21 世纪海上丝绸之路的愿景与行动》	充分发挥深圳前海、广州南沙、珠海横琴、福建平潭等开放合作区作用,深化与港澳台合作,打造粤港澳大湾区	"粤港澳大湾区"第一次被明确提出
2016 年《国家"十三五"规划纲要》	支持港澳在泛珠三角区域合作中发挥重要作用,推动粤港澳大湾区和跨省区重大合作平台建设	深化"粤港澳大湾区"平台建设
2016 年 3 月《关于深化泛珠三角区域合作的指导意见》	构建以粤港澳大湾区为龙头,以珠江-西江经济带为腹地,带动中南、西南地区发展,辐射东南亚、南亚的重要经济支撑带	专门章节陈述"打造粤港澳大湾区"
2016 年 11 月《广东省"十三五"规划纲要》	建设世界级城市群,推进粤港澳跨境基础设施对接,加强粤港澳科技创新合作	地方开始谋划"粤港澳大湾区"建设

续表

规划与政策文本	主要内容	历程
2017年全国"两会"《政府工作报告》	研究制定粤港澳大湾区城市群发展规划	"粤港澳大湾区"被纳入顶层设计
2017年3月十二届全国人大五次会议广东团全体会议	系统论述建设粤港澳大湾区的六大方向	粤港澳大湾区建设具体化
2017年7月广东省政府常务会议：推进粤港澳大湾区建设《大湾区框架协议》	指明战略性新兴产业代表新一轮科技革命和产业变革方向	指明建设方向

第三节　市场一体化对粤港澳大湾区的经济增长效应研究

一、模型构建及变量数据说明

1. 模型构建

根据前文文献梳理与逻辑分析,市场一体化对经济增长的影响可能并非是一成不变的,个体和时期的差异性会影响结果,同时还可能与区域经济发展水平的高低有关(Barro,2000),作用效果也可能是非线性的,如存在"U型"或"倒U型"的趋势(陆铭等,2009)。借鉴此类已有研究,建立如下计量模型研究粤港澳地区市场一体化的经济增长效应:

$$y_{it} = \alpha + \beta_1 lninteg_{it} + \beta_2 lninteg_{it}^2 + \beta_3 lninteg_{it} \times lnpg_{it} + \bar{X} + \mu_t + \lambda_i + \varepsilon_{it}$$

$$(13-10)$$

其中,下标 i 表示地区,下标 t 表示年份,y 为经济增长率,lninteg 是市场一体化指数,lnpg 表示经济发展水平,市场一体化指数与经济发展水平的交互项则表明市场一体化对经济增长的作用受当地经济发展水平的影响。$\bar{X}$ 为控制变量。ε 表示随机干扰项。

2. 变量选取及数据说明

对于因变量 y,遵循 Frank(2005)的方法采用人均实际 GDP 增长率表示经济增长率。对于解释变量,integ 的指标与数据如前文所测算,因其数值相对较大,取其对数予以平滑。

控制变量 X 包括:

经济发展水平(lnpg)及其平方项(lnpg²)。Barro(2000)的增长收敛研究表明经济增长速度与其经济发展水平可能会存在非线性的"倒 U 型"关系,因此,加入人均实际 GDP 及其平方项以反映经济发展水平对经济增长的影响。

贸易增长率(open)。用各城市的进出口产品价值增长率表示。

政府支出增长率(gov)。用各地区政府财政支出的年增长率表示,该指标可以反映一个地区的政府对经济活动的干预程度。它对经济增长的影响具有两面性:当政府把财政支出用于教育、卫生、医疗等投入和改善基础设施等方面时将有利于经济增长;而当把财政支出主要用于冗员低效的行政管理时,则可能会导致资源配置扭曲。

劳动力增长率(l)。用各城市的年末从业人数的年均增长率表示。根据 Alcalá 和 Antonio(2003)的研究,该指标表明市场规模的大小,对经济增长将产生预期的积极影响。

人均物质资本增长率(k)。采用"永续盘存法"来测算资本存量,计算公式为:

$$K_{2005} = k_{2005} / (g_i + \delta) \qquad K_{it} = K_{it-1}(1 - \delta) + k_{it} \qquad (13-11)$$

其中,K 代表固定资产投资存量,k 为当期的固定资产投资流量,即当期投资额,g 为投资额年均增长率,δ 为折旧率,取 5%,把实际资本存量与劳动力相比,得到人均实物资本存量,并进一步计算出增长率。增长理论证明资本积累对经济增长将有重要的正向影响。

原始数据来源于《长江和珠江三角洲及港澳台特别行政区统计年鉴》《广东省统计年鉴》《中国统计年鉴》(2001—2015 年),部分缺失值通过插值法补全。

二、实证分析

1. 平稳性检验

根据相关的计量经济学和统计学的基本理论,为了避免出现"伪回归",

即虚假回归,防止面板数据之间存在着相关性与因果性,有必要在进行回归分析之前对面板数据进行检验,验证变量的平稳性。根据表13-5的检验结果,所有变量在 LLC、IPS、ADF-Fisher 和 PP-Fisher 四种检验方法的10%显著性水平下,均通过检验,这表明模型所用数据是平稳的,为稳健的序列。

表 13-5　单位根检验

变量	检验方法			
	LLC	IPS	ADF-Fisher	PP-Fisher
y	0.0155 **	0.0188 **	0.0303 **	0.0160 **
lninteg	0.0003 ***	0.0012 ***	0.0692 *	0.0001 ***
lninteg×lnpg	0.0065 ***	0.0122 **	0.0593 *	0.0827 *
lnpg	0.0000 ***	0.0049 ***	0.0249 **	0.0013 ***
$lnpg^2$	0.0000 ***	0.0510 *	0.0585 *	0.0075 ***
open	0.0000 ***	0.0001 ***	0.0003 ***	0.0000 ***
gov	0.0000 ***	0.0000 ***	0.0000 ***	0.0000 ***
l	0.0000 ***	0.0000 ***	0.0000 ***	0.0000 ***
k	0.0000 ***	0.0000 ***	0.0000 ***	0.0000 ***

注:表中结果为该统计量的伴随概率;***、**、*分别表示在1%、5%、10%的水平上显著。

2. 回归分析

市场一体化与区域经济增长可能存在互动内生关系:推进市场一体化有利于地区经济增长效率提高,反过来经济得到增长和发展也将使得要素聚集、产品流动与市场范围进一步扩大,有利于市场一体化的进一步提升。为了解决内生性,研究对自变量进行滞后一阶处理,并以区域一体化滞后一期的工具变量进行 Hausman 内生性检验,结果表明不用工具变量的模型并不存在内生性问题,所以采用一般面板模型回归能够得到无偏估计,并根据 Hausman 检验判断选择固定效应,回归结果见表13-6。表13-6的模型1检验了市场一体化的整体作用效果;模型2检验了粤港澳地区市场一体化对区域经济增长的非线性趋势;模型3则检验了区域经济发展水平在市场一体化的经济增长效应中的调节作用;模型4则是考虑了市场一体化促进经济增长的全部作用形式。从表 13-6 的估计结果可以得到如下结论。

表 13-6　回归结果

	模型 1	模型 2	模型 3	模型 4
lninteg	0.0370 (1.23)	0.677 (1.07)	−1.822 *** (−17.06)	0.609 ** (2.07)
lninteg²		−0.0757 (−1.01)		−0.333 *** (8.64)
lninteg×lnpg			0.160 *** (16.93)	0.195 *** (22.64)
lnpg	0.302 * (1.83)	0.249 (1.44)	0.0332 (0.35)	0.208 *** (2.63)
lnpg²	−0.0157 ** (−2.06)	−0.0134 * (−1.69)	−0.0276 *** (−5.48)	−0.0268 *** (−6.62)
open	0.122 *** (2.67)	0.117 ** (2.54)	0.0347 (1.31)	0.0398 * (1.87)
gov	−0.0430 (−0.88)	−0.0435 (−0.89)	−0.0124 (−0.45)	−0.0033 (−0.15)
l	0.0663 (1.17)	0.0745 (1.30)	0.0798 ** (2.47)	0.0467 * (1.78)
k	0.0214 (0.59)	0.0175 (0.48)	−0.0054 (−0.26)	0.0062 (0.37)
C	−1.454 (−1.60)	−2.502 * (−1.82)	−3.943 *** (−7.35)	0.133 (0.21)
R^2	0.419	0.425	0.750	0.839

注:括号内为 t 统计量的伴随概率;***、**、* 分别表示在 1%、5%、10% 的水平上显著。

模型 1 结果表明:进入 21 世纪以来,粤港澳地区市场一体化整体上促进了区域经济增长,作用系数为 0.0370,但是这一作用效果并不显著。珠三角、港澳地区最早实施改革开放,大量引进外资,经济发展快,经济发展水平逐渐得到较大程度提高,同时珠三角 9 市与港澳两区的经济合作与一体化程度逐渐加深,21 世纪初以"前店后厂"为主要形式的制造业垂直分工合作,2003 年以来的以服务贸易自由化为核心的产业横向整合,再到新时代,"湾区经济"建设则是推动其一体化发展的根源与内在动力。源于区域经济合作和一体化的需要,政府政策也同时给予了大力支持。珠三角与港澳经济产业之间的联系与政策支持的结果表明极大地降低了税费成本、要素使用成本及主要的经济要素流的流动障碍等，在内地与港澳之间逐步取消货物贸易的关税、非关税壁垒、歧视性措施，极大地推动了服务贸易与投资的自由化、便利化，降低了区际间的交易成本，有利于区际间的产业分工，从而提高整个区域的经济效率，极大地促进了经济增长与发展。

在模型 2 回归中，一体化指数 lninteg 的系数为正，其平方项系数为负，这表明：粤港澳地区市场一体化对区域经济增长有非线性影响，存在着拐点，呈现出"倒 U 型"的趋势，该结论与陆铭和陈钊(2009)的结论相似。并求得市场一体化拐点为 87.49，2001 年到 2015 年粤港澳大湾区 11 市市场一体化水平总体处于拐点的左侧，只有个别城市在最近两年逼近甚至超过这一拐点，这说明商品市场一体化对经济增长影响的趋势在大部分城市未发生方向性的变动，随着一体化程度的进一步提高，其对粤港澳大湾区经济发展的促进作用会逐渐减小，越过拐点后，其对经济增长产生负向作用。这并不意味着建设粤港澳大湾区要抑制市场一体化发展，相反，付强(2017)的研究表明：在此时，更应该加强粤港澳区域分工和协作，降低粤港澳三地的产业同构度，增强专业化，避免重复建设，在更高的水平和层次上实现粤港澳的协同与联合。

在模型 3 的回归中，市场一体化指数自身的系数则显著为正，而市场一体化指数与经济发展水平的交互项系数显著为负，这表明：区域经济发展水平在市场一体化影响粤港澳经济增长中的调节作用是存在的，经济发展水平的不同的确造成了市场一体化程度对经济增长影响的差异。市场一体化对经济发展的总效应为：$\partial y / \partial lninteg = -1.822 + 0.16 lnpg$，反映出随着经济发展水平的提高，等式右边的值越来越大，且其零点为 88212.15。这表明：在人均实际 GDP 小于 88212.15 元时，市场一体化对经济增长的影响具有显著抑制作用；超过这个临界点后，则对经济增长具有促进作用。从 2001 年到 2015 年，随着粤港澳大湾区 11 市经济发展水平的提高，广州、深圳、珠海、中山、香港、澳门和佛山 7 市陆续实现了由抑制到促进的影响效果转变，截至 2015 年，只有惠州、东莞、江门、肇庆 4 市尚没有完成这一转变。广州、深圳、香港和澳门等城市由于其经济发展水平相对较高，"虹吸效应"明显，一体化使得如肇庆、江门等城市的资源、要素流出，因而，广州等高经济发展水平城市获得的一体化经济收益较高,而肇庆等低经济发展水平城市的一体化收益较低。

从其他控制变量来看,经济增长与其经济发展水平存在非线性的"倒U型"关系,这也印证了 Barro(2000)等的研究:落后地区的经济增长速度会比较快,但是当经济发展到一定阶段以后,增长速度会下降。贸易(open)、劳动力(l)、人均实物资本(k)的影响均与预期的正向作用相同,且部分具有显著性;政府支出(gov)对经济增长的影响是负向的,这可能是由于部分城市政府支出对市场过度干预,使得资源配置扭曲和效率低下,对经济增长进而造成负作用。

第四节　结论与建议

本章利用粤港澳大湾区9市两区2000—2015年商品 CPI 指数和2005—2015年生产要素空间杜宾模型,分别测算了粤港澳大湾区产品市场和要素市场的一体化水平,并建立计量模型分析市场一体化对推动粤港澳大湾区经济增长的作用。结果表明:第一,自21世纪以来,粤港澳大湾区产品市场一体化程度整体上不断提高,各地级市之间市场趋于整合而非分割;第二,在要素市场中,大湾区劳动力和资本要素市场一体化程度较高,技术和土地市场一体化程度较低,且一体化程度从高到低依次为资本市场、劳动力市场、技术市场、土地市场,一体化程度整体上均不断提升;第三,市场一体化对粤港澳大湾区经济增长的影响呈现"倒U型"结构,湾区大部分城市市场一体化水平尚未越过87.49这一拐点,且一体化对经济增长的促进作用受大湾区城市经济发展水平的影响,随着大湾区城市经济发展水平的不断提高,这一作用得到进一步放大。

根据本章研究,提出以下建议:

第一,粤港澳大湾区作为全国首个正式意义上的湾区,世界第四大湾区,其建设已上升为国家战略。在"湾区经济"建设的新时期,全区要作为一个整体,充分利用《大湾区框架协议》这一顶层规划成果,加强粤、港、澳各方的沟通和协调,健全体制机制,破除区域政策壁垒,立足基础设施、一体化平台、关税体制等重点领域,从资源要素、产品产业和金融交通等多个角度全方位深入推进市场一体化，同时粤港澳三地要形成有效区域分工、产业布局和实现错位发展，避免重复建设、同质竞争和产业同构，遵照"广州是产业创新中心，香港是金融贸易中心，澳门是旅游休闲中心"这一规划，将市场劳动分工与专业化所形成的集聚收益发挥到最大。

第二，伴随着粤港澳市场一体化和经济发展水平的不断提升，要防止湾区内各城市间的经济发展差距过大，尤其是肇庆、江门和惠州等经济发展水平相对较低的城市，因为一体化对经济增长的贡献受经济发展水平影响，而广州、深圳和香港等高水平城市的"虹吸效应"则会加大这一作用，造成湾区内城市主体"强者愈强，弱者愈弱"的局面。此外，目前大湾区经济发展水平整体阶段较高，随着经济发展水平的不断提高，政府的职能更多地被市场所取代，政府更多地起到顶层设计与规划引导的作用，在规划的大框架之下基于市场生产关系而形成的整合和一体化或许才是政府与市场的双赢。

第十四章

新经济地理视角下粤港澳市场
一体化影响因素研究

习近平总书记高度重视粤港澳大湾区规划工作。建设粤港澳大湾区是以习近平同志为核心的党中央作出的重大决策。2017年3月5日召开的十二届全国人大五次会议上，国务院总理李克强在政府工作报告中提出，要推动内地与港澳深化合作，研究制定粤港澳大湾区城市群发展规划，发挥港澳独特优势，提升在国家经济发展和对外开放中的地位与功能。同年4月7日，国家发展改革委制定印发了《2017年国家级新区体制机制创新工作要点》，其中就包括要深化粤港澳深度合作探索。粤港澳合作不是新概念，大湾区城市群的提出，应该说是包括港澳在内的珠三角城市融合发展的升级版，升级成为先进制造业和现代服务业有机融合最重要的示范区。在此背景下，2017年7月1日，《深化粤港澳合作 推进大湾区建设框架协议》在香港正式签署，协议明确提出粤港澳三地将在中央有关部门的支持下，打造国际一流湾区和世界级城市群，提升市场一体化水平，促进产品、要素、服务便捷流动，打造具有全球竞争力的营商环境。大湾区实现市场一体化，可以消除湾区内各种商品和要素流动的经济和非经济壁垒，要实现产品、要素和服务的自由流动，促成湾区统一大市场的形成，从而为区域内产业分工的细化和合理布局、资源配置的优化和效率提升以及区域规模经济的有效发挥提供条件，并最终实现区域一体化发展。本章试图在新经济地理框架下研究影响粤港澳大湾区市场一体化的因素，利用粤港澳地区2001—2015年的面板数据分析了粤港澳地区密度、距离和整合的历史与现状,并在此基础上实证研究了各经济地理要素对粤港澳市场一体化的影响作用。

本章余下部分做如下安排:第一节将回顾与总结有关市场一体化的研究文献;第二节将阐述区域一体化的 3D 理论机制,并在此框架下研究粤港澳地区 3D 的演进历程;第三节将构建计量模型,实证研究各经济地理要素对粤港澳市场一体化的作用机制,并探索粤港澳三大城市圈市场一体化的空间异质性,进行稳健性检验;第四节由实证研究结果总结出结论,并提出相关的政策建议。

第一节　文献回顾

市场一体化是区域资源自由流动的动态过程,包括商品市场一体化、要素市场一体化以及服务市场一体化三方面内容。现有文献主要从三个方面研究市场一体化:水平测度、成因分析和经济效果。

对区域市场一体化水平测度,多位学者分别用不同的方法进行了测算和分析,也得出了不同的结论。Park(2002)、陆铭(2004)、桂琦寒(2006)等采用价格法,Ponce(2005)、Naughton(2002)、邢伟波(2009)、徐现祥(2009)等采用贸易流法,Young(2000)、白重恩(2004)、胡向婷(2005)等采用生产法研究了中国市场一体化表现,其中只有 Young(2000)、郑毓盛等(2003)和 Pocent(2005)的研究认为中国国内市场分割正在加剧,市场一体化正逐步弱化,而除此之外,其他绝大多数学者的研究均认为中国国内市场整合程度总体呈上升趋势,国内市场一体化程度正逐步加强。

在市场一体化的成因分析上,现有研究多从以下三个方面进行研究:基础设施状况、地方政府偏好和对外开放程度。交通等基础设施状况的完善与否是影响产品和要素流动成本的决定性因素,Andrabi 等(2010)研究发现印度铁路交通的完善可以解释印度商品市场 20% 的价格趋同现象,陈宇峰等(2014)在实证中得出,公路里程长度与市场一体化负相关。众多研究表明地方政府基于 GDP 业绩的本地偏好是造成市场分割的重要原因,金字塔般行政区划管理模式(鲁勇,2002;洪银兴等,2003)、行政性分权、财税权利下放、政绩竞赛(周黎安,2004)等导致地方保护主义盛行并形成市场分割。国际贸易对国内贸易的替代效应加深了市场分割(郭树清,2007),内需不足的情况下,企业无法利用国内市场的规模效应,转而增加出口以获取国际市场的规模效应,弱化了国内合作的激励(盛斌等,2011),任志成(2014)等用贸易开放度表示经济开放水平,研究发现贸易开放对市场一体化的影响呈"倒 U 型"特征。

在市场一体化对区域发展所产生的经济效果上,诸多学者进行了研究,发现市场一体化对经济增长的影响并非一成不变,个体和时期的差异性会影响结果,并未得出统一性的结论。现有实证结论包括三种情形:第一种认为市场一体化有助于经济增长,如徐现祥(2007)等从理论和实证两个方面证明,市场一体化会随着长江三角洲城市经济不断协调发挥作用,从 1990 年到 2002 年长三角地方市场分割对区域协调发展的阻碍作用已经下降了近 50%;第二种认为市场非一体化会促进经济增长,如陆铭(2009)、付强(2017)的研究发现在某一特定时期,市场分割会促进经济增长,也即区域市场整合对全要素生产率产生了负面影响;第三种认为市场一体化对经济增长影响与区域经济发展水平有关,如刘志彪(2010)等的研究。

综上,目前的研究大都是从全国视角出发,分析各地产品市场一体化水平及其对经济发展的作用,但是中国地区发展极不平衡,东中西区域分异显著,此外,我国尚未推动建立统一性的全国市场,更多的是实行区域一体化战略,如京津冀、长三角和珠三角等地方性区域一体化市场和经济。因此,如果单纯考虑全国市场一体化水平可能会出现失真和误判现象,地方性区域性经济体是更加值得研究的对象,只有如此,才能由点及面,推而广之,为全国建立一体化市场和经济提供示范和借鉴意义。党的十九大以来,粤港澳大湾区已上升为国家级战略,是全国最大的区域性经济体,具有独特的经济意义和研究价值。本章以粤港澳大湾区为样本,基于经济地理 3D 框架研究其市场一体化水平与演进趋势,并考察自港澳回归以来,各经济地理要素对粤港澳市场一体化产生的影响。

第二节　新经济地理框架下粤港澳 3D 演进分析

一、理论框架

《2009 年世界发展报告:重塑世界经济地理》提出了一个新的经济地理分

析框架——3D 框架,该框架指出区域一体化是一个增加开发密度、缩小联系距离、减少相互分割的过程,并以密度(Density)、距离(Distance)、整合分割(Division)为主要内容解释区域一体化发展动力结构,因而得名。

密度反映的是区域经济活动的强度、集中度和集聚程度。在市场一体化的初级阶段,通过实施无差别的区域公共政策,提高区域经济活动强度,经济活动强度的提高和产业集聚能够增强地区吸引力,促使要素流动与集聚,进而形成分工、规模效应、基础设施等要素共享及技术外溢,促进市场一体化。

距离反映了要素到达市场的难易程度,产品、要素和服务流动所需耗费的成本,距离越大,则成本越高,产品、要素流动越困难。除空间位置外,基础设施状况、文化差异和社会制度等都是距离所包含的内容,在一体化的中级阶段,通过不断完善区域基础设施,健全交通、通讯等来缩短区域空间距离和经济距离,提高产品、要素流动效率,推进市场一体化。

整合分割主要反映的是限制产品、要素流动的社会障碍和制度壁垒,如国际贸易保护主义、边界效应、政府本地偏好等。长期以来中国的省市县行政区划管理模式、财政分权制度和户籍制度等都在一定程度上阻碍了产品、要素和服务的跨区域流动,阻碍了市场一体化。在市场一体化的较高级阶段,要通过政策干预,改革体制、机制和制度,促进区域协调一体化发展。

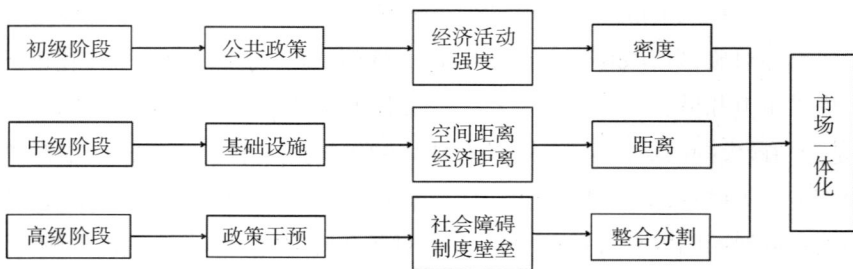

图 14-1 市场一体化理论框架与机制

二、粤港澳地区密度、距离和经济整合历史演进分析

在回顾相关文献和新经济地理市场一体化理论框架的基础上,本章构建了粤港澳地区密度、距离和经济整合的指标评价体系,内容及指标量化见表 14-1。

表 14-1　粤港澳地区 3D 框架指标体系

框架内容	指　　标	计算方法
密度因素（Density）	经济密度（ecd）	GDP/地理面积
	人口密度（pod）	总人数/地理面积
距离因素（Distance）	交通密度（trd）	公路里程/地理面积
	通讯设施（tel）	邮电业务总量/GDP
整合因素（Division）	市场化（mkd）	非国有企业产值/企业总产值
	对外开放（open）	进出口总值/GDP
	政府干预（gov）	政府财政支出/GDP

注:整理自 2009 年世界银行发展报告《重塑世界经济地理》。

在表 14-1 的指标体系下,收集并计算粤港澳大湾区 9 市 2 区 2001—2015 年的指标数据①,利用主成分分析从各自指标中提取出密度因素、距离因素和整合因素主成分,测算结果见表 14-2。

表 14-2　粤港澳大湾区 2001—2015 年密度、距离和整合因素测算

年份	密度因素	距离因素	整合因素
2001	−0.224	0.275	−0.189
2002	−0.213	0.287	−0.124
2003	−0.199	0.294	−0.071
2004	−0.166	0.349	−0.070
2005	−0.139	0.301	−0.053
2006	−0.094	−0.041	−0.045
2007	−0.045	−0.160	−0.037
2008	−0.015	0.065	0.005
2009	−0.013	0.138	−0.152
2010	0.054	0.163	−0.059
2011	0.116	−0.072	−0.002
2012	0.168	−0.115	−0.076

---

①　全部数据来源于历年《广东统计年鉴》《中国统计年鉴》《中国城市统计年鉴》。

续表

年份	密度因素	距离因素	整合因素
2013	0.238	−0.550	0.183
2014	0.281	−0.495	0.244
2015	0.251	−0.439	0.446

注:作者计算整理所得。

  根据表14-2,可以发现:从2001年到2015年,粤港澳地区的密度和经济整合因素呈现逐年上升的趋势,距离因素则呈现出波动性下降的趋势。广东省多年地区生产总值位列全国第一,港澳由于其独特的经济发展历史,金融业和服务业发达,使得粤港澳地区经济发展水平高,经济密度高,人口众多,且城市人口占总人口比重大,区域城市化水平高,进而使得粤港澳地区总体密度因素表现逐渐上升;广东省不断加大地区基础设施建设,尤其是交通和通讯基础设施,区域内机场、港口众多,高铁、公路纵横密布,使得粤港澳区内各个城市之间经济联系和社会联系不断加强,地理距离和经济距离不断缩小;自港澳回归和进入新世纪以来,深圳、珠海等经济特区率先实现对外开放,对接港澳,且积极推行市场化改革,实施财税分权,逐渐形成比较完善的市场经济,此外广东省与港澳签署和出台了多项有利于促进区域一体化的政策和规划,如CEPA系列协议,粤港、粤澳合作框架协议等,都极大地促进了粤港澳的区域整合和一体化。

第三节 经济地理要素对粤港澳市场一体化影响的实证分析

一、模型设定及变量说明

  根据上述文献回顾与理论分析,借鉴周黎安(2004)、陈宇峰等(2014)的研究,本章构建了以下面板模型以验证粤港澳地区的密度、距离和分割因素是否促进了其市场一体化:

$$index_{it} = \alpha + \beta_1 density_{it} + \beta_2 distance_{it} + \beta_3 division_{it} + \varepsilon_{it} \tag{14-1}$$

其中,index 为粤港澳市场一体化指数,density、distance 和 division 分别为上文中的密度、距离和整合因素。

同时,为深入研究各经济地理要素对粤港澳市场一体化的影响作用,本章还建立以下面板模型:

$$index_{it} = \alpha + \beta_1 ecd_{it} + \beta_2 pod_{it} + \gamma_1 trd_{it} + \gamma_2 tel_{it} +$$

$$\theta_1 mkd_{it} + \theta_2 open_{it} + \theta_3 gov_{it} + \eta \bar{X} + \varepsilon_{it} \tag{14-2}$$

其中,ecd、pod、trd、tel、mkd、open、gov 分别为上文中 3D 框架下各变量指标,$\bar{X}$ 为控制变量。

对于被解释变量:粤港澳市场一体化指数 index,本章采用八大类商品的价格[1],使用相对价格法进行测算,并取其倒数值来衡量商品价格的波动范围,指数越大,市场一体化程度越高。图 14-2 结果表明[2]:在本章的研究期 2001—2015 年内,粤港澳大湾区 9 市 2 区的一体化指数的变动趋势总体是一个逐渐上升的过程,即大湾区的商品市场的一体化程度越来越高,各城市区域之间市场趋于整合而非分割,但局部个别年份存在波动与振荡。此外,粤港澳大湾区中,广佛肇、深惠莞港和珠中江澳三大经济圈的市场一体化也呈现出波动性的上升趋势,且彼此之间的市场一体化程度差异性较小。

对于解释变量:采用上文所测算得到的各个指标的数值来表示。

对于控制变量:本章借鉴李雪松等(2015)的研究,选取外商直接投资(fdi)和地区经济发展水平(lnpgdp)作为控制变量。

二、实证分析

为了避免出现"伪回归",本章在进行回归分析之前对面板数据进行了单位根和协整检验,验证变量具有平稳性和协整性[3]。根据(1)式对全样本进行了一般面板回归,逐步添加变量,通过拟合优度 R^2、F 检验、Hausman 检验和

---

① 8 大类消费品:食品、烟酒及日用品、衣着、家用设备用品及维修服务、医疗保健和个人用品、交通和通信、娱乐教育文化用品及服务、居住。

② 由于该数值非常大,一体化指数均除以 10000。

③ 限于篇幅未列出检验结果,如有需要,可向作者索取。

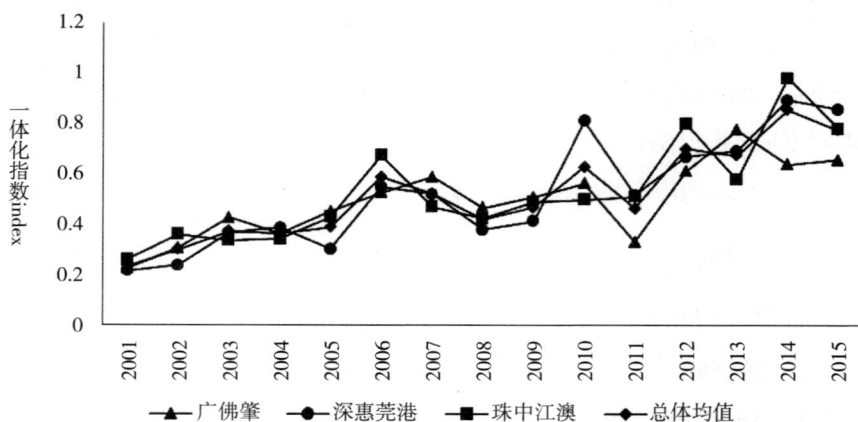

图 14-2　大湾区产品市场一体化指数的时间变化趋势

BP 检验判断选择固定效应模型,结果见表 14-3。结果发现,密度因素和整合因素显著地促进了粤港澳地区的市场一体化,距离因素也促进了粤港澳的一体化,但是不显著。粤港澳地区密度因素提高 1 个单位,市场一体化将提高 0.301 个单位;距离因素提高 1 个单位,一体化将提高 0.028 个单位;整合因素提高 1 个单位,一体化将提高 0.257 个单位。

表 14-3　回归结果

变量	(1) FE	(2) FE	(3) FE
density	0.255*** (6.41)	0.256*** (5.96)	0.301*** (7.88)
distance		0.002 (0.04)	0.028 (0.76)
division			0.257*** (7.10)
常数项	0.516 (1.43)	0.516 (1.54)	0.516 (1.52)
N	165	165	165
R^2	0.199	0.199	0.293

注:括号内为其 t 统计量值; ***、**、* 分别表示在 1%、5%、10%的水平上显著。

为进一步研究 3D 框架下,各个细分指标因素对粤港澳市场一体化的影响作用,本章根据式(14-2)进行了回归,通过 VIF 检验判断模型不存在严重的多重共线性问题,并通过 Hausman 检验判断选择固定效应模型,估计结果见表 14-4。表 14-4 中的第(1)—(3)列分别为逐步添加密度、距离和整合因素的细分指标进行回归的结果。本章以表 14-4 的第(3)列回归结果进行分析,其他回归结果为参照,使结果更加稳健,可以得到以下结论。

表 14-4　回归结果

	（1）	（2）	（3）	（4） 广佛肇	（5） 深惠莞港	（6） 珠中江澳
ecd	0.007 *** （5.10）	0.009 ** （2.15）	0.013 *** （2.86）	0.0968 *** （4.06）	0.0894 * （1.69）	0.0149 *** （8.95）
pod	−0.284 （−0.88）	−0.229 （−0.32）	−0.189 （−0.28）	−2.839 ** （−2.44）	−3.098 （−1.41）	−0.783 *** （−3.22）
trd2		0.052 ** （2.01）	0.057 ** （2.28）	0.0111 （0.04）	−0.0576 （−0.27）	−0.0221 * （−1.81）
tel		0.622 （0.92）	0.405 （0.59）	0.912 *** （3.28）	0.505 （0.44）	0.781 （0.87）
mkd			0.169 （0.51）	0.537 *** （2.60）	0.347 （0.59）	0.287 * （1.71）
open			0.187 *** （3.17）	0.154 （0.51）	0.281 ** （2.68）	−0.0805 （−1.61）
gov			2.687 *** （2.94）	−1.106 （−1.02）	1.957 （0.93）	1.457 ** （2.26）
fdi	1.244 （1.21）	1.695 * （1.93）	2.217 ** （2.58）	2.087 ** （2.42）	4.794 ** （2.53）	0.520 （0.47）
lnpgdp	0.303 *** （5.01）	0.354 *** （4.96）	0.382 *** （5.09）	0.294 *** （4.37）	0.697 *** （3.12）	0.183 ** （2.86）
常数项	−2.878 *** （−4.04）	−3.499 *** （−4.66）	−4.575 *** （−5.79）	−2.998 *** （−4.55）	−8.242 *** （−3.41）	−1.734 ** （−2.18）
N	165	165	165	45	60	60
R^2	0.384	0.403	0.462	0.5108	0.513	0.5535
估计模型	FE	FE	FE	RE	FE	RE
Hausman Test	16.07 （0.0029）	18.81 （0.0045）	19.96 （0.0182）	0.34 （0.8458）	15.66 （0.0013）	3.62 （0.3050）

注:括号内为其 t 统计量值;***、**、* 分别表示在 1%、5%、10%的水平上显著。

在密度因素中,粤港澳经济密度的提高对其市场一体化有显著的促进作用,经济密度提高 1 个单位,一体化程度就将提高 0.013 个单位;粤港澳地区人口密度的提高并没有促进其市场一体化。粤港澳地区相较于全国,经济发展水平高,地区生产总值高,区域内一线、大城市众多,如广州、深圳、香港等,使得粤港澳具有强大的"虹吸效应",即粤港澳地区对周边省市地区,乃至全国的资源、劳动力、资本和技术等生产要素以及服务等都具有很强的吸引力,促使粤港澳形成要素集聚高地,产生"规模效应"和"集聚效应"。同时粤港澳经济发展快,对周边地区如泛珠三角 11 省市区域,产生"溢出效应",这"一吸一放"之间都极大地促进了粤港澳地区的产品、要素和服务的流动,从而显著地促进了粤港澳市场一体化的提升,虽然粤港澳人口众多,但是城市常住人口占比不高,多为外来务工和迁移人员,人口流动大,此外,人口密度在各城市分布不均,广州、深圳等人口密度高,且还有不断流入,而肇庆、江门等内陆偏远地区密度小,还有不断流出,这在一定程度上加剧了粤港澳市场分割,没有促进一体化。

在距离因素中,交通基础设施显著地促进了粤港澳市场一体化,交通设施提高 1 个单位,市场一体化就提高 0.057 个单位,同时通讯设施也促进了粤港澳市场一体化,但是不显著。粤港澳地区长期以来注重本地区基础设施的建设,兴建了多条联通区内多个城市的高铁、地铁和公路线路,区内已有包含广州白云、深圳宝安在内的大小 10 余个机场,此外,粤港澳大湾区内沿珠江两岸港口众多,这些交通基础设施的不断完善,运输和出行方式的多样化选择,都极大地缩减了城市间的"距离",提高了运输效率,便利了区内人员、产品货物和服务的流动,降低了流动成本,显著地促进了粤港澳大湾区市场一体化。粤港澳大湾区内通讯设施完善,通讯服务质量高,人均电话数量较高,邮电业务总量逐年上升,都反映了粤港澳信息交换的频繁与便捷,信息化程度高、有利于市场一体化。

整合因素中,市场化程度的提高促进了粤港澳市场一体化,但不显著;对外开放水平和政府规划都显著地促进了粤港澳市场一体化程度,对外开放和政府支出每提高 1 个单位,一体化将分别提高 0.187 和 2.687 个单位。大湾区内,香港、澳门本就是高水平市场经济,广东省是中国改革开放的排头兵,建立深圳、珠海经济特区,对接港澳,实施市场化改革,为产品、要素和服务在粤港澳自由流动提供了制度安排与保障,同时粤港澳经济合作由来已久,加强珠三角、粤港、粤澳区域一体化的顶层规划和框架协议如 CEPA 及其系列补充协议,粤港、粤澳合作框架协议,尤其是 2017 年签署的《大湾区框架协议》,为粤港澳市场一体化建设予以政策引导和保驾护航,促进了大湾区市场一体化。

从其他控制变量看,外商投资和区域经济发展水平都显著地促进了粤港澳市场一体化,广东的改革开放和现有的外向型经济崛起离不开外资,尤其离不开香港、澳门的外商投资。因此,从一开始粤港澳之间的经济联系就紧密相连;区内经济发展水平高,要素活跃,经济实力强,使得粤港澳更有能力进行公共投资和基础设施完善,提高经济效率,促进一体化。

长期以来,粤港澳地区积极响应国家号召与安排,实施区域一体化发展战略,尤其是珠三角 9 市已经形成了"广佛肇"、"深惠莞"、"珠中江"三大城市圈,且近年来粤港澳地区致力于"湾区"共建,协调一体化发展,在原有基础上,基本上形成了"广佛肇"、"深惠莞港"、"珠中江澳"新三大城市圈,各城市圈基于不同的资源禀赋和地理区位,有着不同的发展定位,基于此,本章对三大城市圈分别进行了回归,探讨粤港澳三大城市圈市场一体化的异质性问题。回归结果见表 14-4 的(4)—(6)列。

回归结果表明:各因素对粤港澳三大城市圈市场一体化的影响表现出明显的个体异质性。广佛肇城市圈,经济密度、通讯设施、市场化水平均非常显著地促进了其市场一体化,交通设施和对外开放也促进了一体化,但不显著,而其人口密度和政府支出的提高却没有促进市场一体化。"广佛同城"、"广佛产业带"是广佛肇城市圈一体化取得的重要成果,相对而言,肇庆由于其靠近北部山区,不利的区位,在城市圈中明显处于弱势,人口流出大于流入,且广佛财政支出也倾向于本市,导致广佛肇市场一体化进程受阻。

深惠莞港城市圈,经济密度和对外开放显著地促进了市场一体化,通讯设施、市场化和政府支出不显著地促进了其市场一体化,人口密度和交通设施却对一体化产生了负向影响。深惠莞港城市圈位于珠江东岸,经济发展快,开放度高,已经形成比较完善的产业布局和比较完整的产业链条,经济联系紧密,同时也由于其对周边省市,乃至全国强大的"吸引力",尤其是深圳,人口稠密,成为引力的中心,且香港、深圳人多地少,交通等设施发展有限,在一定程度制约了其市场一体化。

珠中江澳城市圈,经济密度、市场化和政府支出的提高均非常显著地推动了市场一体化,通讯状况的改善也促进了市场一体化,但不显著,此外,人口密度、交通和对外开放却没有促进其市场一体化。珠中江澳城市圈地处珠江口西岸,经济发展水平高,市场化水平高,区内已经形成以江门为主体的机械电器产业群以及珠海、中山为中心的家庭耐用品、五金制品为主的产业带,产品流动性强,推动市场一体化发展,然而区内珠海、江门城市强弱对比明显,交通设施不健全,再加之澳门的投资与商业往来主要集中于珠海,阻碍了其市场一体化。

三、稳健性检验

1. 内生性检验

本章的实证研究可能存在两方面的内生性问题:一是遗漏某些随时间变化而又影响粤港澳市场一体化的非观测因素而导致内生性;二是粤港澳大湾区市场一体化与各要素之间很可能存在高度的双向因果关系,各要素推动粤港澳市场一体化水平提升,促进粤港澳经济发展和增强地区吸引力,反过来又影响各要素指标的高低表现。因此,为了降低偏误,需要对上述估计模型可能存在的内生性问题进行处理。

解决内生性的有效办法是寻求合适的工具变量,对面板模型运用工具变量法进行估计,但由于本章模型中可能存在多个内生解释变量,未能找到一个较好的工具变量。因此,本章采用解决内生性的一般做法,选用内生解释变量的滞后一期数据作为工具变量,进行面板模型回归,这样做的好处在于通过面板内部数据的处理而得到的内部工具变量,避免了搜寻工具变量的难度,同时也能满足工具变量的外生性和相关性。回归结果见表 14-5 的(1)—(3)列,与之前的回归结果相比,符号未发生变化,且显著性也未发生较大变化。

2. 剔除样本特殊值

由于粤港澳地区对外开放程度高,外向型经济发展水平高,尤其香港、澳门国际化程度高,易受国际因素的影响和干扰。因此,本章剔除 2008 年的指标数据,同时对于被解释变量市场一体化水平,剔除了其位于最高和最低5%水平的样本值,以消除极端样本对模型估计产生的影响,如表14-5(4)列所示,回归结果均未发生较大变化。

表 14-5　稳健性检验

	（1） ecd 内生	（2） pod 内生	（3） gov 内生	（4） FE
ecd	0.0131** （2.33）	0.0185*** （3.72）	0.0202*** （3.61）	0.00723* （1.75）
pod	-0.330 （-0.39）	-1.312 （-1.63）	-0.478 （-0.61）	0.0570 （0.09）
trd2	-0.0617** （-2.37）	-0.0603** （-2.32）	-0.0626** （-2.27）	-0.0374* （-1.91）
tel	0.479 （0.66）	0.602 （0.82）	0.922 （1.16）	0.611 （1.08）
mkd	0.294 （0.82）	0.287 （0.80）	0.308 （0.81）	0.205 （0.77）
open	0.129* （1.92）	0.117* （1.73）	0.227*** （2.75）	0.163*** （3.41）
gov	2.334** （2.24）	2.405** （2.35）	6.810*** （3.24）	2.223*** （2.90）
fdi	2.824*** （2.77）	3.480*** （3.41）	2.793*** （2.63）	1.685** （2.34）
lnpgdp	0.387*** （4.65）	0.437*** （5.19）	0.323*** （3.52）	0.351*** （5.66）
常数项	-4.618*** （-5.28）	-4.931*** （-5.59）	-4.588*** （-4.93）	-4.229*** （-6.57）
R^2	0.4227	0.4168	0.3420	0.542

注:括号内为其 t 统计量值;***、**、*分别表示在1%、5%、10%的水平上显著。

第四节　结论与建议

本章在经济地理的 3D 框架下,利用粤港澳地区 2001—2015 年的面板数据分析了粤港澳地区密度、距离和整合的历史与现状,并在此基础上实证研究了各经济地理要素对粤港澳市场一体化的影响作用,此外,还深入研究了其对粤港澳三大城市圈市场一体化的空间异质性作用。结果发现:第一,自从港澳回归以来,粤港澳地区的密度和经济整合因素呈现上升的趋势,距离因素则呈现出波动性下降的趋势。第二,粤港澳9市2区的一体化指数总体是一个逐渐上升的过程,大湾区的商品市场的一体化程度越来越高,各城市区域之间市场趋于整合而非分割,但局部个别年份存在波动与振荡。第三,密度因素中的经济密度促进了其市场一体化,人口密度却没有促进其市场一体化,距离因素中的交通基础设施显著地促进了粤港澳市场一体化,通讯设施也促进了粤港澳市场一体化,但是不显著,在整合因素中,市场化程度的作用不显著,而对外开放水平和政府规划支出都显著地促进了粤港澳市场一体化程度。第四,各经济地理因素对粤港澳三大城市圈市场一体化的影响表现出明显的空间个体异质性,在广佛肇城市圈,经济密度、通讯设施、市场化水平均非常显著地促进了其市场一体化,交通设施和对外开放也促进了一体化,但不显著,而其人口密度和政府支出的提高却没有促进市场一体化;在深惠莞港城市圈,经济密度和对外开放显著地促进了市场一体化,通讯设施、市场化和政府支出不显著地促进了其市场一体化,人口密度和交通设施却对一体化产生了负向影响;在珠中江澳城市圈,经济密度、市场化和政府支出的提高均非常显著地推动了市场一体化,通讯状况的改善也促进了市场一体化,但不显著,此外,人口密度、交通和对外开放却没有促进其市场一体化。

基于本章研究结论,提出以下政策建议:第一,粤港澳地区密度因素、经济整合因素与市场一体化的上升趋势和距离因素的下降趋势特征表明粤港澳湾区在当前乃至未来一段时间的建设中应继续坚持现有的一体化制度安排和政策规划,各方在当前的发展轨迹与路径下持续深入地推动粤港澳湾区落实各项顶层设计,完善公共制度以建立密度、完善基础设施以缩短距离、实施政策干预以促进经济整合。第二,密度、距离与经济整合因素及其各经济地理要素对粤港澳市场一体化的差异性作用效果表明推动粤港澳市场一体化不仅要着重解决有关密度、距离和经济整合等方面的问题,对于3D因素和各经济地理要素,还要具有针对性。具体而言,就是要在保持经济较快发展的同时,要通过逐步完善交通、通讯等基础设施来提高经济效率,政府制定规划和给予政策支持来增强城市的吸引力和包容性,消弱自然壁垒和行政壁垒,提升地区市场化水平和开放程度,形成大湾区较为完善的产业布局和区位分工,但对部分问题需要针对性解决,如人口密度对粤港澳市场一体化产生了负向影响,但这并不意味着就要降低人口规模,降低城市化水平,而是要通过制定人口与产业政策,进行利益引导与补偿,发挥其"引流"与"过滤"作用。此外,对于涉及多个市、区的公共层面的措施需要一个超越粤港澳省级层面的机构予以领导和规划,因此,建议由中央政府成立粤港澳大湾区建设统一领导小组,顶层规划,组织多边协调与共商,充分发挥各方建设的积极性。第三,各经济地理要素对粤港澳三大城市圈市场一体化的空间异质性影响表明在大湾区内,各城市群具有明显的个体特征和空间异质性,各要素对市场一体化的作用效果呈现出空间个体差异。因此,政府制定规划与方案要充分考虑粤港澳9市2区各个城市的资源禀赋、区位特征和比较优势,各个城市依据自身特征实施一体化建设既要发挥自身长处,也要解决短板问题。广佛肇城市圈要继续发挥"广佛同城"优势,同时也要加强两市与肇庆的经济社会融合,实现"三城同一",要加大对肇庆的经济扶持与利益补偿,增强其吸引力,防止其要素过度外流;深惠莞港城市圈要通过产业的梯度转移来拓展城市发展空间,着重发展高技术与新兴产业等资本、技术密集型产业,疏解城市人口,规划建设现代交通网络与物流体系,挖掘城市空间;珠中江澳城市圈要在当前的产业分工体系下进一步推进协调一体化发展,完善交通、信息等基础设施,建立现代化交通网络和一体化信息平台,探索非毗邻地区的跨区域合作机制。

下　篇

比 较 与 借 鉴

第十五章

技术创新和技术引进对经济增长的差异性研究

——基于东部地区动态面板数据 SUR 模型的实证

我国东部地区深圳特区的开发,带动了珠江三角洲地区的经济发展与改革推进;上海浦东新区的开放,推进了长江流域和长江三角洲的改革进程,珠三角和长三角地区成为中国经济发展中的领头羊。中国经济发展开始进入以结构调整、创新驱动为主要特征的经济发展新阶段(金碚,2015)。《国民经济和社会发展第十一个五年规划纲要》提出鼓励东部地区率先发展,利用科技优势协助中西部地区发展,从而健全区域协调联动机制,形成合理的区域发展格局。东部的率先发展承担着为全国引路、试验的任务,在发展、转型、改革、转轨走在前面,为全面深化改革起到先行先试、搭桥铺路的作用。作为中国经济发展的重要增长端的东部地区,自然吸引了国内外的众多学者对其经济增长机制进行研究。王佳宁和罗重谱(2017)指出东部地区资源型城市可持续发展,可基于主体异质性、空间异质性、类型异质性构建长效机制,基于不同成长阶段差异化地培育发展新动能。肖燕飞(2017)借助 GIS 的空间分析模块,系统分析了我国省域不同资本的时空演化过程,并采用面板数据模型得出东部地区资本与区域经济水平之间存在着长期稳定关系。不管是从资本总量还是资本内部结构,东部地区都占据着主导地位。也有学者从东部地区的产业结构方面研究东部地区较发达的原因(彭国华,2015)、制造业转移对区域经济的影响(孙慧文,2017)和从政策和经济等角度研究东部地区下一步的经济发展战略(王佳宁等,2012)。

当前国内外文献对我国不同区域的研究成果颇为丰富,也给我国东部、西部和中部地区的协调发展提供了参考性的政策建议。但绝大多数文献描述性较多,并且没有深入东部地区内部经济增长规律,较少地将技术创新和技术引进分开来研究并纳入经济增长函数中。基于此,本章以东部地区为研究对象,分别研究技术创新和技术引进对经济增长的促进效果,通过对两者之间可能产生的关系进行研究,从而为东部地区技术改革或政策方针做参考。

本章结构安排如下:第一节进行相关文献的整理,主要是对技术进步,以及技术创新和技术引进作用机理的阐述;第二节为构建模型、研究方法以及变量与数据选取的说明;第三节采用动态面板模型进行实证分析;第四节为结论与建议。

第一节　文献综述

现代经济学从不同的角度将经济增长的方式分成两类:以生产要素的投入为主的粗放型经济增长方式和以技术进步为创新动力的集约型经济增长方式。颜鹏飞等(1997)的实证研究指出技术进步对区域经济从粗放型向集约型增长方式的转变的贡献是巨大的。中国若要保持经济可持续发展,必须从根本上扭转技术进步贡献率下降的趋势(宋冬林等,2011),这从另一方面证明了技术进步对经济可持续发展的重要性。

技术进步来源于两个方面,自主研发带来的技术创新和引进国内外先进技术。已有研究表明自主研发中 R&D 能力是促进生产率增长的重要因素(Mansfield,1965),朱平芳和李磊(2006)运用 1998—2003 年上海市 189 家大中型工业企业样本研究表明:直接技术引进对国有企业的生产率有显著正影响,但对其他内资企业的生产率并没有显著影响。唐未兵等(2014)运用动态面板广义矩(GMM)估计发现技术创新给经济增长集约化水平带来负面影响,而引进技术有利于经济增长集约化水平的提升。肖利平和谢丹阳(2016)基于异质吸收能力视角,认为技术引进对本土创新增长产生不同效应,应当推行差别化的创新发展政策,落后地区首先应加强吸收能力而发达地区则侧重于加强基础研究和核心技术创新。也有学者分析自主创新和技术引进相互影响关系,Laursen 和 Salter(2006)研究得出企业过度依赖技术引进会导致自主创新能力下降的结论。后发企业技术引进与自主创新的协同需要满足 3 个条件,即在技术来源维度上,动态技术战略、技术引进与自主创新两种技术来源的协同共用和技术平台构成一个良性循环系统(崔淼和苏敬勤,2013)。张海洋(2005)通过分析不同行业的面板数据得出,自主研发对生产率和技术效率不具有明显的正向作用,甚至可能具有副作用,而只对技术进步有促进作用。

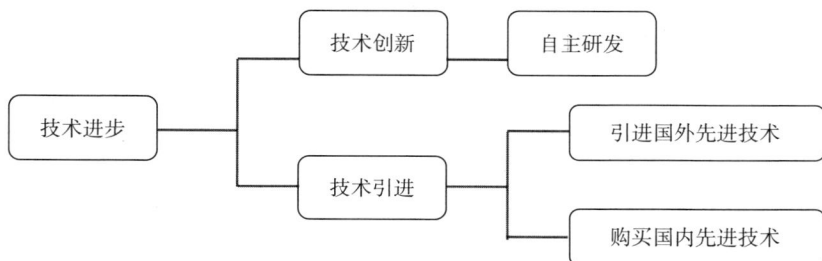

图 15-1　技术进步来源情况

综上所述,已有相当多的文献研究了技术引进与技术创新的作用机制以及它们之间的相互关系。本章借鉴陈颖和李强(2006)的研究成果,在索罗余值法的改进基础上构建动态面板广义矩(GMM),该方法限制条件少,不要求干扰项的准确信息情况,允许随机误差项存在一定的序列相关和异方差。本章将引进国内外技术的支出均包含在技术引进方面,认为技术引进在配合技术改造之后才能有一定的效果,同时也在模型中纳入了技术引进与技术创新的关系,剖析两者的交互影响。

第二节　模型构建与变量的选取

一、模型构建

在研究技术创新与技术引进对经济增长的影响时需要充分考虑到经济增长过程中诸多关系的动态变化,如引入滞后项构建动态面板模型(吴晓波和郑素丽,2005;吴延兵,2008)。

本章在柯布—道格拉斯生产函数的基础上进行时间与技术上的改进:

$$Y_{it} = A_{it}^{\theta} K_{it}^{\alpha} L_{it}^{\beta} \tag{15-1}$$

其中,Y_{it} 为第 i 地区规模以上工业企业在 t 年的新产品产值;A_{it} 为第 i 地区规模以上工业企业在 t 年的科技投入;K_{it} 为第 i 地区规模以上工业企业在 t 年的物质资本投入存量;L_{it} 为第 i 地区规模以上工业企业在 t 年的劳动投入。θ、α 和 β 分别为科技投入、物质资本投入存量和劳动投入的产出弹性。

一个企业的科技水平决定其产出水平。科技投入主要由两部分组成:自主创新投入和引进技术投入。党的十八大报告明确指出的自主创新包含原始创新和引进消化吸收再创新,本章根据两者的作用定义为自主创新能力。将技术引进分为两个部分:引进国外技术和购买国内技术。由此得到科技投入的公式为:

$$A_{it} = (R_{it} + D_{it})^{\tau_1} (T_{it} \cdot M_{it})^{\tau_2} \tag{15-2}$$

其中 R_{it} 和 D_{it} 分别为第 i 地区规模以上工业企业在 t 年的 R&D 投入和引进消化吸收再创新投入,本章定义为技术创新的投入;T_{it} 为第 i 地区规模以上工业企业在 t 年的引进国外技术费用和购买国内技术费用之和,即总的技术引进的投入;M_{it} 是其技术改造费用,技术引进和技术改造的乘积是技术引进的实际作用;τ_1 和 τ_2 分别为技术创新和技术引进的产出弹性。

将式(15-2)代入式(15-1),两边取对数同时加入随机干扰项 μ_{it} 和个体异质性 γ_i 得:

$$\ln Y_{it} = \alpha \ln K_{it} + \beta \ln L_{it} + \theta_1 \ln(R_{it} + D_{it}) + \theta_2 (\ln T_{it} \cdot \ln M_{it}) + \mu_{it} + \gamma_i$$

$$\tag{15-3}$$

其中 μ_{it} 服从独立同分布假设,θ_1 和 θ_2 分别为技术创新投入和技术引进投入的产出弹性。

影响中国经济增长的主要因素除了创新能力以外,还有来自国际经济的波动(杨万平和袁晓玲,2010)和制度因素(王军和邹广平,2015),考虑到随机干扰项 μ_{it} 可能包含未被考虑到的因素,这些因素和技术创新、技术引进和经济增长有一定的相关性,即可能存在序列相关问题,故本章采取一阶差分的方法解决此问题。同时企业前期经济增长水平一定程度上也会影响本期的经济增长,即内生性问题。邵小快和胡怀国(2013)研究认为内生性问题源于遗漏变量偏误、测度误差和样本选择偏误等因素,而在经济增长实证研究中,上述情况往往会同时发生,所以需用动态面板模型解决此问题。鉴于此,在对式(15-3)进行一阶差分的基础上再引入前期被解释变量,构成动态面板模型:

$$\Delta \ln Y_{it} = \rho \Delta \ln Y_{i,t-1} + \alpha \Delta \ln K_{it} + \beta \Delta \ln L_{it} + \theta_1 \Delta \ln(R_{it} + D_{it}) +$$
$$\theta_2(\Delta \ln T_{it} \cdot \Delta \ln M_{it}) + \Delta \mu_{it} + \gamma_i \qquad (15-4)$$

其中 $Y_{i,t-1}$ 为一阶滞后项,是前一期的新产品产值,用于动态分析考察,ρ 为其产出弹性。

上述模型存在技术引进在消化吸收方面上的问题,即不同企业对技术引进的效果会有不同。孙建等人(2009)认为在工业企业中技术引进与技术创新存在较强的互补关系,据此本章 Laeven(2003)引用交互项,通过 R&D 投入与技术引进的乘积来确定技术引进的实际应用情况:

$$\Delta \ln Y_{it} = \rho \Delta \ln Y_{i,t-1} + \alpha \Delta \ln K_{it} + \beta \Delta \ln L_{it} + \theta_1 \Delta \ln(R_{it} + D_{it}) +$$
$$\theta_2(\Delta \ln T_{it} \cdot \Delta \ln M_{it}) + \theta_3 \Delta(\ln R_{it} \cdot \ln T_{it}) + \Delta \mu_{it} + \gamma_i \qquad (15-5)$$

θ_3 是 R&D 投入与技术引进的产出弹性,当其显著为正时说明孙建等人是正确的,即技术创新与技术引进存在一定程度的互补关系;反之当其显著为负时则证明技术创新与技术引进存在替代关系,不利于经济增长;当其为 0 时说明技术引进对经济增长不产生影响。

二、变量的选取

1. 样本的选择

我国东部地区包括河北省、北京市、天津市、山东省、江苏省、上海市、浙江省、福建省、广东省、海南省、台湾省、香港特别行政区和澳门特别行政区,是中国社会经济最发达的区域。由于数据存在部分缺失,本章选取北京市、天津市、河北省、上海市、江苏省、浙江省、福建省、山东省和广东省这 9 个省市的规模以上工业企业的数据,时间跨度为 2008—2015 年,所有数据均来源于《中国统计年鉴》《中国科技统计年鉴》《工业企业科技活动统计年鉴》。

2. 经济增长

用工业企业新产品销售收入表示,新产品是技术进步的表现,同时销售收入是企业实现增值、经济达到增长的最主要部分。

3. 物质资本投入

物质资本投入用固定资产来衡量,但考虑到资本闲置问题,本章采取永续盘存法来对固定资产进行测算:

$$K_{it} = I_{it}/P_{it} + (1 - \delta)K_{i,t-1} \tag{15-6}$$

其中 K_{it} 表示工业企业固定资产存量, I_{it} 表示固定资产投资总额, P_{it} 为固定资产价格指数, δ 表示折旧率。借鉴单豪杰(2008)的做法,固定资产折旧率约为 10.9%,并以 1978 年为基期,利用《中国统计年鉴》和《新中国 60 年统计资料汇编》的数据测算出各省市区 2008—2015 年各年的固定资产存量。

4. 劳动投入

用 R&D 人员总量表示,R&D 人员总量指进行自主创新活动的所有人数和,能更好地体现在科学技术上的人力投入。

5. 技术创新

自主研发带来的技术创新由原始创新、集成创新和引进消化吸收再创新综合构成,故本章用 R&D 投入总费用和消化吸收经费支出总和表示。

6. 技术引进

技术引进用引进国外先进技术费用和购买国内技术费用之和表示,因为国内外其他地区的技术引进支出相对于本区域来说都应是在技术引进方面上的投入。与此同时,技术引进要发挥实际作用还应当与技术改造相结合,将先进技术应用到本企业,所以用技术引进费用与技术改造费用的乘积表示技术引进的实际应用。

第三节　实证分析

一、平稳性检验

在运用动态面板模型进行实证研究时,要注意数据的平稳性以避免出现伪回归的情况。一般用面板单位根检验数据平稳性,本章主要采用 Levin-Lin-Chu 检验、Fisher-ADF 检验以及 Hadri 检验。如表 15-1 所示,统计结果基本上不显著,说明数据的平稳性较差,有可能会出现伪回归的情况,从而影响判断。

表 15-1　数据水平值面板单位根检验结果

变　　量	LLC 检验	Hadri 检验	Fisher-ADF 检验
$\ln Y_{t-1}$	−9. 43936 *** (0. 0000)	5. 37563 *** (0. 0000)	26. 1652 * (0. 0960)
lnK	−8. 11330 *** (0. 0000)	4. 68854 *** (0. 0000)	29. 1365 ** (0. 0467)
lnL	−5. 37290 *** (0. 0000)	4. 80523 *** (0. 0000)	16. 1945 * (0. 5790)
ln(R + D)	−9. 34431 *** (0. 0000)	4. 39976 *** (0. 0000)	25. 4510 (0. 1130)
lnTΔlnM	−0. 07496 (0. 4701)	3. 42663 *** (0. 0003)	16. 0667 * (0. 5879)
lnRΔlnT	−4. 58547 *** (0. 0000)	4. 95734 *** (0. 0000)	17. 4387 ** (0. 4932)

注:括号内为统计量所对应的概率;***、**、*分别表示在 1% 、5% 、10% 的水平上显著。

对此,我们采用一阶差分的方法进行处理,然后进行单位根检验。结果如表 15-2 所示,虽然存在部分数据显著性不强,但全部通过了平稳性检验。除个别数据外,统计结果基本上在 1% 的水平上显著,说明数据平稳性较好,对此采用一阶差分处理结果是合理的。

表 15-2　数据一阶差分值面板单位根检验结果

一阶差分值	LLC 检验	Hadri 检验	Fisher-ADF 检验
$\Delta\ln Y_{t-1}$	−4. 63580 *** (0. 0000)	3. 60481 *** (0. 0002)	28. 5863 * (0. 0537)
ΔlnK	−7. 52891 *** (0. 0000)	4. 34637 *** (0. 0000)	20. 7890 *** (0. 0001)
ΔlnL	−2. 69229 *** (0. 0035)	3. 14420 *** (0. 0008)	6. 70332 *** (0. 0001)
Δln(R + D)	−3. 15782 *** (0. 0008)	2. 68057 *** (0. 0037)	− 1. 54517 * (0. 0612)

续表

一阶差分值	LLC 检验	Hadri 检验	Fisher-ADF 检验
$\Delta(\ln T\Delta\ln M)$	-3.79714^{***} (0.0001)	2.21197^{**} (0.0135)	37.4428^{***} (0.0046)
$\Delta(\ln R\Delta\ln T)$	-3.68971^{***} (0.0001)	1.57642^{*} (0.0575)	27.4520^{*} (0.0709)

注:括号内为统计量所对应的概率;***、**、*分别表示在1%、5%、10%的水平上显著。

二、协整检验

数据存在一定的平稳性,但是各变量之间是否存在稳定的关系尚未证明,有可能存在伪回归、自相关等情况。此情况下本章采用 Pedroni 面板数据协整检验法,运用 Panel v-Statistic、Panel rho-Statistic、Panel PP-Statistic、Panel ADF-Statistic 和 Group rho-Statistic、Group PP-Statistic、Group ADF-Statistic 共 7 个尺度进行检验,验证各变量之间的稳定性。

表 15-3　数据一阶差分值面板单位根检验结果

$\Delta\ln Y_{it}\Delta\ln K_{it}\Delta\ln L_{it}\Delta\ln(R_{it}+D_{it})\Delta\ln T_{it}\cdot\Delta\ln M_{it}\Delta(\ln R_{it}\Delta\ln T_{it})$							
Pedroni 检验							Kao 检验
Panel v	Panel rho	Panel PP	Panel ADF	Group rho	Group PP	Group ADF	ADF
-2.682366 (0.9963)	2.762157 (0.9971)	-9.263589 *** (0.0000)	-7.673529 *** (0.0000)	4.607575 (1.0000)	-9.685421 *** (0.0000)	-6.431169 *** (0.0000)	-4.107654 *** (0.0000)

注:括号内为统计量所对应的概率;***、**、*分别表示在1%、5%、10%的水平上显著。

表 15-3 显示许多变量并没有通过显著性检验,但是 Pedroni 通过大量实证研究表明,在样本量较小的情况下 Panel ADF-Statistic 和 Group ADF-Statistic 拥有最高的可信度,并且 Panel v-Statistic 会大幅度降低其可靠程度。由于本章选取 2008—2015 年的面板数据,样本量较小,并且均于 1% 的显著水平下通过 Panel ADF-Statistic 和 Group ADF-Statistic 检验。利用 Kao 检验也验证通过,故可认为通过协整检验,可用于作进一步回归分析。

三、回归分析

考虑到可能无法观察到区域外的工业企业外部性以及政策因素等对本区域经济的影响，即可能存在无法观察的因素与随机干扰项等存在相关性，本章采用似不相关回归法（SUR）进行回归，结果整理如表 15-4 所示。

表 15-4　SUR 回归结果

变量名	系　数	变量名	系　数
γ	0.541019 *** (3.018773)	$\Delta\ln(R+D)$	0.211302 *** (3.532861)
$\Delta\ln Y_{t-1}$	0.822839 *** (24.44393)	$\Delta(\ln T \cdot \ln M)$	0.014056 *** (5.253786)
$\Delta\ln K$	−0.033747 (−1.630084)	$\Delta(\ln R \cdot \ln T)$	−0.011933 *** (−4.053989)
$\Delta\ln L$	0.018184 (0.712771)		

注：括号内为该估计参数的 t 统计值；***、**、* 分别表示在 1%、5%、10% 的水平上显著。

由表 15-4 可知，技术创新的系数在 1% 的显著水平下为 0.211302，说明东部地区 R&D 能力能为工业企业带来正效益；与此同时，技术引进的系数在 1% 的显著水平下为 0.014056，说明技术引进同样能带来正效益；但是技术创新系数明显大于技术引进系数，并且两者交互项的系数在 1% 的显著水平下为负数，说明两者有一定的替代性，即技术引进会带来一定程度的技术创新能力的下降。

四、基于内生性的稳健性检验

前文的模型可能存在内生性问题。虽然在本章实证分析中得出，经济增长受技术创新、技术引进和技术改造等因素的影响，但是不能排除其不受其他未被预见的因素影响。自变量的选取以及遗漏均可能导致内生性问题。于是本章的稳健性检验部分进行变量的适当变换，将劳动力投入的选取换成 R&D 人员全时当量（指全时人员数加非全时人员按工作量折算为全时人员数的总和),检测结果如表 15-5 所示,表明原模型通过稳健性检验,研究结果稳健。

表 15-5　稳健性检验结果

变量名	系　数	变量名	系　数
γ	0.380393 * (1.872817)	Δln(R + D)	0.064482 *** (3.191504)
$\Delta \ln Y_{t-1}$	0.825712 *** (22.16906)	$\Delta(\ln T \cdot \ln M)$	0.013602 *** (4.587766)
ΔlnK	-0.027614 (-1.163482)	$\Delta(\ln R \cdot \ln T)$	-0.011675 *** (-3.548203)
ΔlnL	0.064482 (1.117464)		

注:括号内为该估计参数的 t 统计值;***、**、* 分别表示在 1%、5%、10%的水平上显著。

第四节　结论与建议

一、研究结论

供给侧结构性改革有助于中国经济新常态背景下进一步推动经济稳定快速发展,同时我国技术水平现状也要求我们抓紧对技术的改革创新,充分挖掘技术对经济促进的优势,并希望利用"先富带动后富"这一理念,让较发达的东部地区带动我国中西部地区的发展。但是根据区域自身发展情况,促进技术进步的决定性因素也会有所不同。尤其是我国东部地区较为发达,对技术的改革创新所采取的政策或行动有时不能被其他地区所借鉴。本章经过实证分析得出结论:东部地区技术进步对其经济增长具有差异性。从总体上看,技术引进和技术创新都能对经济增长起推动作用,尤其是技术创新效果更为明显,但是也应清醒地认识到,东部地区技术引进和技术创新之间的相互影响存在替代关系。技术引进会导致该地区技术创新能力的下降,明显不利于技术创新的发展。

二、政策建议

根据上述结论,本章对于东部地区技术发展提出以下对策,以便减少财政负担的同时又能更好地促进经济增长,发挥经济较发达地区的优势。

第一,充分提高自主创新能力,利用其高产出的特点带动经济增长。可以适当对企业 R&D 经费支出做出补贴,提高 R&D 人员的积极性以及对有 R&D 能力的企业进行税收减免政策,进而提高企业 R&D 能力,激励企业进行自主研发。加大消化吸收经费支出的比例,全方位提高该地区原始创新、集成创新和引进消化吸收再创新能力。

第二,合理控制国外先进技术的引进费用,以及国内其他地区的技术购买费用。一方面对于先进技术的引进确实能提高经济发展水平;但另一方面对技术创新能力或积极性会有负面的影响,即对技术引进的支付所带来的回报是相对较低的,政府在财政赤字时尤其可以减少这部分的支出,并且也不会使经济增长大幅度下降。引进国内外先进技术的效果不明显可能是由于技术改造不当造成的,应对此有所注意。同时本章并未声明因此可以不作出任何技术引进计划,因为国内外技术引进的效果是存在的。

第十六章

京津唐地区的要素空间溢出效应分析

京津唐地区是指我国四大工业基地中京津唐工业基地,包括北京、天津、唐山、秦皇岛、廊坊等 9 个工业城市,长期以来作为我国除了长三角、珠三角之外的第三大引擎。改革开放 40 年来,中国经济长期保持高速增长,京津唐地区起到了举足轻重的作用。

在党的十八大上,中央再一次强调了要执行"区域发展总体战略",实行区域共同发展战略。同时,将上海自贸区、京津唐城市群、长江经济带等作为区域发展战略的重点地区。并且,要推动地区间各经济要素的空间流动和各类经济活动的空间扩散,不断打破区域市场间和市场内部的贸易壁垒,加深区域间经济联系,从而形成区域经济间的"空间溢出效益",这种空间溢出效益被视为中国区域经济发展的主要特征之一。京津唐地区内部目前发展并不平衡,具有区域内部经济发展空间差异性大、内部经济关系阻碍和促进并行的特点。京津唐地区的区域经济特点,也是我国总体东西部发展不平衡、地区差异比较大的一个典型例子,因此,通过研究京津唐地区经济运行中的空间溢出效应,有助于解决我国整体经济运行发展中的难题。

本章结构安排如下:第一节将回顾过去有关的文献研究,理好本章的写作脉络;第二节是对于有关的空间计量模型的介绍与选择;第三节是对于选取模型数据的说明以及 SDM 模型实证分析;第四节是根据实证分析的结果,得出结论并给出相关的政策建议。

第一节 文献综述

非均衡性是经济运行中在空间维度上投映的一个显著特征,和经济活动的本质——追逐经济利益一同促使生产要素在区域间进行流动循环。这种流动即使受到地理因素的限制,也会在利益的驱动下,往往能穿过重重阻碍,成为普遍存在的经济活动空间关联关系,即空间交互作用,这也是区域经济运行发展中的决定性因素之一。国际上也有一个更通俗的称呼——空间溢出效应。研究空间溢出效应,不仅有利于把握地区间经济要素的流动规律,更有利于把握经济运行的机理,从而对经济发展的空间演变和演化趋势有一定的了解,为我国推进区域合作发展战略提供智力支持。

空间溢出效应的研究起源于 20 世纪 70 年代,并在国外进行了长期系统化的研究。在较早的时候,Overman(2010)就提出了极化—涓滴学说,比较详细地阐述了不同经济发展水平地区的互相合作和互相影响。在此基础上,Richardson(2007)将地区间的涓滴作用称为正溢出效应,而回流作用称为负溢出效应。然后随着全球化的迅速发展和贸易的高度繁荣,关于空间效应的研究呈现两个大的方向:一是对于宏观角度国家间的研究。比如由曼德尔和弗莱明创立并由多名学者改进的广泛应用在国家地区之间经济的溢出效益评价——Mundell-Fleming 模型。由 Douven(1998)创建,以国家货币、财政政策或其他内生变量造成经济增长溢出为基本框架的多国评价模型。Chua(1993)通过研究评估发现一个国家经济增长率的 14%—18% 来自相邻国家的空间溢出效应。López-Bazo(2004)分别以欧盟内部和美国洲际为对象,研究了空间溢出效应。但是 Mundell-Fleming 模型的研究对象主要为国家与国家间的经济活动,所以并不适用于一个国家内部地区进行空间溢出效应的研究,需要进行改进。二是对于微观的企业个人主体,或者经济要素间的投入产出关系度量区域间空间溢出效应。将劳动力、技术、资本等经济要素作为研究区域之间空间溢出效应的切入点。一般来说,都是基于空间经济面板数据,使用空间计量模型对要素在区域经济中的空间溢出效应进行参数估计研究。本章便是采取这种角度切入研究。这种方法的优点是在计算过程中逻辑十分紧密,经过精确计算得出的结果可以比较好地解释区域间空间溢出效应的影响因素。但是这种方法也有其不足的地方,因为虽然其在计算过程中加入了空间权重,但是却仅仅将研究对象作为一个大的整体来测量其中空间溢出效应的大小,所以在研究过程中即使运用了空间探索性进行分析,却也只能把其作为证据证明地区经济发展过程中有相互依赖、相互作用的情况,因而在整体上,这种方法忽略了区域结构单元在空间组织上和经济运行中的差异性导致的空间溢出效应具有空间异质性。而且地区之间存在的正相关溢出效应与负相关溢出效应具有在空间和时间上不对称的特点,所以对两者进行转换有很大的不确定性。

中国作为世界上国土面积第三大国,领土广阔,区域经济发展不平衡,因此空间溢出效应的研究得到了广大学者的关注。Ying(2000)通过使用空间探索性分析研究得出中国省区人均 GDP 和经济增长率之间存在显著的空间集聚,并以此为根据推断中国省区间经济增长存在溢出效应。王铮(2005)通过改进的 Mundell-Fleming 模型对我国东部、中部、西部三个地带之间的空间效应溢出值进行了测度,但是该方法的假设前提是区域间存在价格指数差异,因此对小尺度地区的空间溢出效应研究实用性不强。Ke(2010)通过研究分析得出我国不同层级的城市之间存在比较显著的空间溢出效应,在我国西部地级市之间有比较小的正溢出效应,但是对等级比较低的县级市有负溢出效应。颜银根(2014)等人使用新经济地理学中的 E 关联法研究发现,我国东部、中部、西部和我国东北地区存在比较复杂的互补和竞争的关系。刘建国(2014)等人采用了 SEM 和 SLM 模型研究得出中国省际的全要素生产率有比较明显的空间相关性。王少剑(2015)等通过空间马尔可夫链分析法得出了广东省内县级市经济发展存在空间溢出关系。可以说,在我国已经有非常多学者证明了区域经济发展存在空间溢出效应,但是方法和对于小尺度单元的研究进展还不多。对于京津唐地区,研究区域间空间溢出效应对于实行"区域共同发展战略"有着借鉴的价值。

第二节　模型介绍与数据说明

一、模型选取

空间计量经济学从 20 世纪 70 年代开始出现,作为一门"年轻"的学科,在现代经济学理论和空间应用研究上面起到了非常大的作用。现今国际上常用空间计量经济模型大致有 3 种:空间误差模型、空间滞后模型和空间杜宾模型。

空间误差模型(Special Error Model, SEM):

$$Y = X\beta + \mu, \mu = \lambda W\mu + \varepsilon, \varepsilon \sim N(0, \sigma^2 I_n) \tag{16-1}$$

空间滞后模型(Special Lag Model, SLM),又被称为空间自回归模型(Special Autoregressive Model, SAR):

$$Y = \rho WY + X\beta + \varepsilon, \varepsilon \sim N(0, \sigma^2 I_n) \tag{16-2}$$

空间杜宾模型(Special Durbin Model, SDM):

$$Y = \rho WY + X\beta_1 + WX\beta_2 + \varepsilon, \varepsilon \sim N(0, \sigma^2 I_n) \tag{16-3}$$

其中,Y 是被解释变量,W 是空间权重矩阵,X 是解释变量矩阵,β 是待估计的解释变量参数,ε 是随机干扰项,λ 是空间自相关系数,ρ 是空间自回归系数,则 WY 衡量相邻两个个体之间被解释变量存在的内生交互效应,比如存在两个相邻个体 a 和 b,那么 a 的被解释变量变化会引起 b 的被解释变量变化,同理,b 的被解释变量变化也会引起 a 的被解释变量变化。近似的,WX 衡量相邻两个个体之间解释变量存在的外生交互效应,即 a 的解释变量变化会引起 b 的解释变量变化,反之亦然。容易看出,当式(16-3)中的 β_2 为零向量的时候,空间杜宾模型等价为空间滞后模型,当式(16-3)中的 $\beta_2 = -\rho\beta_1$ 的时候,空间杜宾模型等价为空间误差模型,因此空间杜宾模型是更具有通用性的空间计量经济模型。因此本章选取空间杜宾模型作为计算面板数据的经济模型。

根据本章研究对象京津唐地区的实际情况,将式(16-3)改写成实际应用的实证方程:

$$y_{it} = \lambda_i + \gamma_t + pwy_{it} + \theta wy_{it} + \beta x_{it} + wx_{it} + \varepsilon_{it}$$
$$x_{it} = L_{it}, H_{it}, K_{it}, TFP_{it} \tag{16-4}$$

关于空间权重矩阵的构建,学界常用的方法有 3 种:一是根据两地地理空间距离建立空间权重矩阵。二是根据两地经济空间距离建立空间权重矩阵。为了简化运算,本章选取了第三种方法,构建 0—1 空间权重矩阵,即当两个城市 i 和 j 相邻的话,则 $W_{ij} = 1$,否则的话 $W_{ij} = 0$。

二、数据说明

本章的数据查找来源于《中国统计年鉴》、中国统计局数据库以及省市统计年鉴中的数据。本章使用了 2007—2016 年京津唐地区 9 个城市的经济面板数据。本章选取的变量说明如下:

(1)地区生产总值。以 2007 年为基准价格,对其他年份名义 GDP 转换为实际 GDP。

(2)物质资本存量。本章使用学界广泛应用的永续盘存法进行物质资本存量的核算。

根据如下公式计算:

$$K_{it} = K_{i,t-1}(1 - \theta_{it}) + I_{it}/PIF_{it} \qquad (16-5)$$

其中,K_{it} 表示第 i 个城市第 t 年的物质资本存量;K_{it-1} 表示第 i 个城市第 t-1 年的物质资本存量;θ_{it} 表示第 i 个城市第 t 年的物质资本存量的折旧率;I_{it} 表示第 i 个城市第 t 年的名义总投资;PIF_{it} 表示第 i 个城市第 t 年的固定资产投资价格指数(2007 = 100),则 I_{it}/PIF_{it} 表示第 i 个城市第 t 年的实际总投资。

对于物质资本的折旧率,本章采用国际上广泛采用的 10%。

(3)人力资本存量。对于人力资本存量的计算,常用的计算方法有 3 种:投入法、收入法和教育年限法。本章使用赵安平和罗植先生(2014)改进的人力资本估算公式进行计算:

$$W_{it}(1)^* = \beta^{\frac{K_{it}^\alpha}{L_{it}^{1-\beta}}}, \quad h_{it} = \left[\frac{W_{it}(h_{it})}{W_{it}(1)^*}\right]^{\frac{1}{1-\alpha+\beta}} \qquad (16-6)$$

其中,$W_{it}(1)^*$ 代表第 i 个城市第 t 年的单位人力资本的效率工资,K_{it} 表示第 i 个城市第 t 年的物质资本存量,L_{it} 代表第 i 个城市第 t 年的劳动力数量,h_{it} 代表第 i 个城市第 t 年的人均人力资本存量,$W_{it}(h_{it})$ 表示第 i 个城市第 t 年的劳动者的平均工资。

（4）劳动力数量。对于劳动力数量，用城市当年就业人口数量进行衡量，可直接通过数据库获取。

（5）技术进步。对于技术进步，用全要素生产率增长进行衡量。全要素生产率增长的测算方法大致分为两类：增长会计法和经济计量法。增长会计法的要求比较苛刻，前提假设较多，导致测算精度不高，因此，我们采用经济测量法 Malmquist 指数计算。在进行计算时，选择的投入变量是物质资本存量和就业人口数量，选取的产出变量是地区生产总值。基于京津唐地区 9 个城市的面板数据，Malmquist 指数计算得出的结果只有 2007—2016 年间各城市的全要素生产率增长率。然后将这个数据累乘，得到 2007—2016 年城市间的全要素生产率增长率的累积变动量，作为全要素生产率的代替指标。为了消除异方差，对所有变量进行取对数处理。为了保持数据的一致性，对 9 个城市的面板数据进行建模处理，结果如表 16-1 所示。

表 16-1　2007—2016 年主要变量的描述统计

变量符号	定　义	观测值	平均值	标准差	最大值	最小值
lnY	地区生产总值对数	660	7.571	1.131	4.356	10.229
lnK	物质资本存量对数	660	8.183	1.138	5.192	10.924
lnL	就业人口数量对数	660	7.472	0.834	5.420	8.792
lnH	人力资本存量对数	660	5.323	0.888	2.874	7.980
lnTFP	全要素生产率累积变动值对数	660	0.612	0.334	-0.409	1.466

第三节　实证分析

一、空间相关性检验

为了防止出现伪回归，要先对京津唐城市面板经济数据进行空间相关性检验。本章采用全局 Moran's I 指数测量法进行空间相关性检验，这也是空间相关性检验最常用的方法。Moran's I 指数取值范围在 [-1,1] 之间，指数不为

0 便代表变量之间存在空间相关性。指数为正代表变量之间存在正相关关系,越接近 1 关联性越大。指数为负代表变量之间存在负相关关系,越接近-1 关联性越大。

Moran's I 指数计算公式如下:

$$Moran's\ I = \frac{\sum_{i=1}^{n}\sum_{j=1}^{n} w_{ij}(Y_i - \bar{Y})(Y_j - \bar{Y})}{S^2 \sum_{i=1}^{n}\sum_{j=1}^{n} W_{ij}} \qquad (16-7)$$

其中, $S^2 = \frac{1}{n}\sum_{i=1}^{n}(Y_i - \bar{Y})^2$, $\bar{Y} = \frac{1}{n}\sum_{i=1}^{n}Y_i$

Y_i 表示第 i 个城市的观测数值, W_{ij} 代表空间权重矩阵, S^2 代表方差。Moran's I 指数计算结果如图 16-1 所示。

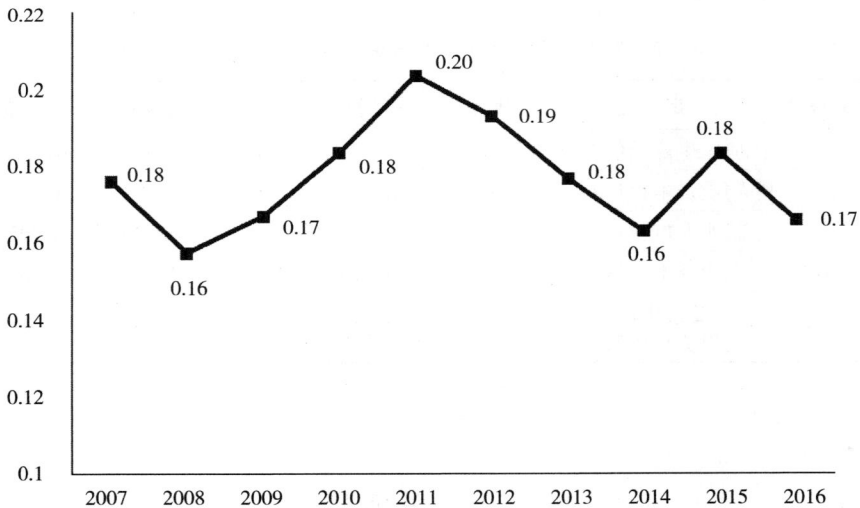

图 16-1　2007—2016 年京津唐地区经济数据全局 Moran's I 指数

如图 16-1 所示,2007—2016 年京津唐地区经济数据的全局 Moran's I 指数分别是 0.18、0.16、0.17、0.18、0.20、0.19、0.18、0.16、0.18、0.17,可以得到,京津唐地区十年的经济数据的全局 Moran's I 指数都通过了显著性为 5%的检验,因此,可以得到 2007—2016 年京津唐地区经济数据之间存在显著的空间相关性,可以使用空间计量经济模型进行拟合。

二、参数估计

将 2007—2016 年京津唐地区经济面板数据套入同时控制时间效应和个体效应的动态空间杜宾面板,对京津唐地区经济发展状况进行估计,估计结果如表 16-2 所示,W*X(X=物质资本存量,人口资本存量,就业人口数量,全要素生产率累积变动);IE 表示控制个体效应,TE 表示控制时间效应,IE+TE 表示同时控制个体效应和时间效应。

表 16-2 2007—2016 年京津唐地区经济发展模型估计结果

变　量	OLS 混合估计	动态空间杜宾模型		
		IE	TE	IE+TE
lnY	0.876** (68.503)	0.214** (6.929)	0.850** (64.423)	0.846** (63.484)
lnL	0.0312** (2.108)	−0.054 (−0.295)	−0.013 (−0.661)	−0.006 (−0.105)
lnK	0.083** (6.724)	0.195** (8.237)	0.102** (7.720)	0.104** (7.740)
lnH	−0.002 (−0.388)	0.008 (1.338)	0.007* (1.795)	0.008 (1.544)
lnTFP	0.036** (2.940)	0.287** (8.133)	0.079** (4.630)	0.082** (4.732)
WlnY		0.203** (3.103)	0.154** (2.507)	−0.055 (−0.946)
WlnL		−0.018 (−0.056)	−0.067* (−1.836)	−0.012 (−0.473)
WlnK		−0.226** (−5.150)	−0.056 (−2.164)	−0.089** (−3.999)
WlnH		0.012 (1.043)	0.001 (0.0875)	−0.009 (−1.228)
WlnTFP		−0.095 (−1.357)	−0.058** (−2.461)	−0.067** (−2.803)

注:括号内为该估计参数的 t 统计值;*** 、** 、* 分别表示在 1%、5%、10%的水平上显著。

由结果可以看出,上期 GDP、物质资本存量和全要素生产率对当地总体的经济影响参数估计值分别为 0.85、0.10、0.08,同时通过了显著性检验,而就业人口数量、人力资本存量对当地经济的影响参数估计值并不显著。这代表了过去 GDP 的有效累积对于京津唐未来的经济发展有较大的作用。而每当投资增加 1 个单位,总产出提升 0.1 个单位。技术进步 1 个单位,总产出提升 0.008 个单位。这表明京津唐地区经济的发展仍然比较依赖于资本的积累,仍然是以投资驱动型经济为主。要摆脱"资本的陷阱"的窠臼,仍然有一段的发展距离。而令人可喜的是,技术进步在京津唐地区经济发展中的作用正在慢慢提升,这表明京津唐地区的经济转型(资本导向型转变为技术导向型)有一定成效,国家"科教兴国"的战略有了一定的成果。

就业人口数量和人力资本存量的参数估计值并不显著,表明京津唐地区的经济对于劳动力数量的依赖不在,已经成功由过去的劳动力导向型转变成资本导向型。但是,地区的人口质量仍然有待提高,技术人才对于经济的先导作用还有很大的晋升空间。

作为对照,通过 OLS 混合估计方法得出的相对于 GDP、劳动力、物质资本存量、技术进步的参数估计值分别为 0.88、0.03、0.08、0.04,并且通过了显著性检验,而对于人力资本存量的参数估计值不显著。这表明,OLS 方法相对于空间计量方法,高估了上期 GDP 对经济的影响,低估了物质资本存量和技术因素的影响。同时,周边地区的本期 GDP 对本地区本期 GDP 的经济影响参数估计值为 0.2,并且通过了显著性检验,这代表了京津唐地区各个城市之间经济存在相互影响、相互促进的关系,京津唐地区之间存在空间溢出效应。

三、基于内生性的稳健性检验

上文使用的模型可能存在内生性问题。除了人力资本存量、物质资本存量、劳动力、技术等经济因素,不排除有其他的因素影响总产出,选取的自变量缺漏可能导致内生性问题;模型中的解释变量和被解释变量互为因果关系也会产生内生性问题。因此,可能存在的内生性问题会导致 OLS 估计的系数有偏差并且不一致,需要进行基于内生性的稳健检验。基于内生性的检验方法大致有两种:Husman-Wu 检验和 Davidson-MacKinnon 检验。其中,Husman-Wu

检验的检验结果有可能为负,但是 F 服从卡方分布,难以对结果进行解释。并且,Husman-Wu 检验要求系数差的协方差矩阵必须是正矩阵,因此 Davidson-MacKinnon 检验更具有通用性。我们选用 Davidson-MacKinnon 检验进行稳健性检验,检验结果如表 16-3 所示。

表 16-3　Davidson-MacKinnon 检验结果

Davidson-Mac Kinnon 检验	IE	TE	IE+TE
	2.219	2.812*	6.080*

注:** 代表参数估计值在 5% 的水平之下显著,* 代表参数估计值在 10% 的水平之上显著;IE 表示控制个体效应,TE 表示控制时间效应,IE+TE 表示同时控制个体效应和时间效应。

从表 16-3 可以看出,对于变量 lnH、lnL、lnK、lnTFP 来说,在控制个体效应的空间杜宾模型中并未通过稳健性检验,在控制时间效应的模型、控制个体和时间效应的模型中通过了基于内生性的稳健性检验。但是由于本章使用模型为同时控制个体效应和时间效应的空间杜宾模型,其余 2 个模型仅仅是作为比较、参考,所以我们认为本章采用的模型通过了基于内生性的稳健性检验。

四、空间溢出效应分析

根据上面的拟合结果,控制个体效应和时间效应,我们估计出了空间杜宾模型的解释变量的效应值,包括直接效应值、间接效应值和总效应值,还有其对应的 P 值和检验统计数值。其中,总效应值为直接效应值和间接效应值的加总,结果如表 16-4 所示。

表 16-4　2007—2016 年京津唐地区经济空间溢出效应

变量	直接效应值	P 值	间接效应值	P 值	总效应值	P 值
lnK	0.309*** (28.309)	0.000	-0.041 (-1.680)	0.103	0.266*** (9.582)	0.000
lnL	0.176*** (5.938)	0.000	0.115* (1.826)	0.077	0.289*** (4.405)	0.000
lnH	0.010 (1.041)	0.306	0.026 (1.343)	0.191	0.037* (1.944)	0.062

变量	直接效应值	P 值	间接效应值	P 值	总效应值	P 值
lnTFP	0.314 *** (22.405)	0.000	0.076 ** (2.341)	0.023	0.390 *** (10.463)	0.000

注:括号内为 t 值,*** 代表在 1%的水平之上显著,** 代表在 5%的水平下显著,* 代表在 10%的水平上显著。

　　根据表 16-4 我们得出以下结论:第一,物质资本存量的间接效应值小于 0,其 P 值比 0.1 稍微大一点,所以我们可以认为物质资本存量有一定的空间溢出效应,但是并不是很显著。当京津唐地区的某一个城市的物质资本存量增加 1%,会让本市的 GDP 增加 30.9%,但是,会使得邻近城市的物质资本存量减少 4.1%。这也表明了,在控制其他变量保持不变的状况下,我们增加京津唐地区某一个市区的物质资本存量使用,可以提高本地区的 GDP 总量,但是对于邻近城市的经济不起作用,而且导致了邻近地区物质资本存量下降,结果就是导致总体市区的 GDP 下降,经济衰退。第二,就业人口数量的间接效应值为 0.12,显著不为 0,代表了就业人口数量存在比较显著的空间溢出效益。根据估计结果,假如一个城市的就业人口数量增加 1%,可以使得本城市的 GDP 上升 17.6%,同时,会使得相邻城市的 GDP 上涨 11.5%。这代表了劳动力数量在区域经济发展中起着举足轻重的作用。按照以往的经济发展经验,劳动力一般从欠发达地区涌入经济较发达地区,为发达地区的经济发展搬砖加瓦。然后,通过经济发达地区的强辐射作用,带去资金、技术方面的支持,带动周边欠发达地区的经济发展。但是就京津唐地区而言,经济发达地区的辐射作用还有提升空间,经济发展的区域不平衡性还有待改善,城市间经济发展存在较大差距。第三,人力资本存量的间接效应值为 0.026,并且没有通过显著性检验,说明人力资本在京津唐地区的空间溢出效应并不显著。第四,全要素生产率累积变动率的间接效应值为 0.076,并且通过了 5%的显著性水平的检验,说明全要素生产率在京津唐地区存在比较明显的空间溢出效应。整体而言,假如一个城市的全要素生产率上升 1%,本地的 GDP 会上升 31.4%。然后通过空间溢出效应,相邻城市的 GDP 会上升 7.6%。这说明了在京津唐地区,相对发达的地区(如北京、天津)存在比较明显的技术优势,城市间技术发展程度不平衡,带动了经济发展水平的比较悬殊。而经济发达地区对于周边的欠发达地区提供的技术支持和智力保障带动周边欠发达地区的经济增长,但是这个增长并不非常明显。欠发达地区的资金、技术、人才方面的缺陷,导致了欠发达地区的技术水平发展缓慢,间接阻碍了地区的经济发展。

综合而言,技术进步和劳动力数量在京津唐地区的空间溢出效应比较显著。这也符合京津唐地区乃至于我国全国经济发展不平衡的现状。欠发达地区有廉价劳动力的优势,而经济发达地区在资金、技术方面有优势。为了促进京津唐地区的整体发展,应该加强发达地区和欠发达地区的互相交流、互相合作。发达地区提供技术、资金支持,欠发达地区提供优质的劳动力,双方以长补短,可以达到区域共赢的目的。

第四节　结论与建议

本章基于京津唐地区2007—2016年经济面板数据,先用Moran's I指数来检测京津唐地区经济面板数据存在空间相关性,由此可用空间经济计量模型进行实证分析。在模型的选择上,针对实际情况,选用了空间杜宾模型,然后控制了个体效应和时间效应,利用该模型对京津唐经济面板数据进行了空间溢出分析。

通过空间溢出分析得出,京津唐地区的物质资本存量存在一定负相关的空间溢出效应,但是并不是十分显著。就业人口数量存在比较显著的空间溢出效应,主要表现为欠发达地区对经济发达地区的劳动人口涌入。技术进步也存在比较明显的空间溢出效应,主要表现为经济发达地区对经济欠发达地区的技术支持和智力保障。而对于人力资本存量,空间溢出效应并不显著。这从侧面说明在我国经济发展中,劳动力依旧起着举足轻重的作用,我国仍然以劳动力导向型经济为主,经济转型仍然是一个比较漫长的过程。而技术在我国经济增长中起到的作用也越来越大,说明了我国寻求"低端"产业向"高端"产业的转变的决心,也证明了我国"科教兴国"战略的正确性。而物质资本存量不显著的空间溢出效应也是对我国当前经济发展现状的一个警示。长久以来,我国经济发展并没有做到"三驾马车"并驾齐驱,而是偏向于投资驱动型。但是由于物质资本存量的外部经济效应有限,所以在经济运行过程中会产生比较大的资源浪费,我国应当尽快扭转过去靠投资换取 GDP 的做法,转变为"投资、消费、出口"三驾马车并驾齐驱,才能保证我国经济的长久平稳运行。人力资本存量存在外部不经济效应,说明京津唐地区目前人口素质仍然偏低,也一定程度上说明我国人口素质仍然有待改善。就一个 13 亿多人口的大国来说,我国贫穷落后地区仍然比较多,发达地区与欠发达地区人口教育资源、素质方面存在比较大的差距,我国对于中西部等地区仍需要加大支持力度,改善整体人口素质,推动经济长久健康增长。区域之间的发展离不开互相合作和交流。以京津唐地区为典型例子,我国广大地区存在比较明显的经济发展不平衡,对于经济的长久发展并无好处。我国应当坚持区域合作战略,推动区域间优势互补,增加区域内各要素的合理流动,提高要素的空间溢出程度,从而达到互补共赢,区域整体发展,共同富裕的目的。

参 考 文 献

外文译著

［德］克里斯塔勒：《德国南部中心地原理》，常正文等译，商务印书馆 1998 年版。

［加］格鲁伯、［加］沃克：《服务业的增长原因与影响》，陈彪如译，上海三联书店 1993 年版。

［美］迈克尔·波特：《国家竞争优势》，李明轩等译，华夏出版社 2002 年版。

［美］戈德史密斯：《金融结构与金融发展》，周朔等译，上海人民出版社 1994 年版。

［美］沃尔特·艾萨德：《区位与空间经济：关于产业区位、市场区、土地利用、贸易和城市结构的一般理论》，杨开忠等译，北京大学出版社 2011 年版。

［美］约瑟夫·熊彼特：《经济发展理论》，何畏等译，商务印书馆 1990 年版。

［美］詹姆斯·勒沙杰、［美］凯利·佩斯：《空间计量经济学导论》，肖光恩等译，北京大学出版社 2014 年版。

［日］藤田昌久、［比］雅克·弗朗科斯·蒂斯：《集聚经济学：城市、产业区位与区域增长》，刘峰等译，西南财经大学出版社 2004 年版。

［日］藤田昌久、［美］保罗·克鲁格曼、［英］安东尼·J.维纳布尔斯：《空间经济学——城市、区域与国际贸易》，梁琦译，中国人民大学出版社 2005 年版。

［英］约翰·梅纳德·凯恩斯：《就业、利息和货币通论》，徐毓枬译，商务印书馆 1997 年版。

［英］马歇尔：《经济学原理》，朱志泰译，商务印书馆 2009 年版。

［英］亚当·斯密：《国富论》，唐目松等译，商务印书馆 2007 年版。

［英］埃比尼泽·霍华德：《明日的田园城市》，金经元译，商务印书馆 2000 年版。

［德］韦伯：《工业区位论》，商务印书馆 1997 年版。

中文著作

杜跃平：《资源型产业集群的动力机制与生命周期研究》，中国经济出版社 2010 年版。

广东省统计局、国家统计局广东调查总队：《广东统计年鉴》，中国统计出版社 2006—2016 年版。

洪银兴、刘志彪：《长江三角洲地区经济发展的模式和机制》，清华大学出版社 2003 年版。

黄解宇、杨再斌：《金融集聚论》，中国社会科学出版社 2006 年版。

李玉江：《城市群形成动力机制及综合竞争力提升研究——以山东半岛城市群为例》，科学出版社 2009 年版。

梁琦：《产业集聚论》，商务印书馆 2004 年版。

刘志彪：《长三角区域经济一体化》，中国人民大学出版社 2010 年版。

鲁开垠：《增长的新空间——产业集群核心能力研究》，经济科学出版社 2006 年版。

鲁勇：《行政区域经济》，人民出版社 2002 年版。

世界银行：《2009 年世界发展报告：重塑世界经济地理》，清华大学出版社 2009 年版。

王缉慈：《超越集群》，科学出版社 2010 年版。

香港特别行政区统计处：《香港统计数字一览》，香港统计出版社 2016 年版。

姚士谋等：《中国城市群》，中国科学技术大学出版社 1992 年版。

邹恒甫：《财政、经济增长和动态经济分析》，北京大学出版社 2000 年版。

国家统计局：《中国统计年鉴》，中国统计出版社 1999—2017 年版。

中文论文

"服务经济发展与服务经济理论研究"课题组：《西方服务经济理论回溯》，《财贸经济》2004 年第 10 期。

白俊红、蒋伏心：《协同创新、空间关联与区域创新绩效》，《经济研究》2015 年第 7 期。

白重恩、杜颖娟、陶志刚、仝月婷：《地方保护主义及产业地区集中度的决定因素和变动趋势》，《经济研究》2004 年第 4 期。

卜永祥：《我国货币流动性的周期变动及其成因》，《金融研究》1999 年第 8 期。

蔡伟毅、陈学识：《国际知识溢出与中国技术进步》，《数量经济技术经济研究》2010 年第 6 期。

蔡伟毅、陈学识：《国际知识溢出与中国技术进步实证研究》，《世界经济研究》2010 年第 5 期。

曹标、廖利兵：《服务贸易结构与经济增长》，《世界经济研究》2014 年第 1 期。

曾鹏、黄图毅、阙菲菲：《中国十大城市群空间结构特征比较研究》，《经济地理》2011 年第 4 期。

陈斌开、金箫、欧阳涤非：《住房价格、资源错配与中国工业企业生产率》，《世界经济》2015 年第 4 期。

陈朝萌：《粤港澳大湾区港口群定位格局实证分析》，《深圳大学学报（人文社会科学版）》2016 年第 4 期。

陈得文、陶良虎:《中国区域经济增长趋同及其空间效应分解——基于 SUR 空间计量经济学分析》,《经济评论》2012 年第 3 期。

陈德宁、郑天祥、邓春英:《粤港澳共建环珠江口"湾区"经济研究》,《经济地理》2010 年第 10 期。

陈丁、张顺:《中国省域经济增长邻居效应的实证研究(1995—2005)》,《经济科学》2008 年第 4 期。

陈国进、王少谦:《经济政策不确定性如何影响企业投资行为》,《财贸经济》2016 年第 5 期。

陈继勇、袁威、肖卫国:《流动性、资产价格波动的隐含信息和货币政策选择——基于中国股票市场与房地产市场的实证分析》,《经济研究》2013 年第 11 期。

陈佳贵、王钦:《中国产业集群可持续发展与公共政策选择》,《中国工业经济》2005 年第 9 期。

陈建军、陈国亮、黄洁:《新经济地理学视角下的生产性服务业集聚及其影响因素研究——来自中国 222 个城市的经验证据》,《管理世界》2009 年第 4 期。

陈建军、胡晨光:《产业集聚的集聚效应——以长江三角洲次区域为例的理论和实证分析》,《管理世界》2008 年第 6 期。

陈柳钦、黄坡:《产业集群发展的制度经济学分析》,《武汉科技大学学报(社会科学版)》2007 年第 6 期。

陈梦筱:《中原城市群城市竞争力实证研究》,《经济问题探索》2007 年第 2 期。

陈雁云、秦川:《产业集聚与经济增长互动:解析 14 个城市群》,《改革》2012 年第 10 期。

陈雁云、朱丽萌、习明明:《产业集群和城市群的耦合与经济增长的关系》,《经济地理》2016 年第 10 期。

陈雁云:《产业发展、城市集聚耦合与经济增长的关联度》,《改革》2011 年第 4 期。

陈颖、李强:《索罗余值法测算科技进步贡献率的局限与改进》,《科学学研究》2006 年第 S2 期。

陈宇峰、叶志鹏:《区域行政壁垒、基础设施与农产品流通市场分割——基于相对价格法的分析》,《国际贸易问题》2014 年第 6 期。

成蓉、程惠芳:《中印贸易关系:竞争或互补——基于商品贸易与服务贸易的全视角分析》,《国际贸易问题》2011 年第 6 期。

程大中、郑乐凯、魏如青:《全球价值链视角下的中国服务贸易竞争力再评估》,《世界经济研究》2017 年第 5 期。

程德理:《基于产业集群的城市化动力机制研究》,《上海管理科学》2008 年第 6 期。

崔光灿:《房地产价格与宏观经济互动关系实证研究——基于我国 31 个省份面板数据分析》,《经济理论与经济管理》2009 年第 1 期。

崔淼、苏敬勤:《技术引进与自主创新的协同:理论和案例》,《管理科学》2013 年第

2 期。

单豪杰：《中国资本存量 K 的再估算：1952—2006 年》，《数量经济技术经济研究》2008年第 10 期。

段忠东：《房地产价格与通货膨胀、产出的非线性关系——基于门限模型的实证研究》，《金融研究》2012 年第 8 期。

樊纲、关志雄、姚枝仲：《国际贸易结构分析：贸易品的技术分布》，《经济研究》2006 年第 8 期。

樊秀峰、康晓琴：《陕西省制造业产业集聚度测算及其影响因素实证分析》，《经济地理》2013 年第 9 期。

方先明、孙爱军、曹源芳：《基于空间模型的金融支持与经济增长研究——来自中国省域 1998—2008 年的证据》，《金融研究》2010 年第 10 期。

付强：《市场分割促进区域经济增长的实现机制与经验辨识》，《经济研究》2017 年第 3 期。

傅晓霞、吴利学：《技术差距、创新路径与经济赶超——基于后发国家的内生技术进步模型》，《经济研究》2013 年第 6 期。

高传胜、李善同：《中国服务业：短处、突破方向与政策着力点——基于中、美、日、德四国投入产出数据的比较分析》，《中国软科学》2008 年第 2 期。

高铁梅、梁云芳、贺书平：《房地产市场与国民经济协调发展的实证分析》，《中国社会科学》2006 年第 3 期。

高霞、陈凯华、官建成：《标度无关性视角下的我国区域科技创新绩效评价研究》，《中国软科学》2012 年第 8 期。

龚六堂、谢丹阳：《我国省份之间的要素流动和边际生产率的差异分析》，《经济研究》2004 年第 1 期。

顾乃华：《我国城市生产性服务业集聚对工业的外溢效应及其区域边界——基于 HLM 模型的实证研究》，《财贸经济》2011 年第 5 期。

关志雄：《从美国市场看"中国制造"的实力——以信息技术产品为中心》，《国际经济评论》2002 年第 4 期。

官锡强：《产业集群与南北钦防沿海城市群的构建》，《改革与战略》2005 年第 10 期。

桂琦寒、陈敏、陆铭：《中国国内商品市场趋于分割还是整合：基于相对价格法的分析》，《世界经济》2006 年第 2 期。

郭庆旺、赵志耘、贾俊雪：《中国省份经济的全要素生产率分析》，《世界经济》2005 年第 5 期。

郭树清：《中国经济的内部平衡与外部平衡问题》，《经济研究》2007 年第 12 期。

郭文伟：《中国多层次房价泡沫测度及其驱动因素研究——兼论我国房地产调控政策的实施效果》，《经济学家》2016 年第 10 期。

韩峰、柯善咨：《追踪我国制造业集聚的空间来源：基于马歇尔外部性与新经济地理的综合视角》，《管理世界》2012 年第 10 期。

韩莹：《技术进步对我国经济增长贡献率的测定及实证分析》，《经济问题探索》2008
年第 4 期。

何静、李村璞、邱长溶：《信贷规模与房地产价格的非线性动态关系研究》，《经济评
论》2011 年第 2 期。

何胜、唐承丽、周国华：《长江中游城市群空间相互作用研究》，《经济地理》2014 年第
4 期。

何永达：《人力资本、知识创新与服务业空间集聚——基于省际面板数据的计量分
析》，《经济地理》2015 年第 9 期。

贺晨：《商品房价格与货币供应量关系研究——兼论我国宏观经济政策》，《管理世
界》2009 年第 1 期。

贺欢欢、吕斌：《长株潭城市群经济联系测度研究》，《经济地理》2014 年第 7 期。

胡朝霞、潘夏梦：《贸易成本、比较优势与出口结构——基于 30 个国家行业面板数据
的经验研究》，《数量经济技术经济研究》2017 年第 11 期。

胡霞、魏作磊：《中国城市服务业发展差异的空间经济计量分析》，《统计研究》2006 年
第 9 期。

胡向婷、张璐：《地方保护主义对地区产业结构的影响——理论与实证分析》，《经济研
究》2005 年第 2 期。

黄解宇、李畅、徐子庆：《上海国际金融中心建设困境的突破口：资本市场的创新与发
展》，《亚太经济》2006 年第 1 期。

黄静波、李纯：《湘粤赣省际区域城市中心性比较研究——兼论郴州市建设湘粤赣省
际区域中心城市的发展战略》，《经济地理》2011 年第 10 期。

黄丽华：《建设枢纽型网络城市引领珠三角湾区向世界级城市群发展》，《探求》2017
年第 1 期。

黄宁、郭平：《经济政策不确定性对宏观经济的影响及其区域差异——基于省级面板
数据的 PVAR 模型分析》，《财经科学》2015 年第 6 期。

黄忠华、吴次芳、杜雪君：《房地产投资与经济增长——全国及区域层面的面板数据分
析》，《财贸经济》2008 年第 8 期。

吉亚辉、祝凤文：《技术差距、"干中学"的国别分离与发展中国家的技术进步》，《数量
经济技术经济研究》2011 年第 4 期。

蒋天颖、华明浩、许强、王佳：《区域创新与城市化耦合发展机制及其空间分异——以
浙江省为例》，《经济地理》2014 年第 6 期。

金碚：《中国经济发展新常态研究》，《中国工业经济》2015 年第 1 期。

金雪军、钟意、王义中：《政策不确定性的宏观经济后果》，《经济理论与经济管理》2014
年第 2 期。

金煜、陈钊、陆铭：《中国的地区工业集聚：经济地理、新经济地理与经济政策》，《经济

研究》2006 年第 4 期。

鞠建东、林毅夫、王勇：《要素禀赋、专业化分工、贸易的理论与实证——与杨小凯、张永生商榷》,《经济学(季刊)》2004 年第 4 期。

李东光、郭凤城：《产业集群与城市群协调发展对区域经济的影响》,《经济纵横》2011年第 8 期。

李凤羽、史永东：《经济政策不确定性与企业现金持有策略——基于中国经济政策不确定指数的实证研究》,《管理科学学报》2016 年第 6 期。

李凤羽、杨墨竹：《经济政策不确定性会抑制企业投资吗？——基于中国经济政策不确定指数的实证研究》,《金融研究》2013 年第 4 期。

李国平、陈晓玲：《中国省区经济增长空间分布动态》,《地理学报》2007 年第 10 期。

李国平、王立明、杨开忠：《深圳与珠江角洲区域经济联系的测度及分析》,《经济地理》2001 年第 1 期。

李红、王彦晓：《金融集聚、空间溢出与城市经济增长——基于中国 286 个城市空间面板杜宾模型的经验研究》,《国际金融研究》2014 年第 2 期。

李佳洺、张文忠、孙铁山、张爱平：《中国城市群集聚特征与经济绩效》,《地理学报》2014 年第 4 期。

李健、邓瑛：《推动房价上涨的货币因素研究——基于美国、日本、中国泡沫积聚时期的实证比较分析》,《金融研究》2011 年第 6 期。

李婧、何宜丽：《基于空间相关视角的知识溢出对区域创新绩效的影响研究——以省际数据为样本》,《研究与发展管理》2017 年第 1 期。

李立勋：《关于"粤港澳大湾区"的若干思考》,《热带地理》2017 年第 6 期。

李林、丁艺、刘志华：《金融集聚对区域经济增长溢出作用的空间计量分析》,《金融研究》2011 年第 5 期。

李培：《中国城市经济增长的效率与差异》,《数量经济技术经济研究》2007 年第 7 期。

李顺成、LEE Hee-Yeon：《紧凑式城市空间结构要素对区域经济发展的影响力研究——基于中国大城市面板数据的实证分析》,《中国人口·资源与环境》2017 年第 12 期。

李巍：《货币和资产收益的联动效应——源自通缩与通胀时期的证据》,《财经研究》2008 年第 12 期。

李文秀、谭力文：《服务业集聚的二维评价模型及实证研究——以美国服务业为例》,《中国工业经济》2008 年第 4 期。

李小建、樊新生：《欠发达地区经济空间结构及其经济溢出效应的实证研究——以河南省为例》,《地理科学》2006 年第 1 期。

李晓莉、申明浩：《新一轮对外开放背景下粤港澳大湾区发展战略和建设路径探讨》,《国际经贸探索》2017 年第 9 期。

李雪松、孙博文：《密度、距离、分割与区域市场一体化——来自长江经济带的实证》,

《宏观经济研究》2015 年第 6 期。

李一曼、修春亮、魏冶、孙平军:《浙江三大城镇群空间组织与结构演变》,《经济地理》2016 年第 11 期。

李占风、陈妤:《我国货币流动性与通货膨胀的定量研究——基于时变参数模型的实证》,《数量经济技术经济研究》2010 年第 8 期。

梁辰、王诺、佟士祺、刘忠波:《大连临港产业集聚与城市空间结构演变研究》,《经济地理》2012 年第 8 期。

梁东擎:《流动性的度量及其与资产价格的关系》,《金融研究》2008 年第 9 期。

梁琦、黄利春:《要素集聚、产业时空变动与城市层级体系》,《城市与环境研究》2014 年第 2 期。

梁琦:《中国工业的区位基尼系数——兼论外商直接投资对制造业集聚的影响》,《统计研究》2003 年第 9 期。

梁颖:《金融产业集聚的宏观动因》,《南京社会科学》2006 年第 11 期。

梁育民、邱雪情:《发挥"一国两制"竞争优势,提升粤港澳大湾区在全球价值链的地位》,《广东经济》2017 年第 7 期。

林光平、龙志和、吴梅:《我国地区经济收敛的空间计量实证分析:1978—2002 年》,《经济学(季刊)》2005 年第 10 期。

林毅夫、董先安、殷韦:《技术选择、技术扩散与经济收敛》,《财经问题研究》2004 年第 6 期。

林毅夫、任若恩:《东亚经济增长模式争论的再探讨》,《经济研究》2007 年第 8 期。

林毅夫、张鹏飞:《后发优势、技术引进和落后国家的经济增长》,《经济学(季刊)》2005 年第 4 期。

林毅夫、张鹏飞:《适宜技术、技术选择和发展中国家的经济增长》,《经济学(季刊)》2006 年第 3 期。

林毅夫:《发展战略、自生能力和经济收敛》,《经济学(季刊)》2002 年第 1 期。

刘秉镰、李清彬:《中国城市全要素生产率的动态实证分析:1990—2006——基于 DEA 模型的 Malmquist 指数方法》,《南开经济研究》2009 年第 3 期。

刘刚、尹涛:《货币流动性对中国资产市场的冲击效应研究——来自 1997—2010 年的经验证据》,《经济与管理》2011 年第 9 期。

刘厚俊:《评〈产业集聚论〉》,《世界经济》2005 年第 5 期。

刘建国、张文忠:《中国区域全要素生产率的空间溢出关联效应研究》,《地理科学》2014 年第 5 期。

刘军、黄解宇、曹利军:《金融集聚影响实体经济机制研究》,《管理世界》2007 年第 4 期。

刘水杏:《房地产业与相关产业关联度的国际比较》,《财贸经济》2004 年第 4 期。

刘新争:《基于产业关联的区域产业转移及其效率优化:投入产出的视角》,《经济学家》2016 年第 6 期。

刘修岩：《空间效率与区域平衡：对中国省级层面集聚效应的检验》，《世界经济》2014年第 1 期。

刘艳春、孙凯：《中国区域创新绩效评价的影响因素研究——基于面板数据空间杜宾模型计量分析》，《工业技术经济》2016 年第 10 期。

刘耀彬：《中国省区现代化水平及进程测度研究》，《科技进步与对策》2008 年第 6 期。

刘勇、江飞涛、贾俊生：《中国工业与服务业相互关系之实证研究》，《中山大学学报（社会科学版）》2013 年第 1 期。

刘友金、黄鲁成：《产业群集的区域创新优势与我国高新区的发展》，《中国工业经济》2001 年第 2 期。

鲁志国、潘凤、闫振坤：《全球湾区经济比较与综合评价研究》，《科技进步与对策》2015年第 11 期。

陆大道：《关于珠江三角洲大城市群与泛珠三角经济合作区的发展问题》，《经济地理》2017 年第 4 期。

陆大道：《京津唐地区的区域发展与空间结构》，《经济地理》1985 年第 1 期。

陆铭、陈钊、严冀：《收益递增、发展战略与区域经济的分割》，《经济研究》2004 年第1 期。

陆铭、陈钊：《分割市场的经济增长——为什么经济开放可能加剧地方保护？》，《经济研究》2009 年第 3 期。

陆玉麒：《双核型空间结构模式的探讨》，《地域研究与开发》1998 年第 4 期。

罗知、张川川：《信贷扩张、房地产投资与制造业部门的资源配置效率》，《金融研究》2015 年第 7 期。

骆祚炎：《资产价格波动、经济周期与货币政策调控研究进展》，《经济学动态》2011 年第 3 期。

吕健：《产业结构调整、结构性减速与经济增长分化》，《中国工业经济》2012 年第9 期。

马丽梅、张晓：《中国雾霾污染的空间效应及经济、能源结构影响》，《中国工业经济》2014 年第 4 期。

马忠新、伍凤兰：《湾区经济表征及其开放机理发凡》，《改革》2016 年第 9 期。

苗洪亮、周慧：《中国三大城市群内部经济联系和等级结构的比较——基于综合引力模型的分析》，《经济地理》2017 年第 6 期。

牟群月：《产业集群与城市群的耦合发展研究——以温台沿海城市群为例》，《特区经济》2012 年第 5 期。

牛慧恩、孟庆民、胡其昌、陈延诚：《甘肃与毗邻省区区域经济联系研究》，《经济地理》1998 年第 3 期。

牛叔文、丁永霞、李怡欣、罗光华、牛云翥：《能源消耗、经济增长和碳排放之间的关联分析——基于亚太八国面板数据的实证研究》,《中国软科学》2010 年第 5 期。

欧阳峣、易先忠、生延超:《技术差距、资源分配与后发大国经济增长方式转换》,《中国工业经济》2012 年第 6 期。

潘慧明、李荣华、李必强:《产业集群竞争力综合评价模型的设计》,《当代经济》2006 年第 3 期。

潘文卿:《中国的区域关联与经济增长的空间溢出效应》,《经济研究》2012 年第 1 期。

潘文卿:《中国区域经济发展:基于空间溢出效应的分析》,《世界经济》2015 年第 7 期。

彭芳梅:《粤港澳大湾区及周边城市经济空间联系与空间结构——基于改进引力模型与社会网络分析的实证分析》,《经济地理》2017 年第 12 期。

彭国华:《技术能力匹配、劳动力流动与中国地区差距》,《经济研究》2015 年第 1 期。

彭国华:《中国地区收入差距、全要素生产率及其收敛分析》,《经济研究》2005 年第 9 期。

蒲英霞、马荣华、罗浩、黄杏元:《基于马尔可夫链的江苏省"俱乐部趋同"演变特征》,《南京社会科学》2006 年第 7 期。

任碧云:《改革开放后中国历次 M2 和 M1 增速剪刀差逆向扩大现象分析》,《财贸经济》2010 年第 1 期。

任成琦:《建设粤港澳湾区须有新思维》,《人民日报》海外版 2017 年。

任英华、徐玲、游万海:《金融集聚影响因素空间计量模型及其应用》,《数量经济技术经济研究》2010 年第 5 期。

任羽菲:《经济"脱实向虚"的流动性风险——基于货币增速剪刀差与资产价格相互作用的分析》,《财经研究》2017 年第 10 期。

任志成、张二震、吕凯波:《贸易开放、财政分权与国内市场分割》,《经济学动态》2014 年第 12 期。

茹乐峰、苗长虹、王海江:《我国中心城市金融集聚水平与空间格局研究》,《经济地理》2014 年第 2 期。

阮平南、宋怡:《产业集群对城市竞争力的推动作用》,《生产力研究》2007 年第 23 期。

邵军、徐康宁:《我国城市的生产率增长、效率改进与技术进步》,《数量经济技术经济研究》2010 年第 1 期。

邵俊岗、赵华清:《基于索洛余值法的技术进步对经济增长的贡献研究——对上海市1990—2013 年的数据进行实证分析》,《绵阳师范学院学报》2017 年第 1 期。

邵小快、胡怀国:《经济增长实证研究中的内生性》,《经济学动态》2013 年第 3 期。

申明浩:《粤港澳大湾区发展研究》,《城市观察》2017 年第 6 期。

沈立人、戴园晨:《我国"诸侯经济"的形成及其弊端和根源》,《经济研究》1990 年第 3 期。

沈能:《局域知识溢出和生产性服务业空间集聚——基于中国城市数据的空间计量分

析》，《科学学与科学技术管理》2013 年第 5 期。

　　沈悦、刘洪玉：《住宅价格与经济基本面：1995—2002 年中国 14 城市的实证研究》，《经济研究》2004 年第 6 期。

　　盛斌、毛其淋：《贸易开放、国内市场一体化与中国省际经济增长：1985—2008 年》，《世界经济》2011 年第 11 期。

　　盛龙、陆根尧：《中国生产性服务业集聚及其影响因素研究——基于行业和地区层面的分析》，《南开经济研究》2013 年第 5 期。

　　石敏俊：《区际经济联系与区域经济增长模式》，《中国地理学会》2011 年学术年会暨中国科学院新疆生态与地理研究所五十年庆典论文摘要集。

　　舒元、才国伟：《我国省际技术进步及其空间扩散分析》，《经济研究》2007 年第 6 期。

　　宋冬林、王林辉、董直庆：《资本体现式技术进步及其对经济增长的贡献率（1981—2007）》，《中国社会科学》2011 年第 2 期。

　　苏庆义：《贸易结构决定因素的分解：理论与经验研究》，《世界经济》2013 年第 6 期。

　　苏雪串：《城市化进程中的要素集聚、产业集群和城市群发展》，《中央财经大学学报》2004 年第 1 期。

　　苏屹、李柏洲：《基于随机前沿的区域创新系统创新绩效分析》，《系统工程学报》2013 年第 1 期。

　　孙斌栋、王旭辉、蔡寅寅：《特大城市多中心空间结构的经济绩效——中国实证研究》，《城市规划》2015 年第 8 期。

　　孙慧文：《制造业转移推动了区域经济增长吗？》，《经济学家》2017 年第 11 期。

　　孙建、吴利萍、齐建国：《技术引进与自主创新：替代或互补》，《科学学研究》2009 年第 1 期。

　　孙久文、姚鹏：《空间计量经济学的研究范式与最新进展》，《经济学家》2014 年第 7 期。

　　覃成林、刘丽玲、覃文昊：《粤港澳大湾区城市群发展战略思考》，《区域经济评论》2017 年第 5 期。

　　覃成林、刘迎霞、李超：《空间外溢与区域经济增长趋同——基于长江三角洲的案例分析》，《中国社会科学》2012 年第 5 期。

　　覃成林、郑云峰、张华：《我国区域经济协调发展的趋势及特征分析》，《经济地理》2013 年第 1 期。

　　谭俊涛、张平宇、李静：《中国区域创新绩效时空演变特征及其影响因素研究》，《地理科学》2016 年第 1 期。

　　唐未兵、傅元海、王展祥：《技术创新、技术引进与经济增长方式转变》，《经济研究》2014 年第 7 期。

　　陶纪明：《服务业的内涵及其经济学特征分析》，《社会科学》2007 年第 1 期。

　　陶一桃：《深圳在粤港澳大湾区经济带中的地位与作用——中国三大湾区经济带比较

视角》,《特区实践与理论》2017 年第 5 期。

田磊、林建浩:《经济政策不确定性兼具产出效应和通胀效应? 来自中国的经验证据》,《南开经济研究》2016 年第 2 期。

万广华、范蓓蕾、陆铭:《解析中国创新能力的不平等:基于回归的分解方法》,《世界经济》2010 年第 2 期。

万千欢、千庆兰、陈颖彪:《广州市生产性服务业影响因素研究》,《经济地理》2014 年第 1 期。

汪行东、鲁志国:《粤港澳大湾区城市群空间结构研究:从单中心到多中心》,《岭南学刊》2017 年第 5 期。

王大用:《中国货币政策的中介目标问题》,《经济研究》1996 年第 3 期。

王芳、欧阳涛:《基于索洛余值法的湖南经济增长要素贡献分析》,《湖南农业大学学报(社会科学版)》2013 年第 5 期。

王海江、苗长虹、茹乐峰、崔彩辉:《我国省域经济联系的空间格局及其变化》,《经济地理》2012 年第 7 期。

王宏彬:《湾区经济与中国实践》,《中国经济报告》2014 年第 11 期。

王化成、刘欢、高升好:《经济政策不确定性、产权性质与商业信用》,《经济理论与经济管理》2016 年第 5 期。

王佳宁、来有为、冯吉光、何培育:《都市功能核心区现代服务业发展的着力点》,《改革》2017 年第 4 期。

王佳宁、罗重谱:《东部 10 省(市)经济发展战略定位及其下一步》,《改革》2012 年第 7 期。

王佳宁、罗重谱:《中西部和东部地区老工业基地振兴与资源型城市的转型发展》,《改革》2017 年第 8 期。

王军、邹广平、石先进:《制度变迁对中国经济增长的影响——基于 VAR 模型的实证研究》,《中国工业经济》2013 年第 6 期。

王琦、陈才:《产业集群与区域经济空间的耦合度分析》,《地理科学》2008 年第 2 期。

王擎、韩鑫韬:《货币政策能盯住资产价格吗? ——来自中国房地产市场的证据》,《金融研究》2009 年第 8 期。

王少剑、王洋、赵亚博:《1990 年来广东区域发展的空间溢出效应及驱动因素》,《地理学报》2015 年第 6 期。

王雪辉、谷国锋:《市场潜能、地理距离与经济增长的溢出效应》,《财经论丛》2016 年第 11 期。

王雪青、陈媛、刘炳胜:《中国区域房地产经济发展水平空间统计分析——全局 Moran's I、Moran 散点图与 LISA 集聚图的组合研究》,《数理统计与管理》2014 年第 1 期。

王悦、王梓蕴:《城市空间结构与城市经济绩效的耦合度研究》,《济南大学学报(社会科学版)》2016 年第 6 期。

王铮、武巍、吴静：《中国各省区经济增长溢出分析》，《地理研究》2005 年第 2 期。

王志刚、龚六堂、陈玉宇：《地区间生产效率与全要素生产率增长率分解（1978—2003）》，《中国社会科学》2006 年第 2 期。

魏达志：《"共同市场"与港澳珠三角前景构划》，《世界经济研究》2004 年第 5 期。

魏后凯：《区域开发理论研究》，《地域研究与开发》1988 年第 1 期。

魏守华、陈扬科、陆思桦：《城市蔓延、多中心集聚与生产率》，《中国工业经济》2016 年第 8 期。

文东伟、冼国明：《中国制造业产业集聚的程度及其演变趋势：1998—2009 年》，《世界经济》2014 年第 3 期。

吴丰林、方创琳、赵雅萍：《城市产业集聚动力机制与模式研究进展》，《地理科学进展》2010 年第 10 期。

吴巧生、陈亮、张炎涛、成金华：《中国能源消费与 GDP 关系的再检验——基于省际面板数据的实证分析》，《数量经济技术经济研究》2008 年第 6 期。

吴勤堂：《产业集聚与区域经济发展耦合机理分析》，《管理世界》2004 年第 2 期。

吴晓波、郑素丽：《科学、技术的互动及其对经济发展的影响：基于 panel data 的实证研究》，《科学学研究》2005 年第 6 期。

吴延兵：《自主研发、技术引进与生产率——基于中国地区工业的实证研究》，《经济研究》2008 年第 8 期。

吴玉鸣：《空间溢出、经济增长趋同及成因分析》，《西部发展评论》2005 年第 1 期。

吴玉鸣：《县域经济增长集聚与差异：空间计量经济实证分析》，《世界经济文汇》2007 年第 2 期。

吴玉鸣：《中国区域农业生产要素的投入产出弹性测算——基于空间计量经济模型的实证》，《中国农村经济》2010 年第 6 期。

伍凤兰、陶一桃、申勇：《湾区经济演进的动力机制研究——国际案例与启示》，《科技进步与对策》2015 年第 23 期。

项文彪、陈雁云：《产业集群、城市群与经济增长——以中部地区城市群为例》，《当代财经》2017 年第 4 期。

肖利平、谢丹阳：《国外技术引进与本土创新增长：互补还是替代——基于异质吸收能力的视角》，《中国工业经济》2016 年第 9 期。

肖亚红、国世平：《粤港澳湾区内部的经济辐射效应》，《特区经济》2017 年第 8 期。

肖燕飞：《中国区域资本时空演变特征及其对经济增长影响》，《经济地理》2017 年第 11 期。

邢伟波、李善同：《本地偏好、边界效应与市场一体化——基于中国地区间增值税流动数据的实证研究》，《经济学（季刊）》2009 年第 4 期。

熊灵、魏伟、杨勇：《贸易开放对中国区域增长的空间效应研究：1987—2009》，《经济学（季刊）》2012 年第 3 期。

徐现祥、李郇、王美今:《区域一体化、经济增长与政治晋升》,《经济学(季刊)》2007 年第 4 期。

徐玉莲、王玉冬、林艳:《区域科技创新与科技金融耦合协调度评价研究》,《科学学与科学技术管理》2011 年第 12 期。

许和连、邓玉萍:《外商直接投资导致了中国的环境污染吗?——基于中国省际面板数据的空间计量研究》,《管理世界》2012 年第 2 期。

许宪春:《中国服务业核算及其存在的问题研究》,《经济研究》2004 年第 3 期。

许迎华:《对西安、重庆、成都城市中心性的分析》,《人口与经济》2001 年第 6 期。

宣烨:《本地市场规模、交易成本与生产性服务业集聚》,《财贸经济》2013 年第 8 期。

薛凤旋:《都会经济区:香港与广东共同发展的基础》,《经济地理》2000 年第 1 期。

薛蕊、苏庆义:《相对技术差异对贸易结构的影响有多大?》,《国际经贸探索》2014 年第 4 期。

薛蕊、苏庆义:《要素禀赋是否影响了贸易结构?——基于经验研究文献的述评》,《中南财经政法大学学报》2014 年第 2 期。

颜鹏飞、乔倩:《略论转变经济增长方式》,《经济评论》1997 年第 4 期。

颜鹏飞、王兵:《技术效率、技术进步与生产率增长:基于 DEA 的实证分析》,《经济研究》2004 年第 12 期。

颜银根、安虎森:《中国分割的经济空间:基于区域间经济增长溢出的实证研究》,《当代经济科学》2014 年第 4 期。

杨浩昌、李廉水、刘军:《产业聚集与中国城市全要素生产率》,《科研管理》2018 年第 1 期。

杨立岩、潘慧峰:《人力资本、基础研究与经济增长》,《经济研究》2003 年第 4 期。

杨仁发:《产业集聚与地区工资差距——基于我国 269 个城市的实证研究》,《管理世界》2013 年第 8 期。

杨汝岱、朱诗娥:《中国对外贸易结构与竞争力研究:1978—2006》,《财贸经济》2008 年第 2 期。

杨汝岱:《中国制造业企业全要素生产率研究》,《经济研究》2015 年第 2 期。

杨万平、袁晓玲:《美国经济波动对中国经济增长的影响及其传导机制研究》,《世界经济研究》2010 年第 7 期。

杨文举:《技术效率、技术进步、资本深化与经济增长:基于 DEA 的经验分析》,《世界经济》2006 年第 5 期。

杨志恒:《基于 Ward 法的区域空间聚类分析》,《中国人口·资源与环境》2010 年第 S1 期。

姚作林、涂建军、牛慧敏等:《成渝经济区城市群空间结构要素特征分析》,《经济地理》2017 年第 1 期。

易伟明、刘满凤:《区域创新系统创新绩效分析与评价》,《科技进步与对策》2005 年第

3 期。

易先忠、张亚斌:《技术差距与人力资本约束下的技术进步模式》,《管理科学学报》2008 年第 6 期。

易先忠:《技术差距双面效应与主导技术进步模式转换》,《财经研究》2010 年第 7 期。

殷江滨、黄晓燕、洪国志、曹小曙、高兴川:《交通通达性对中国城市增长趋同影响的空间计量分析》,《地理学报》2016 年第 10 期。

应焕红:《城市化进程中的产业集聚效应——以浙江省温岭市为例》,《企业改革与管理》2002 年第 11 期。

于斌斌:《金融集聚促进了产业结构升级吗:空间溢出的视角——基于中国城市动态空间面板模型的分析》,《国际金融研究》2017 年第 2 期。

余道先、刘海云:《我国服务贸易结构与贸易竞争力的实证分析》,《国际贸易问题》2008 年第 10 期。

余道先、刘海云:《中国生产性服务贸易结构与贸易竞争力分析》,《世界经济研究》2010 年第 2 期。

余泳泽、宣烨、沈扬扬:《金融集聚对工业效率提升的空间外溢效应》,《世界经济》2013 年第 2 期。

俞路:《中国城市经济增长中 FDI 的空间溢出效应研究——来自空间面板数据的实证分析》,《区域经济评论》2013 年第 2 期。

俞勇军、陆玉麒:《省会城市中心性研究》,《经济地理》2005 年第 3 期。

袁冬梅、魏后凯:《对外开放促进产业集聚的机理及效应研究——基于中国的理论分析与实证检验》,《财贸经济》2011 年第 12 期。

袁海红、张华、曾洪勇:《产业集聚的测度及其动态变化——基于北京企业微观数据的研究》,《中国工业经济》2014 年第 9 期。

袁宏舟:《浅析香港在粤港澳大湾区建设中的作用》,《宏观经济管理》2018 年第 2 期。

原鹏飞、冯蕾:《经济增长、收入分配与贫富分化——基于 DCGE 模型的房地产价格上涨效应研究》,《经济研究》2014 年第 9 期。

岳书敬、刘朝明:《人力资本与区域全要素生产率分析》,《经济研究》2006 年第 4 期。

张超、郭海霞、沈体雁:《中国空间市场一体化演化特征——基于"一价定律"与空间杜宾模型》,《财经科学》2016 年第 1 期。

张凤超:《金融地域运动:研究视角的创新》,《经济地理》2003 年第 5 期。

张高丽:《开启全面建设社会主义现代化国家新征程》,《人民日报》2017 年 11 月 8 日。

张海洋:《R&D 两面性、外资活动与中国工业生产率增长》,《经济研究》2005 年第 5 期。

张浩、李仲飞、邓柏峻:《政策不确定、宏观冲击与房价波动——基于 LSTVAR 模型的实证分析》,《金融研究》2015 年第 10 期。

张浩然、衣保中:《城市群空间结构特征与经济绩效——来自中国的经验证据》,《经济评论》2012 年第 1 期。

张虹:《创新型城市群与产业集群耦合演进关系研究》,《北方经济》2008 年第 20 期。

张会新:《城市群竞争力评价指标体系的构建与应用》,《太原理工大学学报(社会科学版)》2006 年第 4 期。

张军、吴桂英、张吉鹏:《中国省际物质资本存量估算:1952—2000》,《经济研究》2004 年第 10 期。

张军、章元:《对中国资本存量 K 的再估计》,《经济研究》2003 年第 7 期。

张平:《货币供给机制变化与经济稳定化政策的选择》,《经济学动态》2017 年第 7 期。

张清正、李国平:《中国科技服务业集聚发展及影响因素研究》,《中国软科学》2015 年第 7 期。

张日新、谷卓桐:《粤港澳大湾区的来龙去脉与下一步》,《改革》2017 年第 5 期。

张文:《经济货币化进程与内生性货币供给——中国高 M2/GDP 比率的货币分析》,《金融研究》2008 年第 2 期。

张喜艳、陈乐一:《经济政策不确定性差异对经济周期协同的影响研究》,《中国软科学》2017 年第 8 期。

张学良:《中国交通基础设施促进了区域经济增长吗——兼论交通基础设施的空间溢出效应》,《中国社会科学》2012 年第 3 期。

张亚斌:《有关经济增长理论中技术进步及研发投资理论的述评》,《经济评论》2005 年第 6 期。

张玉鹏、王茜:《政策不确定性的非线性宏观经济效应及其影响机制研究》,《财贸经济》2016 年第 4 期。

张云飞:《城市群内产业集聚与经济增长关系的实证研究》,《经济地理》2014 年第 1 期。

赵浩兴、李文秀:《浙江省服务业空间布局及集聚化发展研究》,《经济地理》2011 年第 5 期。

赵文军、于津平:《贸易开放、FDI 与中国工业经济增长方式——基于 30 个工业行业数据的实证研究》,《经济研究》2012 年第 8 期。

赵奇伟、熊性美:《中国三大市场分割程度的比较分析:时间走势与区域差异》,《世界经济》2009 年第 6 期。

赵淑玲、曹康:《产业集群与城市化关系问题研究》,《河南社会科学》2005 年第 2 期。

赵喜鸟、钱燕云、薛明慧:《技术进步对经济增长的贡献度分析——基于长三角和珠三角 5 个地区的实证分析》,《科技进步与对策》2012 年第 2 期。

甄峰、顾朝林:《广东省区域空间结构及其调控研究》,《人文地理》2000 年第 4 期。

郑江淮、高彦彦、胡小文:《企业"扎堆"、技术升级与经济绩效》,《经济研究》2008 年第 5 期。

郑京海、胡鞍钢:《中国改革时期省际生产率增长变化的实证分析（1979—2001 年）》，《经济学（季刊）》2005 年第 1 期。

郑玉歆:《全要素生产率的测算及其增长的规律——由东亚增长模式的争论谈起》，《数量经济技术经济研究》1998 年第 10 期。

郑玉歆:《全要素生产率的再认识——用 TFP 分析经济增长质量存在的若干局限》，《数量经济技术经济研究》2007 年第 9 期。

郑毓盛、李崇高:《中国地方分割的效率损失》，《中国社会科学》2003 年第 1 期。

郑长娟、郝新蓉、程少锋、蒋天颖:《知识密集型服务业的空间关联性及其影响因素——以浙江省 69 个县市为例》，《经济地理》2017 年第 3 期。

钟韵、胡晓华:《粤港澳大湾区的构建与制度创新:理论基础与实施机制》，《经济学家》2017 年第 12 期。

周春山、罗利佳、史晨怡、王珏晗:《粤港澳大湾区经济发展时空演变特征及其影响因素》，《热带地理》2017 年第 6 期。

周景坤、段忠贤:《区域创新环境与创新绩效的互动关系研究》，《科技管理研究》2013 年第 22 期。

周黎安:《晋升博弈中政府官员的激励与合作——兼论我国地方保护主义和重复建设问题长期存在的原因》，《经济研究》2004 年第 6 期

周亚、范立夫、史欣沂:《货币增速剪刀差与宏观经济关系的实证研究》，《宏观经济研究》2016 年第 8 期。

周一星:《城市体系规模结构分析的两个误区》，《城市规划》1995 年第 2 期。

朱孟楠、闫帅:《经济政策不确定性与人民币汇率的动态溢出效应》，《国际贸易问题》2015 年第 10 期。

朱平芳、李磊:《两种技术引进方式的直接效应研究——上海市大中型工业企业的微观实证》，《经济研究》2006 年第 3 期。

朱万果:《推进粤港澳大湾区旅游一体化合作》，《新经济》2017 年第 1 期。

左和平:《产业集群与区域经济发展关联研究的回顾与展望》，《企业经济》2010 年第 1 期。

朱丽萌:《鄱阳湖生态经济区大南昌城市群与产业集群空间耦合构想》，《江西财经大学学报》2010 年第 5 期。

学位论文

陈金英:《中国城市群空间结构及其对经济效率的影响研究》，东北师范大学 2016 年博士学位论文。

郭凤城:《产业群、城市群的耦合与区域经济发展》，吉林大学 2008 年博士学位论文。

刘静玉:《当代城市化背景下的中原城市群经济整合研究》，河南大学 2006 年博士学位论文。

刘胜荣:《技术进步对江西经济增长贡献实证研究》,江西财经大学 2009 年硕士学位论文。

裴旭东:《中国经济增长与技术进步的关系研究》,陕西师范大学 2005 年硕士学位论文。

石贤光:《基于引力模型的中原城市群空间发展模式研究》,南京航空航天大学 2008 年硕士学位论文。

王虎:《技术进步对我国区域经济增长的贡献》,西北大学 2008 年硕士学位论文。

王琦:《产业集群与区域经济空间耦合机理研究》,东北师范大学 2008 年博士学位论文。

寻晶晶:《我国区域技术创新绩效的空间差异及影响因素研究》,湖南大学 2014 年博士学位论文。

岩芬:《科技进步对武汉经济增长影响的实证研究》,华中科技大学 2004 年硕士学位论文。

张浩然:《中国城市经济的空间集聚和外溢:理论分析与经验证据》,吉林大学 2012 年博士学位论文。

张鹏:《中国城市化空间结构的经济效应研究》,东北师范大学 2012 年博士学位论文。

张雄辉:《技术进步、技术效率对经济增长贡献的研究——基于中国、韩国比较分析视角》,山东大学 2010 年博士学位论文。

郑翔:《基于引力模型的区域经济联系的测度与实证分析》,浙江工商大学 2015 年硕士学位论文。

英文著作

Amin, A., Thrift, N., *Globalization, institutions, and regional development in Europe*, Oxford, UK: Oxford University Press, 1994.

Anselin, L., *Spatial Econometrics: Methods and Models*, The Netherlands: Kluwer Academic Publishers, Dordrecht, 1988.

Baker, S. R., Bloom, N., Davis S. J., *Measuring Economic Policy Uncertainty*, CEPR Discussion Papers, 2015.

Baker, S.R., Bloom N., Davis S.J., *Policy uncertainty: a new indicator*, Working Paper, 2012.

Binh, K.B., Park S.Y., Shin B.S., *Financial Structure Does Matter for Industrial Growth: Direct Evidence from OECD Countries*, Social Science Electronic Publishing, 2007.

Browing H.C., Singelmann J., *The Emergence of a Service Society: Demographic and Sociological Aspects of the Sectoral Transformation of the Labor Force in the U.S.A.*, Springfield, UA: National Technical Information Service, 1975.

Buera, Francisco J., Shin Y., "Financial Frictions and the Persistence of History: A Quantitative Exploration", *Meeting Papers* National Bureau of Economic Research, Inc., 2010.

Cliff, A.D., Ord J.K., *Spatial Processes : Models and Applications*, Pion Limited, 1981.

Congdon T., *Money and Asset Prices in Boom and Bust*, Social Science Electronic Publishing, 2005.

Corbridge, S., Martin R., Thrift N., *Money, Power and Space*, Oxford : Blackwell, 1994.

Fujita, M., Krugman P., Venables A. J., *The Spatial Economy Regions and International Trade*, Cambridge Ma : MIT P, 1999.

Cressie N.A.C., *Statistics for Spatial Data*, New York : Wiley, 1993.

Friedman, J.R., *Regional development policy : A case study of Venezuela*, MIT Press, Cambridge, 1966.

Fujita, M., Krugman P., *The new economic geography : Past, present and the future*, *Fifty Years of Regional Science*, Springer Berlin Heidelberg, 2004.

Geary R. C., *The Contiguity Ratio and Statistical Mapping*, The Incorporated Statistician, 1954.

Gehrig T., *Cities and the Geography of Financial Center*, London : Cambridge University Press, 2000.

Gelain, P., Lansing K.J., Mendicino C., "House prices, credit growth, and excess volatility : implications for monetary and macroprudential policy", *SSRN Electronic Journal*, 2012.

Gohmann, Megalopolis, *The Urbanization of the Northeast Seaboard of the USA*, Cambridge : The MIT Press, 1961.

Gottlieb, M., *Long swings in urban development*, Nber Books, 1976.

Grossman, G.M., Helpman E., *Innovation and Growth in the Global Economy*, Cambridge : MIT Press, 1991.

Gurley, J. G., Shaw E. S., Einthoven A. C., *Money in a Theory of Finance*, Princeton University Press, 1960.

Hall, P., Pain K., *The polycentric metropolis : learning from megacity regions in Europe*, Earthscan, 2006.

Herfindahl O.C., *Concentration in the steel industry*, Doctoral dissertation, Columbia University, 1950.

Hirschman A.O., *National power and the structure of foreign trade*, University of California Press, 1945.

Hirschman, A. O., *The Strategy of Economic Development*, New Haven : Yale University Press, 1958.

Kindle, Berger, Charles P., *The Formation of Financial Centers : A study of Comparative Economic History*, Princeton University, 1974.

Krugman, P., *What do we need to know about the international monetary system?* Princeton University Press, 1993.

Leyshon A. , Thrift N. , *Money Space*: *Geographies of Monetary Transformation* , London: Routledge, 1997.

Lucas, R.E. , Sargent T.J. , *Rational expectations and econometric practice* , George allen & unwin, 1981.

Marshall, A. , *The Principles of Economics* , London: MacMillan, 1890.

Marshall, A. , *Principles of Economics* , London: MacMillan, 1920.

Martin, R.L. , *The New Economic Geography of Money* , *Money and the Space Economy* , Chichester: Wiley, 1999.

McKinnon, R.L. , *Money and Capital in Capital in Economic Development* , Brookings Institution Press, 1973.

Myrdal, G. , *Economic Theory and Underdeveloped Regions* , London: Duckworth, 1957.

Paelinck, Klaassen, *Spatial Econometrics* , Farnborough: Saxon House, 1979.

Park, Y.S. , Musa M.H.E. , *International Banking and Financial Centers* , Boston: Kluwer, Academic Publisher, 1989.

Porteous, D.J. , *The Development of Financial Centers*: *Location* , *Information Externalities and Path Dependence* , Chichester: Wiley, 1999.

Porteous, D.J. , *The Geography of Finance*: *Spatial Dimensions of Intermediary Behavior* , Aldershot: Avebery, 1995.

Porter, M.E. , *The competitive advantage of nations* , New York: Free Press, 1990.

Shaw E. S. , *Financial Deeping in Economic Development* , New York: Oxford University Press, 1973.

Porteous, D.J. , *The Development of Financial Centers*: *Location* , *Information Externalities and Path Dependence* , Chichester: Wiley, 1999.

Porteous, D.J. , *The Geography of Finance*: *Spatial Dimensions of Intermediary Behavior* , Aldershot: Avebery, 1995.

Porter, M.E. , *The competitive advantage of nations* , New York: Free Press, 1990.

Schumpeter, J. A. , *The Theory of Economic Development*: *An Inquiry into Profits* , *Capital* , *Credit* , *Interest and the Business Cycle* , Transaction Publishers, 1934.

Shaw, E.S. , *Financial Deeping in Economic Development* , Oxford University Press, 1973.

Singelmann J. , *From Agriculture to Services*: *The Transformation of Industrial Employment* , Beverly Hills: Sage Publications Inc. , 1978.

Walter Christaller, *Theory of central places in South Germany* , 1933.

英文论文

Acemoglu Daorn, Fbrizio Zilibotti, "ProductivityDiferene" , *NBER Working Paper* , No.6879 , (1999).

Martin, P., Ottaviano, "Growth and Agglomeration", *International Economic Review*, Vol.42, No.4 (2001).

Adalid, Ramón, Detken, Carsten, "Liquidity Shocks and Asset Price Boom/Bust Cycles", *Working Paper*, Vol.27, No.6 (2007).

Aghion, P., Howitt P., "Model of Growth through Creative Destruction", *Econometric*, Vol.60, No.2 (1992).

Aigner, D., Lovell C., Schmidt P., "Formulation and Estimation of Stochastic Frontier Production Function Models", *Journal of Econometrics*, Vol.6, No.1 (1977).

Albert, Park, Hehui Jin, Scott Rozelle, "Market Emergence and Transition: Arbitrage, Transaction Costs, and Autarky in China's Grain Markets", *American Journal of Agricultural Economics*, Vol.84, No.1(2002).

Alderson, A.S., Beckfield, J., Sprague-Jones J., "Intercity Relations and Globalization: The Evolution of the Global Urban Hierarchy, 1981–2007", *Urban Studies*, Vol.47, No.9 (2010).

Alesina, A., Perotti, R., "Income distribution, political instability and investment", *European Economic Review*, Vol.40, No.6(2000).

Almeida, H., Campello M., Liu C., "The Financial Accelerator: Evidence from International Housing Markets", *Review of Finance*, Vol.10, No.3(2006)

Amiti, M., "Inter-industry trade in manufactures: does country size matter?", *Journal of International Economics*, Vol.44, No.2 (1998).

Andrabi, T., Kuehlwein M., "Railways and Price Convergence in British India", *Journal of Economic History*, Vol.70, No.2(2010).

Anne, Aguiléra, Sandrine Wenglenski, Laurent Proulhac, "Employment suburbanization, reverse commuting and travel behaviour by residents of the central city in the Paris metropolitan area", *Transportation Research Part A*, Vol.43, No.7(2009).

Anselin, L., "Local Indicators of Spatial Association-LISA", *Geographical Analysis*, Vol.27, No.2(1995).

Arrow, K. J., "The Economic Implications of Learning by Doing", *Review of Economic Studies*, Vol.29, No.3 (1962).

Bachmann, R., Elstner S., Sims E.R., "Uncertainty and Economic Activity: Evidence from Business Survey Data", *American Economic Journal-macroeconomics*, Vol.5, No.2(2013).

Bailey, N., Turok I., "Central Scotland as a Polycentric Urban Region: Useful Planning Concept or Chimera? ", *Urban Studies*, Vol.38, No.4(2001).

Baldwin, R.E., Forslid R., "The Core-Periphery Model and Endogenous Growth: Stabilizing and Destabilizing Integration", *Economics*, Vol.67, No.267 (2000).

Baldwin, R., Martin P., Ottaviano G., "Global Income Divergence, Trade and Industrialization: The Geography of Growth Take-offs", *Journal of economic Growth*, No.6(2011).

Barro, R.J., Salaimartin X., "Technological Diffusion, Convergence, and Growth", *Journal of Economic Growth*, Vol.2, No.1(1997).

Barro, R.J., "Inequality and Growth in a Panel of Countries", *Journal of Economic Growth*, Vol.5, No.1 (2000).

Basu Susanto, David N., Weil, "Appropriate Technology and Growth", *The Quarterly Journal of Economics*, Vol.113(1998).

Battese, G.E., Coelli T.J., "Frontier Production Functions, Technical Efficiency and Panel Data: with Application to Paddy Farmers in India", *Journal of Productivity Analysis*, Vol.3, No.1-2(1992).

Battese, G.E., Corra G.S., "Estimation of a Production Frontier Model: With Application to the Pastoral Zone of Eastern Australia", *Australia Journal of Agricultural Economics*, Vol.21, No.3 (1977).

Bekaert, G., Hoerova, M., Lo Duca, M., "Risk, Uncertainty and Monetary Policy", *Journal of Monetary Economics*, Vol.60, No.7(2013).

Belke, A., Orth, W., Setzer, R., "Liquidity and the dynamic pattern of asset price adjustment: A global view", *Journal of Banking & Finance*, Vol.34, No.8(2010).

Bencivenga, V.R., Smith B.D., Starr R.M., "Transactions costs, technological choice, and endogenous growth", *Journal of Economic Theory*, Vol.67, No.1(1995).

Besley, T., Coate, S., "Sources of Inefficiency in a Representative Democracy: A Dynamic Analysis", *American Economic Review*, Vol.88, No.1(1998).

Binh, K.B., Park S.Y., Shin S., "Financial Structure and Industrial Growth: A direct Evidence from OECD Countries", Working Paper(2005).

Blomström, M., Kokko A., "Multinational corporations and spillovers", *Journal of Economic Surveys*, Vol.12, No.3(1998).

Bode, E., "The spatial pattern of localized R&D spillovers: an empirical investigation for Germany", *Journal of Economic Geography*, Vol.4, No.1 (2004).

Bossone, B., Mahajan, S., Zahir F., "Financial Infrastructure, Group Interests, and Capital Accumulation: Theory, Evidence, and Policy", *European Economic Review*, Vol.3, No.24 (2003).

Buera, F.J., Kaboski J.P., Shin Y., "Finance and Development: A Tale of Two Sectors", *American Economic Review*, No.101(2011).

Buera, F., Kaboski, J., Shin Y., "Finance and Development: A Tale of Two Sectors", NBER Working Paper(2005).

Fawcett, C.B., "Distribution of the Urban Population in Great Britain, 1931", *Geographical Journal*, Vol.3, No.2(1932).

Cliff, A.D., Ord J.K., "Testing for Spatial Autocorrelation among Regression Residuals", *Geographical Analysis*, Vol.4, No.3 (1972).

Caniels, M. C. J., Verspagen B., " Barriers to Knowledge Spillovers, and Regional Convergence in an Evolutionary Model", *Evolutionary Economics*, No.11(2001).

Charnes, A., "Measuring the Efficiency of Decision Making Units", *European Journal of Operation Research*, Vol.2, No.6(1979).

Chen EKY, "The Total Factor Productivity Debate: Determinants of Economic Growth in East Asia", *Asian Pacific Economic Literature*, Vol.11, No.1(1997).

Chow, G.C., "Capital Formation and Economic Growth in China", *The Quarterly Journal of Economies*, Vol.108, No.3(1993).

Chua, H.B., "Regional Spillovers and Economic Growth", Economic Growth Center, Yale University, No.9 (1993).

Clapp, J.M., Giaccotto C., "The Influence of Economic Variables on Local House Price Dynamics", *Journal of Urban Economics*, Vol.36, No.2(1994).

Coe, D.T., Helpman E., "International R&D spillovers", *European Economic Review*, Vol. 39, No.5(1995).

Cohen, S., Zysman, J., "Manufacturing matters: the myth of the postindustrial economy", *Economic Geography*, Vol.20, No.4(1988).

Conley, T.C., Ligon E., "Economic Distance and Cross-Country Spillovers", *Journal of Economic Growth*, Vol.7, No.2(2002).

Ciccone A., Hall R., "Productivity and the Density of Economic Activity", *American Economic Review*, Vol.86, No.1 (1996).

Ciccone, A., Alcalá, F., "Trade, Extent of the Market, and Economic Growth 1960−1996", *Economics Working Papers*, Vol.270, No.765 (2003).

Cressie N.A.C., "Statistics for Spatial Data", *Biometrics*, Vol.50, No.50 (1993).

Currie, David, Paul, L., Levine, Joseph Pearlman and Michael Chui, "Phases of Imitation and Innovation in a North-South Endogenous Growth Model", *Oxford Economic Papers*, Vol.51, No.1(1999).

Mata, D., "Determinants of city growth in Brazil", *Journal of Urban Economics*, Vol. 62 (2007).

Davoudi, "EUROPEAN BRIEFING: Polycentricity in European spatial planning: from an analytical tool to a normative agenda", *European Planning Studies*, Vol.11, No.8(2003).

Denison, Edward F., "Why Growth Rates Differ: Post-War Experience in Nine Western Countries", *Journal of Economic Growth*, Vol.20, No.5(1967).

Douven, R., Peeters, M., "GDP-spillovers in multi-country models", *Economic Modeling*, Vol.15, No.2(1998).

Ullman, E.L., "The Nature of Cities, Annals of the American Academy of Political and Social Sciences", *Journal of Economic Growth*, Vol.242, No.1 (1945).

Duranton G., Overman H. G., "Testing for Localization Using Micro-Geographic Data", *Review of Economic Studies*, Vol.72, No.4 (2005).

Eaton, J., Kortum, S., "Trade in ideas Patenting and productivity in the OECD", *Journal of International Economics*, Vol.40, No.3-4(1995).

Elhorst, J.P., Zeilstra, A.S., "Labour force participation rates at the regional and national levels of the European Union: An integrated analysis", *Papers in Regional Science*, Vol.86, No.4 (2007).

Ellison, G., Glaeser, E. L., "Geographic Concentration in US Manufacturing Industries: A Dartboard Approach", *Journal of Political Economy*, Vol.105, No.5(1997).

Ellison G. E., Glaeser L., "Geographic concentration in U. S. manufacturing industries: A dartboard approach", *Journal of Political Economy*, No.105(1997).

Emi, Nakamura, Dmitriy Sergeyev, Jón Steinsson, "Growth-Rate and Uncertainty Shocks in Consumption: Cross-Country Evidence", *Nber Working Papers*, Vol.9, No.1(2017).

Englman, F.C., Walz, U., "Industrial Centers and Regional Growth in the Presence of Local Inputs", *Journal of Regional Science*, No.35(1995).

Fan, L.F, Zhang J., "An Empirical Study on the Correlation of Scissors Gap of Money Supply Growth and CPI", *Research on Financial & Economic Issues*, No.2(2011).

Fare, R., Grosskopf S., Norris M., Zhang Z., "Productivity Growth, Technical Progress and Efficiency Change in Industrialized Countries", *American Economic Review*, No.84(1994).

Ferguson, R.W., "Asset prices and monetary liquidity: a speech to the Seventh Deutsche Bundesbank Spring Conference, Berlin, Germany, May 27, 2005", *Age & Ageing*, Vol.27, No.1 (2005).

Feser, E.and A.Isseman, "Harnessing Growth spillovers for Rural Development: The Effects of Regional Spatial Structure", *Journal of Regional Science*, Vol.3, No.4(2010).

Fik, T.J., Ling, D.C., Mulligan G.F., "Modeling Spatial Variation in Housing Prices: A Variable Interaction Approach", *Real Estate Economics*, Vol.31, No.4(2003).

Frank, G., Van Oort, "Spatial and sectoral composition effects of agglomeration economies in the Netherlands", *Papers in Regional Science*, Vol.86, No.1(2007).

Frank, M.W., "Income Inequality and Economic Growth in the U.S.: A Panel Cointegration Approach", *General Information*, Vol.135, No.326(2005).

Fujita M., Hamaguchi N., "Intermediate goods and the spatial structure of an economy", *Regional Science & Urban Economics*, Vol.31, No.1(2001).

Fujita, M., Krugman, P., "The new economic geography: Past, present and the future", *Papers in Regional Science*, Vol.83, No.1(2003).

Gibson, L. J., Worden, M. A., "Estimating the Economic Base Multiplier: A Test of Alternative Procedures", *Economic Geography*, Vol.57, No.2(1981).

Goldsmith, R. W., "Financial structure and development", *Studies in Comparative Economics*, Vol.70, No.4(1969).

Goldsmith Jonathan and Kourtum Samuel, "Technology, Geography, and Trade", *Econometric*, Vol.70, No.5(2002).

Gottmann, Jean, "Megalopolis, or the urbanization of the north eastern seaboard", *Economic Geography*, No.3(1957).

Greenwood, J., Jovanovic, B., "Financial Development, Growth, and the Distribution of Income", *Regional Science and Urban Economics*, Vol.20, No.2(1990).

Gulen, H., Ion, M., "Policy Uncertainty and Corporate Investment", *Electronic Journal*, No.26(2013).

Haggett, B.C., "The rejection of theodolite readings in the field: a proposed method", *Empire Survey Review*, Vol.18, No.142 (1966).

Hallet M., "Regional specialisation and concentration in the EU", *Economic Papers*, No.141 (2000).

Han, L., Lu M., "Housing prices and investment: an assessment of China's inland-favoring land supply policies", *Journal of the Asia Pacific Economy*, Vol.22, No.1(2017).

Helpman E., "Innovation, imitation, and intellectual property rights", *Econometric*, Vol.61, No.6 (1993).

Hendershott, P., "Equilibrium Models in Real Estate Research: A Survey", *Journal of Real Estate Literature*, Vol.6, No.1(1998).

Henderson, J.V., Shalizi Z., Venables A.J., "Geography and development", *Journal of Economic Geography*, Vol.1, No.1(2001).

Hill T.P., "On Goods and Services", *Review of Income & Wealth*, Vol.23, No.4(1977).

Hirose, K., and Yamamoto K., "Knowledge Spillovers, Location of Industry, and Endogenous Growth", *The Annals of Regional Science*, Vol.43, No.1(2007).

Hoover, E.M., "The Measurement of Industrial Localization", *Review of Economics and Statistics*, Vol.18, No.4 (1936).

Howitt, P., Clower, R., "The emergence of economic organization", *Journal of Economic Behavior & Organization*, Vol.41, No.1(2000).

Irwin, M.D., Hughes H.L., "Centrality and the Structure of Urban Interaction: Measures, Concepts and Applications", *Social Forces*, Vol.71, No.1(1992).

Lesage J.P., Lacombe D.J., "Using Bayesian posterior model probabilities to identify omitted variables in spatial regression models", *Papers in Regional Science*, Vol.94, No.2 (2013).

Le, Sage J.P., Fischer M., "Spatial Growth Regressions: Model Specification, Estimation and Interpretation", *Spatial Economic Analysis*, Vol.3, No.3(2008).

Jan, G., Lambooy, "Polynucleation and economic development: The Randstad", *European*

Planning Studies, Vol.6, No.4(1998).

Jondrow, J., Lovell C., Materov I.S., "On the estimation of technical inefficiency in the stochastic frontier production function model", *Journal of Econometrics*, Vol.19, No.2-3(1982).

Jones, P.M., Olson E., "The time-varying correlation between uncertainty, output, and inflation: Evidence from a DCC-GARCH model", *Economics Letters*, Vol.118, No.1(2013).

Jorgenson Dale W., and Zvi Griliches, "The Explanation of Productivity Change", *Review of Economic Studies*, Vol.34, No.3(1967).

Johansen, Soren, "Estimation and Hypothesis Testing of Cointegration Vectors in Gaussian Vector Autoregressive Models", *Econometrica*, No.59(2001).

Johansen S., Juselius K., "Controlling inflation in a cointegrated vector autoregressive model with an application to US data", *Economics Discussion Papers*, 2001

Kao, C., "Spurious regression and residual-based tests for cointegration in panel data", *Journal of Econometrics*, Vol.90, No.1 (1999).

Katouzian, M.A., "The development of the service sector: a new approach", *Oxford Economic Papers*, Vol.22, No.3 (1970).

Ke, S., "Determinants of economic growth and spread-backwash effects in western and eastern China", *Asian Economic Journal*, Vol.24, No.2(2010).

Keeble D., Nacham L., "Why do business service firms cluster? Small consultancies, clustering and decentralization in London and Southern England", *Transaction of the Institute of British Geographers*, Vol.27, No.1(2002).

Kennet Harrow, "The Economic Implica tions o f Learning by Doing", *Review of Economic Studies*, No.29(1962).

King, R., Levine R., "Finance and Grow: Schumpeter Might Be Right", *Quarterly Journal of Economics*, Vol.108, No.3(1993).

Krugman, P., "Increasing Returns and Economic Geography", *Journal of Political Economy*, Vol.99, No.3(1991).

Krugman P., "Increasing Returns and Economic Geography", *Journal of Political Economy*, Vol.99, No.3(1991).

Krugman, P., "The Myth of Asia's Miracle", *Foreign Affairs*, Vol.73, No.6(1994).

Laeven, L., "Does Financial Liberalization Reduce Financing Constraints?", *Social Science Electronic Publishing*, Vol.32, No.1(2003).

Lai, M., Hua W., Zhu S., "Double-edged effects of the technology gap and technology spillovers: Evidence from the Chinese industrial sector", *China Economic Review*, Vol.20, No.3(2009).

Lai, Huiwen and Zhu, Susan Chun, "Technology, Endowments, and the Factor Content of Bilateral Trade", *Journal of International Economics*, Vol.71(2007).

Lastrapes, W.D., "The Real Price of Housing and Money Supply Shocks: Time Series Evidence and Theoretical Simulations", *Journal of Housing Economics*, Vol.11, No.11(2000).

Laursen, K., Salter, A., "Open for innovation: The role of openness in explaining innovation performance among U. K. manufacturing firms", *Strategic Management Journal*, Vol. 27, No. 2 (2006).

López-Bazo, E., Vayá E., Artís M., "Regional externalities and growth: Evidence from European regions", *Journal of Region-al Science*, Vol.44, No.1(2004).

Ľuboš, Pástor, Veronesi P., "Political uncertainty and risk premia", *Journal of Financial Economics*, Vol.110, No.3(2011).

Ľuboš Pástor, Veronesi P., "Uncertainty about Government Policy and Stock Prices", *Journal of Finance*, Vol.67, No.4(2012).

Lucas, R. E., "On the mechanics of economic development", *Journal of Monetary Economics*, Vol.22, No.1(1988).

Mansfield, E., "Rates of Return from Industrial Research and Development", *American Economic Review*, Vol.55, No.1/2(1965).

Martin, P., "Growth and Agglomeration", *International Economic Review*, Vol. 42, No. 4 (2010).

Martin, R., "Institutional Approaches in Economic Geography", *A Companion to Economic Geography*, Vol.145, No.9(2000).

Meeusen, W. J., Broeck V. D., "Efficiency Estimation from Cobb-Douglas Production Functions with Composed Error", *International Economic Review*, Vol.18, No.2(1977).

Meijers, E.J., Burger M.J., "Spatial Structure and Productivity in US Metropolitan Areas", Environment and Planning A, Vol.42, No.6(2010).

Miller, N., Peng L., Sklarz M., "House Prices and Economic Growth", *Journal of Real Estate Finance & Economics*, Vol.42, No.4(2011).

Moran, P.A., "A test for the serial independence of residuals", *Biometrika*, Vol.37 No.1/2 (1950).

Muhsin, K., "Financial development and economic growth nexus in the MENA countries: bootstrap panel granger causality analysis", *Economic Modeling*, Vol.29, No.3(2011).

Edward, Coulson, Myeong-Soo Kim, "Residential Investment, Non-residential Investment and GDP", *Real Estate Economics*, Vol.28, No.2(2000).

Naughton, B., "How Much Can Regional Integration Do to Unify China's Markets?", *How Far Across the River*, Vol.36, No.2(2000).

Overman, H. G., Rice P., Venables A. J., "Economic linkages across space", *Regional Studies*, Vol.44, No.1(2010).

Ozyurt, S., Daumal M., "Trade Openness and Regional Income Spillovers in Brazil: A Spatial

Econometric Approach", *Papers in Regional Science*, Vol.92, No.1 (2011).

Romer, P.M., "Endogenous Technological Change", *Journal of Political Economy*, Vol.98, No.5 (1990).

Panousi, V., Papanikolaou D., "Investment, Idiosyncratic Risk, and Ownership", *Journal of Finance*, Vol.67, No.3 (2012).

Parsley, D. C., Wei, S. J., "Limiting Currency Volatility to Stimulate Goods Market Integration: A Price-Based Approach", *Social Science Electronic Publishing*, Vol. 68, No. 29 (2001).

Parsley, David, C., Shang, Jin, "Convergence to the Law of One Price Without Trade Barriers or Currency Fluctuations", *Quarterly Journal of Economics*, Vol.111, No.4 (1996).

Parr, J. B., "The Regional Economy, Spatial Structure and Regional Urban Systems", *Regional Studies*, Vol.48, No.12 (2014).

Pedroni P., "Panel cointegration: Asymptotic and finite sample properties of pooled time series tests with an application to the PPP hypothesis is new results", *Indiana University Working Papers*, 1997.

Pedroni, P., "Critical values for cointegration tests in heterogeneous panels with multiple regressors", *Oxford Bulletin of Economics and Statistics*, Vol.61, No.S1 (1999).

Pedroni, P., "Panel cointegration: Asymptotic and finite sample properties of pooled time series tests with an application to the PPP hypothesis", *Department of Economics Working Papers*, Vol.20, No.3 (2004).

Poncet, S.A., "Fragmented China: Measure and Determinants of Chinese Domestic Market Disintegration", *Review of International Economics*, Vol.13, No.3 (2005).

Quigley J.M., "Real Estate Prices and Economic Cycles", *Berkeley Program on Housing & Urban Policy Working Paper*, Vol.2, No.1 (2002).

Richardson, H. W., "Growth pole spillovers: The dynamics of backwash and spread", *Regional Studies*, Vol.41, No.S1 (2007).

Romer, Paul, M., "Endogenous Technological Change", *Journal of Political Economy*, Vol.98 (1990).

Romer, Paul M., "The Origins of Endogenous Growth", *Journal of Economic Perspectives*, Vol.5 (1994).

Schafran Alex, "Origins of an Urban Crisis: The Restructuring of the San Francisco Bay Area and the Geography of Foreclosure", *International Journal of Urban and Regional Research*, Vol. 37, No.2 (2013).

Simon, X.B.Zhao, Li Zhang, Danny, T., Wang, "Determining Factors of the Development of a National Financial Center: the Case of China", *Geoforum*, Vol.35, No.1 (2004).

Solow, R., "Technical Change and the Aggregate Production Function", *Reviews of*

Economics and Statistics, Vol.39, No.3 (1957).

Solow, Robert M., "A contribution to the Theory of Economic Growth", *Quarterly Journal of Economics*, Vol.70, No.1(1956).

Sylvie, Démurger, "Infrastructure Development and Economic Growth: An Explanation for Regional Disparities in China?", *Journal of Comparative Economics*, Vol.29, No.1(2001).

Theil, H., Scholes, M., "Forecast evaluation based on a multiplicative decomposition of mean square errors", *Econometrica*, Vol.35, No.1 (1967).

Tobler, W., "A computer movie simulating urban growth in the Detroit region", *Economic Geography*, Vol.46, No.2 (1970).

Varga, A., Fischer M. M., "Spatial knowledge spillovers and university research: Evidence from Austria", *The Annals of Regional Science*, Vol.37, No.2 (2003).

Volberding Peter, "Engaging regions in globalization: the rise of the economic relationship between the San Francisco Bay area and China", *Berkeley Undergraduate Journal*, Vol.23, No.2 (2011).

Walker, R., "Industry builds the city: the suburbanization of manufacturing in the San Francisco Bay Area, 1850 – 1940", *Journal of Historical Geography*, Vol.27, No.1(2001).

Wen, M., "Relocation and agglomeration of chinese industry", *Economic Research Journal*, Vol.73, No.1 (2004).

Wurgler, J., "Financial Markets and the Allocation of Capital", *Journal of Financial Economics*, Vol.58, No.5(2000).

Young, A., "The Razor's Edge: Distortions and Incremental Reform in the People's Republic of China", *Quarterly Journal of Economics*, Vol.115, No.4(2000).

Ying, L.G., "Measuring the spillover effects: Some Chinese evidence", *Papers in Regional Science*, Vol.79, No.1(2000).

Zadeh, L.A., "Shadows of fuzzy sets", *Probl Peredachi Inf*, Vol.2, No.1(1965).

Zhao, X.B., "Spatial restructuring of financial centers in mainland China and Hong Kang: A geography of finance perspective", *Urban Affairs Review*, Vol.38, No.4(2003).

责任编辑：柴晨清

图书在版编目(CIP)数据

粤港澳大湾区:集聚与融合/徐芳燕,陈昭,刘映曼 著. —北京:人民出版社,
 2019.6(2020.3 重印)
ISBN 978－7－01－020609－7

Ⅰ.①粤… Ⅱ.①徐…②陈…③刘… Ⅲ.①城市群-区域经济发展-研究-
 广东、香港、澳门 Ⅳ.①F299.276.4

中国版本图书馆 CIP 数据核字(2019)第 058609 号

粤港澳大湾区:集聚与融合
YUEGANGAO DAWANQU JIJU YU RONGHE

徐芳燕　陈昭　刘映曼　著

人民出版社 出版发行
(100706 北京市东城区隆福寺街 99 号)

环球东方(北京)印务有限公司印刷　新华书店经销

2019 年 6 月第 1 版　2020 年 3 月北京第 2 次印刷
开本:710 毫米×1000 毫米 1/16　印张:21.5
字数:350 千字

ISBN 978－7－01－020609－7　定价:69.00 元

邮购地址 100706　北京市东城区隆福寺街 99 号
人民东方图书销售中心　电话 (010)65250042　65289539

版权所有·侵权必究
凡购买本社图书,如有印制质量问题,我社负责调换。
服务电话:(010)65250042